Gegenseitige Hilfe

ist ein Faktor der Evolution

Fürst Petr Alexejewitsch Kropotkin

Writat

Diese Ausgabe erschien im Jahr 2024

ISBN: 9789359947693

Herausgegeben von
Writat
E-Mail: info@writat.com

Inhalt

EINFÜHRUNG

Zwei Aspekte des Tierlebens beeindruckten mich während meiner Jugendreisen durch Ostsibirien und Nordmandschurei am meisten. Einer davon war die extreme Härte des Existenzkampfes, den die meisten Tierarten gegen eine unbarmherzige Natur führen müssen; die enorme Zerstörung des Lebens, die regelmäßig durch natürliche Einflüsse verursacht wird; und die daraus resultierende Lebensarmut in dem riesigen Gebiet, das ich beobachten konnte. Und der andere war, dass ich selbst an den wenigen Orten, wo es von Tierleben in Hülle und Fülle wimmelte, nicht jenen erbitterten Kampf um die Existenz unter Tieren derselben Art finden konnte – obwohl ich eifrig danach suchte –, der von den meisten Darwinisten (wenn auch nicht immer von Darwin selbst) als das dominierende Merkmal des Kampfes ums Überleben und als Hauptfaktor der Evolution angesehen wurde.

Die schrecklichen Schneestürme, die gegen Ende des Winters über den nördlichen Teil Eurasiens fegen, und der eisige Frost, der ihnen oft folgt; die Fröste und Schneestürme, die jedes Jahr in der zweiten Maihälfte wiederkehren, wenn die Bäume bereits in voller Blüte stehen und überall Insekten wimmeln; die frühen Fröste und gelegentlich die heftigen Schneefälle im Juli und August, die plötzlich unzählige Insekten sowie die zweiten Bruten der Vögel in den Prärien vernichten; die sintflutartigen Regenfälle aufgrund der Monsune, die im August und September in gemäßigteren Regionen fallen – was zu Überschwemmungen in einem Ausmaß führt, das nur in Amerika und Ostasien bekannt ist, und auf den Hochebenen Gebiete so groß wie europäische Staaten überschwemmt ; und schließlich die starken Schneefälle Anfang Oktober, die schließlich ein Gebiet von der Größe Frankreichs und Deutschlands für Wiederkäuer völlig unzugänglich machen und sie zu Tausenden vernichten – das waren die Bedingungen, unter denen ich das Tierleben in Nordasien kämpfen sah. Sie machten mir schon früh klar, welch überwältigende Bedeutung in der Natur das hat, was Darwin als „natürliche Hemmnisse gegen Übervermehrung" bezeichnete, im Vergleich zum Kampf zwischen Individuen derselben Art um die Mittel zum Lebensunterhalt, der hier weitergehen könnte und zwar in gewissem Umfang, erreicht aber nie die Bedeutung des ersteren. Mangel an Leben, Unterbevölkerung – nicht Überbevölkerung – sind die charakteristischen Merkmale dieses riesigen Teils der Erde, den wir Nordasien nennen, und ich hatte seitdem ernsthafte Zweifel an der Realität – die spätere Studien nur bestätigt haben furchterregenden Wettbewerb um Nahrung und Leben innerhalb jeder Art, der bei den meisten Darwinisten ein Glaubensartikel war, und folglich auch hinsichtlich der dominanten Rolle, die diese Art von Wettbewerb bei der Entwicklung neuer Arten spielen sollte.

Andererseits überall dort, wo ich Tierleben in Hülle und Fülle sah, wie zum Beispiel an den Seen, wo Dutzende Arten und Millionen von Individuen zusammenkamen, um ihre Nachkommen aufzuziehen; in Nagetierkolonien; in den Vogelzügen, die damals in wahrhaft amerikanischem Ausmaß entlang des Usuri stattfanden ; und besonders bei einer Wanderung von Damhirschen, die ich am Amur beobachtete und bei der Dutzende Tausende dieser intelligenten Tiere aus einem riesigen Gebiet zusammenkamen und vor dem kommenden tiefen Schnee flogen, um den Amur dort zu überqueren, wo er am engsten ist — In all diesen Szenen des Tierlebens, die sich vor meinen Augen abspielten, sah ich gegenseitige Hilfe und gegenseitige Unterstützung in einem Ausmaß, das mich darin ein Merkmal von größter Bedeutung für die Erhaltung des Lebens und die Erhaltung jeder Art vermuten ließ. und seine weitere Entwicklung.

Und schließlich habe ich bei den halbwilden Rindern und Pferden in Transbaikalien, bei den wilden Wiederkäuern überall auf der Welt, bei den Eichhörnchen usw. gesehen, dass, wenn Tiere aufgrund einer der oben genannten Ursachen mit Nahrungsmittelknappheit zu kämpfen haben, der gesamte Teil der Art, der von der Katastrophe betroffen ist, aus dieser Tortur mit so viel Kraft und Gesundheit verarmt hervorgeht, dass auf solchen Perioden scharfer Konkurrenz keine fortschreitende Evolution der Art basieren kann.

Als ich später auf die Beziehungen zwischen Darwinismus und Soziologie aufmerksam wurde, konnte ich daher keinem der Werke und Pamphlete zustimmen, die zu diesem wichtigen Thema geschrieben wurden. Sie alle versuchten zu beweisen, dass der Mensch dank seiner höheren Intelligenz und seines höheren Wissens die Härte des Kampfes ums Überleben zwischen den Menschen mildern kann. Gleichzeitig erkannten sie aber alle an, dass der Kampf um die Existenzgrundlagen jedes Tieres gegen alle seine Artgenossen und jedes Menschen gegen alle anderen Menschen „ein Naturgesetz" sei. Diese Ansicht konnte ich jedoch nicht akzeptieren, weil ich überzeugt war, dass die Annahme eines erbarmungslosen inneren Kampfes ums Überleben innerhalb jeder Art und die Annahme dieses Kampfes als Voraussetzung des Fortschritts etwas bedeutete, was nicht nur noch nicht bewiesen war, sondern auch einer Bestätigung durch direkte Beobachtung mangelte.

Im Gegenteil, ein Vortrag „Über das Gesetz der gegenseitigen Hilfe", den der bekannte Zoologe Professor Kessler, der damalige Dekan der Universität St. Petersburg, auf einem russischen Naturforscherkongress im Januar 1880 hielt, beeindruckte Ich finde, dass es ein neues Licht auf das ganze Thema wirft. Kesslers Idee war, dass es in der Natur neben dem Gesetz des gegenseitigen Kampfes das Gesetz der gegenseitigen Hilfe gibt, das für den Erfolg des Kampfes ums Leben und insbesondere für die fortschreitende Entwicklung der Art weitaus wichtiger ist als das Gesetz der gegenseitigen

Hilfe gegenseitiger Wettbewerb. Dieser Vorschlag – der in Wirklichkeit nichts anderes war als eine Weiterentwicklung der von Darwin selbst in „Die Abstammung des Menschen" zum Ausdruck gebrachten Ideen – schien mir so richtig und von so großer Bedeutung, dass ich ihn seit meiner Bekanntschaft (im Jahr 1883) Ich begann, Materialien für die Weiterentwicklung der Idee zu sammeln, die Kessler in seinem Vortrag nur oberflächlich skizziert, aber nicht mehr entwickelt hatte. Er starb 1881.

Nur in einem Punkt konnte ich Kesslers Ansichten nicht ganz unterstützen. Kessler verwies auf „elterliches Gefühl" und Sorge um die Nachkommenschaft (siehe unten, Kapitel I) als Quelle gegenseitiger Neigungen bei Tieren. Zu bestimmen, inwieweit diese beiden Gefühle tatsächlich in der Entwicklung geselliger Instinkte am Werk waren und inwieweit andere Instinkte in der gleichen Richtung am Werk waren, scheint mir jedoch eine ganz andere und sehr weitreichende Frage zu sein, die wir kaum beantworten können kann noch besprechen. Erst wenn wir die Tatsachen der gegenseitigen Hilfe bei verschiedenen Tierklassen und ihre Bedeutung für die Evolution gut geklärt haben, werden wir in der Lage sein zu untersuchen, was zur Entwicklung der geselligen Gefühle, zu den Elterngefühlen und was zur Geselligkeit gehört eigentlich – Letzteres hat seinen Ursprung offensichtlich in den frühesten Stadien der Evolution der Tierwelt, vielleicht sogar in den „Koloniestadien". Folglich richtete ich mein Hauptaugenmerk zunächst darauf, die Bedeutung des Faktors der gegenseitigen Hilfe in der Evolution festzustellen, und überließ es der weiteren Forschung, den Ursprung des Instinkts der gegenseitigen Hilfe in der Natur zu entdecken.

Die Bedeutung des Faktors der gegenseitigen Hilfe – „wenn seine Allgemeingültigkeit nur nachgewiesen werden könnte" – blieb dem Genie des Naturforschers, das sich in Goethe so deutlich manifestierte, nicht verborgen. Als Eckermann Goethe einmal erzählte – es war im Jahr 1827 –, dass er am nächsten Tag zwei kleine Zaunkönigsjunge, die vor ihm davongelaufen waren, im Nest von Rotkehlchen (Rothkehlchen) gefunden hatte, die die Kleinen zusammen mit fütterten Schon als Kind war Goethe von dieser Tatsache begeistert. Er sah darin eine Bestätigung seiner pantheistischen Ansichten und sagte: „Wenn es wahr wäre, dass diese Ernährung eines Fremden als etwas mit dem Charakter eines allgemeinen Gesetzes durch die ganze Natur geht – dann wäre so manches Rätsel gelöst." Am nächsten Tag kam er auf diese Angelegenheit zurück und forderte Eckermann (der bekanntlich Zoologe war) eindringlich auf, eine spezielle Studie zu diesem Thema durchzuführen, und fügte hinzu, dass er sicherlich zu „ganz unschätzbaren Schätzen an Ergebnissen" kommen würde (Gespräche , Ausgabe von 1848, Bd. 219, 221. Leider wurde diese Studie nie durchgeführt, obwohl es durchaus möglich ist, dass Brehm, der in seinen

Werken so reichhaltige Materialien zur gegenseitigen Hilfe unter Tieren gesammelt hat, von Goethes Bemerkung inspiriert wurde.

In den Jahren 1872–1886 wurden mehrere bedeutende Werke veröffentlicht, die sich mit der Intelligenz und dem Geistesleben von Tieren befassten (sie werden in einer Fußnote in Kapitel I dieses Buches erwähnt), und drei von ihnen befassten sich spezieller mit dem betrachteten Thema ; nämlich Les Societes animales , von Espinas (Paris, 1877); La Lutte pour l'existence et l'association pout la lutte , ein Vortrag von JL Lanessan (April 1881); und Louis Buchners Buch „Liebe und Liebes-Leben in der Thierwelt ", dessen erste Auflage 1882 oder 1883 erschien und eine zweite, stark erweiterte Auflage 1885. Aber so ausgezeichnet jedes dieser Werke ist, lassen sie doch reichlich Raum für eine Arbeit, in der gegenseitige Hilfe nicht nur als Argument für einen vormenschlichen Ursprung moralischer Instinkte, sondern auch als Naturgesetz und Faktor der Evolution betrachtet würde . Espinas widmete sein Hauptaugenmerk solchen Tiergesellschaften (Ameisen, Bienen), die auf einer physiologischen Arbeitsteilung beruhen , und obwohl sein Werk voller bewundernswerter Hinweise in alle möglichen Richtungen ist, wurde es zu einer Zeit geschrieben, als sich die menschlichen Gesellschaften entwickelten konnten mit unserem heutigen Wissen noch nicht behandelt werden. Lanessans Vortrag hat eher den Charakter eines brillant ausgearbeiteten Gesamtplans eines Werks, in dem es um gegenseitige Unterstützung geht, beginnend mit Felsen im Meer, dann im Rückblick auf die Welt der Pflanzen, der Tiere und der Menschen. Was Buchners Werk betrifft, so suggestiv es auch ist und reich an Fakten, konnte ich seiner Leitidee nicht zustimmen. Das Buch beginnt mit einer Hymne an die Liebe und fast alle Illustrationen sollen die Existenz von Liebe und Mitgefühl unter Tieren beweisen. Allerdings bedeutet die Reduzierung der tierischen Geselligkeit auf Liebe und Sympathie eine Reduzierung ihrer Allgemeingültigkeit und ihrer Bedeutung, ebenso wie die auf Liebe und persönlichem Mitgefühl basierende menschliche Ethik nur dazu beigetragen hat, das Verständnis des moralischen Gefühls als Ganzes einzuschränken. Es ist nicht die Liebe zu meinem Nächsten – den ich oft überhaupt nicht kenne –, die mich dazu bringt, einen Eimer Wasser zu nehmen und zu seinem Haus zu rennen, wenn ich es brennen sehe; Es ist ein weitaus umfassenderes, wenn auch vageres Gefühl oder Instinkt menschlicher Solidarität und Geselligkeit, das mich bewegt. So ist es auch mit Tieren. Es ist nicht Liebe und nicht einmal Mitgefühl (im eigentlichen Sinne verstanden), das eine Herde von Wiederkäuern oder Pferden dazu bringt, einen Ring zu bilden, um einem Angriff von Wölfen zu widerstehen; nicht die Liebe, die Wölfe dazu bringt, ein Rudel für die Jagd zu bilden; nicht die Liebe, die Kätzchen oder Lämmer zum Spielen oder ein Dutzend junger Vogelarten dazu bringt, im Herbst ihre Tage miteinander zu verbringen; und es ist weder Liebe noch persönliches Mitgefühl, das viele tausend Damhirsche, die über ein Gebiet von der Größe

Frankreichs verstreut sind, dazu bringt, sich zu Dutzenden einzelner Herden zu formieren, die alle zu einem bestimmten Ort marschieren, um dort einen Fluss zu überqueren. Es ist ein Gefühl, das unendlich viel umfassender ist als Liebe oder persönliches Mitgefühl – ein Instinkt, der sich im Laufe einer extrem langen Evolution langsam bei Tieren und Menschen entwickelt hat und der Tieren und Menschen gleichermaßen die Kraft beigebracht hat, die sie aus der Praxis des gegenseitigen Mitgefühls schöpfen können Hilfe und Unterstützung und die Freuden, die sie im gesellschaftlichen Leben finden können.

Die Bedeutung dieser Unterscheidung wird dem Studenten der Tierpsychologie und umso mehr dem Studenten der menschlichen Ethik leicht klar sein. Liebe, Mitgefühl und Selbstaufopferung spielen sicherlich eine immense Rolle bei der fortschreitenden Entwicklung unserer moralischen Gefühle. Aber es ist nicht die Liebe und nicht einmal das Mitgefühl, auf dem die Gesellschaft der Menschheit basiert. Es ist das Gewissen – und sei es nur auf der Stufe eines Instinkts – der menschlichen Solidarität. Es ist das unbewusste Erkennen der Kraft, die jeder Mensch aus der Praxis der gegenseitigen Hilfe entlehnt; von der engen Abhängigkeit des Glücks eines jeden vom Glück aller; und vom Sinn für Gerechtigkeit oder Gerechtigkeit, der den Einzelnen dazu bringt, die Rechte jedes anderen Einzelnen als gleichwertig mit seinen eigenen zu betrachten. Auf dieser breiten und notwendigen Grundlage werden die noch höheren moralischen Gefühle entwickelt. Aber dieses Thema liegt außerhalb des Rahmens der vorliegenden Arbeit, und ich möchte hier nur auf eine Vorlesung mit dem Titel „Gerechtigkeit und Moral" hinweisen, die ich als Antwort auf Huxleys Ethik gehalten habe und in der das Thema ausführlich behandelt wurde.

Deshalb dachte ich, dass ein Buch über gegenseitige Hilfe als Naturgesetz und Faktor der Evolution eine wichtige Lücke füllen könnte. Als Huxley 1888 sein Manifest „Kampf ums Dasein" (Struggle for Existence and its Bearing upon Man) veröffentlichte, das meiner Ansicht nach eine sehr falsche Darstellung der Tatsachen der Natur war, wie man sie im Busch und im Wald sieht, kontaktierte ich den Herausgeber des Nineteenth Century und fragte ihn, ob er die Gastfreundschaft seiner Rezension einer ausführlichen Antwort auf die Ansichten eines der bekanntesten Darwinisten schenken würde; und Mr. James Knowles nahm den Vorschlag mit vollster Sympathie auf. Ich sprach auch mit W. Bates darüber. „Ja, sicherlich; das ist wahrer Darwinismus", war seine Antwort. „Es ist schrecklich, was ‚sie' aus Darwin gemacht haben. Schreiben Sie diese Artikel, und wenn sie gedruckt sind, werde ich Ihnen einen Brief schreiben, den Sie veröffentlichen können." Leider brauchte ich fast sieben Jahre, um diese Artikel zu schreiben, und als der letzte veröffentlicht wurde, lebte Bates nicht mehr.

Nachdem ich die Bedeutung der gegenseitigen Hilfe bei verschiedenen Tierklassen erörtert hatte, war ich offensichtlich gezwungen, die Bedeutung desselben Faktors in der Evolution des Menschen zu diskutieren. Dies war umso notwendiger, als es eine Reihe von Evolutionisten gibt, die sich vielleicht nicht weigern, die Bedeutung der gegenseitigen Hilfe unter Tieren anzuerkennen, sich aber wie Herbert Spencer weigern werden, dies für den Menschen anzuerkennen. Für den Urmenschen – so behaupten sie – war der Krieg eines jeden gegen alle das Gesetz des Lebens. Inwieweit diese Behauptung, die seit den Zeiten von Hobbes allzu gern und ohne ausreichende Kritik wiederholt wurde, durch das gestützt wird, was wir über die frühen Phasen der menschlichen Entwicklung wissen, wird in den Kapiteln über die Wilden und die Barbaren erörtert.

Die Zahl und Bedeutung der Institutionen zur gegenseitigen Hilfe, die vom schöpferischen Genie der wilden und halbwilden Massen während der frühesten Clan-Periode der Menschheit und noch mehr während der darauffolgenden Periode der Dorfgemeinschaften entwickelt wurden, und der immense Einfluss, den diese frühen Institutionen auf die nachfolgende Entwicklung der Menschheit bis in die Gegenwart ausgeübt haben, veranlassten mich, meine Forschungen auch auf die späteren historischen Perioden auszudehnen; insbesondere auf die Untersuchung der höchst interessanten Periode – der freien mittelalterlichen Stadtrepubliken, deren Universalität und Einfluss auf unsere moderne Zivilisation noch nicht gebührend gewürdigt wurden. Und schließlich habe ich versucht, kurz die immense Bedeutung aufzuzeigen, die die Instinkte zur gegenseitigen Hilfe, die die Menschheit aus ihrer extrem langen Evolution geerbt hat, auch heute noch in unserer modernen Gesellschaft spielen, die angeblich auf dem Prinzip „Jeder für sich selbst und der Staat für alle" beruht, das sie jedoch nie verwirklichen konnte und wird.

Gegen dieses Buch kann man einwenden, dass sowohl Tiere als auch Menschen darin unter einem zu günstigen Aspekt dargestellt werden; dass ihre geselligen Qualitäten betont werden, während ihre asozialen und selbstbehauptenden Instinkte kaum berührt werden. Dies war jedoch unvermeidlich. Wir haben in letzter Zeit so viel von dem „harten, erbarmungslosen Kampf ums Leben" gehört, der angeblich von jedem Tier gegen alle anderen Tiere, von jedem „Wilden" gegen alle anderen „Wilden" und von jedem zivilisierten Menschen gegen alle seine geführt wird Mitbürger – und diese Behauptungen sind so sehr zu einem Glaubensartikel geworden –, dass es notwendig war, ihnen zunächst eine breite Reihe von Tatsachen gegenüberzustellen, die das tierische und menschliche Leben unter einem ganz anderen Aspekt zeigen. Es war notwendig, auf die überwältigende Bedeutung hinzuweisen, die soziale Gewohnheiten in der Natur und in der fortschreitenden Entwicklung sowohl der Tierarten als auch der Menschen spielen: um zu beweisen, dass sie den Tieren einen besseren Schutz vor ihren Feinden, sehr oft Möglichkeiten zur Nahrungsbeschaffung und (Wintervorräte, Wanderungen usw.), Langlebigkeit, daher eine größere Erleichterung für die Entwicklung intellektueller Fähigkeiten; und dass sie den Menschen zusätzlich zu den gleichen Vorteilen die Möglichkeit gegeben haben, jene Institutionen zu schaffen, die es der Menschheit ermöglicht haben, in ihrem harten Kampf gegen die Natur zu überleben und trotz aller Wechselfälle ihrer Geschichte voranzukommen. Es ist ein Buch über das Gesetz der gegenseitigen Hilfe, das als einer der Hauptfaktoren der Evolution angesehen wird – nicht über alle Faktoren der Evolution und ihre jeweiligen Werte; und dieses erste Buch musste geschrieben werden, bevor letzteres möglich werden konnte.

Ich wäre sicherlich der Letzte, der die Rolle unterschätzt, die die Selbstbehauptung des Einzelnen in der Entwicklung der Menschheit gespielt hat. Allerdings bedarf dieses Thema meiner Meinung nach einer viel tiefergehenden Behandlung als bisher. In der Geschichte der Menschheit war und bleibt die individuelle Selbstbehauptung oft etwas ganz anderes als die kleinliche, unintelligente Engstirnigkeit, die bei einer großen Klasse von Schriftstellern als „Selbstbehauptung" gilt und viel größer und tiefer geht als sie. Individualismus" und „Selbstbehauptung". Auch die Persönlichkeiten, die Geschichte schrieben, waren nicht auf diejenigen beschränkt, die Historiker als Helden dargestellt haben. Meine Absicht ist es daher, wenn die Umstände es zulassen, die Rolle, die die Selbstbehauptung des Einzelnen in der fortschreitenden Entwicklung der Menschheit einnimmt, gesondert zu erörtern. Ich kann an dieser Stelle nur die folgende allgemeine Bemerkung machen: Als die Institutionen der gegenseitigen Hilfe – der Stamm, die Dorfgemeinschaft, die Zünfte, die mittelalterliche Stadt – im Laufe der Geschichte begannen, ihren primitiven Charakter zu verlieren und überfallen zu werden durch parasitäres Wachstum und dadurch zu Hindernissen für den Fortschritt wurde, nahm der Aufstand der Einzelnen gegen diese Institutionen immer zwei verschiedene Aspekte an. Ein Teil derjenigen, die sich erhoben, strebte danach, die alten Institutionen zu reinigen oder eine höhere Form des Gemeinwesens zu schaffen, das auf denselben Prinzipien der gegenseitigen Hilfe beruhte; Sie versuchten beispielsweise, anstelle der Lex talionis das Prinzip der „Entschädigung" und später die Vergebung von Straftaten oder ein noch höheres Ideal der Gleichheit vor dem menschlichen Gewissen anstelle der „Entschädigung" einzuführen zum Klassenwert. Aber zur gleichen Zeit versuchte ein anderer Teil derselben einzelnen Rebellen, die schützenden Institutionen der gegenseitigen Unterstützung zu zerstören, mit keiner anderen Absicht, als ihren eigenen Reichtum und ihre eigene Macht zu vergrößern. In diesem Dreikampf zwischen den beiden Klassen revoltierender Individuen und den Befürwortern des Bestehenden liegt die wahre Tragödie der Geschichte. Aber um diesen Wettbewerb zu beschreiben und die Rolle, die jede dieser drei Kräfte in der Evolution der Menschheit spielt, ehrlich zu untersuchen, würde es mindestens so viele Jahre dauern, wie ich für das Schreiben dieses Buches benötigt habe.

Von den Werken, die sich mit fast demselben Thema befassen und seit der Veröffentlichung meiner Artikel über gegenseitige Hilfe unter Tieren veröffentlicht wurden, muss ich The Lowell Lectures on the Ascent of Man von Henry Drummond (London, 1894) und The Origin and erwähnen Wachstum des moralischen Instinkts, von A. Sutherland (London, 1898). Beide basieren hauptsächlich auf den Grundsätzen von Buchners Liebe, und im zweiten Werk wurde ausführlich auf das elterliche und familiäre Gefühl als einziger Einflussfaktor bei der Entwicklung der moralischen Gefühle eingegangen. Ein drittes Werk, das sich mit dem Menschen befasst und in ähnlicher Weise verfasst ist, ist „The Principles of Sociology" von Prof. FA Giddings, dessen erste Ausgabe 1896 in New York und London veröffentlicht wurde und dessen Leitgedanken der Autor in skizziert hat eine Broschüre aus dem Jahr 1894. Ich muss jedoch den Literaturkritikern die Aufgabe überlassen, die Berührungspunkte, Ähnlichkeiten oder Abweichungen zwischen diesen Werken und meinen zu diskutieren.

Die verschiedenen Kapitel dieses Buches wurden erstmals im 19. Jahrhundert veröffentlicht („Gegenseitige Hilfe unter den Tieren", im September und November 1890; „Gegenseitige Hilfe unter Wilden", im April 1891; „Gegenseitige Hilfe unter den Barbaren", im Januar 1892; „Gegenseitige Hilfe in der mittelalterlichen Stadt" im August und September 1894 und „Gegenseitige Hilfe unter modernen Menschen" im Januar und Juni 1896. Als ich sie in Buchform herausbrachte, bestand meine erste Absicht darin, die Fülle an Materialien sowie die Diskussion einiger sekundärer Punkte, die in den Übersichtsartikeln weggelassen werden mussten, in einem Anhang zusammenzufassen. Es schien jedoch, dass der Anhang den Umfang des Buches verdoppeln würde, und ich war gezwungen, die Veröffentlichung abzubrechen oder zumindest zu verschieben. Der vorliegende Anhang enthält die Diskussion nur einiger Punkte, die in den letzten Jahren Gegenstand wissenschaftlicher Kontroversen waren; und in den Text habe ich nur solche Dinge eingefügt, die ohne Veränderung der Struktur des Werkes eingefügt werden konnten.

Ich freue mich über die Gelegenheit, dem Herausgeber von „Nineteenth Century", Herrn James Knowles, meinen herzlichsten Dank auszusprechen, sowohl für die freundliche Gastfreundschaft, die er diesen Aufsätzen in seiner Rezension entgegenbrachte, sobald er deren Grundgedanken kannte, als auch für die freundliche Erlaubnis, sie erneut abzudrucken.

Bromley, Kent, 1902.

KAPITEL I

GEGENSEITIGE HILFE UNTER TIEREN

Kampf ums Dasein. Gegenseitige Hilfe, ein Naturgesetz und Hauptfaktor der fortschreitenden Evolution. Wirbellose Tiere. Ameisen und Bienen. Vögel, Jagd- und Fischereiverbände. Geselligkeit. Gegenseitiger Schutz unter kleinen Vögeln. Kraniche, Papageien.

Die von Darwin und Wallace in die Wissenschaft eingeführte Konzeption des Kampfes ums Dasein als Faktor der Evolution hat es uns ermöglicht, ein immens breites Spektrum von Phänomenen in einer einzigen Verallgemeinerung zu erfassen, die bald zur eigentlichen Grundlage unserer philosophischen, biologischen und soziologischen Forschung wurde Spekulationen. Eine immense Vielfalt an Fakten: – Anpassungen der Funktion und Struktur organischer Lebewesen an ihre Umgebung; physiologische und anatomische Entwicklung; Der intellektuelle Fortschritt und die moralische Entwicklung selbst, die wir früher mit so vielen verschiedenen Ursachen zu erklären pflegten, wurden von Darwin in einer allgemeinen Konzeption verkörpert. Wir verstanden sie als kontinuierliche Bemühungen – als Kampf gegen widrige Umstände – für eine solche Entwicklung von Individuen, Rassen, Arten und Gesellschaften, die zu einer größtmöglichen Fülle, Vielfalt und Intensität des Lebens führen würde. Möglicherweise war sich Darwin selbst zu Beginn nicht vollständig der Allgemeingültigkeit des Faktors bewusst, den er zunächst zur Erklärung nur einer Reihe von Tatsachen in Bezug auf die Anhäufung individueller Variationen in entstehenden Arten heranzog. Aber er sah voraus, dass der Begriff, den er in die Wissenschaft einführte, seine philosophische und seine einzig wahre Bedeutung verlieren würde, wenn er nur in seinem engeren Sinne verwendet würde – dem eines Kampfes zwischen einzelnen Individuen um die bloße Existenzgrundlage. Und gleich zu Beginn seines denkwürdigen Werks bestand er darauf, dass der Begriff in seinem „großen und metaphorischen Sinne verstanden werden sollte, der die Abhängigkeit eines Wesens von einem anderen einschließt und (was wichtiger ist) nicht nur das Leben des Einzelnen, sondern auch den Erfolg darin einschließt." Nachkommen hinterlassen."(1)

Obwohl er selbst den Begriff hauptsächlich in seiner engeren Bedeutung für seine eigenen speziellen Zwecke verwendete, warnte er seine Anhänger vor dem Fehler (den er selbst einmal begangen zu haben scheint), seine enge Bedeutung zu überschätzen. In The Descent of Man widmete er einige eindrucksvolle Seiten der Veranschaulichung seiner eigentlichen, weiten Bedeutung. Er wies darauf hin, wie in zahllosen Tiergesellschaften der Kampf zwischen einzelnen Individuen um die Existenzgrundlage verschwindet, wie der Kampf durch Zusammenarbeit ersetzt wird und wie diese Ersetzung zur Entwicklung intellektueller und moralischer Fähigkeiten führt, die der Art die besten Überlebensbedingungen sichern. Er deutete an, dass in solchen Fällen die Fittesten nicht die körperlich Stärksten oder die Schlauesten sind, sondern diejenigen, die lernen, sich so zusammenzuschließen, dass sie sich gegenseitig unterstützen, ob stark oder schwach, zum Wohle der Gemeinschaft. „Diejenigen Gemeinschaften", schrieb er, „die die größte Zahl der sympathischsten Mitglieder umfassen, würden am besten gedeihen und die größte Zahl von Nachkommen hervorbringen" (2. Auflage, S. 163). Der Begriff, der aus der engen malthusianischen Vorstellung eines Wettbewerbs zwischen jedem und allen entstand, verlor somit im Bewusstsein eines Kenners der Natur seine Engstirnigkeit.

Leider wurden diese Bemerkungen, die die Grundlage für höchst fruchtbare Forschungen hätten werden können, von der Masse der Fakten überschattet, die zur Veranschaulichung der Folgen eines echten Kampfes ums Überleben gesammelt wurden. Außerdem hat Darwin nie versucht, die relative Bedeutung der beiden Aspekte, unter denen der Kampf ums Dasein in der Tierwelt auftritt, einer genaueren Untersuchung zu unterziehen, und er hat nie das Werk geschrieben, das er über die natürlichen Hemmnisse der Übervermehrung schreiben wollte, obwohl dieses Werk der entscheidende Test für die Einschätzung der wahren Bedeutung des individuellen Kampfes gewesen wäre. Vielmehr tauchte auf den eben erwähnten Seiten inmitten von Daten, die die enge malthusianische Auffassung des Kampfes widerlegten, der alte malthusianische Sauerteig wieder auf - nämlich in Darwins Bemerkungen über die angeblichen Unannehmlichkeiten der Beibehaltung der "körperlich und geistig Schwachen" in unseren zivilisierten Gesellschaften (Kap. V). Als ob Tausende von körperlich schwachen und gebrechlichen Dichtern, Wissenschaftlern, Erfindern und Reformern zusammen mit Tausenden anderen sogenannten „Narren" und „geistesschwachen Enthusiasten" nicht die wertvollsten Waffen wären, die die Menschheit in ihrem Kampf ums Dasein mit geistigen und moralischen Waffen einsetzt, wie Darwin selbst in denselben Kapiteln der Abstammung des Menschen betont.

Mit Darwins Theorie geschah das, was immer mit Theorien geschieht, die irgendeinen Bezug zu menschlichen Beziehungen haben. Anstatt sie gemäß seinen eigenen Hinweisen zu erweitern, engten seine Anhänger sie noch mehr ein. Und während Herbert Spencer, der auf unabhängigen, aber eng verwandten Linien begann, versuchte, die Untersuchung der großen Frage „Wer sind die Stärksten?" auszuweiten, insbesondere im Anhang zur dritten Ausgabe der „Data of Ethics", reduzierten die zahllosen Anhänger Darwins den Begriff des Kampfes ums Dasein auf seine engsten Grenzen. Sie kamen dazu, die Tierwelt als eine Welt des ständigen Kampfes zwischen halb verhungerten Individuen zu begreifen, die nach dem Blut des anderen dürsten. Sie ließen die moderne Literatur von dem Kriegsschrei des Wehes für die Besiegten widerhallen, als wäre dies das letzte Wort der modernen Biologie. Sie erhoben den „erbarmungslosen" Kampf um persönliche Vorteile auf die Höhe eines biologischen Prinzips, dem sich auch der Mensch unterwerfen muss, da er sonst in einer Welt, die auf gegenseitiger Ausrottung beruht, zu unterliegen droht. Wenn wir von den Ökonomen absehen, die von den Naturwissenschaften nur ein paar Worte aus zweiter Hand übernommen haben, müssen wir zugeben, dass selbst die autorisiertesten Vertreter von Darwins Ansichten ihr Bestes taten, um diese falschen Ideen aufrechtzuerhalten. Nehmen wir Huxley, der zweifellos als einer der fähigsten Vertreter der Evolutionstheorie gilt , wenn er uns nicht in einem Aufsatz über den „Kampf ums Dasein und seine Auswirkungen auf den Menschen" gelehrt hätte, dass

> „ Aus der Sicht des Moralisten ist die Tierwelt ungefähr auf dem gleichen Niveau wie eine Gladiatorenshow. Die Kreaturen werden ziemlich gut behandelt und sind darauf eingestellt, gegen die Stärksten, Schnellsten und Schlauesten zu kämpfen An einem anderen Tag muss der Zuschauer seinen Daumen nicht senken, da kein Viertel gegeben wird.

Oder hat er uns weiter unten im selben Artikel nicht gesagt, dass, wie bei Tieren, auch bei primitiven Menschen,

> „ Die Schwächsten und Dümmsten gingen an die Wand, während die Härtesten und Klügsten, diejenigen, die am besten mit ihren Umständen zurechtkamen, aber auf andere Weise nicht die Besten waren, überlebten. Das Leben war ein ständiger freier Kampf und jenseits des Begrenzten und Vorübergehenden Beziehungen der Familie, der Hobbes'sche Krieg eines jeden gegen alle war der normale Zustand der Existenz."(2)

Inwieweit diese Sicht der Natur durch Tatsachen gestützt wird, wird aus den Beweisen ersichtlich, die dem Leser hier in Bezug auf die Tierwelt und den primitiven Menschen vorgelegt werden. Es sei jedoch sofort bemerkt, dass Huxleys Sicht der Natur ebenso wenig Anspruch darauf hatte, als wissenschaftliche Schlussfolgerung angesehen zu werden, wie die entgegengesetzte Sicht Rousseaus, der in der Natur nur Liebe, Frieden und Harmonie sah, die durch den Eintritt des Menschen zerstört wurden. Tatsächlich müssen der erste Spaziergang im Wald, die erste Beobachtung einer Tiergesellschaft oder sogar die Lektüre eines ernsthaften Werks über das Tierleben (von D'Orbigny , Audubon, Le Vaillant, egal welches) den

Naturforscher zwangsläufig dazu bringen, über die Rolle nachzudenken, die das soziale Leben im Leben der Tiere spielt, und ihn daran hindern, in der Natur nichts als ein Schlachtfeld zu sehen, genau wie dies ihn daran hindern würde, in der Natur nichts als Harmonie und Frieden zu sehen. Rousseau hatte den Fehler begangen, den Schnabel-und-Klauen-Kampf aus seinen Gedanken auszuschließen; und Huxley beging den entgegengesetzten Fehler; Aber weder Rousseaus Optimismus noch Huxleys Pessimismus können als unparteiische Interpretation der Natur akzeptiert werden.

Sobald wir Tiere studieren – nicht nur in Labors und Museen, sondern auch im Wald und in der Prärie, in der Steppe und in den Bergen –, erkennen wir sofort, dass trotz der enormen Menge an Kriegen und Vernichtungen zwischen verschiedenen Arten, und besonders zwischen verschiedenen Tierklassen gibt es gleichzeitig genauso viel oder vielleicht sogar mehr gegenseitige Unterstützung, gegenseitige Hilfe und gegenseitige Verteidigung zwischen Tieren, die derselben Art oder zumindest derselben Gesellschaft angehören . Geselligkeit ist ebenso ein Naturgesetz wie gegenseitiger Kampf. Natürlich wäre es äußerst schwierig, die relative zahlenmäßige Bedeutung dieser beiden Tatsachenreihen abzuschätzen, auch wenn sie noch so grob sein mag . Aber wenn wir auf einen indirekten Test zurückgreifen und die Natur fragen: „Wer sind die Stärksten: diejenigen, die ständig miteinander im Krieg sind, oder diejenigen, die sich gegenseitig unterstützen?" Wir sehen sofort, dass diejenigen Tiere, die sich die Gewohnheit der gegenseitigen Hilfe aneignen, zweifellos die fitteren sind. Sie haben bessere Überlebenschancen und erreichen in ihrer jeweiligen Klasse die höchste Entwicklung der Intelligenz und Körperorganisation. Wenn man die zahllosen Tatsachen berücksichtigt, die zur Stützung dieser Ansicht angeführt werden können, können wir mit Sicherheit sagen, dass gegenseitige Hilfe ebenso ein Gesetz des tierischen Lebens ist wie gegenseitiger Kampf, dass dies jedoch höchstwahrscheinlich als Faktor der Evolution der Fall ist eine weitaus größere Bedeutung, da es die Entwicklung solcher Gewohnheiten und Charaktere begünstigt , die den Erhalt und die weitere Entwicklung der Art gewährleisten, zusammen mit dem größtmöglichen Wohlergehen und Lebensgenuss für den Einzelnen und der geringsten Energieverschwendung.

Von den wissenschaftlichen Anhängern Darwins war meines Wissens der erste, der die volle Bedeutung der gegenseitigen Hilfe als Naturgesetz und Hauptfaktor der Evolution verstand, ein bekannter russischer Zoologe, der verstorbene Dekan des St . Petersburger Universität, Professor Kessler. Er entwickelte seine Ideen in einer Ansprache, die er im Januar 1880, einige Monate vor seinem Tod, auf einem Kongress russischer Naturforscher hielt; aber wie so viele gute Dinge, die nur in russischer Sprache veröffentlicht wurden, bleibt diese bemerkenswerte Adresse fast völlig unbekannt.(3)

„Als Zoologe von altem Rang" fühlte er sich verpflichtet, gegen den Missbrauch eines aus der Zoologie übernommenen Begriffs „Kampf ums Dasein" oder zumindest gegen die Überbewertung seiner Bedeutung zu protestieren. Die Zoologie, sagte er, und die Wissenschaften, die sich mit dem Menschen befassen, beharren ständig auf dem, was sie das erbarmungslose Gesetz des Kampfes ums Dasein nennen. Aber sie vergessen die Existenz eines anderen Gesetzes, das man als das Gesetz der gegenseitigen Hilfe bezeichnen könnte, wobei dieses Gesetz, zumindest für die Tiere, weitaus wichtiger ist als das erstere. Er wies darauf hin, dass das Bedürfnis, Nachkommen zu hinterlassen, Tiere zwangsläufig zusammenbringt und dass „je mehr die Individuen zusammenhalten, desto mehr unterstützen sie sich gegenseitig und desto größer sind die Chancen der Art, zu überleben und sich weiterzuentwickeln." Fortschritt in seiner intellektuellen Entwicklung. „Alle Tierklassen", fuhr er fort, „und besonders die höheren, praktizieren gegenseitige Hilfe", und er veranschaulichte seine Idee durch Beispiele aus dem Leben der Totengräber und dem sozialen Leben von Vögeln und einigen Säugetieren . Wie in einer kurzen Eröffnungsrede zu erwarten war, gab es nur wenige Beispiele, aber die Hauptpunkte wurden klar dargelegt; und nachdem Professor Kessler erwähnt hatte, dass in der Entwicklung der Menschheit gegenseitige Hilfe eine noch wichtigere Rolle spielte, kam er zu dem Schluss:

„Ich leugne natürlich nicht den Kampf ums Dasein, aber ich behaupte, dass die fortschreitende Entwicklung des Tierreichs und insbesondere der Menschheit viel mehr durch gegenseitige Unterstützung als durch gegenseitigen Kampf begünstigt wird … Alle organischen Wesen haben zwei wesentliche Bedürfnisse: das Die Notwendigkeit der Ernährung und der Fortpflanzung der Art bringt sie zum Kampf und zur gegenseitigen Ausrottung, während die Bedürfnisse der Erhaltung der Art sie dazu bringen, sich einander anzunähern und sich gegenseitig zu unterstützen In der Evolution der organischen Welt – bei der fortschreitenden Veränderung organischer Wesen – spielt die gegenseitige Unterstützung der Individuen eine viel wichtigere Rolle als ihr gegenseitiger Kampf."(4)

Die Richtigkeit der oben genannten Ansichten beeindruckte die meisten der anwesenden russischen Zoologen, und Syevertsoff , dessen Arbeit Ornithologen und Geographen wohlbekannt ist, unterstützte sie und illustrierte sie durch einige weitere Beispiele. Er erwähnte einige der Falkenarten, die „eine fast ideale Organisation für Raub" haben und dennoch im Niedergang begriffen sind, während andere Falkenarten, die gegenseitige Hilfe praktizieren , gedeihen. „Nehmen Sie andererseits einen geselligen Vogel, die Ente", sagte er; „sie ist im Großen und Ganzen schlecht organisiert, praktiziert aber gegenseitige Unterstützung und erobert beinahe die Erde, wie man an ihren zahllosen Varianten und Arten erkennen kann."

Die Bereitschaft der russischen Zoologen, Kesslers Ansichten zu akzeptieren, scheint ganz natürlich, denn fast alle von ihnen hatten Gelegenheit, die Tierwelt in den weiten unbewohnten Gebieten Nordasiens und Ostrusslands zu studieren; und es ist unmöglich, ähnliche Gebiete zu studieren, ohne auf dieselben Ideen zu gelangen. Ich erinnere mich an den Eindruck, den die Tierwelt Sibiriens auf mich machte, als ich die Vitim-Gebiete in Begleitung eines so versierten Zoologen wie meines Freundes Polyakoff erkundete . Wir waren beide noch frisch von der Entstehung der Arten beeindruckt, suchten aber vergeblich nach dem scharfen Wettkampf zwischen Tieren der gleichen Art, auf den wir nach der Lektüre von Darwins Werk vorbereitet worden waren, selbst nachdem wir die Bemerkungen im dritten Kapitel (S. 54) in Betracht gezogen hatten. Wir sahen viele Anpassungen für den oft gemeinsamen Kampf gegen die widrigen klimatischen Umstände oder gegen verschiedene Feinde, und Polyakoff schrieb viele gute Seiten über die gegenseitige Abhängigkeit von Fleischfressern, Wiederkäuern und Nagetieren in ihrer geographischen Verbreitung; Wir wurden Zeugen zahlreicher Fälle gegenseitiger Unterstützung, insbesondere während der Migration von Vögeln und Wiederkäuern; aber selbst in den Regionen Amur und Usuri , wo es von Tieren in Hülle und Fülle wimmelt, fielen mir nur sehr selten Fälle wirklicher Konkurrenz und Kampfes zwischen höheren Tieren derselben Art auf, obwohl ich eifrig danach suchte. Derselbe Eindruck zeigt sich in den Werken der meisten russischen Zoologen, und das erklärt wahrscheinlich, warum Kesslers Ideen von den russischen Darwinisten so begrüßt wurden, während ähnliche Ideen bei den Anhängern Darwins in Westeuropa nicht in Mode sind.

Das Erste, was uns auffällt, wenn wir beginnen, den Kampf ums Dasein unter beiden Aspekten – direkt und metaphorisch – zu studieren, ist die Fülle an Tatsachen gegenseitiger Hilfe, nicht nur zur Aufzucht der Nachkommenschaft, wie die meisten Evolutionisten anerkennen, sondern auch zur Sicherheit des Individuums und um es mit der nötigen Nahrung zu versorgen. In vielen großen Bereichen des Tierreichs ist gegenseitige Hilfe die Regel. Gegenseitige Hilfe findet man sogar unter den niedrigsten Tieren, und wir müssen darauf gefasst sein, eines Tages von den Erforschern des mikroskopischen Teichlebens Tatsachen unbewusster gegenseitiger Unterstützung zu erfahren, sogar aus dem Leben der Mikroorganismen. Natürlich ist unser Wissen über das Leben der wirbellosen Tiere, mit Ausnahme der Termiten, Ameisen und Bienen, äußerst begrenzt; und doch können wir selbst bei den niederen Tieren einige Tatsachen gut belegter Zusammenarbeit in Erfahrung bringen. Die zahllosen Vereinigungen von Heuschrecken, Aasgeiern , Zikaden usw. sind praktisch völlig unerforscht; aber schon die Tatsache ihrer Existenz weist darauf hin, dass sie nach ungefähr denselben Prinzipien zusammengesetzt sein müssen wie die zeitweiligen Vereinigungen von Ameisen oder Bienen zu Migrationszwecken. Was die Käfer betrifft, so haben wir bei den Totengräberkäfern (Necrophorus) recht gut beobachtete Tatsachen gegenseitiger Hilfe. Sie müssen über verrottende organische Substanz verfügen, in die sie ihre Eier legen und so ihre Larven mit Nahrung versorgen können; diese Substanz darf jedoch nicht sehr schnell verrotten. Deshalb pflegen sie die Leichen aller Arten kleiner Tiere, die sie gelegentlich auf ihren Streifzügen finden, in der Erde zu vergraben. In der Regel führen sie ein isoliertes Leben, aber wenn einer von ihnen die Leiche einer Maus oder eines Vogels entdeckt, die er kaum selbst vergraben könnte, ruft er vier, sechs oder zehn andere Käfer herbei, um die Operation mit vereinten Kräften durchzuführen; wenn nötig, transportieren sie die Leiche auf einen geeigneten weichen Boden; und sie begraben ihn auf sehr rücksichtsvolle Weise, ohne sich darum zu streiten, wer von ihnen das Vorrecht genießt, seine Eier in der begrabenen Leiche abzulegen. Und als Gleditsch einen toten Vogel an ein Kreuz aus zwei Stöcken befestigte oder eine Kröte an einen in die Erde gepflanzten Stock hängte, bündelten die kleinen Käfer auf die gleiche freundliche Weise ihre Intelligenz, um die List des Menschen zu überwinden. Dieselbe Kombination von Bemühungen wurde bei den Mistkäfern beobachtet.

Sogar unter Tieren, die auf einer etwas niedrigeren Organisationsstufe stehen, können wir ähnliche Beispiele finden. Einige Landkrabben aus Westindien und Nordamerika schließen sich zu großen Schwärmen zusammen, um zum Meer zu wandern und dort ihren Laich abzulegen; und jede solche Wanderung setzt Abstimmung, Zusammenarbeit und gegenseitige Unterstützung voraus. Was die große Molukkenkrabbe (Limulus) betrifft, so war ich (1882 im Brighton Aquarium) erstaunt über das Ausmaß der gegenseitigen Hilfe, die diese unbeholfenen Tiere einem Kameraden im Bedarfsfall zuteil werden lassen können. Eines von ihnen war in einer Ecke des Beckens auf den Rücken gefallen, und sein schwerer, topfartiger Panzer hinderte es daran, in seine natürliche Lage zurückzukehren, umso mehr, als sich in der Ecke eine Eisenstange befand, die die Aufgabe noch schwieriger machte. Seine Kameraden kamen zu Hilfe, und eine Stunde lang beobachtete ich, wie sie sich bemühten , ihrem Mitgefangenen zu helfen. Sie kamen zu zweit auf einmal, stießen ihren Freund von unten weg und schafften es nach anstrengenden Anstrengungen, ihn aufrecht zu heben; aber dann verhinderte die Eisenstange, dass sie die Rettungsarbeit durchführen konnten, und die Krabbe fiel erneut schwer auf den Rücken. Nach vielen Versuchen ging einer der Helfer in die Tiefe des Beckens und holte zwei weitere Krabben, die mit frischer Kraft wieder anfingen, ihren hilflosen Kameraden zu schubsen und hochzuheben. Wir blieben mehr als zwei Stunden im Aquarium und als wir es verließen, warfen wir noch einmal einen Blick auf das Becken: die Rettungsarbeit ging noch immer weiter! Da ich das gesehen habe, kann ich die von Dr. Erasmus Darwin zitierte Beobachtung nicht leugnen – nämlich, dass „die gewöhnliche Krabbe während der Häutungszeit ein ungehäutetes oder hartschaliges Exemplar als Wache postiert, um zu verhindern, dass Meeresfeinde gehäutete Exemplare in ihrem ungeschützten Zustand verletzen." (5)

Tatsachen, die die gegenseitige Hilfe unter Termiten, Ameisen und Bienen veranschaulichen, sind dem allgemeinen Leser so gut bekannt, insbesondere durch die Werke von Romanes, L. Buchner und Sir John Lubbock, dass ich meine Bemerkungen auf einige wenige Hinweise beschränken kann. (6) Wenn wir uns einen Ameisenhaufen ansehen, sehen wir nicht nur, dass jede beschriebene Arbeit – Aufzucht der Nachkommenschaft, Nahrungssuche, Bauen, Aufzucht von Blattläusen usw. – nach den Grundsätzen der freiwilligen gegenseitigen Hilfe durchgeführt wird; wir müssen auch mit Forel anerkennen, dass das wichtigste, das grundlegende Merkmal des Lebens vieler Ameisenarten die Tatsache und die Verpflichtung jeder Ameise ist, ihre bereits geschluckte und teilweise verdaute Nahrung mit jedem Mitglied der Gemeinschaft zu teilen, das sie benötigt. Zwei Ameisen, die zwei verschiedenen Arten oder zwei feindlichen Nestern angehören, meiden einander, wenn sie gelegentlich aufeinandertreffen. Aber zwei Ameisen, die zum selben Nest oder zur selben Nestkolonie gehören, nähern sich einander, wechseln ein paar Fühlerbewegungen aus, und „wenn eine von ihnen hungrig oder durstig ist, und besonders wenn die andere ihren Kropf voll hat … bittet sie sofort um Futter." Das so angefragte Individuum lehnt nie ab; es spreizt seine Mandibeln, nimmt eine geeignete Position ein und würgt einen Tropfen durchsichtiger Flüssigkeit wieder hoch, den die hungrige Ameise aufleckt. Das Hochwürgen von Futter für andere Ameisen ist ein so hervorstechendes Merkmal im Leben der Ameisen (in Freiheit) und kommt so häufig vor, sowohl um hungrige Kameraden als auch um Larven zu füttern, dass Forel den Verdauungstrakt der Ameisen als aus zwei verschiedenen Teilen bestehend betrachtet, von denen einer, der hintere, für den speziellen Gebrauch des Individuums und der andere, der vordere, hauptsächlich für den Gebrauch der Gemeinschaft bestimmt ist. Wenn eine Ameise, deren Kropf voll ist, selbstsüchtig genug war, die Fütterung eines Kameraden abzulehnen, wird sie als Feind oder sogar noch schlimmer behandelt. Wenn die Ablehnung erfolgte, während ihre Verwandten mit einer anderen Art kämpften , werden sie mit größerer Vehemenz auf das gierige Individuum zurückgreifen als sogar auf die Feinde selbst. Und wenn eine Ameise es nicht abgelehnt hat, eine andere Ameise einer feindlichen Art zu füttern, wird sie von den Verwandten der letzteren als Freund behandelt. All dies wird durch genaueste Beobachtungen und entscheidende Experimente bestätigt. (7)

In dieser riesigen Teilung des Tierreichs, die mehr als tausend Arten umfasst und so zahlreich ist, dass die Brasilianer behaupten, Brasilien gehöre den Ameisen und nicht den Menschen, besteht die Konkurrenz zwischen den

Mitgliedern desselben Nestes oder der Nestkolonie. ist nicht vorhanden. Wie schrecklich die Kriege zwischen verschiedenen Arten auch sein mögen und wie grausam die Kriegstaten auch sein mögen, gegenseitige Hilfe innerhalb der Gemeinschaft, zur Gewohnheit gewordene Selbsthingabe und sehr oft auch Selbstaufopferung für das Gemeinwohl sind die Regel. Die Ameisen und Termiten haben dem „Hobbes'schen Krieg" abgeschworen, und es geht ihnen besser. Ihre wunderbaren Nester, ihre Gebäude sind denen des Menschen in ihrer relativen Größe überlegen; ihre gepflasterten Straßen und oberirdischen Gewölbegalerien; ihre geräumigen Hallen und Getreidespeicher; ihre Maisfelder, das Ernten und „Mälzen" des Getreides; (8) ihre rationalen Methoden zur Aufzucht ihrer Eier und Larven und zum Bau spezieller Nester für die Aufzucht der Blattläuse, die Linnaeus so malerisch als „die Kühe der Ameisen" beschrieb; und schließlich ihr Mut, ihr Mut und ihre überlegene Intelligenz – all dies ist das natürliche Ergebnis der gegenseitigen Hilfe, die sie in jeder Phase ihres geschäftigen und mühsamen Lebens praktizieren . Diese Lebensweise führte zwangsläufig auch zur Entwicklung eines weiteren wesentlichen Merkmals des Lebens der Ameisen: der enormen Entwicklung individueller Initiative, die wiederum offensichtlich zur Entwicklung jener hohen und vielfältigen Intelligenz führte, die den menschlichen Beobachter nur in Erstaunen versetzen kann .(9)

Wenn wir keine anderen Fakten aus dem Tierleben wüssten als das, was wir über Ameisen und Termiten wissen, könnten wir bereits mit Sicherheit zu dem Schluss kommen, dass gegenseitige Hilfe (die zu gegenseitigem Vertrauen führt, die erste Voraussetzung für Mut) und individuelle Initiative (die erste Voraussetzung für intellektuelle Fähigkeiten) sind Fortschritt) sind zwei Faktoren, die in der Evolution des Tierreichs unendlich wichtiger sind als der gegenseitige Kampf. Tatsächlich gedeiht die Ameise, ohne über die „schützenden" Eigenschaften zu verfügen, auf die Tiere, die ein isoliertes Leben führen, nicht verzichten können. Seine Farbe macht ihn für seine Feinde auffällig, und die hohen Nester vieler Arten fallen auf den Wiesen und in den Wäldern auf. Es ist nicht durch einen harten Panzer geschützt, und sein Stechapparat ist, so gefährlich er auch sein mag, wenn Hunderte von Stichen in das Fleisch eines Tieres gestochen werden, für die individuelle Verteidigung nicht von großem Wert ; während die Eier und Larven der Ameisen für viele Waldbewohner ein Leckerbissen sind. Und doch werden die Ameisen zu Tausenden von den Vögeln kaum vernichtet, nicht einmal von den Ameisenfressern, und die meisten stärkeren Insekten fürchten sie. Als Forel einen Sack voller Ameisen auf eine Wiese leerte, sah er, dass „die Grillen davonliefen und ihre Höhlen verließen, um von den Ameisen geplündert zu werden; die Heuschrecken und Grillen flohen in alle Richtungen; die Spinnen und Käfer ließen ihre Beute der Reihe nach zurück." nicht selbst zur Beute werden;" Sogar die Nester der Wespen wurden von den Ameisen eingenommen, nach einem Kampf, bei dem viele Ameisen um die Sicherheit des Gemeinwesens starben. Selbst die schnellsten Insekten können nicht entkommen, und Forel sah oft Schmetterlinge, Mücken, Fliegen usw., die von den Ameisen überrascht und getötet wurden. Ihre Stärke liegt in gegenseitiger Unterstützung und gegenseitigem Vertrauen. Und wenn die Ameise – abgesehen von den noch höher entwickelten Termiten – hinsichtlich ihrer geistigen Fähigkeiten an der Spitze der gesamten Klasse der Insekten steht; wenn sein Mut nur von den mutigsten Wirbeltieren erreicht wird; Und wenn sein Gehirn – um Darwins Worte zu verwenden – „eines der wunderbarsten Atome der Materie auf der Welt ist, vielleicht noch mehr als das Gehirn des Menschen", liegt das nicht daran, dass gegenseitige Hilfe vollständig an die Stelle getreten ist gegenseitiger Kampf in den Ameisengemeinschaften?

Das Gleiche gilt auch für die Bienen. Diese kleinen Insekten, die so leicht zur Beute so vieler Vögel werden könnten und deren Honig in allen Tierklassen vom Käfer bis zum Bären so viele Bewunderer hat, verfügen auch nicht über die schützenden Eigenschaften, die sich aus der Mimikry oder auf andere Weise ergeben, ohne die ein isoliert lebendes Insekt könnte der umfassenden Zerstörung kaum entkommen; und doch erlangen sie dank der gegenseitigen Hilfe, die sie praktizieren , die große Ausdehnung, die wir kennen, und die Intelligenz, die wir bewundern. Durch die gemeinsame Arbeit vervielfachen sie ihre individuellen Kräfte; Durch den Rückgriff auf eine vorübergehende Arbeitsteilung in Kombination mit der Fähigkeit jeder Biene, bei Bedarf jede Art von Arbeit zu verrichten, erreichen sie ein Maß an Wohlbefinden und Sicherheit, das kein isoliertes Tier jemals erreichen kann, egal wie stark oder gut bewaffnet es auch sein mag Vielleicht. In ihren Kombinationen sind sie oft erfolgreicher als der Mensch, wenn er es versäumt, eine gut geplante gegenseitige Hilfe in Anspruch zu nehmen. Wenn also ein neuer Bienenschwarm den Bienenstock auf der Suche nach einem neuen Aufenthaltsort verlässt, erkunden einige Bienen vorab die Umgebung , und wenn sie einen geeigneten Aufenthaltsort entdecken – sagen wir, einen alten Korb, oder irgendetwas in der Art – sie nehmen es in Besitz, reinigen es und bewachen es, manchmal eine ganze Woche lang, bis der Schwarm kommt, um sich darin niederzulassen. Aber wie viele menschliche Siedler werden in neuen Ländern sterben, nur weil sie die Notwendigkeit einer Bündelung ihrer Kräfte nicht verstanden haben! Indem sie ihre individuellen Intelligenzen kombinieren , gelingt es ihnen, mit widrigen Umständen zurechtzukommen, sogar mit völlig unvorhergesehenen und ungewöhnlichen, wie jene Bienen auf der Pariser Weltausstellung, die mit ihrem harzigen Propolis den Fensterladen an einer Glasplatte befestigten, die in die Wand ihres Bienenstocks eingebaut war. Außerdem zeigen sie nichts von den blutrünstigen Neigungen und der Liebe zu nutzlosen Kämpfen, mit denen viele Autoren Tiere so bereitwillig ausstatten. Die Wachen, die den Eingang zum Bienenstock bewachen, töten gnadenlos die Räuberbienen, die versuchen, in den Bienenstock einzudringen; Aber die fremden Bienen, die versehentlich in den Bienenstock gelangen, bleiben unbehelligt, insbesondere wenn sie mit Pollen beladen sind oder junge Bienen sind, die leicht in die Irre gehen können. Es gibt nicht mehr Kriegsführung, als unbedingt erforderlich ist.

Die Geselligkeit der Bienen ist umso lehrreicher, als Raubinstinkte und Faulheit auch bei den Bienen weiterhin vorhanden sind und jedes Mal wieder auftauchen, wenn ihr Wachstum durch bestimmte Umstände begünstigt wird . Es ist bekannt, dass es immer eine Anzahl von Bienen gibt, die ein Leben als Räuber dem mühseligen Leben einer Arbeiterin vorziehen, und dass sowohl Zeiten der Knappheit als auch Zeiten eines ungewöhnlich reichen Nahrungsangebots zu einer Zunahme der Räuberklasse führen. Wenn unsere Ernten eingebracht sind und auf unseren Wiesen und Feldern nur wenig zu sammeln ist, kommen Räuberbienen häufiger vor; während andererseits auf den Zuckerplantagen Westindiens und den Zuckerraffinerien Europas Raub, Faulheit und sehr oft Trunkenheit bei den Bienen ganz normal werden. Wir sehen also, dass auch bei den Bienen weiterhin antisoziale Instinkte vorhanden sind; aber die natürliche Selektion muss sie ständig beseitigen, weil sich die Ausübung der Solidarität auf lange Sicht für die Art als viel vorteilhafter erweist als die Entwicklung von Individuen mit räuberischen Neigungen. Die Schlauesten und Gewitztesten werden zugunsten derer eliminiert, die die Vorteile eines geselligen Lebens und gegenseitiger Unterstützung erkennen.

Sicherlich haben sich weder die Ameisen, noch die Bienen, noch nicht einmal die Termiten zu der Vorstellung einer höheren, die Gesamtheit der Art verkörpernden Solidarität entwickelt. In dieser Hinsicht haben sie offenbar noch keinen Entwicklungsstand erreicht, den wir nicht einmal bei unseren politischen, wissenschaftlichen und religiösen Führern finden. Ihre sozialen Instinkte reichen kaum über die Grenzen des Bienenstocks oder Nests hinaus. Allerdings wurden von Forel Kolonien von nicht weniger als zweihundert Nestern zweier verschiedener Arten (Formica exsecta und F. pressilabris) auf dem Mount Tendre und dem Mount Saleve beschrieben ; und Forel behauptet, dass jedes Mitglied dieser Kolonien jedes andere Mitglied der Kolonie anerkennt und dass sie alle an der gemeinsamen Verteidigung teilnehmen ; während Herr MacCook in Pennsylvania eine ganze Nation von 1.600 bis 1.700 Nestern der Hügelbauameise sah, die alle in vollkommener Intelligenz lebten; und Herr Bates hat die Hügel der Termiten beschrieben, die große Flächen in den „Campos" bedecken – einige der Nester dienen als Zufluchtsort für zwei oder drei verschiedene Arten, und die meisten von ihnen sind durch gewölbte Galerien oder Arkaden verbunden.(10) Einige Auch bei den wirbellosen Tieren gibt es daher Schritte zur Zusammenlegung größerer Artengattungen zum Zweck des gegenseitigen Schutzes.

Wenn wir uns nun den höheren Tieren zuwenden, finden wir weitaus mehr Beispiele zweifellos bewusster gegenseitiger Hilfe für alle möglichen Zwecke, obwohl wir sofort erkennen müssen, dass unser Wissen sogar über das Leben der höheren Tiere noch sehr unvollständig ist. Erstklassige Beobachter haben eine große Zahl von Fakten zusammengetragen, aber es gibt ganze Bereiche des Tierreichs, über die wir fast nichts wissen. Zuverlässige Informationen über Fische sind äußerst rar, teilweise aufgrund der Schwierigkeiten der Beobachtung und teilweise, weil dem Thema noch keine gebührende Aufmerksamkeit gewidmet wurde. Was die Säugetiere betrifft , bemerkte Kessler bereits, wie wenig wir über ihre Lebensweise wissen. Viele von ihnen sind nachtaktiv; andere verbergen sich unter der Erde; und jene Wiederkäuer, deren Sozialleben und Wanderungen das größte Interesse erregen, lassen den Menschen nicht an ihre Herden heran. Vor allem über Vögel verfügen wir über die umfangreichsten Informationen, und dennoch ist das Sozialleben sehr vieler Arten nur unvollständig bekannt. Dennoch brauchen wir uns über den Mangel an gut belegten Fakten nicht zu beklagen, wie aus dem Folgenden hervorgeht.

Ich muss mich nicht mit den Zusammenkünften von Männern und Frauen befassen, um ihre Nachkommen aufzuziehen, sie während ihrer ersten Lebensschritte mit Nahrung zu versorgen oder gemeinsam auf die Jagd zu gehen; obwohl nebenbei erwähnt werden darf, dass solche Assoziationen selbst bei den am wenigsten geselligen Fleischfressern und Raubvögeln die Regel sind; und dass sie ein besonderes Interesse daran haben, dass sie das Feld sind, auf dem sich sogar inmitten ansonsten grausamster Tiere zartere Gefühle entwickeln. Es kann auch hinzugefügt werden, dass die Seltenheit größerer Assoziationen als die der Familie bei Fleischfressern und Greifvögeln, obwohl sie größtenteils auf ihre Ernährungsweise selbst zurückzuführen sind, bis zu einem gewissen Grad auch als Folge der Veränderung erklärt werden kann in der Tierwelt durch die rasante Vermehrung der Menschheit entstanden. Auf jeden Fall ist es erwähnenswert, dass es Arten gibt, die in dicht besiedelten Regionen ein ziemlich isoliertes Leben führen, während dieselben Arten oder ihre nächsten Verwandten in unbewohnten Ländern gesellig leben. Als Beispiele seien Wölfe, Füchse und mehrere Raubvögel genannt.

Verbindungen, die nicht über familiäre Bindungen hinausgehen, sind in unserem Fall jedoch von relativ geringer Bedeutung, umso mehr, als wir zahlreiche Verbindungen zu allgemeineren Zwecken kennen, wie Jagd, gegenseitigem Schutz und sogar einfach nur Lebensfreude. Audubon erwähnte bereits, dass Adler sich gelegentlich zur Jagd zusammentun, und seine Beschreibung der beiden Weißkopfseeadler, Männchen und Weibchen, die auf dem Mississippi jagen, ist für ihre anschauliche Darstellung bekannt. Doch eine der überzeugendsten Beobachtungen dieser Art stammt von Syevertsoff . Als er die Fauna der russischen Steppen studierte, sah er einmal einen Adler, der zu einer durch und durch geselligen Art gehörte (den Seeadler, Haliactos albicilla), hoch in die Luft steigen und eine halbe Stunde lang schweigend seine weiten Kreise ziehen, als plötzlich seine durchdringende Stimme zu hören war. Sein Schrei wurde bald von einem anderen Adler beantwortet, der sich ihm näherte, und ihm folgten ein dritter, ein vierter und so weiter, bis neun oder zehn Adler zusammenkamen und bald darauf wieder verschwanden. Am Nachmittag ging Syevertsoff zu der Stelle , zu der er die Adler fliegen sah. Verdeckt durch eine der Hügel der Steppe näherte er sich ihnen und entdeckte, dass sie sich um den Kadaver eines Pferdes versammelt hatten. Die Alten, die in der Regel zuerst mit dem Fressen beginnen – so lauten ihre Anstandsregeln – saßen bereits auf den Heuhaufen der Nachbarschaft und hielten Wache, während die Jüngeren das Fressen fortsetzten, umgeben von Krähenschwärmen. Aus dieser und ähnlichen Beobachtungen schloss Syevertsoff , dass die Seeadler sich zum Jagen zusammentun. Wenn sie alle eine große Höhe erreicht haben, können sie, wenn es zehn sind, ein Gebiet von mindestens 40 km² überblicken. Sobald einer etwas entdeckt hat, warnt er die anderen. (11) Natürlich könnte man argumentieren, dass ein einfacher instinktiver Schrei des ersten Adlers oder sogar seine Bewegungen dieselbe Wirkung gehabt hätten, nämlich mehrere Adler zur Beute zu locken. Aber in diesem Fall gibt es starke Beweise für eine gegenseitige Warnung, denn die zehn Adler kamen zusammen, bevor sie auf die Beute herabstiegen, und Syevertsoff hatte später mehrere Gelegenheiten, festzustellen, dass die Seeadler sich immer versammeln , um einen Kadaver zu verschlingen, und dass einige von ihnen (zuerst die jüngeren) immer Wache halten, während die anderen fressen. Tatsächlich ist der Seeadler – einer der mutigsten und besten Jäger – insgesamt ein geselliger Vogel, und Brehm sagt, dass er in Gefangenschaft sehr schnell eine Bindung zu seinen Wärtern entwickelt.

Geselligkeit ist ein gemeinsames Merkmal vieler anderer Raubvögel. Der Brasilianische Milan, einer der „frechsten" Räuber, ist dennoch ein äußerst geselliger Vogel. Seine Jagdgenossenschaften wurden von Darwin und anderen Naturforschern beschrieben, und es ist eine Tatsache, dass er, wenn er eine zu große Beute gefangen hat, fünf oder sechs Freunde zusammenruft, um sie wegzutragen. Wenn sich diese Milane nach einem anstrengenden Tag zur Nachtruhe auf einen Baum oder ins Gebüsch zurückziehen, versammeln sie sich immer in Gruppen, manchmal kommen sie aus Entfernungen von 15 oder mehr Kilometern zusammen, und oft gesellen sich mehrere andere Geier zu ihnen, insbesondere die Percnopteren , „ihre wahren Freunde", sagt D'Orbigny . Auf einem anderen Kontinent, in den Wüsten Transkaspiens, haben sie laut Zarudnyi die gleiche Angewohnheit, gemeinsam zu nisten. Der

Gesellige Geier, einer der stärksten Geier, hat seinen Namen seiner Liebe zur Gesellschaft verdankt. Sie leben in zahlreichen Gruppen und genießen die Gesellschaft ausgesprochen; Viele von ihnen nehmen zum Spaß gemeinsam an ihren Höhenflügen teil. „Sie leben in sehr guter Freundschaft", sagt Le Vaillant, „und in derselben Höhle fand ich manchmal bis zu drei Nester dicht beieinander." (12) Die Urubu-Geier Brasiliens sind ebenso oder vielleicht noch geselliger als Krähen. (13) Die kleinen Schmutzgeier leben in enger Freundschaft. Sie spielen in Gruppen in der Luft, sie kommen zusammen, um die Nacht zu verbringen, und am Morgen gehen sie alle zusammen auf Nahrungssuche, und niemals entsteht der geringste Streit unter ihnen; so das Zeugnis von Brehm, der reichlich Gelegenheit hatte, ihr Leben zu beobachten. Auch den Rotkehlfalken trifft man in zahlreichen Gruppen in den Wäldern Brasiliens an, und der Turmfalke (Tinnunculus cenchris) versammelt sich in zahlreichen Gesellschaften, wenn er Europa verlassen hat und im Winter die Prärien und Wälder Asiens erreicht hat. In den Steppen Südrusslands ist (oder war vielmehr) er so gesellig, dass Nordmann ihn in zahlreichen Gruppen mit anderen Falken (Falco tinnunculus, F. oesulon und F. subbuteo) sah , die jeden schönen Nachmittag gegen vier Uhr zusammenkamen und bis spät in die Nacht ihren Sport trieben. Sie flogen alle auf einmal in einer ganz geraden Linie auf einen bestimmten Punkt zu, und wenn sie diesen erreicht hatten, kehrten sie sofort über dieselbe Linie zurück, um denselben Flug zu wiederholen. (14)

Bei allen Vogelarten ist es durchaus üblich, aus reinem Flugvergnügen in Schwärmen zu fliegen. „Besonders im Humber-Distrikt", sagte Ch. Dixon schreibt: „Oft tauchen gegen Ende August große Schwärme von Alpenstrandläufern im Wattenmeer auf und bleiben dort über den Winter ... Die Bewegungen dieser Vögel sind höchst interessant, da ein riesiger Schwarm sich umdreht und sich ausbreitet oder sich schließt." viel Präzision als ausgebildete Truppen. Unter ihnen sind viele seltsame Stints und Sanderlings und Flussregenpfeifer verstreut."(15)

Es wäre ganz unmöglich, hier die verschiedenen Jagdvereinigungen der Vögel aufzuzählen; Aber die Angelvereine der Pelikane sind wegen der bemerkenswerten Ordnung und Intelligenz, die diese ungeschickten Vögel an den Tag legen, sicherlich bemerkenswert. Sie gehen immer in zahlreichen Gruppen angeln, und nachdem sie eine geeignete Bucht ausgewählt haben, bilden sie einen breiten Halbkreis vor dem Ufer und verengen ihn, indem sie zum Ufer hin paddeln, um alle Fische zu fangen, die gerade im Kreis eingeschlossen sind. Auf schmalen Flüssen und Kanälen teilen sie sich sogar in zwei Gruppen, von denen jede einen Halbkreis bildet und beide paddelnd aufeinander zu paddeln, gerade als ob zwei Gruppen von Männern, die zwei lange Netze schleppen, vorrücken sollten, um alle dazwischen gefangenen Fische zu fangen die Netze, wenn sich beide Parteien treffen. Wenn die

Nacht hereinbricht, fliegen sie zu ihren Rastplätzen – immer die gleichen für jede Herde – und niemand hat sie je um den Besitz der Bucht oder des Rastplatzes kämpfen sehen. In Südamerika versammeln sie sich in Schwärmen von vierzig- bis fünfzigtausend Individuen, von denen ein Teil den Schlaf genießt, während der andere Wache hält und wieder andere angeln gehen. (16) Und schließlich würde ich dem vielverleumdeten Haus Unrecht tun -Spatzen, wenn ich nicht erwähnen würde, wie treu jeder von ihnen jedes gefundene Futter mit allen Mitgliedern der Gesellschaft, der er angehört, teilt. Die Tatsache war den Griechen bekannt, und es ist der Nachwelt überliefert, wie ein griechischer Redner einst ausrief (ich zitiere aus dem Gedächtnis): „Während ich zu euch spreche, ist ein Spatz gekommen, um den anderen Spatzen zu sagen, dass ein Sklave gefallen ist." auf dem Boden einen Sack Mais, und alle gehen dorthin, um sich von dem Getreide zu ernähren. Umso mehr freut man sich, diese alte Beobachtung in einem kürzlich erschienenen kleinen Buch von Mr. Gurney bestätigt zu finden, der keinen Zweifel daran hat, dass die Haussperlinge sich immer gegenseitig darüber informieren, wo es etwas zu essen gibt, das sie stehlen können; Er sagt: „Wenn ein Stapel noch so weit vom Hof entfernt wurde, hatten die Spatzen im Hof immer ihre Ähren voll mit Getreide."(17) Es stimmt, die Spatzen achten sehr darauf, ihre Gebiete frei von Getreide zu halten Invasionen von Fremden; So kämpfen die Spatzen des Jardin du Luxembourg erbittert gegen alle anderen Spatzen, die versuchen, den Garten und seine Besucher zu genießen; aber innerhalb ihrer eigenen Gemeinschaften praktizieren sie uneingeschränkt gegenseitige Unterstützung, obwohl es natürlich gelegentlich auch unter den besten Freunden zu Streitigkeiten kommt.

Das gemeinsame Jagen und Füttern ist in der gefiederten Welt so sehr zur Gewohnheit geworden, dass weitere Zitate kaum nötig wären: Es muss als erwiesene Tatsache betrachtet werden. Was die Kraft betrifft, die aus solchen Assoziationen resultiert, liegt auf der Hand. Die stärksten Greifvögel sind den Assoziationen unserer kleinsten Haustiervögel machtlos ausgeliefert. Sogar Adler – sogar der mächtige und schreckliche Zwergadler und der Kampfadler, der stark genug ist, um einen Hasen oder eine junge Antilope in seinen Klauen wegzutragen – sind gezwungen, ihre Beute den Banden dieser Bettler, den Drachen, zu überlassen, die ihnen das geben Adler machen regelmäßig Jagd, sobald sie ihn im Besitz einer guten Beute sehen. Die Drachen werden auch den schnellen Fischfalken verfolgen und ihm die Fische rauben, die er gefangen hat; Aber niemand sah jemals, wie die Drachen miteinander um den Besitz der so gestohlenen Beute kämpften. Auf der Kerguelen-Insel sah Dr. Coues, wie die Möwen Buphogus – die Seehenne der Robbenjäger – verfolgten und sie dazu brachten, ihr Futter auszuspucken, während sich auf der anderen Seite Möwen und Seeschwalben zusammenschlossen, um die Seehenne zu vertreiben sobald es in die Nähe seiner Behausungen kam, besonders zur Brutzeit .(18) Die kleinen, aber äußerst schnellen Kiebitze (Vanellus cristatus) greifen die Greifvögel kühn an. „Zu sehen, wie sie einen Bussard, einen Milan, eine Krähe oder einen Adler angreifen, ist eines der amüsantesten Schauspiele. Man spürt, dass sie siegessicher sind, und man sieht die Wut des Raubvogels. Unter solchen Umständen sind sie unterstützen einander vollkommen, und ihr Mut wächst mit ihrer Zahl."(19) Der Kiebitz hat den Namen einer „guten Mutter", den ihm die Griechen gaben, durchaus verdient, denn er versäumt es nie, andere Wasservögel vor den Angriffen von zu schützen ihre Feinde. Aber selbst die kleinen Bachstelzen (Motacilla alba), die wir in unseren Gärten gut kennen und deren Gesamtlänge kaum 20 Zoll erreicht, zwingen den Sperber, seine Jagd aufzugeben. „Ich habe oft ihren Mut und ihre Beweglichkeit bewundert", schrieb der alte Brehm, „und ich bin überzeugt, dass der Falke allein in der Lage ist, jeden von ihnen zu fangen ... Wenn eine Bachstelzenbande einen Raubvogel zum Rückzug gezwungen hat, machen sie das." Die Luft hallt von ihren triumphalen Schreien wider, und danach trennen sie sich. Sie kommen also zu dem besonderen Zweck zusammen, ihren Feind zu jagen, so wie wir es sehen, wenn die gesamte Vogelpopulation eines Waldes durch die Nachricht, dass tagsüber ein nachtaktiver Vogel aufgetaucht ist, in Aufruhr versetzt wird, und zwar alle zusammen – Greifvögel und kleine harmlose Sänger – machen sich auf den Weg, den Fremden zu jagen und ihn in sein Versteck zurückzubringen.

Welch ein gewaltiger Unterschied zwischen der Kraft eines Milans, eines Bussards oder eines Habichts und so kleiner Vögel wie der Bachstelze; und doch erweisen sich diese kleinen Vögel durch ihre gemeinsame Tatkraft und ihren Mut den stark geflügelten und bewaffneten Räubern als überlegen! In Europa jagen die Bachstelzen nicht nur Raubvögel, die ihnen gefährlich werden könnten, sondern sie jagen auch den Fischadler „eher zum Spaß als um ihm Schaden zuzufügen", während in Indien, gemäß Dr. Jerdons Aussage, die Dohlen den Gowinda -Milan „einfach zum Vergnügen" jagen. Prinz Wied sah den brasilianischen Adler urubitinga umgeben von zahllosen Schwärmen von Tukanen und Kassiquen (ein Vogel, der unserer Saatkrähe sehr ähnlich ist), die ihn verspotteten. „Der Adler", fügt er hinzu, „erträgt diese Beleidigungen normalerweise sehr ruhig, aber von Zeit zu Zeit fängt er einen dieser Spötter." In allen solchen Fällen erweisen sich die kleinen Vögel, obwohl sie dem Raubvogel an Kraft weit unterlegen sind, durch ihre allgemeine Aktion als überlegen.(20)

Die auffälligsten Auswirkungen des Gemeinschaftslebens auf die Sicherheit des Einzelnen, seine Lebensfreude und die Entwicklung seiner intellektuellen Fähigkeiten zeigen sich jedoch bei zwei großen Vogelfamilien, den Kranichen und den Papageien. Die Kraniche sind äußerst gesellig und leben in ausgezeichneten Beziehungen nicht nur zu ihren Artgenossen, sondern auch zu den meisten Wasservögeln. Ihre Umsicht ist wirklich erstaunlich, ebenso ihre Intelligenz; sie erfassen neue Bedingungen im Nu und handeln entsprechend. Ihre Wachen halten immer Wache um einen Schwarm, der frisst oder ruht, und die Jäger wissen genau, wie schwierig es ist, sich ihnen zu nähern. Wenn es dem Menschen gelungen ist, sie zu überraschen, kehren sie nie an denselben Ort zurück, ohne vorher einen einzigen Späher und danach einen Trupp Späher ausgesandt zu haben; und wenn der Spähertrupp zurückkehrt und meldet, dass keine Gefahr besteht, wird eine zweite Gruppe Späher ausgesandt, um die erste Meldung zu bestätigen, bevor die ganze Truppe aufbricht. Mit verwandten Arten schließen die Kraniche echte Freundschaft; und in Gefangenschaft gibt es keinen Vogel, außer dem ebenfalls geselligen und hochintelligenten Papagei, der eine solch echte Freundschaft mit dem Menschen schließt. „Er sieht im Menschen nicht einen Meister, sondern einen Freund und bemüht sich, dies zu zeigen", schlussfolgert Brehm aus einer umfangreichen persönlichen Erfahrung. Der Kranich ist vom frühen Morgen bis spät in die Nacht in ständiger Aktivität; aber er widmet nur ein paar Stunden am Morgen der Aufgabe, seine Nahrung zu suchen, hauptsächlich Pflanzen. Den ganzen Rest des Tages widmet er dem Gesellschaftsleben. „Er hebt kleine Holzstücke oder kleine Steine auf, wirft sie in die Luft und versucht, sie zu fangen; er beugt seinen Hals, breitet seine Flügel aus, tanzt, springt, rennt umher und versucht mit allen Mitteln seine gute Gemütsverfassung zu zeigen, und bleibt dabei immer anmutig und schön." (21) Da er in der Gesellschaft lebt, hat er fast keine Feinde, und obwohl Brehm gelegentlich sah, wie einer von ihnen von einem Krokodil gefangen wurde, schrieb er, dass er außer dem Krokodil keine Feinde des Kranichs kenne. Durch seine sprichwörtliche Umsicht vermeidet er sie alle und erreicht in der Regel ein sehr hohes Alter. Kein Wunder, dass der Kranich zum Erhalt seiner Art nicht viele Nachkommen aufziehen muss; er brütet normalerweise nur zwei Eier aus. Was seine überlegene Intelligenz betrifft, genügt es zu sagen, dass alle Beobachter übereinstimmend anerkennen, dass seine intellektuellen Fähigkeiten sehr an die des Menschen erinnern.

Der andere äußerst gesellige Vogel, der Papagei, steht, wie bekannt, hinsichtlich der Entwicklung seiner Intelligenz an der Spitze der gesamten gefiederten Welt. Brehm hat die Lebensweise des Papageis so bewundernswert zusammengefasst, dass ich nichts Besseres tun kann, als den folgenden Satz zu übersetzen:

„Außer in der Paarungszeit leben sie in sehr zahlreichen Gesellschaften oder Gruppen. Sie suchen sich einen Platz im Wald, um dort zu bleiben, und von dort brechen sie jeden Morgen zu ihren Jagdexpeditionen auf. Die Mitglieder jeder Gruppe bleiben einander treu verbunden und teilen Glück und Unglück gemeinsam. Alle zusammen begeben sie sich morgens auf ein Feld, in einen Garten oder zu einem Baum, um Früchte zu fressen. Sie stellen Wachen auf, um über die Sicherheit der gesamten Gruppe zu wachen, und achten auf deren Warnungen. Im Falle einer Gefahr ergreifen alle die Flucht, wobei sie sich gegenseitig unterstützen, und kehren alle gleichzeitig zu ihrem Ruheplatz zurück. Mit einem Wort, sie leben immer eng vereint."

Sie genießen auch die Gesellschaft anderer Vögel. In Indien kommen Eichelhäher und Krähen aus vielen Kilometern Entfernung zusammen, um gemeinsam mit den Papageien im Bambusdickicht zu übernachten. Wenn die Papageien mit der Jagd beginnen, zeigen sie außerordentliche Intelligenz, Besonnenheit und die Fähigkeit, mit den Umständen umzugehen. Nehmen wir zum Beispiel eine Gruppe weißer Kakaobäume in Australien. Bevor sie mit der Plünderung eines Maisfeldes beginnen, schicken sie zunächst eine Erkundungsgruppe aus , die die höchsten Bäume in der Nähe des Feldes besetzt, während andere Späher auf den Zwischenbäumen zwischen Feld und Wald sitzen und die Signale senden. Wenn der Bericht „Alles klar" lautet, lösen sich etwa zwanzig Kakaobäume von der Masse der Bande, machen einen Flug in die Luft und fliegen dann auf die Bäume zu, die dem Feld am nächsten liegen. Auch sie werden die Nachbarschaft lange beobachten und erst dann das Zeichen zum allgemeinen Vormarsch geben, woraufhin die ganze Bande auf einmal loszieht und im Handumdrehen das Feld plündert. Die australischen Siedler haben die größten Schwierigkeiten, die Klugheit der Papageien zu täuschen; aber wenn es dem Menschen mit all seiner Kunst und seinen Waffen gelungen ist, einige von ihnen zu töten, werden die Kakaobäume so umsichtig und wachsam, dass sie von nun an alle Listen vereiteln.(22)

Es besteht kein Zweifel, dass es die Praxis des Lebens in der Gesellschaft ist, die es den Papageien ermöglicht, jenes sehr hohe Niveau fast menschlicher Intelligenz und fast menschlicher Gefühle zu erreichen, das wir bei ihnen kennen. Ihre hohe Intelligenz hat die besten Naturforscher dazu veranlasst, einige Arten, nämlich den Graupapagei, als „Vogelmenschen" zu bezeichnen. Was ihre gegenseitige Zuneigung betrifft, so ist bekannt, dass, wenn ein Papagei von einem Jäger getötet wurde, die anderen mit klagendem Geschrei über die Leiche ihres Kameraden fliegen und „selbst Opfer ihrer Freundschaft werden", wie Audubon sagte; und wenn zwei gefangene Papageien, obwohl sie zwei verschiedenen Arten angehören, eine gegenseitige Freundschaft geschlossen haben, folgte auf den zufälligen Tod eines der beiden Freunde manchmal der Tod des anderen Freundes aus Kummer und Trauer. Es ist nicht weniger offensichtlich, dass sie in ihren Gesellschaften unendlich mehr Schutz finden, als sie jemals bei einer idealen Entwicklung von Schnabel und Krallen finden könnten. Nur sehr wenige Raubvögel oder Säugetiere wagen es, andere als die kleineren Papageienarten anzugreifen, und Brehm hat absolut Recht, wenn er von den Papageien sagt, dass sie – wie auch von den Kranichen und den geselligen Affen – außer dem

Menschen kaum Feinde haben. Und er fügt hinzu: „Es ist sehr wahrscheinlich, dass die größeren Papageien eher dem Alter erliegen als durch die Klauen irgendwelcher Feinde." Nur der Mensch schafft es dank seiner noch überlegeneren Intelligenz und Waffen, die ebenfalls aus der Gemeinschaft stammen, sie teilweise zu vernichten. Ihre Langlebigkeit selbst scheint also das Ergebnis ihres gesellschaftlichen Lebens zu sein. Könnten wir nicht dasselbe über ihr wunderbares Gedächtnis sagen, dessen Entwicklung ebenfalls durch das gesellschaftliche Leben und durch Langlebigkeit, begleitet von einem vollen Genuss der körperlichen und geistigen Fähigkeiten bis ins hohe Alter, gefördert werden muss?

Wie aus dem oben Gesagten hervorgeht, ist der Krieg aller gegen alle kein Naturgesetz. Gegenseitige Hilfe ist ebenso ein Naturgesetz wie gegenseitiger Kampf, und dieses Gesetz wird noch deutlicher, wenn wir einige andere Vogel- und Säugetierassoziationen analysiert haben. Auf den vorhergehenden Seiten wurden bereits einige Hinweise auf die Bedeutung des Gesetzes der gegenseitigen Hilfe für die Evolution des Tierreichs gegeben; ihre Bedeutung wird jedoch noch deutlicher, wenn wir nach einigen weiteren Beispielen in der Lage sind, daraus unsere Schlussfolgerungen zu ziehen.

ANMERKUNGEN:

1. Origin of Species, Kapitel III, S. 62 der Erstausgabe.

2. Nineteenth Century, Februar 1888, S. 165.

3. Wenn wir die vordarwinistischen Autoren wie Toussenel , Fee und viele andere außer Acht lassen, wurden bereits vor diesem Datum mehrere Werke veröffentlicht, die viele eindrucksvolle Beispiele gegenseitiger Hilfe enthalten – hauptsächlich jedoch zur Veranschaulichung tierischer Intelligenz. Ich möchte hier die Werke von Houzeau erwähnen , Les facultes etales des animaux , 2 Bände, Brüssel, 1872; L. Buchners „Aus dem Geistesleben der Thiere" , 2. Aufl. im Jahr 1877; und Maximilian Pertys Über das Seelenleben der Thiere , Leipzig, 1876. Espinas veröffentlichte sein bemerkenswertestes Werk, Les Societes animales im Jahr 1877. In diesem Werk wies er auf die Bedeutung tierischer Gesellschaften und ihren Einfluss auf die Erhaltung der Arten hin und begann eine äußerst wertvolle Diskussion über den Ursprung von Gesellschaften. Tatsächlich enthält Espinas' Buch alles, was seither über gegenseitige Hilfe geschrieben wurde, und noch viele gute Dinge darüber hinaus. Wenn ich dennoch Kesslers Ansprache besonders erwähne, dann deshalb, weil er die gegenseitige Hilfe auf die Ebene eines Gesetzes erhob, das für die Evolution viel wichtiger ist als das Gesetz des gegenseitigen Kampfes. Dieselben Ideen wurden im nächsten Jahr (im April 1881) von J. Lanessan in einem Vortrag entwickelt, der 1882 unter folgendem Titel veröffentlicht wurde: La lutte pour l'existence et l'association pour la lutte .

G. Romanes' Hauptwerk Animal Intelligence erschien 1882 und im nächsten Jahr folgte Mental Evolution in Animals. Etwa zur gleichen Zeit (1883) veröffentlichte Buchner ein weiteres Werk mit dem Titel „Liebe und Liebes-Leben in der Thierwelt ", dessen zweite Auflage 1885 erschien. Die Idee lag, wie man sieht, in der Luft.

4. Memoiren (Trudy) der St. Petersburger Gesellschaft der Naturforscher, Band 11, 1880.

5. George J. Romanes's Animal Intelligence, 1. Auflage, S. 233.

6. Pierre Hubers Les fourmis indigees , Genf, 1861; Forels Recherches sur les fourmis de la Suisse, Zürich, 1874, und JT Moggridges Harvesting Ants and Trapdoor Spiders, London, 1873 und 1874, sollten in den Händen jedes Jungen und Mädchens sein. Siehe auch: Blanchards Metamorphoses des Insectes , Paris, 1868; JH Fabres Souvenirs entomologiques , Paris, 1886; Ebrards Etudes des moeurs des fourmis , Genf, 1864; Sir John Lubbocks Ants, Bees, and Wasps, und so weiter.

7. Forel's Recherches , S. 244, 275, 278. Hubers Beschreibung des Prozesses ist bewundernswert. Es enthält auch einen Hinweis auf den möglichen Ursprung des Instinkts (Volksausgabe, S. 158, 160). Siehe Anhang II.

8. Die Landwirtschaft der Ameisen ist so wunderbar, dass lange Zeit daran gezweifelt wurde. Die Tatsache wurde inzwischen von Herrn Moggridge , Dr. Lincecum, Herrn MacCook , Oberst Sykes und Dr. Jerdon so gut bewiesen , dass kein Zweifel mehr möglich ist. Sehen Sie sich eine hervorragende Zusammenfassung der Beweise in der Arbeit von Herrn Romanes an. Siehe auch Die Pilzgärten einigermaßen südamerikanisch Ameisen , von Alf. Moeller, in Schimpers Botan. Mitth . aus den Tropen , vi. 1893.

9. Dieses zweite Prinzip wurde nicht sofort erkannt. Frühere Beobachter sprachen oft von Königen, Königinnen, Managern usw.; aber seit Huber und Forel ihre detaillierten Beobachtungen veröffentlicht haben, besteht kein Zweifel mehr daran, dass jedem Individuum bei allem, was die Ameisen tun, einschließlich ihrer Kriege, freier Spielraum für die Initiative bleibt.

10. HW Bates, Der Naturforscher am Amazonas, ii. 59 ff.

11. N. Syevertsoff , Periodische Phänomene im Leben der Säugetiere, Vögel und Reptilien von Woronesch , Moskau, 1855 (in Russisch).

12. A. Brehm, Leben der Tiere, III. 477; alle Zitate nach der französischen Ausgabe.

13. Bates, S. 151.

14. Catalogue raisonné des oiseaux de la faune pontique , in Demidoff's Voyage; Abstracts in Brehm, III. 360. Während ihrer Migrationen verbünden sich Raubvögel oft. Ein Schwarm, den H. Seebohm beim Überqueren der Pyrenäen beobachtete, bestand aus einer merkwürdigen Ansammlung von „acht Milanen, einem Kranich und einem Wanderfalken" (The Birds of Siberia, 1901, S. 417).

15. Vögel in den nördlichen Grafschaften, S. 207.

16. Max. Perty , Über das Seelenleben der Thiere (Leipzig, 1876), S. 87 und 103.

17. GH Gurney, The House-Sparrow (London, 1885), S. 5.

18. Dr. Elliot Coues, Vögel der Kerguelen-Insel, in Smithsonian Miscellaneous Collections, Band xiii, Nr. 2, S. 11.

19. Brehm, iv. 567.

20. In Bezug auf die Haussperlinge beschrieb ein neuseeländischer Beobachter, Herr TW Kirk, den Angriff dieser „frechen" Vögel auf einen „unglücklichen" Falken wie folgt : „Eines Tages hörte er ein äußerst ungewöhnliches Geräusch, als ob Als er aufblickte, sah er, wie ein großer Falke (C. gouldi – ein Aasfresser) von einem Schwarm Spatzen angegriffen wurde Der unglückliche Falke war völlig machtlos. Als er sich schließlich einem Gestrüpp näherte, stürzte er hinein und blieb dort, während sich die Spatzen in Gruppen um den heißen Brei versammelten und ein ständiges Geschwätz und Lärm aufrechterhielten New Zealand Institute; Nature, 10. Oktober 1891).

21. Brehm, iv. 671 ff.

22. R. Lendenfeld , in Der zoologische Garten, 1889.

KAPITEL II

Gegenseitige Hilfe unter Tieren (Fortsetzung)

Vogelzüge. Zuchtverbände. Herbstgesellschaften. Säugetiere: kleine Anzahl ungeselliger Arten. Jagdverbände von Wölfen, Löwen usw.; Nagetiergesellschaften; von Wiederkäuern; von Affen. Gegenseitige Hilfe im Kampf ums Leben. Darwins Argumente zum Beweis des Kampfes ums Leben innerhalb der Art. Natürliche Kontrollen zur Übermultiplikation. Angebliche Ausrottung von Zwischengliedern. Beseitigung der Konkurrenz in der Natur.

Sobald der Frühling in die gemäßigte Zone zurückkehrt, versammeln sich Myriaden und Abermyriaden von Vögeln, die in den wärmeren Regionen des Südens verstreut sind, in zahllosen Schwärmen und eilen voller Energie und Freude nach Norden, um ihren Nachwuchs aufzuziehen. Jede unserer Hecken, jedes Gehölz, jede Meeresklippe und jeder der Seen und Teiche, mit denen Nordamerika, Nordeuropa und Nordasien übersät sind, erzählen uns zu dieser Jahreszeit die Geschichte davon, was gegenseitige Hilfe für die Vögel bedeutet; welche Kraft, Energie und welchen Schutz sie jedem Lebewesen verleiht, wie schwach und wehrlos es auch sonst sein mag. Nehmen wir zum Beispiel einen der zahllosen Seen der russischen und sibirischen Steppen. Seine Ufer sind von Myriaden von Wasservögeln bevölkert, die mindestens zwanzig verschiedenen Arten angehören und alle in vollkommenem Frieden leben – und sich gegenseitig schützen.

„Mehrere hundert Meter vom Ufer entfernt ist die Luft voller Möwen und Seeschwalben, wie mit Schneeflocken an einem Wintertag. Tausende Regenpfeifer und Sandläufer rennen über den Strand, suchen nach Nahrung, pfeifen und genießen einfach das Leben." Weiter oben schaukelt auf fast jeder Welle eine Ente, während man weiter oben die Schwärme der Casarki-Enten bemerkt. Überall wimmelt es von üppigem Leben."(1)

Und hier sind die Räuber – die stärksten, die listigsten, jene, die „ideal für den Raub organisiert" sind. Und man hört ihre hungrigen, wütenden, düsteren Schreie, während sie stundenlang auf eine Gelegenheit warten, aus dieser Masse lebender Wesen ein einziges ungeschütztes Individuum zu schnappen. Aber sobald sie sich nähern, wird ihre Anwesenheit durch Dutzende freiwilliger Wachen angezeigt , und Hunderte von Möwen und Seeschwalben machen sich auf, den Räuber zu jagen. Wahnsinnig vor Hunger gibt der Räuber bald seine üblichen Vorsichtsmaßnahmen auf: Er stürzt sich plötzlich auf die lebende Masse; aber von allen Seiten angegriffen, ist er wieder zum Rückzug gezwungen. Aus purer Verzweiflung stürzt er sich auf die Wildenten; aber die intelligenten, geselligen Vögel sammeln sich schnell zu einem Schwarm und fliegen davon, wenn der Räuber ein Falke ist;

sie stürzen sich in den See; oder sie wirbeln eine Wolke aus Wasserstaub auf und verwirren den Angreifer, wenn es ein Milan ist. (2) Und während das Leben auf dem See weiter wimmelt, fliegt der Räuber mit wütendem Geschrei davon und hält Ausschau nach Aas oder einem jungen Vogel oder einer Feldmaus, die es noch nicht gewohnt ist, den Warnungen ihrer Kameraden rechtzeitig zu gehorchen. Angesichts eines üppigen Lebens muss sich der ideal bewaffnete Räuber mit dem Überfluss dieses Lebens zufrieden geben.

Weiter nördlich, in den arktischen Archipelen,

„ Sie können viele Meilen entlang der Küste segeln und alle Felsvorsprünge, alle Klippen und Ecken der Berghänge bis zu einer Höhe von zwei bis fünfhundert Fuß sehen, buchstäblich bedeckt mit Seevögeln, deren weiße Brüste sichtbar sind vor den dunklen Felsen, als ob die Felsen dicht mit Kreideflecken bestreut wären. Die Luft, nah und fern, ist sozusagen voller Vögel."(3)

Jeder dieser „Vogelberge" ist ein lebendiges Beispiel für gegenseitige Hilfe und für die unendliche Vielfalt individueller und spezifischer Charaktere, die das soziale Leben hervorbringt. Der Austernfischer ist berühmt für seine Bereitschaft, Raubvögel anzugreifen. Der Kahn ist bekannt für seine Wachsamkeit und wird leicht zum Anführer ruhigerer Vögel. Der Steinwälzer ist ein ziemlich furchtsamer Vogel, wenn er von Kameraden energischerer Arten umgeben ist; aber er übernimmt die Wache für die Sicherheit des Gemeinwesens, wenn er von kleineren Vögeln umgeben ist. Hier haben Sie die dominanten Schwäne; dort die äußerst geselligen Dreizehenmöwen, unter denen Streitereien selten und kurz sind; die einnehmenden Polarlummen, die sich ständig gegenseitig streicheln; die egoistische Gans, die die Waisen eines getöteten Kameraden verstoßen hat; und an ihrer Seite ein anderes Weibchen, das irgendjemandes Waisen adoptiert und nun umgeben von fünfzig oder sechzig Jungen herumpaddelt, die sie führt und pflegt, als wären sie alle ihre eigene Rasse. Neben den Pinguinen, die sich gegenseitig die Eier stehlen, haben Sie die Regenpfeifer, deren Familienbeziehungen so „bezaubernd und rührend" sind, dass selbst leidenschaftliche Jäger davor zurückschrecken, ein Weibchen zu erschießen, das von seinen Jungen umgeben ist; oder die Eiderenten, bei denen (wie bei den Samtenten oder den Coroyas der Savannen) mehrere Weibchen zusammen im selben Nest schlüpfen, oder die Lums , die abwechselnd auf einem gemeinsamen Schwarm brüten. Die Natur ist Vielfalt selbst und bietet alle möglichen Charaktervarianten, vom niedrigsten bis zum höchsten: und deshalb kann sie nicht durch eine pauschale Behauptung beschrieben werden. Noch weniger kann sie vom Standpunkt des Moralisten aus beurteilt werden, weil die Ansichten des Moralisten selbst ein – meist unbewusstes – Ergebnis der Beobachtung der Natur sind.

Das Zusammenkommen zur Brutzeit kommt bei den meisten Vögeln so häufig vor, dass kaum weitere Exemplare erforderlich sind. Unsere Bäume sind mit Gruppen von Krähennestern gekrönt; unsere Hecken sind voller Nester kleinerer Vögel; Unsere Bauernhäuser bieten Schwalbenkolonien Unterschlupf. Unsere alten Türme sind der Zufluchtsort für Hunderte nachtaktiver Vögel. und die Seiten könnten mit den bezauberndsten Beschreibungen des Friedens und der Harmonie gefüllt sein, die in fast allen diesen Brutgesellschaften herrschen. Was den Schutz anbelangt, den die schwächsten Vögel aus ihren Verbindungen ziehen, ist offensichtlich. Dieser ausgezeichnete Beobachter, Dr. Coues, sah zum Beispiel die kleinen Klippenschwalben, die in der unmittelbaren Nachbarschaft des Präriefalken (Falco polyargus) nisteten. Der Falke hatte sein Nest auf der Spitze eines der Minarette aus Lehm, die in den Kanonen Colorados so häufig vorkommen, während eine Schwalbenkolonie direkt darunter nistete. Die kleinen friedlichen Vögel hatten keine Angst vor ihrem habgierigen Nachbarn ; Sie ließen es niemals in die Nähe ihrer Kolonie kommen. Sie umzingelten es sofort und verfolgten es, so dass es sofort fliehen musste .(4)

Das Leben in Gesellschaften hört nicht auf, wenn die Brutzeit vorüber ist; es beginnt dann in neuer Form. Die jungen Bruten versammeln sich in Gesellschaften von Jungvögeln, die im Allgemeinen mehrere Arten umfassen. Das gesellschaftliche Leben wird zu dieser Zeit hauptsächlich um seiner selbst willen praktiziert — teilweise aus Sicherheitsgründen, aber hauptsächlich wegen der Freuden, die es mit sich bringt. So sehen wir in unseren Wäldern die Gesellschaften, die von den jungen Kleiber (Sitta caesia) zusammen mit Meisen, Buchfinken, Zaunkönigen, Baumläufern oder einigen Spechten gebildet werden . (5) In Spanien trifft man die Schwalbe in Gesellschaft von Turmfalken, Fliegenschnäppern und sogar Tauben an. Im äußersten Westen Amerikas leben die jungen Ohrenlerchen in großen Gesellschaften, zusammen mit einer anderen Lerche (Spraguelerche), der Feldlerche, der Savannenammer und mehreren Arten von Ammern und Spornammern. (6) Tatsächlich wäre es viel einfacher, die Arten zu beschreiben, die isoliert leben, als lediglich diejenigen Arten zu benennen, die sich den herbstlichen Gesellschaften junger Vögel anschließen — nicht zum Jagen oder Nisten, sondern einfach, um das Leben in der Gesellschaft zu genießen und ihre Zeit mit Spiel und Sport zu verbringen, nachdem sie jeden Tag ein paar Stunden damit verbracht haben, ihre tägliche Nahrung zu finden.

Und schließlich haben wir jene gewaltige Demonstration gegenseitiger Hilfe unter Vögeln — ihre Migrationen — auf die ich hier nicht einmal näher eingehen möchte. Es genügt zu sagen, dass Vögel, die monatelang in kleinen Gruppen über ein weites Gebiet verstreut gelebt haben, sich zu Tausenden versammeln; sie kommen an einem bestimmten Ort für mehrere Tage hintereinander zusammen, bevor sie aufbrechen, und besprechen offensichtlich die Einzelheiten der Reise. Einige Arten gönnen sich jeden Nachmittag Flüge zur Vorbereitung auf die lange Überfahrt. Alle warten auf ihre verspäteten Artgenossen, und schließlich brechen sie in eine bestimmte, wohlgewählte Richtung auf – eine Frucht gesammelter kollektiver Erfahrung – wobei die Stärksten an der Spitze der Gruppe fliegen und sich gegenseitig bei dieser schwierigen Aufgabe ablösen. Sie überqueren die Meere in großen Gruppen, die sowohl aus großen als auch aus kleinen Vögeln bestehen, und wenn sie im nächsten Frühjahr zurückkehren, begeben sie sich an dieselbe Stelle, und in den meisten Fällen nimmt jeder von ihnen dasselbe Nest in Besitz, das er im Vorjahr gebaut oder repariert hatte . (7)

Dieses Thema ist so umfangreich und doch so unvollkommen erforscht; es bietet so viele schlagende Beispiele für gegenseitige Hilfe, die neben der Haupttatsache der Migration stehen – und jedes davon würde jedoch eine besondere Untersuchung erfordern –, dass ich hier nicht näher darauf eingehen muss. Ich kann nur flüchtig auf die zahlreichen und lebhaften Versammlungen von Vögeln eingehen, die immer an derselben Stelle stattfinden, bevor sie ihre lange Reise nach Norden oder Süden antreten, sowie auf jene, die man im Norden sieht, nachdem die Vögel an ihren Brutplätzen am Jenissei oder in den nördlichen Grafschaften Englands angekommen sind. Viele Tage hintereinander – manchmal einen Monat lang – kommen sie jeden Morgen für eine Stunde zusammen, bevor sie auf Nahrungssuche fliegen – vielleicht besprechen sie dabei den Ort, an dem sie ihre Nester bauen werden . (8) Und wenn ihre Kolonnen während der Migration von einem Sturm überrascht werden, werden Vögel der verschiedensten Arten durch das gemeinsame Unglück zusammengeführt. Auch die Vögel, die nicht gerade Zugvögel sind, sondern sich langsam je nach Jahreszeit nach Norden und Süden bewegen, unternehmen diese Wanderungen in Schwärmen. Statt isoliert zu wandern , um jedem einzelnen Individuum die Vorteile besserer Nahrung oder Unterkunft zu sichern, die in einem anderen Gebiet zu finden sind, warten sie immer aufeinander und versammeln sich in Schwärmen, bevor sie je nach Jahreszeit nach Norden oder Süden ziehen . (9)

Wenn wir uns nun den Säugetieren zuwenden, fällt uns als erstes das überwältigende zahlenmäßige Überwiegen der geselligen Arten über die wenigen Fleischfresser auf, die keine Gemeinschaft bilden. Die Hochebenen, die Alpengebiete und die Steppen der Alten und Neuen Welt sind bevölkert von Herden von Hirschen, Antilopen, Gazellen, Damhirschen, Büffeln, Wildziegen und Schafen, allesamt gesellige Tiere. Als die Europäer sich in Amerika niederließen, fanden sie es so dicht von Büffeln bevölkert vor, dass die Pioniere ihren Vormarsch abbrechen mussten, wenn eine Kolonne wandernder Büffel ihre Route kreuzte; der Vorbeimarsch der dichten

Kolonne dauerte manchmal zwei oder drei Tage. Und als die Russen Sibirien einnahmen , fanden sie es so dicht von Hirschen, Antilopen, Eichhörnchen und anderen geselligen Tieren bevölkert vor, dass die Eroberung Sibiriens selbst nichts weiter als eine Jagdexpedition war, die zweihundert Jahre dauerte; während die Grasebenen Ostafrikas noch immer von Herden aus Zebras, Kuhantilopen und anderen Antilopen bedeckt sind.

Vor nicht allzu langer Zeit waren die kleinen Flüsse Nordamerikas und Nordsibiriens von Biberkolonien bevölkert, und bis ins 17. Jahrhundert wimmelte es in Nordrussland von ähnlichen Kolonien. Die Ebenen der vier großen Kontinente sind noch immer mit zahllosen Kolonien von Mäusen, Erdhörnchen, Murmeltieren und anderen Nagetieren bedeckt. In den niedrigeren Breiten Asiens und Afrikas sind die Wälder noch immer die Heimat zahlreicher Elefanten- und Nashornfamilien und zahlloser Affengesellschaften. Im hohen Norden versammeln sich die Rentiere in zahllosen Herden; noch weiter nördlich finden wir Herden von Moschusochsen und zahllose Herden von Polarfüchsen. Die Küsten des Ozeans werden von Robben- und Morseherden belebt ; seine Gewässer von Schwärmen geselliger Wale; und selbst in den Tiefen der großen Hochebenen Zentralasiens finden wir Herden wilder Pferde, wilder Esel, wilder Kamele und wilder Schafe. All diese Säugetiere leben in Gesellschaften und Nationen, die manchmal Hunderttausende von Individuen umfassen, obwohl wir heute, nach drei Jahrhunderten der Schießpulverzivilisation, nur noch die Trümmer der riesigen Ansammlungen von einst vorfinden. Wie unbedeutend sind im Vergleich dazu die Zahlen der Fleischfresser! Und wie falsch ist daher die Ansicht derjenigen, die von der Tierwelt sprechen, als gäbe es dort nichts als Löwen und Hyänen, die ihre blutigen Zähne in das Fleisch ihrer Opfer rammen! Man könnte sich genauso gut vorstellen, dass das gesamte menschliche Leben nichts anderes als eine Abfolge von Kriegsmassakern ist.

Bei Säugetieren sind Zusammenhalt und gegenseitige Hilfe die Regel. Wir finden soziale Gewohnheiten sogar unter den Fleischfressern, und wir können nur den Katzenstamm (Löwen, Tiger, Leoparden usw.) als eine Unterteilung nennen, deren Mitglieder entschieden die Isolation der Gesellschaft vorziehen und die man selbst in kleinen Gruppen nur selten antrifft. Und doch ist es sogar unter Löwen „eine sehr übliche Praxis, in Gesellschaft zu jagen." (10) Die beiden Stämme der Zibetkatzen (Viverridae) und der Wiesel (Mustelidae) könnten ebenfalls durch ihr isoliertes Leben gekennzeichnet sein, aber es ist eine Tatsache, dass das Gemeine Wiesel im letzten Jahrhundert geselliger war als heute; man sah es damals in größeren Gruppen in Schottland und im Schweizer Kanton Unterwalden . Was den großen Stamm der Hunde betrifft, so ist er ausgesprochen gesellig, und Zusammenhalt zu Jagdzwecken kann als ausgesprochen charakteristisch für seine zahlreichen Arten angesehen werden. Es ist in der Tat bekannt, dass sich Wölfe in Rudeln zur Jagd versammeln, und Tschudi hinterließ eine ausgezeichnete Beschreibung davon, wie sie sich in einem Halbkreis zusammenschließen, eine Kuh umzingeln, die an einem Berghang grast, und dann plötzlich mit lautem Bellen auftauchen und sie in den Abgrund rollen lassen. (11) Audubon sah in den dreißiger Jahren auch Labradorwölfe in Rudeln jagen, und ein Rudel verfolgte einen Mann bis zu seiner Hütte und tötete die Hunde. Während strenger Winter werden die Wolfsrudel so zahlreich, dass sie zu einer Gefahr für menschliche Siedlungen werden, wie es vor etwa 540 Jahren in Frankreich der Fall war. In den russischen Steppen greifen sie die Pferde nie anders als in Rudeln an; und doch müssen sie erbitterte Kämpfe aushalten, bei denen die Pferde (gemäß Kohls Aussage) manchmal zum Angriff übergehen, und in solchen Fällen laufen die Wölfe, wenn sie sich nicht sofort zurückziehen, Gefahr, von den Pferden umzingelt und von ihren Hufen getötet zu werden. Es ist bekannt, dass sich Präriewölfe (Canis latrans) in Rudeln von zwanzig bis dreißig Tieren zusammenschließen, wenn sie einen Büffel jagen, der gelegentlich von seiner Herde getrennt wird. (12) Schakale, die sehr mutig sind und zu den intelligentesten Vertretern der Hunderasse gelten können, jagen stets im Rudel; so vereint haben sie keine Angst vor größeren Fleischfressern. (13) Und was die Wildhunde Asiens (die Kholzuns oder Dholes) betrifft, so sah Williamson, wie ihre großen Rudel alle größeren Tiere außer Elefanten und Nashörnern angriffen und Bären und Tiger überwältigten. Hyänen leben immer in Gesellschaften und jagen in Rudeln, und Cumming lobt die Jagdorganisationen der bemalten Lykaons in höchsten Tönen. Ja, sogar Füchse, die in unseren zivilisierten Ländern in der Regel isoliert leben, hat man gesehen, wie sie sich zu Jagdzwecken zusammenschlossen. (14) Und der Polarfuchs ist – oder war vielmehr zu Stellers Zeiten – eines der geselligsten Tiere; und wenn man Stellers Beschreibung des Krieges liest, den Behrings unglückliche Mannschaft gegen diese intelligenten kleinen Tiere führte, weiß man nicht, worüber man sich am meisten wundern soll: über die außerordentliche Intelligenz der Füchse und die gegenseitige Hilfe, die sie beim Ausgraben von Nahrung zeigten, die unter Steinhaufen versteckt oder auf einer Säule gelagert war (ein Fuchs kletterte auf die Spitze und warf die Nahrung seinen Kameraden darunter zu), oder über die Grausamkeit des Menschen, der angesichts der zahlreichen Fuchsrudel zur Verzweiflung getrieben wird. Sogar einige Bären leben in Gesellschaften, in denen sie vom Menschen nicht gestört werden. So sah Steller den Schwarzbären von Kamtschatka in zahlreichen Rudeln, und die Eisbären findet man gelegentlich in kleinen Gruppen. Sogar die unintelligenten Insektenfresser verschmähen Gesellschaft nicht immer.

Doch gerade bei den Nagetieren, den Huftieren und den Wiederkäuern finden wir eine hochentwickelte Praxis der gegenseitigen Hilfe. Die Eichhörnchen sind in hohem Maße individualistisch. Jeder von ihnen baut sein eigenes gemütliches Nest und sammelt seinen eigenen Vorrat. Sie neigen zum Familienleben, und Brehm fand heraus, dass eine Familie von Eichhörnchen nie so glücklich ist, wie wenn sich die beiden Bruten desselben Jahres mit ihren Eltern in einer abgelegenen Ecke eines Waldes treffen können. Und doch pflegen sie soziale Beziehungen. Die Bewohner der einzelnen Nester bleiben in engem Kontakt, und wenn die Tannenzapfen in dem von ihnen bewohnten Wald seltener werden, wandern sie in Gruppen aus. Die schwarzen Eichhörnchen des Fernen Westens sind äußerst gesellig. Abgesehen von den wenigen Stunden, die sie jeden Tag für die Nahrungssuche aufwenden, verbringen sie ihr Leben damit, auf zahlreichen Partys zu spielen. Und wenn sie sich in einer Region zu schnell vermehren, versammeln sie sich in Schwärmen, fast so zahlreich wie Heuschrecken, und ziehen nach Süden, wobei sie die Wälder, die Felder und die Gärten verwüsten; während Füchse, Iltis, Falken und nachtaktive Greifvögel ihren dicken Kolonnen folgen und sich von den zurückbleibenden Individuen ernähren. Das Erdhörnchen – eine eng verwandte Gattung – ist noch geselliger. Es dient der Hortung und lagert in seinen unterirdischen Hallen große Mengen essbarer Wurzeln und Nüsse, die der Mensch normalerweise im Herbst plündert. Nach Ansicht einiger Beobachter muss es etwas über die Freuden eines Geizhalses wissen. Und doch bleibt es gesellig. Es lebt immer in großen Dörfern, und Audubon, der im Winter einige Wohnungen des Hackee eröffnete , fand mehrere Individuen in derselben Wohnung; Sie müssen es mit gemeinsamen Anstrengungen gerettet haben.

Der große Stamm der Murmeltiere, zu dem die drei großen Gattungen Arctomys , Cynomys und Spermophilus gehören , ist noch geselliger und noch intelligenter. Sie ziehen es auch vor, dass jeder seine eigene Wohnung hat; aber sie leben in großen Dörfern. Dieser schreckliche Feind der Feldfrüchte Südrusslands – der Souslik –, von dem jedes Jahr allein durch den Menschen etwa zehn Millionen ausgerottet werden, lebt in unzähligen Kolonien; Und während die russischen Provinziallandtage ernstlich über die Mittel diskutieren, diesen Feind der Gesellschaft loszuwerden, genießt sie das Leben zu Tausenden in höchster Freude. Ihr Spiel ist so bezaubernd, dass kein Beobachter umhin konnte, ihnen ein Lob auszusprechen und die melodischen Konzerte zu erwähnen, die sich aus den scharfen Pfiffen der Männchen und den melancholischen Pfiffen der Weibchen ergeben, bevor er – plötzlich wieder zu seinen Bürgerpflichten zurückkehrend beginnt, die teuflischsten Mittel zur Vernichtung der kleinen Räuber zu erfinden. Da sich alle Arten von Raubvögeln und Raubtieren als machtlos erwiesen haben, ist das letzte Wort der Wissenschaft in diesem Krieg die Impfung gegen Cholera! Die Dörfer der Präriehunde in Amerika gehören zu den schönsten Sehenswürdigkeiten. Soweit das Auge über die Prärie reicht, sieht es Erdhaufen, und auf jedem von ihnen steht ein Präriehund, der durch kurzes Bellen in ein lebhaftes Gespräch mit seinen Nachbarn verwickelt ist . Sobald sich die Annäherung eines Menschen ankündigt , stürzen sich alle augenblicklich in ihre Behausungen; alle sind wie durch einen Zauber verschwunden. Doch wenn die Gefahr vorüber ist, tauchen die kleinen Wesen bald wieder auf. Ganze Familien kommen aus ihren Galerien und frönen dem Spiel. Die Jungen kratzen sich gegenseitig, sie beunruhigen sich gegenseitig und zeigen ihre Anmut im Stehen, während die Alten Wache halten. Sie besuchen einander, und die ausgetretenen Fußwege, die alle ihre Haufen verbinden, zeugen von der Häufigkeit der Besuche. Kurz gesagt, die besten Naturforscher haben einige ihrer besten Seiten geschrieben, indem sie die Assoziationen der Präriehunde Amerikas, der Murmeltiere der Alten Welt und der Polarmurmeltiere der Alpenregionen beschrieben. Und doch muss ich bezüglich der Murmeltiere die gleiche Bemerkung machen, die ich bereits bei den Bienen gemacht habe. Sie haben sich ihre Kampfinstinkte bewahrt, und diese Instinkte kommen in Gefangenschaft wieder zum Vorschein. Aber in ihren großen Gemeinschaften, angesichts der freien Natur, haben die ungeselligen Instinkte keine Möglichkeit, sich zu entwickeln, und das allgemeine Ergebnis ist Frieden und Harmonie.

Sogar so raue Tiere wie die Ratten, die ständig in unseren Kellern kämpfen, sind intelligent genug, um nicht zu streiten, wenn sie unsere Speisekammern plündern, sondern sich gegenseitig bei ihren Plünderungsausflügen und Wanderungen zu unterstützen und sogar ihre Kranken zu ernähren. Die Biber- oder Bisamratten Kanadas sind äußerst gesellig. Audubon konnte nicht umhin, „ihre friedlichen Gemeinschaften zu bewundern, die nur in Frieden gelassen werden müssen, um glücklich zu sein". Wie alle geselligen Tiere sind sie lebhaft und verspielt, verbinden sich leicht mit anderen Arten und haben einen sehr hohen Grad an intellektueller Entwicklung erreicht. In ihren Dörfern, die immer an den Ufern von Seen und Flüssen liegen, berücksichtigen sie den sich ändernden Wasserstand; Ihre kuppelförmigen Häuser, die aus gestampftem, mit Schilfrohr durchflochtenem Lehm gebaut sind, haben separate Ecken für organische Abfälle, und ihre Hallen sind im Winter gut mit Teppichen ausgelegt; sie sind warm und dennoch gut belüftet. Was die Biber betrifft, die bekanntlich einen überaus sympathischen Charakter haben, so veranschaulichen ihre erstaunlichen Dämme und Dörfer, in denen Generationen leben und sterben, ohne von Feinden außer dem Otter und dem Menschen zu wissen, wunderbar, was gegenseitige Hilfe bewirken kann die Sicherheit der Art, die Entwicklung sozialer Gewohnheiten und die Entwicklung der Intelligenz, dass sie jedem, der sich für das Tierleben interessiert, vertraut sind. Lassen Sie mich nur bemerken, dass wir bei den Bibern, den Bisamratten und einigen anderen Nagetieren bereits das Merkmal finden, das auch für menschliche Gemeinschaften charakteristisch sein wird, nämlich die gemeinsame Arbeit.

Schweigend gehe ich an den beiden großen Familien vorbei, zu denen die Springmäuse, die Chinchillas, die Biscachas und die Tushkans , die unterirdischen Hasen Südrusslands, gehören, obwohl all diese kleinen Nagetiere als hervorragende Beispiele für die Freuden angesehen werden könnten, die Tiere am gesellschaftlichen Leben haben .(15) Genauer gesagt, die Freuden; denn es ist äußerst schwer zu sagen, was Tiere zusammenbringt – das Bedürfnis nach gegenseitigem Schutz oder einfach die Freude, sich von ihren Artgenossen umgeben zu fühlen. Auf jeden Fall können unsere Feldhasen , die sich nicht in Gesellschaften zum gemeinsamen Leben versammeln und die nicht einmal mit intensiven Elterngefühlen ausgestattet sind, nicht leben, ohne sich zum Spielen zu treffen. Dietrich de Winckell , der als einer der besten Kenner der Gewohnheiten der Hasen gilt, beschreibt sie als leidenschaftliche Spieler, die von ihrem Spiel so berauscht waren, dass ein Hase bekanntermaßen einen herannahenden Fuchs als Spielgefährten annahm.(16) As Für das Kaninchen lebt es in Gesellschaften und sein Familienleben ist ganz auf dem Bild der alten patriarchalischen Familie aufgebaut. die Jungen werden in absolutem Gehorsam gegenüber dem Vater und sogar dem Großvater gehalten. (17) Und hier haben wir das Beispiel zweier sehr eng verwandter Arten, die einander nicht ertragen können — nicht, weil sie von nahezu derselben Nahrung leben, sondern weil sie sich ähneln Fälle werden zu oft erklärt, aber höchstwahrscheinlich, weil der leidenschaftliche, äußerst individualistische Hase sich nicht mit diesem ruhigen, stillen und unterwürfigen Geschöpf, dem Kaninchen, anfreunden kann. Ihre Temperamente sind zu unterschiedlich, um der Freundschaft nicht im Wege zu stehen.

Das Leben in Gesellschaften ist auch bei der großen Familie der Pferde die Regel, zu der die wilden Pferde und Esel Asiens, die Zebras, die Mustangs, die Cimarrones der Pampas und die halbwilden Pferde der Mongolei und Sibiriens gehören. Sie alle leben in zahlreichen Verbänden, die aus vielen Hengsten bestehen, von denen jeder aus einer Anzahl von Stuten unter der Führung eines Männchens besteht. Diese zahllosen Bewohner der Alten und der Neuen Welt, die im Großen und Ganzen schlecht organisiert sind, um sowohl ihren zahlreichen Feinden als auch den widrigen klimatischen Bedingungen zu widerstehen, wären bald von der Erdoberfläche verschwunden, wenn sie nicht ihren geselligen Geist hätten. Wenn sich ihnen ein Raubtier nähert, schließen sich mehrere Hengste sofort zusammen; sie schlagen das Tier zurück und jagen es manchmal: und weder der Wolf noch der Bär, nicht einmal der Löwe, können ein Pferd oder sogar ein Zebra fangen, solange sie nicht von der Herde getrennt werden. Wenn eine Dürre das Gras in den Prärien verbrennt, sammeln sie sich in Herden von manchmal 10.000 Individuen und wandern ab. Und wenn ein Schneesturm in den Steppen tobt, bleiben die Pferde dicht beieinander und begeben sich in eine geschützte Schlucht. Aber wenn das Vertrauen schwindet oder die

Gruppe von Panik erfasst wird und sich zerstreut, kommen die Pferde um und die Überlebenden werden nach dem Sturm halbtot vor Erschöpfung aufgefunden. Zusammenhalt ist ihre wichtigste Waffe im Kampf ums Überleben und der Mensch ist ihr Hauptfeind. Vor seiner Vermehrung haben sich die Vorfahren unseres Hauspferdes (der Equus Przewalskii, so benannt von Polyakoff) lieber auf die wildesten und unzugänglichsten Hochebenen am Rande Tibets zurückgezogen, wo sie weiterhin leben, umgeben von Fleischfressern, unter einem Klima, das so schlecht ist wie das der arktischen Regionen, aber in einer für den Menschen unzugänglichen Region. (18)

Aus dem Leben der Rentiere ließen sich viele eindrucksvolle Darstellungen des gesellschaftlichen Lebens ableiten, insbesondere aus der großen Gruppe der Wiederkäuer, zu der Rehböcke, Damhirsche, Antilopen, Gazellen, Steinböcke und eigentlich das Ganze gehören könnten der drei zahlreichen Familien der Antelopides, der Caprides und der Ovides. Ihre Wachsamkeit hinsichtlich der Sicherheit ihrer Herden vor Angriffen von Fleischfressern; die Angst, die alle Individuen einer Gämsenherde an den Tag legen, solange sie nicht alle eine schwierige Passage über felsige Klippen geschafft haben, die Adoption von Waisenkindern; die Verzweiflung der Gazelle, deren Partner oder sogar gleichgeschlechtlicher Kamerad getötet wurde; die Theaterstücke der Jugend und viele andere Features wären zu nennen. Aber das vielleicht eindrucksvollste Beispiel für gegenseitige Unterstützung sind die gelegentlichen Wanderungen von Damhirschen, wie ich sie einmal am Amur gesehen habe. Als ich auf meinem Weg von Transbaikalien nach Merghen das Hochplateau und seinen Grenzkamm, den Großen Khingan, überquerte und auf meinem Weg zum Amur weiter über die Hochprärien reiste, konnte ich feststellen, wie dünn mit Damwild diese größtenteils unbewohnten Gebiete waren Regionen sind.(19) Zwei Jahre später reiste ich den Amur hinauf und erreichte Ende Oktober das untere Ende dieser malerischen Schlucht, die der Amur im Dousse-alin (Klein-Khingan) durchdringt, bevor er in die Tiefebene mündet, wo er schließt sich den Sungari an. Ich fand die Kosaken in den Dörfern dieser Schlucht in größter Aufregung, weil Tausende und Abertausende Damhirsche den Amur dort überquerten, wo er am engsten ist, um in die Tiefebene zu gelangen. Mehrere Tage hintereinander schlachteten die Kosaken auf einer Länge von etwa vierzig Meilen flussaufwärts die Hirsche, als sie den Amur überquerten, auf dem bereits eine beträchtliche Menge Eis schwamm. Jeden Tag wurden Tausende getötet, und der Exodus ging dennoch weiter. Ähnliche Wanderungen wurden weder vorher noch nachher beobachtet, und diese müssen durch einen frühen und heftigen Schneefall im Großen Khingan ausgelöst worden sein, der die Hirsche zu einem verzweifelten Versuch zwang, das Tiefland im Osten des Dousse zu erreichen Berge. Tatsächlich wurde die Dousse-alin einige Tage später ebenfalls unter zwei bis drei Fuß hohem Schnee begraben. Wenn man sich nun das riesige Territorium (fast so groß wie Großbritannien) vorstellt, aus dem sich die verstreuten Hirschgruppen zu einer Wanderung versammelt haben müssen, die unter dem Druck außergewöhnlicher Umstände unternommen wurde, erkennt man die Schwierigkeiten, die zuvor überwunden werden mussten Als die Hirsche auf die gemeinsame Idee kamen, den Amur weiter südlich zu überqueren, wo er am schmalsten ist, kann man die Geselligkeit dieser intelligenten Tiere nur zutiefst bewundern. Die Tatsache ist nicht weniger bemerkenswert, wenn wir uns daran erinnern, dass die Büffel Nordamerikas die gleiche Kombinationskraft zeigten. Man sah sie in großer Zahl in den Ebenen grasen, aber diese Zahl bestand aus unzähligen kleinen Gruppen, die sich nie vermischten. Und doch, als es nötig wurde, kamen alle Gruppen, wie sehr sie auch über ein riesiges Gebiet verstreut waren, zusammen und bildeten jene riesigen Kolonnen mit Hunderttausenden von Individuen, die ich auf der vorherigen Seite erwähnt habe.

Ich sollte auch zumindest ein paar Worte über die „Familienverbände" der Elefanten sagen, ihre gegenseitige Verbundenheit, ihre überlegte Art, Wachen aufzustellen, und die Gefühle der Sympathie, die sich durch ein Leben in enger gegenseitiger Unterstützung entwickeln. (20) Ich könnte die sozialen Gefühle dieser verrufenen Geschöpfe, der Wildschweine, erwähnen und ein Wort des Lobes für ihre Fähigkeit finden, sich im Falle eines Angriffs durch ein Raubtier zusammenzuschließen. (21) Auch das Nilpferd und das Nashorn würden einen Platz in einem Werk einnehmen, das sich der Geselligkeit der Tiere widmet. Mehrere eindrucksvolle Seiten könnten der Geselligkeit und gegenseitigen Verbundenheit der Robben und Walrosse gewidmet werden; und schließlich könnte man die vorzüglichsten Gefühle erwähnen, die bei den geselligen Walen existieren. Aber ich muss noch ein paar Worte über die Gesellschaften der Affen sagen, die dadurch noch interessanter werden, dass sie das Bindeglied sind, das uns zu den Gesellschaften der primitiven Menschen führt.

Es ist kaum nötig zu sagen, dass diese Säugetiere, die an der Spitze der Tierwelt stehen und in ihrer Struktur und Intelligenz dem Menschen am nächsten kommen, ausgesprochen gesellig sind. Offensichtlich müssen wir darauf vorbereitet sein, in einem so großen Teil des Tierreichs, der Hunderte von Arten umfasst, auf alle möglichen Charakter- und Gewohnheitsarten zu treffen. Aber alles in allem muss gesagt werden, dass Geselligkeit, gemeinsames Handeln, gegenseitiger Schutz und eine hohe Entwicklung jener Gefühle, die das notwendige Ergebnis des gesellschaftlichen Lebens sind, für die meisten Affen und Menschenaffen charakteristisch sind. Von den kleinsten bis zu den größten Arten ist Geselligkeit eine Regel, von der wir nur wenige Ausnahmen kennen. Die nachtaktiven Affen ziehen ein isoliertes Leben vor; die Kapuzineraffen (Cebus capucinus), die Monos und die Brüllaffen leben nur in kleinen Familien; und die Orang-Utans hat AR

Wallace nie anders als einzeln oder in sehr kleinen Gruppen von drei oder vier Individuen gesehen, während die Gorillas sich anscheinend nie in Gruppen zusammenschließen. Aber der ganze Rest der Affenfamilie – die Schimpansen, die Sajous , die Sakis, die Mandrills, die Paviane und so weiter – sind im höchsten Maße gesellig. Sie leben in großen Gruppen und schließen sich sogar mit anderen Arten als ihrer eigenen zusammen. Die meisten von ihnen werden ganz unglücklich, wenn sie allein sind. Die Notschreie jedes einzelnen aus der Gruppe bringen sofort die ganze Gruppe zusammen, und sie wehren die Angriffe der meisten Fleischfresser und Raubvögel mutig ab. Nicht einmal Adler wagen es, sie anzugreifen. Sie plündern unsere Felder immer in Gruppen – die Alten kümmern sich um die Sicherheit des Gemeinwesens. Die kleinen Tee-Tees, deren kindliche, süße Gesichter Humboldt so sehr beeindruckten, umarmen und beschützen sich gegenseitig, wenn es regnet, und rollen ihre Schwänze über die Hälse ihrer frierenden Kameraden. Einige Arten zeigen die größte Fürsorge für ihre Verwundeten und lassen einen verwundeten Kameraden während eines Rückzugs nicht im Stich, bis sie sich vergewissert haben, dass er tot ist und sie hilflos sind, ihn wieder zum Leben zu erwecken. So berichtet James Forbes in seinen Oriental Memoirs von einem derartigen Widerstand, als er seiner Jagdgesellschaft den toten Körper eines weiblichen Affen zurückgab, dass man völlig versteht, warum „die Zeugen dieser außergewöhnlichen Szene beschlossen, nie wieder auf einen der Affen zu schießen." (22) Bei einigen Arten tun sich mehrere Individuen zusammen, um einen Stein umzudrehen, um darunter nach Ameiseneiern zu suchen. Die Mantelratten stellen nicht nur Wachen auf, sondern man hat auch gesehen, wie sie eine Kette bauten, um die Beute an einen sicheren Ort zu bringen; und ihr Mut ist wohlbekannt. Brehms Beschreibung des regelrechten Kampfes, den seine Karawane überstehen musste, bevor die Mantelaffen sie im Tal der Mensa in Abessinien ihre Reise fortsetzen ließen, ist klassisch geworden. (23) Die Verspieltheit der Schwanzaffen und die gegenseitige Anhänglichkeit, die in den Familien der Schimpansen herrscht, sind dem allgemeinen Leser ebenfalls vertraut. Und wenn wir unter den höchsten Affen zwei Arten finden, den Orang-Utan und den Gorilla, die nicht gesellig sind, müssen wir bedenken, dass beide – da sie auf sehr kleine Gebiete beschränkt sind, der eine im Herzen Afrikas und der andere auf den beiden Inseln Borneo und Sumatra – alle den Anschein erwecken, die letzten Überbleibsel früher viel zahlreicherer Arten zu sein. Zumindest der Gorilla scheint in alten Zeiten gesellig gewesen zu sein, wenn die im Periplus erwähnten Affen wirklich Gorillas waren.

Wir sehen also schon aus dem obigen kurzen Überblick, dass das Leben in Gesellschaften keine Ausnahme in der Tierwelt ist; es ist die Regel, das Gesetz der Natur, und es erreicht seine höchste Entwicklung bei den höheren Wirbeltieren. Die Arten, die einzeln oder nur in kleinen Familien leben, sind verhältnismäßig selten und ihre Zahl ist begrenzt. Ja, es erscheint sehr wahrscheinlich, dass, von wenigen Ausnahmen abgesehen, die Vögel und Säugetiere, die jetzt nicht gesellig sind, in Gesellschaften lebten, bevor der Mensch sich auf der Erde vermehrte und einen ständigen Krieg gegen sie führte oder die Quellen zerstörte, aus denen sie früher Nahrung bezogen. „On ne s'associe pas pour mourir ", war die treffende Bemerkung von Espinas; und Houzeau , der die Tierwelt einiger Teile Amerikas kannte, als sie noch nicht vom Menschen beeinflusst war, schrieb im selben Sinne.

Assoziation findet man in der Tierwelt auf allen Evolutionsstufen; und gemäß der großartigen Idee von Herbert Spencer, die er in Perriers Colonies Animales so brillant entwickelt hat , stehen Kolonien am eigentlichen Ursprung der Evolution im Tierreich. Je weiter wir aber auf der Evolutionsstufe nach oben steigen, desto bewusster wird die Assoziation. Sie verliert ihren rein physischen Charakter, sie hört auf, einfach instinktiv zu sein, sie wird überlegt. Bei den höheren Wirbeltieren ist sie periodisch oder wird zur Befriedigung eines bestimmten Bedürfnisses eingesetzt – Fortpflanzung der Art, Migration, Jagd oder gegenseitige Verteidigung . Sie wird sogar gelegentlich angewandt, wenn sich Vögel gegen einen Räuber zusammenschließen oder Säugetiere sich unter dem Druck außergewöhnlicher Umstände zur Auswanderung zusammenschließen. Im letzten Fall wird sie zu einer freiwilligen Abweichung von den gewohnten Lebensweisen. Diese Verbindung tritt manchmal in zwei oder mehr Stufen auf – zuerst als Familie, dann als Gruppe und schließlich als Zusammenschluss von Gruppen, die normalerweise verstreut leben, sich aber im Bedarfsfall zusammenschließen, wie wir es bei den Bisons und anderen Wiederkäuern gesehen haben. Es nimmt auch höhere Formen an, die dem Individuum mehr Unabhängigkeit garantieren, ohne es der Vorteile des sozialen Lebens zu berauben. Bei den meisten Nagetieren hat das Individuum seine eigene Behausung, in die es sich zurückziehen kann, wenn es lieber allein gelassen wird; aber die Behausungen sind in Dörfern und Städten angelegt, um allen Bewohnern die Vorteile und Freuden des sozialen Lebens zu garantieren. Und schließlich wird bei mehreren Arten, wie Ratten, Murmeltieren, Hasen usw., das soziale Leben trotz der streitsüchtigen oder anderweitig egoistischen Neigungen des isolierten Individuums aufrechterhalten. Es wird also nicht, wie es bei Ameisen und Bienen der Fall ist, durch die physiologische Struktur der Individuen selbst auferlegt; es wird zum Nutzen der gegenseitigen Hilfe oder zum Vergnügen kultiviert. Und dies tritt natürlich in allen möglichen Abstufungen und mit der größten Vielfalt individueller und spezifischer Merkmale auf – die große Vielfalt der Aspekte des sozialen Lebens ist eine Folge und für uns ein weiterer Beweis seiner Allgemeingültigkeit. (24)

Geselligkeit – das heißt das Bedürfnis des Tieres, mit seinesgleichen in Verbindung zu treten – die Liebe zur Gesellschaft zum Wohle der

Gesellschaft, verbunden mit der „Lebensfreude", beginnt erst jetzt, von den Zoologen die gebührende Aufmerksamkeit zu erhalten. (25) Wir wissen es Die heutige Zeit, in der alle Tiere, angefangen bei den Ameisen über die Vögel bis hin zu den höchsten Säugetieren, gerne spielen, ringen, hintereinander herlaufen, versuchen, sich gegenseitig zu fangen, sich gegenseitig zu necken und so weiter . Und während viele Theaterstücke sozusagen eine Schule für das richtige Verhalten junger Menschen im reifen Leben sind, gibt es andere, die, abgesehen von ihren nützlichen Zwecken, zusammen mit Tanz und Gesang bloße Manifestationen eines Übermaßes an Kräften sind – „Lebensfreude" und der Wunsch, auf die eine oder andere Weise mit anderen Individuen derselben oder einer anderen Art zu kommunizieren – kurz gesagt, eine Manifestation der eigentlichen Geselligkeit, die ein charakteristisches Merkmal der gesamten Tierwelt ist.(26) Sei es Angst, die man beim Erscheinen eines Raubvogels verspürt, oder ein „Anfall von Freude", der ausbricht, wenn die Tiere bei guter Gesundheit sind, besonders wenn sie jung sind, oder einfach nur der Wunsch, einem Übermaß Spiel zu geben von Eindrücken und Lebenskraft – die Notwendigkeit, Eindrücke mitzuteilen, zu spielen, zu plaudern oder einfach die Nähe anderer verwandter Lebewesen zu spüren, durchdringt die Natur und ist, wie jede andere physiologische Funktion, ein charakteristisches Merkmal des Lebens und der Lebenskraft Beeinflussbarkeit. Dieses Bedürfnis nimmt eine höhere Entwicklung und erreicht einen schöneren Ausdruck bei den Säugetieren, besonders bei ihren Jungen, und noch mehr bei den Vögeln; aber es durchdringt die gesamte Natur und wurde von den besten Naturforschern, einschließlich Pierre Huber, sogar bei den Ameisen vollständig beobachtet, und es ist offensichtlich derselbe Instinkt, der die bereits erwähnten großen Scharen von Schmetterlingen zusammenbringt.

Die Gewohnheit, sich zum Tanzen zu versammeln und die Orte zu schmücken, an denen die Vögel gewöhnlich ihre Tänze aufführen, ist natürlich aus den Seiten bekannt, die Darwin diesem Thema in „Die Abstammung des Menschen" (Kap. xiii) gewidmet hat. Besucher des London Zoological Gardens kennen auch die Laube des Seidenlaubenvogels. Aber diese Tanzgewohnheit scheint viel weiter verbreitet zu sein, als man früher glaubte, und Herr W. Hudson gibt in seinem Meisterwerk über La Plata die interessanteste Beschreibung der aufgeführten komplizierten Tänze, die im Original gelesen werden muss von einer ganzen Reihe von Vögeln: Rallen, Jacanas, Kiebitzen und so weiter.

Die Gewohnheit, im Chor zu singen, die bei mehreren Vogelarten vorkommt, gehört zur gleichen Kategorie sozialer Instinkte. Am auffälligsten ist sie beim Chakar (Chauna chavarris) ausgeprägt, dem die Engländer den einfallslosen Fehlnamen „Crested Screamer" gegeben haben. Diese Vögel versammeln sich manchmal in riesigen Schwärmen und singen in solchen

Fällen häufig alle im Chor. WH Hudson fand sie einmal in zahllosen Schwärmen, die sich in klar abgegrenzten Schwärmen von jeweils etwa 500 Vögeln rund um einen Pampassee verteilten.

„Gleich darauf", schreibt er, „begann ein Schwarm in meiner Nähe zu singen und setzte seinen kraftvollen Gesang drei oder vier Minuten lang fort. Als er aufhörte, übernahm der nächste Schwarm die Melodie und danach der nächste und so weiter, bis wieder einmal die Stimmen der Schwarms am gegenüberliegenden Ufer stark und klar über das Wasser schallten – dann verklangen sie und wurden immer schwächer, bis der Klang wieder zu mir herüberkam und wieder auf meine Seite wanderte."

Bei einer anderen Gelegenheit sah derselbe Autor eine ganze Ebene, die mit einer endlosen Herde Chakars bedeckt war, nicht in dichter Reihenfolge, sondern in Paaren und kleinen Gruppen verstreut. Gegen neun Uhr abends „brach plötzlich die gesamte Vogelschar, die das Sumpfgebiet im Umkreis von Meilen bevölkerte, in ein gewaltiges Abendlied aus … Es war ein Konzert, das es wert war, hundert Meilen weit zu reiten, um es anzuhören."(27) Vielleicht Hinzu kommt, dass der Chakar wie alle geselligen Tiere leicht zahm wird und sich sehr an den Menschen bindet. „Sie sind sanftmütige Vögel und streiten sich sehr selten", wird uns gesagt, obwohl sie gut mit beeindruckenden Waffen ausgestattet sind. Das Leben in Gesellschaften macht diese Waffen nutzlos.

Dass das Leben in Gesellschaften die mächtigste Waffe im Kampf ums Dasein im weitesten Sinne ist, wurde auf den vorhergehenden Seiten durch mehrere Beispiele veranschaulicht und könnte durch jede Menge Beweise veranschaulicht werden, wenn weitere Beweise erforderlich wären. Das Leben in Gesellschaften befähigt die schwächsten Insekten, die schwächsten Vögel und die schwächsten Säugetiere, den schrecklichsten Vögeln und Raubtieren zu widerstehen oder sich vor ihnen zu schützen; es ermöglicht ein langes Leben; es befähigt die Art, ihre Nachkommen mit geringstem Energieaufwand aufzuziehen und ihre Zahl zu erhalten, wenn auch bei sehr langsamer Geburtenrate; es befähigt die Herdentiere, auf der Suche nach neuen Wohnstätten umherzuwandern. Obwohl wir also voll und ganz zugeben, dass Kraft, Schnelligkeit, Schutzfarben , Schlauheit und Ausdauer gegenüber Hunger und Kälte, die von Darwin und Wallace erwähnt werden, so viele Eigenschaften sind, die das Individuum oder die Art unter bestimmten Umständen am stärksten machen, behaupten wir dennoch, dass Geselligkeit unter allen Umständen der größte Vorteil im Kampf ums Dasein ist. Die Arten, die sie freiwillig oder ungewollt aufgeben, sind zum Verfall verurteilt; während jene Tiere, die sich am besten zu vereinen wissen, die größten Überlebens- und Entwicklungschancen haben, obwohl sie in jeder der von Darwin und Wallace aufgezählten Fähigkeiten, mit Ausnahme der intellektuellen Fähigkeit, den anderen unterlegen sein mögen. Die höchsten

Wirbeltiere und insbesondere die Menschheit sind der beste Beweis für diese Behauptung. Was die intellektuelle Fähigkeit betrifft, wird jeder Darwinist Darwin zustimmen, dass sie die stärkste Waffe im Kampf ums Überleben und der stärkste Faktor der weiteren Entwicklung ist, aber er wird auch zugeben, dass Intelligenz eine ausgesprochen soziale Fähigkeit ist. Sprache, Nachahmung und gesammelte Erfahrung sind so viele Elemente wachsender Intelligenz, die dem unsozialen Tier fehlen. Daher finden wir an der Spitze jeder Tierklasse die Ameisen, die Papageien und die Affen, die alle die größte Geselligkeit mit der höchsten Entwicklung der Intelligenz verbinden. Die Stärksten sind also die sozialsten Tiere, und Geselligkeit erscheint als der Hauptfaktor der Evolution, sowohl direkt, indem sie das Wohlergehen der Art sichert und gleichzeitig die Energieverschwendung verringert, als auch indirekt, indem sie das Wachstum der Intelligenz fördert .

Darüber hinaus ist es offensichtlich, dass das Leben in Gesellschaften ohne eine entsprechende Entwicklung sozialer Gefühle und insbesondere eines gewissen kollektiven Gerechtigkeitsgefühls, das zur Gewohnheit wird, völlig unmöglich wäre. Wenn jeder Einzelne seine persönlichen Vorteile ständig missbrauchen würde, ohne dass sich die anderen zugunsten der Ungerechten einmischen würden, wäre kein gesellschaftliches Leben möglich. Und Gerechtigkeitsgefühle entwickeln sich mehr oder weniger bei allen geselligen Tieren. Egal aus welcher Entfernung die Schwalben oder Kraniche kommen, jeder kehrt zu dem Nest zurück, das er letztes Jahr gebaut oder repariert hat. Wenn ein fauler Spatz das Nest, das ein Kamerad baut, an sich reißen will oder ihm sogar ein paar Strohhalme stiehlt, greift die Gruppe gegen den faulen Kameraden ein; und es ist offensichtlich, dass ohne solche Eingriffe keine Brutgemeinschaften von Vögeln existieren könnten. Einzelne Pinguingruppen haben getrennte Ruheplätze und getrennte Angelplätze und kämpfen nicht um diese. Die Rinderherden in Australien haben bestimmte Plätze, zu denen sich jede Gruppe zum Ausruhen begibt und von denen sie nie abweicht; und so weiter.(28) Wir haben unzählige direkte Beobachtungen des Friedens, der in den Brutgemeinschaften der Vögel, den Dörfern der Nagetiere und den Herden von Grasfressern herrscht; Andererseits kennen wir nur wenige gesellige Tiere, die sich so ständig streiten wie die Ratten in unseren Kellern oder wie die Morsekatzen , die um den Besitz eines sonnigen Platzes am Ufer kämpfen. Geselligkeit setzt somit dem körperlichen Kampf eine Grenze und lässt Raum für die Entwicklung besserer moralischer Gefühle. Die hohe Entwicklung der Elternliebe bei allen Tierklassen, auch bei Löwen und Tigern, ist allgemein bekannt. Bei den jungen Vögeln und Säugetieren, die wir ständig assoziieren sehen, entwickelt sich in ihren Assoziationen Sympathie – nicht Liebe – weiter. Abgesehen von den wirklich berührenden Tatsachen der gegenseitigen Verbundenheit und des Mitgefühls, die in Bezug auf domestizierte Tiere und in Gefangenschaft gehaltene Tiere aufgezeichnet wurden, verfügen wir über eine Reihe gut bewiesener Tatsachen des Mitgefühls zwischen freilebenden Wildtieren. Max Perty und L. Buchner haben eine Reihe solcher Fakten angeführt.(29) JC Woods Erzählung von einem Wiesel, das kam, um einen verletzten Kameraden aufzuheben und wegzutragen, erfreut sich wohlverdienter Popularität.(30) Ebenso die Beobachtung von Kapitän Stansbury auf seiner Reise nach Utah, zitiert von Darwin; Er sah einen blinden Pelikan, der von anderen Pelikanen mit Fischen gefüttert wurde, die aus einer Entfernung von dreißig Meilen hergebracht werden mussten.(31) Und als eine Herde Vicunjas heftig von Jägern verfolgt wurde, sah HA Weddell mehr als Einmal während seiner Reise nach Bolivien und Peru deckten die starken Männchen den Rückzugsort der Herde ab und blieben zurück, um den Rückzugsort zu schützen. Was das Mitleid mit verwundeten Kameraden betrifft, so werden sie von allen Feldzoologen ständig erwähnt. Solche Tatsachen sind ganz natürlich. Mitgefühl ist ein notwendiges Ergebnis des sozialen Lebens. Mitgefühl bedeutet aber auch einen erheblichen Fortschritt in der allgemeinen Intelligenz und Sensibilität. Es ist der erste Schritt zur Entwicklung höherer moralischer Gefühle. Es ist wiederum ein mächtiger Faktor der weiteren Entwicklung.

Wenn die auf den vorhergehenden Seiten entwickelten Ansichten richtig sind, stellt sich notwendigerweise die Frage, inwieweit sie mit der Theorie des Kampfes ums Leben, wie sie von Darwin, Wallace und ihren Anhängern entwickelt wurde, übereinstimmen? und ich werde diese wichtige Frage nun kurz beantworten. Erstens wird kein Naturforscher daran zweifeln, dass die Idee eines Kampfes ums Leben, der durch die organische Natur geführt wird, die größte Verallgemeinerung unseres Jahrhunderts ist. Das Leben ist ein Kampf; und in diesem Kampf überleben die Stärksten. Aber die Antworten auf die Fragen: „Mit welchen Waffen wird dieser Kampf hauptsächlich geführt?" und „Wer sind die Stärksten im Kampf?" wird je nach der Bedeutung, die den beiden unterschiedlichen Aspekten des Kampfes beigemessen wird, sehr unterschiedlich sein: dem direkten, um Nahrung und Sicherheit zwischen einzelnen Individuen, und dem Kampf, den Darwin als „metaphorisch" beschrieb – dem Kampf, sehr oft kollektiv, gegen widrige Umstände . Niemand wird leugnen, dass es innerhalb jeder Art einen gewissen echten Wettbewerb um Nahrung gibt – zumindest zu bestimmten Zeiten. Aber die Frage ist, ob der Wettbewerb in dem von Darwin oder sogar von Wallace zugegebenen Ausmaß betrieben wird; und ob dieser Wettbewerb in der Entwicklung des Tierreichs die ihm zugewiesene Rolle gespielt hat.

Darwins Werk ist zweifellos von einem echten Wettbewerb um Nahrung, Sicherheit und die Möglichkeit, Nachkommen zu hinterlassen, geprägt. Er spricht oft von Regionen, die bis zum Rand mit tierischem Leben gefüllt sind, und aus dieser Überbevölkerung folgert er die Notwendigkeit von

Wettbewerb. Aber wenn wir in seinem Werk nach echten Beweisen für diesen Wettbewerb suchen, müssen wir gestehen, dass sie uns nicht überzeugend genug erscheinen. Wenn wir uns den Absatz mit der Überschrift „Der Kampf ums Überleben zwischen Individuen und Varietäten derselben Art ist am heftigsten" ansehen, finden wir dort nicht die Fülle an Beweisen und Illustrationen, die wir normalerweise in Darwins Werken finden. Der Kampf zwischen Individuen derselben Art wird unter dieser Überschrift nicht einmal durch ein einziges Beispiel veranschaulicht: Er wird als gegeben vorausgesetzt; und der Wettbewerb zwischen eng verwandten Tierarten wird nur durch fünf Beispiele illustriert, von denen sich zumindest eines (das sich auf die beiden Drosselarten bezieht) heute als zweifelhaft erweist. (32) Wenn wir aber nach weiteren Einzelheiten suchen, um festzustellen, inwieweit der Rückgang der einen Art wirklich durch die Zunahme der anderen Art verursacht wurde, sagt uns Darwin mit seiner üblichen Fairness:

„Wir können vage erkennen, warum der Wettbewerb zwischen verwandten Formen, die in der Natur nahezu denselben Platz einnehmen, so heftig sein sollte. Aber wahrscheinlich könnten wir in keinem Fall genau sagen, warum eine Art im großen Kampf des Lebens über eine andere siegreich war."

Was Wallace betrifft, der dieselben Tatsachen unter einer leicht abgeänderten Überschrift zitiert („Der Kampf ums Überleben zwischen eng verwandten Tieren und Pflanzen ist oft äußerst heftig"), so macht er die folgende Bemerkung (Hervorhebung durch mich), die den oben zitierten Tatsachen einen ganz anderen Aspekt verleiht. Er sagt:

„In manchen Fällen herrscht zweifellos ein richtiger Krieg zwischen den beiden, wobei der Stärkere den Schwächeren tötet. Aber das ist keineswegs notwendig, und es mag Fälle geben, in denen die schwächere Art physisch die Oberhand behält, weil sie sich schneller vermehren kann, klimatischen Wechselfällen besser standhält oder den Angriffen gemeinsamer Feinde besser entgeht."

In solchen Fällen kann es sein, dass das, was als Konkurrenz bezeichnet wird, überhaupt keine Konkurrenz ist. Eine Art unterliegt nicht, weil sie von der anderen Art ausgerottet oder ausgehungert wird, sondern weil sie sich nicht gut an neue Bedingungen anpasst, was bei der anderen der Fall ist. Der Begriff „Kampf ums Überleben" wird wieder in seinem metaphorischen Sinn verwendet und hat möglicherweise keinen anderen. Was die wirkliche Konkurrenz zwischen Individuen derselben Art betrifft, die an anderer Stelle durch das Vieh Südamerikas während einer Dürreperiode veranschaulicht wird, so wird ihr Wert dadurch beeinträchtigt, dass sie aus der Mitte der domestizierten Tiere genommen wird. Bisons wandern unter ähnlichen Umständen aus, um der Konkurrenz zu entgehen. Wie hart der Kampf zwischen Pflanzen auch sein mag – und das ist hinreichend bewiesen –, wir können nicht umhin, Wallaces Bemerkung zu wiederholen, dass „Pflanzen leben, wo sie können", während Tiere in hohem Maße die Möglichkeit haben, ihren Aufenthaltsort zu wählen. Daher fragen wir uns erneut: Inwieweit existiert innerhalb jeder Tierart wirklich Konkurrenz? Worauf basiert diese Annahme? Dieselbe Bemerkung muss auch hinsichtlich des indirekten Arguments zugunsten einer harten Konkurrenz und eines Kampfes ums Dasein innerhalb jeder Art gemacht werden , das sich aus der von Darwin so oft erwähnten „Ausrottung der Übergangsformen" ableiten lässt. Es ist bekannt, dass Darwin lange Zeit über die Schwierigkeiten besorgt war, die er in der Abwesenheit einer langen Kette von Übergangsformen zwischen eng verwandten Arten sah, und dass er die Lösung dieser Schwierigkeiten in der angenommenen Ausrottung der Übergangsformen fand. (33) Eine aufmerksame Lektüre der verschiedenen Kapitel, in denen Darwin und Wallace über dieses Thema sprechen, führt jedoch bald zu dem Schluss, dass das Wort „Ausrottung" nicht wirkliche Ausrottung bedeutet; dieselbe Bemerkung, die Darwin hinsichtlich seines Ausdrucks „Kampf ums Dasein" machte, trifft offensichtlich auch auf das Wort „Ausrottung" zu. Es kann keineswegs in seiner direkten Bedeutung verstanden werden, sondern muss „in seiner metaphorischen Bedeutung" verstanden werden. Wenn wir davon ausgehen, dass ein bestimmtes Gebiet bis zum Äußersten mit Tieren bevölkert ist und dass daher zwischen allen Bewohnern ein erbitterter Kampf um die bloßen Lebensgrundlagen stattfindet – jedes Tier ist gezwungen, gegen alle seine Artgenossen zu kämpfen, um seine tägliche Nahrung zu bekommen –, dann würde das Auftreten einer neuen und erfolgreichen Art sicherlich in vielen Fällen (wenn auch nicht immer) das Auftreten von Individuen bedeuten, die in der Lage sind, sich mehr als ihren gerechten Anteil an den Lebensgrundlagen zu sichern; und das Ergebnis wäre, dass diese Individuen sowohl die Elternform, die die neue Variation nicht besitzt, als auch die Zwischenformen, die sie nicht im gleichen Maße besitzen, verhungern lassen würden. Es kann sein, dass Darwin das Auftreten neuer Arten von Anfang an unter diesem Aspekt verstand; zumindest vermittelt die häufige Verwendung des Wortes „Ausrottung" einen solchen Eindruck. Aber sowohl er als auch Wallace kannten die Natur zu gut, um nicht zu erkennen, dass dies keineswegs der einzig mögliche und notwendige Verlauf der Dinge ist.

Wenn die physikalischen und biologischen Bedingungen eines bestimmten Gebiets, die Ausdehnung des von einer bestimmten Art bewohnten Gebiets und die Gewohnheiten aller ihrer Mitglieder unverändert blieben, dann könnte das plötzliche Auftreten einer neuen Art das Aushungern und die Ausrottung aller Individuen bedeuten, die nicht in ausreichendem Maße mit dem neuen Merkmal ausgestattet sind, das die neue Art charakterisiert. Aber eine solche Kombination von Bedingungen ist genau das, was wir in der

Natur nicht sehen. Jede Art strebt ständig danach, ihren Lebensraum zu erweitern; die Migration in neue Lebensräume ist bei der langsamen Schnecke ebenso die Regel wie bei dem schnellen Vogel; in jedem Gebiet finden ständig physikalische Veränderungen statt; und neue Varietäten bei Tieren bestehen in einer ungeheuren Zahl von Fällen – vielleicht in der Mehrzahl – nicht aus der Entwicklung neuer Waffen, um den Artgenossen die Nahrung aus dem Mund zu schnappen – Nahrung ist nur eine von hundert verschiedenen Existenzbedingungen –, sondern, wie Wallace selbst in einem bezaubernden Absatz über die „Divergenz der Charaktere" (Darwinismus, S. 107) zeigt, aus der Ausbildung neuer Gewohnheiten, dem Umzug an neue Wohnorte und der Annahme neuer Nahrungsarten. In all diesen Fällen wird es keine Ausrottung, nicht einmal Konkurrenz geben – die neue Anpassung ist eine Befreiung von der Konkurrenz, falls sie jemals existierte; und dennoch wird es nach einer gewissen Zeit ein Fehlen von Zwischengliedern geben, infolge des bloßen Überlebens derjenigen, die am besten an die neuen Bedingungen angepasst sind – ebenso sicher wie unter der Hypothese der Ausrottung der elterlichen Form. Es muss kaum hinzugefügt werden, dass, wenn wir mit Spencer, allen Lamarckianern und Darwin selbst den modifizierenden Einfluss der Umgebung auf die Art zugeben, noch weniger Notwendigkeit für die Ausrottung der Zwischenformen besteht.

Die von Moritz Wagner aufgezeigte Bedeutung der Migration und der daraus folgenden Isolierung von Tiergruppen für die Entstehung neuer Varietäten und schließlich neuer Arten wurde von Darwin selbst voll erkannt. Spätere Forschungen haben die Bedeutung dieses Faktors nur noch unterstrichen und gezeigt, wie die Größe des von einer bestimmten Art bewohnten Gebiets – die Darwin mit vollem Recht für die Entstehung neuer Varietäten als so wichtig ansah – mit der Isolierung von Teilen der Art infolge lokaler geologischer Veränderungen oder lokaler Barrieren verbunden sein kann. Es wäre unmöglich, hier auf die Diskussion dieser umfassenden Frage einzugehen, aber einige Bemerkungen genügen, um die kombinierte Wirkung dieser Faktoren zu veranschaulichen. Es ist bekannt, dass Teile einer bestimmten Art oft eine neue Nahrungsart annehmen. Die Eichhörnchen ziehen beispielsweise, wenn in den Lärchenwäldern Zapfenmangel herrscht, in die Tannenwälder um, und dieser Nahrungswechsel hat bestimmte wohlbekannte physiologische Auswirkungen auf die Eichhörnchen. Wenn diese Änderung der Gewohnheiten nicht von Dauer ist – wenn im nächsten Jahr die Zapfen in den dunklen Lärchenwäldern wieder in Hülle und Fülle vorhanden sind – wird aus diesem Grund offensichtlich keine neue Eichhörnchenart entstehen. Aber wenn ein Teil des weiten, von den Eichhörnchen bewohnten Gebiets anfängt, seine physischen Merkmale zu verändern – sagen wir infolge eines milderen Klimas oder einer Austrocknung, die beide eine Zunahme der Kiefernwälder im Verhältnis zu den Lärchenwäldern mit sich bringen – und wenn andere Bedingungen zusammenkommen, die die Eichhörnchen dazu veranlassen, am Rande der austrocknenden Region zu wohnen – dann werden wir eine neue Art haben, d. h. eine im Entstehen begriffene neue Eichhörnchenart, ohne dass es irgendetwas gegeben hat, das den Namen Ausrottung unter den Eichhörnchen verdient. Ein größerer Anteil der Eichhörnchen der neuen, besser angepassten Art würde jedes Jahr überleben, und die Zwischenglieder würden im Laufe der Zeit sterben, ohne von malthusianischen Konkurrenten ausgehungert worden zu sein. Genau das können wir während der großen physikalischen Veränderungen beobachten, die sich in weiten Teilen Zentralasiens vollziehen, und zwar aufgrund der dort seit der Eiszeit anhaltenden Austrocknung.

Um ein anderes Beispiel zu nennen: Geologen haben nachgewiesen, dass sich das heutige Wildpferd (Equus Przewalski) langsam im späteren Tertiär und Quartär entwickelt hat, dass seine Vorfahren während dieser Zeitreihe jedoch nicht auf ein bestimmtes, begrenztes Gebiet der Erde beschränkt waren. Sie wanderten sowohl durch die Alte als auch durch die Neue Welt und kehrten aller Wahrscheinlichkeit nach nach einiger Zeit auf die Weiden zurück, die sie im Laufe ihrer Wanderungen zuvor verlassen hatten. (34) Wenn wir daher heute in Asien nicht mehr alle Zwischenglieder zwischen dem heutigen Wildpferd und seinen asiatischen posttertiären Vorfahren finden, bedeutet dies keineswegs, dass diese Zwischenglieder ausgerottet worden sind. Eine solche Ausrottung hat nie stattgefunden. Es mag nicht einmal eine außergewöhnliche Sterblichkeit unter den Vorfahrenarten gegeben haben: Die Individuen, die zu Zwischenvarianten und -arten gehörten, starben im üblichen Lauf der Dinge – oft inmitten von Nahrung im Überfluss, und ihre Überreste wurden überall auf der Erde begraben.

Kurz gesagt, wenn wir diese Angelegenheit sorgfältig bedenken und sorgfältig nachlesen, was Darwin selbst zu diesem Thema geschrieben hat, sehen wir, dass das Wort „Ausrottung", wenn es überhaupt im Zusammenhang mit Übergangsformen verwendet wird, in seinem metaphorischen Sinn verwendet werden muss. Was „Konkurrenz" betrifft, so wird auch dieser Ausdruck von Darwin ständig (siehe beispielsweise den Abschnitt „Über Aussterben") als Bild oder Ausdrucksweise verwendet, und nicht mit der Absicht, die Idee einer echten Konkurrenz zwischen zwei Teilen derselben Art um die Existenzgrundlage zu vermitteln. Das Fehlen von Zwischenformen ist jedenfalls kein Argument dafür.

In Wirklichkeit ist das Hauptargument für einen scharfen Wettbewerb um die Lebensgrundlagen, der in jeder Tierart fortwährend stattfindet, – um den Ausdruck von Professor Geddes zu verwenden – das von Malthus übernommene „arithmetische Argument".

Aber dieses Argument beweist es überhaupt nicht. Wir könnten genauso gut eine Reihe von Dörfern im Südosten Russlands nehmen, deren Bewohner zwar reichlich zu essen haben, aber über keinerlei sanitäre Einrichtungen verfügen; Und wenn man bedenkt, dass die Geburtenrate in den letzten achtzig Jahren bei sechzig zu tausend lag, während die Bevölkerungszahl heute die gleiche ist wie vor achtzig Jahren, könnte man zu dem Schluss kommen, dass zwischen den Einwohnern ein schrecklicher Wettbewerb stattgefunden hat. Die Wahrheit ist jedoch, dass die Bevölkerung von Jahr zu Jahr stagnierte, und zwar aus dem einfachen Grund, dass ein Drittel der Neugeborenen starb, bevor sie ihren sechsten Lebensmonat erreichten; die Hälfte starb innerhalb der nächsten vier Jahre, und von hundert Geborenen erreichten nur etwa siebzehn das Alter von zwanzig Jahren. Die Neuankömmlinge gingen weg, bevor sie sich zu Konkurrenten entwickelt hatten. Es ist offensichtlich, dass dies, wenn dies bei Menschen der Fall ist, umso mehr bei Tieren der Fall ist. In der gefiederten Welt schreitet die Zerstörung der Eier in solch gewaltigem Ausmaß voran, dass Eier im Frühsommer die Hauptnahrung mehrerer Arten sind; Ganz zu schweigen von den Stürmen, den Überschwemmungen, die in Amerika millionenfach Nester zerstören, und den plötzlichen Wetterumschwüngen, die für junge Säugetiere tödlich sind. Jeder Sturm, jede Überschwemmung, jeder Besuch einer Ratte in einem Vogelnest, jeder plötzliche Temperaturwechsel nehmen jene Konkurrenten weg, die in der Theorie so schrecklich erscheinen.

Was die Tatsachen einer extrem schnellen Zunahme von Pferden und Rindern in Amerika, von Schweinen und Kaninchen in Neuseeland und sogar von aus Europa importierten Wildtieren betrifft (wo ihre Zahl nicht durch Konkurrenz, sondern durch den Menschen niedrig gehalten wird), so scheinen sie der Theorie der Überbevölkerung eher zu widersprechen. Wenn sich Pferde und Rinder in Amerika so schnell vermehren konnten, bewies dies lediglich, dass, wie zahllos die Büffel und andere Wiederkäuer damals in der Neuen Welt auch waren, die grasfressende Bevölkerung weit unter dem lag, was die Prärien ernähren konnten. Wenn Millionen von Eindringlingen reichlich Nahrung gefunden haben, ohne die frühere Bevölkerung der Prärien auszuhungern, müssen wir eher zu dem Schluss kommen, dass die Europäer in Amerika einen Mangel an Grasfressern vorfanden, nicht einen Überschuss. Und wir haben gute Gründe zu glauben, dass der Mangel an Tierpopulation der natürliche Zustand der Dinge auf der ganzen Welt ist, mit nur wenigen vorübergehenden Ausnahmen von der Regel. Die tatsächliche Anzahl der Tiere in einer bestimmten Region wird nicht durch die höchste Futterkapazität der Region bestimmt, sondern durch die Anzahl, die sie jedes Jahr unter den ungünstigsten Bedingungen aufweist . Schon aus diesem Grund kann Konkurrenz kaum ein normaler Zustand sein. Aber es gibt auch noch andere Ursachen, die die Tierpopulation noch unter diesen niedrigen Standard drücken. Nehmen wir die Pferde und Rinder, die den ganzen

Winter über in den Steppen Transbaikaliens grasen, so finden wir sie am Ende des Winters sehr mager und erschöpft. Aber sie sind nicht erschöpft, weil es nicht genug Nahrung für alle gibt – das Gras ist überall im Überfluss unter einer dünnen Schneedecke begraben –, sondern weil es schwierig ist, es unter dem Schnee hervorzuholen, und diese Schwierigkeit ist für alle Pferde gleichermaßen. Außerdem sind im frühen Frühling Tage mit Glatteis üblich, und wenn mehrere solcher Tage hintereinander kommen, sind die Pferde noch erschöpfter. Aber dann kommt ein Schneesturm, der die bereits geschwächten Tiere zwingt, mehrere Tage ohne Nahrung auszuharren, und sehr viele von ihnen sterben. Die Verluste im Frühjahr sind so groß, dass sie, wenn die Jahreszeit unwirtlicher als gewöhnlich war, nicht einmal durch die neuen Züchtungen ausgeglichen werden können – umso mehr, als alle Pferde erschöpft sind und die jungen Fohlen in einem schwächeren Zustand geboren werden. Die Zahl der Pferde und Rinder bleibt daher immer unter dem, was sie sonst sein könnte; das ganze Jahr über gibt es Nahrung für fünf- oder zehnmal so viele Tiere, und dennoch wächst ihre Population äußerst langsam. Aber sobald der buriatische Besitzer in der Steppe auch nur einen kleinen Vorrat an Heu anlegt und ihn an Tagen mit Glatteis oder stärkerem Schneefall auslegt, sieht er sofort die Zunahme seiner Herde. Da sich in Asien und Amerika fast alle freilebenden grasfressenden Tiere und viele Nagetiere in sehr ähnlichen Bedingungen befinden, können wir mit Sicherheit sagen, dass ihre Zahl nicht durch Konkurrenz niedrig gehalten wird; dass sie zu keiner Jahreszeit um Nahrung kämpfen können und dass die Ursache, wenn sie nie annähernd eine Überbevölkerung erreichen, im Klima und nicht in der Konkurrenz liegt.

Die Bedeutung natürlicher Kontrollen für die Übermultiplikation und insbesondere ihr Einfluss auf die Konkurrenzhypothese scheint nie gebührend berücksichtigt worden zu sein. Die Kontrollen, oder besser gesagt einige davon, werden erwähnt, ihre Wirkung wird jedoch selten im Detail untersucht. Wenn wir jedoch die Wirkung der natürlichen Hemmnisse mit der der Konkurrenz vergleichen, müssen wir sofort erkennen, dass letztere einem Vergleich mit den anderen Hemmnissen überhaupt nicht standhält. So erwähnt Herr Bates die wirklich erstaunliche Anzahl geflügelter Ameisen, die während ihres Exodus zerstört werden. Die toten oder halbtoten Körper der Formica de fuego (Myrmica) . saevissima), die während eines Sturms in den Fluss geweht worden waren, „wurden in einer Linie von ein oder zwei Zoll Höhe und Breite aufgehäuft, wobei die Linie ohne Unterbrechung kilometerweit am Rande des Wassers fortgesetzt wurde."(35) Myriaden von Ameisen sind so inmitten einer Natur zerstört, die hundertmal so viele Ameisen beherbergen könnte, wie tatsächlich leben. Dr. Altum, ein deutscher Förster, der ein sehr interessantes Buch über Tiere geschrieben hat, die unseren Wäldern schaden, liefert auch viele Fakten, die die immense Bedeutung natürlicher Kontrollen zeigen. Er sagt, dass eine Reihe von

Stürmen oder kaltes und feuchtes Wetter während des Exodus des Kiefernmottens (Bombyx pini) ihn in unglaublichem Ausmaß zerstörten, und dass im Frühjahr 1871 alle diese Motten auf einmal verschwanden und wahrscheinlich durch eine Reihe von Motten getötet wurden kalte Nächte.(36) Viele ähnliche Beispiele für verschiedene Insekten könnten aus verschiedenen Teilen Europas angeführt werden. Dr. Altum erwähnt auch die Vogelfeinde des Kiefernspinners und die enorme Menge seiner Eier, die von Füchsen zerstört werden; Er fügt jedoch hinzu, dass die parasitären Pilze, die sie regelmäßig befallen, ein weitaus schlimmerer Feind als jeder Vogel sind, weil sie die Motte auf sehr großen Flächen auf einmal zerstören. Bezüglich verschiedener Mäusearten (Mus sylvaticus , Arvicola arvalis und A. agrestis) führt derselbe Autor eine lange Liste ihrer Feinde an, bemerkt jedoch: „Die schrecklichsten Feinde der Mäuse sind jedoch nicht andere Tiere, sondern solche." plötzliche Wetterumschwünge, wie sie fast jedes Jahr auftreten. Der Wechsel von Frost und warmem Wetter zerstört sie in unzähligen Mengen; „Eine einzige plötzliche Veränderung kann Tausende von Mäusen auf die Zahl einiger weniger Individuen reduzieren." Auf der anderen Seite führt ein warmer Winter oder ein allmählich einsetzender Winter dazu, dass sie sich ungeachtet aller Feinde in bedrohlichem Ausmaß vermehren; Dies war in den Jahren 1876 und 1877 der Fall . (37) Die Konkurrenz scheint bei Mäusen daher im Vergleich zum Wetter ein recht unbedeutender Faktor zu sein. In Bezug auf Eichhörnchen werden auch andere Tatsachen in derselben Richtung angegeben.

Was Vögel betrifft, ist es bekannt, wie sehr sie unter plötzlichen Wetterwechseln leiden. Späte Schneestürme sind für die Vogelwelt in den englischen Mooren ebenso verheerend wie in Sibirien; und Ch. Dixon sah, wie die Moorhühner während einiger außergewöhnlich strenger Winter so bedrängt wurden, dass sie die Moore in großer Zahl verließen, „und wir haben dann erfahren, dass sie tatsächlich in den Straßen von Sheffield gefangen wurden. Dauerhafte Nässe", fügt er hinzu, „ist für sie fast ebenso tödlich."

Auf der anderen Seite zerstören die ansteckenden Krankheiten, die die meisten Tierarten ständig heimsuchen, sie in so großer Zahl, dass die Verluste selbst bei den sich am schnellsten vermehrenden Tieren oft erst nach vielen Jahren ausgeglichen werden können. So verschwanden vor etwa sechzig Jahren die Sousliks in der Gegend von Sarepta im Südosten Russlands infolge einiger Epidemien plötzlich; und jahrelang wurden in dieser Gegend keine Sousliks gesehen . Es dauerte viele Jahre, bis sie wieder so zahlreich wurden wie früher .(38)

Solche Tatsachen, die alle dazu neigen, die Bedeutung des Wettbewerbs zu verringern, könnten in Zahlen dargestellt werden. Natürlich könnte man mit Darwins Worten antworten, dass dennoch jedes organische Wesen „in einer bestimmten Zeit seines Lebens, während einer bestimmten Jahreszeit, während jeder Generation oder in Abständen ums Überleben kämpfen und große Zerstörung erleiden muss" und dass die Stärksten während solcher Zeiten des harten Kampfes ums Überleben überleben. Aber wenn die Evolution der Tierwelt ausschließlich oder sogar hauptsächlich auf dem Überleben der Stärksten während Katastrophenzeiten beruhen würde; wenn die natürliche Selektion in ihrer Wirkung auf Perioden außergewöhnlicher Dürre, plötzlicher Temperaturschwankungen oder Überschwemmungen beschränkt wäre, wäre Rückschritt in der Tierwelt die Regel. Diejenigen, die eine Hungersnot oder eine schwere Cholera-, Pocken- oder Diphtherieepidemie überleben, wie wir sie in unzivilisierten Ländern sehen, sind weder die Stärksten noch die Gesündesten noch die Intelligentesten. Auf diesen Überlebenden konnte kein Fortschritt beruhen – umso weniger, als alle Überlebenden normalerweise mit angeschlagener Gesundheit aus der Tortur hervorgehen, wie die eben erwähnten Pferde aus Transbaikal , oder die arktischen Besatzungen, oder die Garnison einer Festung, die gezwungen war, einige Monate lang mit halber Ration zu leben, und aus dieser Erfahrung mit angeschlagener Gesundheit hervorgeht und anschließend eine ganz abnorme Sterblichkeit zeigt. Alles, was die natürliche Selektion in Zeiten des Unglücks tun kann, ist, die Individuen zu verschonen, die mit der größten Ausdauer für Entbehrungen aller Art ausgestattet sind. So ist es auch bei den sibirischen Pferden und Rindern. Sie sind ausdauernd; sie können sich im Bedarfsfall von der Polarbirke ernähren; sie widerstehen Kälte und Hunger. Aber kein sibirisches Pferd ist in der Lage, die Hälfte des Gewichts zu tragen, das ein europäisches Pferd mit Leichtigkeit trägt; keine sibirische Kuh gibt halb so viel Milch wie eine Jersey-Kuh, und keine Eingeborenen unzivilisierter Länder können einen Vergleich mit Europäern aushalten. Sie mögen Hunger und Kälte besser ertragen, aber ihre körperliche Kraft ist weit unter der eines wohlgenährten Europäers, und ihr intellektueller Fortschritt ist verzweifelt langsam. „Das Böse kann nichts Gutes hervorbringen", schrieb Tchernyshevsky in einem bemerkenswerten Essay über den Darwinismus.(39)

Glücklicherweise ist Konkurrenz weder in der Tierwelt noch bei der Menschheit die Regel. Sie ist unter Tieren auf Ausnahmeperioden beschränkt, und die natürliche Selektion findet bessere Felder für ihre Tätigkeit. Bessere Bedingungen werden durch die Beseitigung der Konkurrenz durch gegenseitige Hilfe und gegenseitige Unterstützung geschaffen . (40) Im großen Kampf ums Dasein – um die größtmögliche Fülle und Intensität des Lebens bei möglichst geringer Energieverschwendung – sucht die natürliche Selektion ständig nach Wegen, um die Konkurrenz so weit wie möglich zu vermeiden. Die Ameisen schließen sich zu Nestern und Nationen zusammen; sie häufen ihre Vorräte an, sie züchten ihr Vieh – und vermeiden so die Konkurrenz; und die natürliche Selektion wählt aus der Familie der Ameisen die Arten aus, die am besten wissen, wie sie die Konkurrenz mit ihren unvermeidlich schädlichen Folgen vermeiden können. Die meisten unserer Vögel ziehen langsam südwärts, wenn der Winter kommt, oder sie versammeln sich in zahllosen Gesellschaften und unternehmen weite Reisen – und vermeiden so die Konkurrenz. Viele Nagetiere schlafen ein, wenn die Zeit kommt, in der die Konkurrenz einsetzen sollte; während andere Nagetiere Nahrung für den Winter einlagern und sich in großen Dörfern versammeln, um den notwendigen Schutz bei der Arbeit zu erhalten. Wenn die Flechten im Inneren des Kontinents trocken sind, wandern die Rentiere in Richtung Meer. Büffel durchqueren einen riesigen Kontinent, um reichlich Nahrung zu finden. Und wenn die Biber an einem Fluss sehr zahlreich werden, teilen sie sich in zwei Gruppen auf, und die Alten ziehen den Fluss hinunter und die Jungen den Fluss hinauf, um Konkurrenz zu vermeiden. Und wenn Tiere weder einschlafen noch wandern, noch Vorräte anlegen oder wie die Ameisen selbst Nahrung anbauen können, tun sie, was die Meise tut und was Wallace (Darwinismus, Kap. V) so reizvoll beschrieben hat: Sie greifen auf neue Nahrungsarten zurück – und vermeiden so ebenfalls Konkurrenz.

„Konkurrieren Sie nicht ! – Konkurrenz ist immer schädlich für die Art, und Sie haben genügend Mittel, um sie zu vermeiden!" Das ist die Tendenz der Natur, nicht immer vollständig verwirklicht, aber immer vorhanden. Das ist die Parole, die uns aus dem Busch, dem Wald, dem Fluss, dem Meer erreicht. „Deshalb vereint – übt gegenseitige Hilfe! Das ist das sicherste Mittel, um jedem und allen die größte Sicherheit zu geben, die beste Garantie für Existenz und Fortschritt, körperlich, intellektuell und moralisch." Das lehrt uns die Natur; und das haben alle Tiere getan, die in ihrer jeweiligen Klasse die höchste Stellung erreicht haben. Das ist es auch, was der Mensch – der primitivste Mensch – getan hat; und deshalb hat der Mensch die Position erreicht, auf der wir jetzt stehen, wie wir in den folgenden Kapiteln sehen werden, die der gegenseitigen Hilfe in menschlichen Gesellschaften gewidmet sind.

ANMERKUNGEN:

1. Syevettsoffs periodische Phänomene, S. 251.

2. Seyfferlitz , zitiert von Brehm, iv. 760.

3. The Arctic Voyages of AE Nordenskjold, London, 1879, p. 135. Siehe auch die eindrucksvolle Beschreibung der St. Kilda-Inseln von Herrn Dixon (zitiert von Seebohm) und fast alle Bücher über Arktisreisen.

4. Elliot Coues, in Bulletin US Geol. Survey of Territories, iv. Nr. 7, S. 556, 579 usw. Bei den Möwen (Larus argentatus) sah Polyakoff in einem Sumpf in Nordrussland, dass die Nistplätze einer sehr großen Zahl dieser Vögel

immer von einem Männchen bewacht wurden, das die Kolonie vor der nahenden Gefahr warnte. In einem solchen Fall erhoben sich alle Vögel und griffen den Feind mit großer Kraft an . Die Weibchen, die auf jedem Hügel des Sumpfes fünf oder sechs Nester nebeneinander hatten, hielten eine gewisse Reihenfolge ein, wenn sie ihre Nester auf der Suche nach Nahrung verließen. Die Jungvögel, die sonst äußerst schutzlos sind und leicht zur Beute der räuberischen Vögel werden, wurden nie allein gelassen („Family Habits among the Aquatic Birds", in Proceedings of the Zool. Section of St. Petersburg Soc. of Nat., 17. Dezember 1874).

5. Brehm Father, zitiert von A. Brehm, iv. 34 sek. Siehe auch White's Natural History of Selborne , Buchstabe XI.

6. Dr. Coues, Birds of Dakota and Montana, in Bulletin US Survey of Territories, iv. Nr. 7.

7. Es wurde oft angedeutet, dass größere Vögel gelegentlich einige der kleineren Vögel transportieren, wenn sie gemeinsam das Mittelmeer überqueren, aber die Tatsache bleibt zweifelhaft. Andererseits ist es sicher, dass sich einige kleinere Vögel auf dem Zug den größeren anschließen. Die Tatsache wurde mehrfach bemerkt und kürzlich von L. Buxbaum in Raunheim bestätigt . Er sah mehrere Kranichgruppen, in deren Mitte und auf beiden Seiten Lerchen flogen (Der zoologische Garten, 1886, S. 133).

8. H. Seebohm und Ch. Dixon erwähnt beide diese Angewohnheit.

9. Diese Tatsache ist jedem Feldnaturforscher wohlbekannt, und in Bezug auf England finden sich mehrere Beispiele in Charles Dixons „Unter den Vögeln in den nördlichen Shires". Die Buchfinken kommen im Winter in großen Schwärmen an; und ungefähr zur gleichen Zeit, also im November, kommen Schwärme von Bergfinken; Auch Rotdrosseln besuchen die gleichen Orte „in ähnlich großen Unternehmen" und so weiter (S. 165, 166).

10. SW Baker, Wild Beasts, etc., Bd. ich . P. 316.

11. Tschudi, Thierleben der Alpenwelt , S. 404.

12. Houzeaus Etüden, ii. 463.

13. Zu ihren Jagdverbänden siehe Sir E. Tennants Natural History of Ceylon, zitiert in Romanes' Animal Intelligence, S. 432.

14. Siehe den Brief von Emil Huter in L. Buchners Liebe.

15. In Bezug auf die Viscacha ist es sehr interessant festzustellen, dass diese sehr geselligen kleinen Tiere nicht nur in jedem Dorf friedlich zusammenleben, sondern dass sich ganze Dörfer nachts gegenseitig besuchen. Die Geselligkeit erstreckt sich somit auf die gesamte Spezies — nicht nur auf eine bestimmte Gesellschaft oder eine Nation, wie wir es bei

den Ameisen gesehen haben. Wenn der Bauer einen Viscacha-Bau zerstört und die Bewohner unter einem Erdhaufen begräbt, kommen andere Viscachas – so erzählt uns Hudson – „von weit her, um diejenigen auszugraben, die lebendig begraben sind" (lc, S. 311). Dies ist eine weithin bekannte Tatsache in La Plata, die vom Autor bestätigt wurde.

16. Handbuch für Jäger und Jagdberechtigte , zitiert nach Brehm, ii. 223.

17. Buffons Histoire Naturelle.

18. In Bezug auf die Pferde ist es bemerkenswert, dass das Quagga-Zebra, das nie mit dem Mutterzebra zusammenkommt , dennoch ausgezeichnet zusammenlebt, nicht nur mit Straußen, die sehr gute Wachposten sind, sondern auch mit Gazellen, mehreren Antilopenarten und Gnus. Wir haben also einen Fall gegenseitiger Abneigung zwischen dem Quagga und dem Mutterzebra , der nicht durch Konkurrenz um Nahrung erklärt werden kann. Die Tatsache, dass das Quagga mit Wiederkäuern zusammenlebt, die sich vom gleichen Gras ernähren wie es selbst, schließt diese Hypothese aus, und wir müssen nach einer Art Charakterunverträglichkeit suchen, wie im Fall des Hasen und des Kaninchens. Vgl. unter anderem Clive Phillips-Wolleys Big Game Shooting (Badminton Library), das ausgezeichnete Abbildungen verschiedener Arten enthält, die in Ostafrika zusammenleben.

19. Unser tungusischer Jäger, der heiraten wollte und deshalb so viele Pelze wie möglich erbeuten wollte, durchstreifte den ganzen Tag zu Pferd die Berghänge auf der Suche nach Hirschen. Seine Bemühungen wurden nicht einmal mit einem erlegten Damhirsch pro Tag belohnt; und er war ein ausgezeichneter Jäger.

20. Laut Samuel W. Baker schließen sich Elefanten in größeren Gruppen zusammen als in der „zusammengeschlossenen Familie". „Ich habe", schrieb er, „in dem Teil Ceylons, der als Park Country bekannt ist, häufig Spuren von Elefanten in großer Zahl beobachtet, bei denen es sich offensichtlich um beträchtliche Herden handelte, die sich zu einem gemeinsamen Rückzug aus einem Gebiet zusammengeschlossen hatten, das sie für unsicher hielten" (Wild Beasts and their Ways, Band I, S. 102).

21. Schweine, die von Wölfen angegriffen werden, tun dasselbe (Hudson, lc).

22. Romanes's Animal Intelligence, S. 472.

23. Brehm, I. 82; Darwin's Descent of Man, Kap. 3. Die Kozloff-Expedition von 1899-1901 musste in Nordtibet einen ähnlichen Kampf überstehen.

24. Umso seltsamer war es, in dem zuvor erwähnten Artikel von Huxley die folgende Paraphrase eines bekannten Satzes von Rousseau zu lesen: „Die ersten Menschen, die den gegenseitigen Krieg durch gegenseitigen Frieden ersetzten – was auch immer die Motive waren, die sie zu diesem Schritt

trieben – schufen die Gesellschaft" (Nineteenth Century, Februar 1888, S. 165). Die Gesellschaft wurde nicht vom Menschen geschaffen; sie ist vor dem Menschen entstanden.

25. Monographien wie das Kapitel „Musik und Tanz in der Natur" in Hudsons „Naturalist on the La Plata" und Carl Gross' „Play of Animals" haben bereits beträchtliches Licht auf einen Instinkt geworfen, der in der Natur absolut universell ist.

26. Nicht nur haben zahlreiche Vogelarten die Angewohnheit, sich zu versammeln – in vielen Fällen immer an der gleichen Stelle – um Possen und Tanzdarbietungen zu veranstalten, sondern WH Hudson hat auch die Erfahrung gemacht, dass fast alle Säugetiere und Vögel (wahrscheinlich gibt es wirklich keine Ausnahmen) häufig mehr oder weniger regelmäßige oder festgelegte Darbietungen mit oder ohne Geräusche oder solche, die ausschließlich aus Geräuschen bestehen, veranstalten (S. 264).

27. Zu den Affenchören siehe Brehm.

28. Haygarth , Bush Life in Australia, S. 58.

29. Um nur einige Beispiele zu nennen: Ein verwundeter Dachs wurde von einem anderen Dachs weggetragen, der plötzlich am Tatort auftauchte; Es wurden Ratten gesehen, die ein blindes Paar fütterten (Seelenleben der Thiere , S. 64 ff.). Brehm selbst sah zwei Krähen, die in einem hohlen Baum eine dritte Krähe fütterten, die verwundet war; seine Wunde war mehrere Wochen alt (Hausfreund , 1874, 715; Buchners Liebe, 203). Herr Blyth sah indische Krähen, die zwei oder drei blinde Kameraden fütterten; und so weiter.

30. Mensch und Tier, S. 344.

31. LH Morgan, The American Beaver, 1868, S. 272; Abstammung des Menschen, Kap. iv.

32. Eine Schwalbenart soll den Rückgang einer anderen Schwalbenart in Nordamerika verursacht haben; Die jüngste Zunahme der Schilfdrossel in Schottland hat zu einem Rückgang der Singdrossel geführt; Die Wanderratte hat in Europa die Hausratte abgelöst; In Russland hat die kleine Schabe überall ihren größeren Verwandten vor sich hergetrieben; und in Australien vernichtet die importierte Bienenstockbiene die kleine stachellose Biene rasch. Zwei weitere Fälle, die sich jedoch auf domestizierte Tiere beziehen, werden im vorhergehenden Absatz erwähnt. AR Wallace erinnert sich an dieselben Tatsachen und bemerkt in einer Fußnote zu den schottischen Drosseln: „Prof. A. Newton teilt mir jedoch mit, dass diese Arten nicht in der hier dargelegten Weise stören" (Darwinismus, S. 34). Von der Wanderratte ist bekannt, dass sie sich aufgrund ihrer amphibischen

Lebensweise meist in den unteren Teilen menschlicher Behausungen (niedrige Keller, Abwasserkanäle usw.) sowie an den Ufern von Kanälen und Flüssen aufhält; es unternimmt auch Fernwanderungen in zahllosen Gruppen. Die Hausratte hingegen hält sich am liebsten in unseren Behausungen selbst, unter dem Boden, sowie in unseren Ställen und Scheunen auf. Es ist daher viel stärker der Ausrottung durch den Menschen ausgesetzt; und wir können nicht mit annähernder Sicherheit behaupten, dass die Hausratte entweder ausgerottet oder ausgehungert wird, und zwar durch die Wanderratte und nicht durch den Menschen.

33. „Man könnte jedoch argumentieren, dass wir, wenn mehrere eng verwandte Arten dasselbe Gebiet bewohnen, heutzutage sicherlich viele Übergangsformen vorfinden müssten … Nach meiner Theorie stammen diese verwandten Arten von einem gemeinsamen Elternteil ab; und während des Veränderungsprozesses hat sich jede Art an die Lebensbedingungen ihrer eigenen Region angepasst und ihre ursprüngliche Elternform und alle Übergangsformen zwischen ihrem früheren und ihrem gegenwärtigen Zustand verdrängt und ausgerottet" (Origin of Species, 6. Auflage, S. 134); auch S. 137, 296 (der gesamte Absatz „On Extinction").

34. Laut Madame Marie Pavloff, die sich speziell mit diesem Thema beschäftigt hat, wanderten sie von Asien nach Afrika, blieben dort einige Zeit und kehrten anschließend nach Asien zurück. Ob diese doppelte Migration nun bestätigt ist oder nicht, die Tatsache einer früheren Verbreitung des Vorfahren unseres Pferdes über Asien, Afrika und Amerika steht außer Zweifel.

35. Der Naturforscher über den Amazonas, ii. 85, 95.

36. Dr. B. Altum, Waldbeschädigt durch Thiere und Gegenmittel (Berlin, 1889), S. 207 ff.

37. Dr. B. Altum, ut supra, S. 13 und 187.

38. A. Becker im Bulletin de la Societe des Naturalistes de Moscou , 1889, S. 625.

39. Russkaja Mysl , September 1888: „Die Theorie der Wohltätigkeit im Kampf ums Leben, als Vorwort zu verschiedenen Abhandlungen über Botanik , Zoologie und menschliches Leben", von einem alten Transformisten.

40. „Eine der häufigsten Formen der natürlichen Selektion besteht darin, einige Individuen einer Art an eine etwas andere Lebensweise anzupassen, wodurch sie in der Lage sind, unangemessene Plätze in der Natur einzunehmen" (Origin of Species, S. 145).) – mit anderen Worten, um Konkurrenz zu vermeiden.

KAPITEL III

Gegenseitige Hilfe unter Wilden

Angeblicher Krieg aller gegen alle. Stammesbedingter Ursprung der menschlichen Gesellschaft. Spätes Auftreten der getrennten Familie. Buschmänner und Hottentotten. Australier, Papuas . Eskimos, Aleuten . Für Europäer schwer verständliche Aspekte des wilden Lebens. Das Rechtskonzept der Dayak. Gewohnheitsrecht.

Die immense Rolle, die gegenseitige Hilfe und gegenseitige Unterstützung in der Entwicklung der Tierwelt spielten, wurde in den vorangegangenen Kapiteln kurz analysiert. Wir müssen nun einen Blick auf die Rolle werfen, die dieselben Kräfte in der Evolution der Menschheit gespielt haben. Wir haben gesehen, wie wenige Tierarten ein isoliertes Leben führen und wie zahllos diejenigen sind, die in Gesellschaften leben, sei es zur gegenseitigen Verteidigung , zur Jagd und Nahrungsspeicherung, zur Aufzucht ihrer Nachkommen oder einfach, um das gemeinsame Leben zu genießen . Wir haben auch gesehen, dass, obwohl viele Kriege zwischen verschiedenen Tierklassen oder verschiedenen Arten oder sogar verschiedenen Stämmen derselben Art stattfinden, Frieden und gegenseitige Unterstützung innerhalb des Stammes oder der Art die Regel sind; und dass diejenigen Arten, die es am besten verstehen, sich zu kombinieren und Konkurrenz zu vermeiden, die besten Überlebenschancen und eine weitere fortschreitende Entwicklung haben. Sie gedeihen, während die ungeselligen Arten verfallen.

Es ist offensichtlich, dass es im völligen Widerspruch zu allem stünde, was wir über die Natur wissen, wenn der Mensch eine Ausnahme von einer so allgemeinen Regel wäre: wenn ein so wehrloses Geschöpf wie der Mensch in seinen Anfängen seinen Schutz und seinen Weg zum Fortschritt nicht in gegenseitiger Unterstützung wie andere Tiere gefunden hätte, sondern in einem rücksichtslosen Wettbewerb um persönliche Vorteile, ohne Rücksicht auf die Interessen der Art. Einem Geist, der an die Idee der Einheit in der Natur gewöhnt ist, erscheint eine solche Behauptung völlig unhaltbar. Und doch hat sie, so unwahrscheinlich und unphilosophisch sie auch ist, nie an Anhängern gefehlt. Es gab immer Schriftsteller, die eine pessimistische Sicht der Menschheit hatten. Sie kannten sie mehr oder weniger oberflächlich aus ihrer eigenen begrenzten Erfahrung; sie wussten von der Geschichte, was die Annalisten , die immer auf der Hut vor Kriegen, Grausamkeit und Unterdrückung waren, darüber berichteten, und kaum mehr; und sie kamen zu dem Schluss, dass die Menschheit nichts weiter als eine lose Ansammlung von Wesen ist, die immer bereit sind, miteinander zu kämpfen, und nur durch das Eingreifen einer Autorität daran gehindert werden.

Hobbes vertrat diese Position; und während einige seiner Anhänger im 18. Jahrhundert sich bemühten zu beweisen, dass die Menschheit zu keinem Zeitpunkt ihrer Existenz – nicht einmal in ihrem primitivsten Zustand – in einem Zustand ständiger Kriegsführung lebte; dass die Menschen schon im „Naturzustand" gesellig gewesen seien und dass der Mangel an Wissen und nicht die natürlichen schlechten Neigungen des Menschen die Menschheit in alle Schrecken ihres frühen historischen Lebens gebracht hätten – seine Idee war im Gegenteil: dass der sogenannte „Naturzustand" nichts anderes als ein ständiger Kampf zwischen Individuen war, die zufällig durch die bloße Laune ihrer bestialischen Existenz zusammengedrängt wurden. Es stimmt, dass die Wissenschaft seit Hobbes' Zeit einige Fortschritte gemacht hat und dass wir auf sichererem Boden stehen können als auf den Spekulationen von Hobbes oder Rousseau. Aber die Hobbesianische Philosophie hat immer noch viele Bewunderer; und wir hatten in letzter Zeit eine ganze Reihe von Schriftstellern, die sich eher von Darwins Terminologie als von seinen Leitideen bedienten, sie zu einem Argument zugunsten von Hobbes' Ansichten über den Urmenschen machten und es ihnen sogar gelang, ihnen ein wissenschaftliches Aussehen zu verleihen. Huxley übernahm bekanntlich die Führung dieser Schule und stellte in einem 1888 verfassten Aufsatz die primitiven Menschen als eine Art Tiger oder Löwen dar, denen alle ethischen Vorstellungen entzogen sind und die den Kampf ums Dasein bis zum bitteren Ende ausfechten ein Leben im „ständigen freien Kampf" führen; um seine eigenen Worte zu zitieren: „Abgesehen von den begrenzten und vorübergehenden Beziehungen der Familie war der Hobbes'sche Krieg eines jeden gegen alle der normale Zustand der Existenz."(1)

Es ist mehr als einmal darauf hingewiesen worden, dass der Hauptfehler von Hobbes und auch der Philosophen des 18 größere Fleischfresser, während in Wirklichkeit mittlerweile eindeutig bekannt ist, dass dies nicht der Fall war. Natürlich haben wir keine direkten Beweise für die Lebensweise der ersten menschenähnlichen Wesen. Über den Zeitpunkt ihres ersten Auftretens sind wir uns noch nicht im Klaren, da Geologen derzeit geneigt sind, ihre Spuren in den pliozänen oder sogar miozänen Ablagerungen des Tertiärs zu sehen. Aber wir verfügen über die indirekte Methode, die es uns ermöglicht, sogar etwas Licht auf dieses ferne Altertum zu werfen. In den letzten vierzig Jahren wurde eine äußerst sorgfältige Untersuchung der sozialen Institutionen der niedrigsten Rassen durchgeführt, und es wurden unter den gegenwärtigen Institutionen des primitiven Volkes einige Spuren noch älterer Institutionen entdeckt, die längst verschwunden sind, aber dennoch unverkennbare Spuren hinterlassen haben ihre frühere Existenz. So hat sich in den Händen von Bachofen, MacLennan, Morgan, Edwin Tylor, Maine, Post, Kovalevsky, Lubbock und vielen anderen eine ganze Wissenschaft entwickelt, die sich der Embryologie menschlicher Institutionen widmet. Und diese Wissenschaft hat zweifelsfrei nachgewiesen, dass die Menschheit ihr Leben nicht in der Form kleiner, isolierter Familien begann.

Die Familie ist keineswegs eine primitive Organisationsform, sondern ein sehr spätes Produkt der menschlichen Evolution. Soweit wir in der Paläoethnologie der Menschheit zurückgehen können, finden wir Menschen, die in Gesellschaften leben – in Stämmen, die denen der höchsten Säugetiere ähnlich sind; und es war eine äußerst langsame und lange Evolution erforderlich, um diese Gesellschaften zur Gentil- oder Clanorganisation zu bringen, die wiederum eine weitere, ebenfalls sehr lange Evolution durchlaufen musste, bevor die ersten Keime der Familie, polygam oder monogam, auftreten konnten. Gesellschaften, Gruppen oder Stämme – nicht Familien – waren also die primitive Organisationsform der Menschheit und ihrer frühesten Vorfahren. Zu diesem Ergebnis ist die Ethnologie nach ihren sorgfältigen Forschungen gekommen. Und dabei kam sie einfach zu dem, was der Zoologe hätte voraussehen können. Keines der höheren Säugetiere, mit Ausnahme einiger Fleischfresser und einiger zweifellos aussterbender Affenarten (Orang-Utans und Gorillas), lebt in kleinen Familien, die isoliert in den Wäldern umherstreifen. Alle anderen leben in Gesellschaften. Und Darwin war sich so klar darüber, dass isoliert lebende Affen sich nie zu menschenähnlichen Wesen hätten entwickeln können, dass er eher dazu neigte, den Menschen als Nachkommen einer vergleichsweise schwachen, aber sozialen Art wie dem Schimpansen zu betrachten, als einer stärkeren, aber unsozialen Art wie dem Gorilla. (2) Zoologie und Paläoethnologie sind sich daher einig, dass die Gruppe und nicht die Familie die früheste Form des sozialen Lebens war. Die ersten menschlichen Gesellschaften waren einfach eine Weiterentwicklung jener Gesellschaften, die die eigentliche Essenz des Lebens der höheren Tiere ausmachen. (3)

Wenn wir nun zu positiven Beweisen übergehen, sehen wir, dass die frühesten Spuren des Menschen, die aus der Eiszeit oder der frühen Nacheiszeit stammen, eindeutige Beweise dafür liefern, dass der Mensch schon damals in Gesellschaften gelebt hat. Einzelfunde von Steingeräten, auch aus der Altsteinzeit, sind sehr selten; im Gegenteil, wo immer ein Feuersteingerät entdeckt wird, werden mit Sicherheit andere gefunden, in den meisten Fällen in sehr großen Mengen. Zu einer Zeit, als die Menschen zusammen mit inzwischen ausgestorbenen Säugetieren in Höhlen oder unter gelegentlich hervorstehenden Felsen lebten und es ihnen kaum gelang, die rauesten Arten von Feuersteinbeilen herzustellen, kannten sie bereits die Vorteile des Lebens in Gesellschaften. In den Tälern der Nebenflüsse der Dordogne ist die Oberfläche der Felsen an einigen Stellen vollständig mit Höhlen bedeckt, die in der Altsteinzeit bewohnt waren Männer.(4) Manchmal sind die Höhlenwohnungen geschossweise übereinander angeordnet , und sie erinnern sicherlich viel mehr an nistende

Schwalbenkolonien als an die Höhlen von Fleischfressern. Was die in diesen Höhlen entdeckten Feuersteingeräte betrifft, so kann man, um Lubbocks Worte zu verwenden, „ohne Übertreibung sagen, dass sie zahllos sind." Dasselbe gilt auch für andere paläolithische Stationen. Aus Lartets Untersuchungen geht auch hervor, dass die Bewohner der Region Aurignac im Süden Frankreichs bei der Beerdigung ihrer Toten Stammesmahlzeiten zu sich nahmen. So lebten die Menschen in Gesellschaften und hatten schon in dieser äußerst fernen Epoche Keime einer Stammesverehrung.

Dasselbe ist für den späteren Teil der Steinzeit noch besser bewiesen. Spuren des neolithischen Menschen wurden in unzähligen Mengen gefunden, so dass wir seine Lebensweise weitgehend rekonstruieren können. Als die Eiskappe (die sich von den Polarregionen bis nach Mittelfrankreich, Mitteldeutschland und Mittelrussland ausgebreitet haben muss und Kanada sowie einen Großteil der heutigen Vereinigten Staaten bedeckte) zu schmelzen begann, Die vom Eis befreiten Flächen waren zunächst mit Sümpfen und Sümpfen und später mit unzähligen Seen bedeckt.(5) Seen füllten alle Senken der Täler, bevor ihr Wasser jene dauerhaften Kanäle grub, die in einer späteren Epoche zu unseren Flüssen wurden . Und wo immer wir in Europa, Asien oder Amerika die Ufer der buchstäblich zahllosen Seen dieser Zeit erkunden, deren eigentlicher Name Seezeit wäre, finden wir Spuren des neolithischen Menschen. Sie sind so zahlreich, dass wir uns über die relative Bevölkerungsdichte zu dieser Zeit nur wundern können. Auf den Terrassen, die heute die Ufer der alten Seen markieren, folgen die „Stationen" des neolithischen Menschen dicht aneinander. Und an jeder dieser Stationen tauchen Steingeräte in solcher Zahl auf, dass kein Zweifel an der Zeitspanne besteht, in der sie von ziemlich zahlreichen Stämmen bewohnt wurden. Die Archäologen haben ganze Werkstätten voller Feuersteingeräte entdeckt , die davon zeugen, wie viele Arbeiter früher zusammenkamen.

In den Muschelhaufen Dänemarks finden sich Spuren einer fortgeschritteneren Zeit, die bereits durch die Verwendung einiger Töpferwaren gekennzeichnet ist. Sie erscheinen bekanntlich in Form von Haufen mit einer Dicke von 5 bis 10 Fuß, einer Breite von 100 bis 200 Fuß und einer Länge von 1.000 Fuß oder mehr und sind entlang einiger Teile der Meeresküste so häufig, dass z Lange Zeit galten sie als natürliche Gewächse. Und doch enthalten sie „nichts außer dem, was auf die eine oder andere Weise dem menschlichen Gebrauch gedient hat", und sie sind so dicht mit Produkten menschlicher Industrie gefüllt, dass Lubbock während eines zweitägigen Aufenthalts in Milgaard nichts Geringeres ausgegraben hat mehr als 191 Steingeräte und vier Keramikfragmente.(6) Allein die Größe und Ausdehnung der Muschelhaufen beweist, dass die Küsten Dänemarks über Generationen hinweg von Hunderten kleiner Stämme bewohnt wurden, die sicherlich genauso friedlich zusammenlebten wie die Feuerlandstämme, die sich ebenfalls wie Muschelhaufen ansammeln , leben in unserer Zeit.

Was die Pfahlbauten der Schweiz betrifft, die einen weiteren Fortschritt in der Zivilisation darstellen, liefern sie noch bessere Beweise für das Leben und Arbeiten in Gesellschaften. Es ist bekannt, dass die Ufer der Schweizer Seen bereits in der Steinzeit mit einer Reihe von Dörfern übersät waren, die jeweils aus mehreren Hütten bestanden und auf einer Plattform errichtet waren, die von unzähligen Pfeilern im See getragen wurde. An den Ufern des Genfersees wurden nicht weniger als vierundzwanzig, meist steinzeitliche Dörfer entdeckt, zweiunddreißig im Bodensee, sechsundvierzig im Neuenburgersee und so weiter; und jedes von ihnen zeugt von der enormen Menge an Arbeit , die gemeinsam vom Stamm und nicht von der Familie aufgewendet wurde. Es wurde sogar behauptet, dass das Leben der Seebewohner bemerkenswert frei von Kriegen gewesen sein muss. Und so war es wahrscheinlich auch, besonders wenn wir uns auf das Leben jener Naturvölker beziehen, die bis heute in ähnlichen, auf Pfeilern errichteten Dörfern an den Meeresküsten leben.

Aus den obigen kurzen Hinweisen ist ersichtlich, dass unser Wissen über den primitiven Menschen letztlich gar nicht so dürftig ist und dass es, soweit es geht, den Spekulationen Hobbes' eher entgegensteht als sie begünstigt . Darüber hinaus kann es in hohem Maße durch die direkte Beobachtung solcher primitiven Stämme ergänzt werden, die heute auf derselben Zivilisationsstufe stehen wie die Bewohner Europas in prähistorischen Zeiten.

Dass diese primitiven Stämme, die wir heute finden, keine degenerierten Exemplare der Menschheit sind, die früher eine höhere Zivilisation kannten, wie gelegentlich behauptet wurde, wurde von Edwin Tylor und Lubbock hinreichend bewiesen. Zu den Argumenten, die bereits gegen die Degenerationstheorie gerichtet sind, kann jedoch Folgendes hinzugefügt werden. Abgesehen von ein paar Stämmen, die sich in den weniger zugänglichen Hochlanden tummeln, stellen die „Wilden" einen Gürtel dar, der die mehr oder weniger zivilisierten Nationen umschließt, und sie bewohnen die äußersten Enden unserer Kontinente, von denen die meisten noch immer oder in jüngster Zeit eine Erdnase tragen frühen postglazialen Charakter. Dies sind die Eskimos und ihre Verwandten in Grönland, Arktis und Nordsibirien; und in der südlichen Hemisphäre die Australier, die Papua , die Feuerländer und teilweise die Buschmänner; Während sie im zivilisierten Bereich wie primitive Völker nur im Himalaya, im Hochland Australasiens und auf den Hochebenen Brasiliens anzutreffen sind. Nun ist zu bedenken, dass die Eiszeit nicht auf der gesamten Erdoberfläche mit einem Schlag zu Ende ging. In Grönland geht es immer noch weiter. Daher entstanden zu einer Zeit, als die Küstenregionen des Indischen Ozeans, des Mittelmeers oder des Golfs von Mexiko bereits ein wärmeres Klima hatten und zu Sitzen höherer Zivilisationen wurden, riesige Gebiete auch in Mitteleuropa, Sibirien und Nordamerika B. in Patagonien, im südlichen Afrika und im südlichen Australasien, blieben sie in frühen postglazialen Bedingungen, die sie für die zivilisierten Nationen der heißen und subheißen Zonen unzugänglich machten. Sie waren damals das, was die schrecklichen Urmanen Nordwestsibiriens heute sind, und ihre für die Zivilisation unzugängliche und unberührte Bevölkerung behielt den Charakter des frühen postglazialen Menschen. Später, als die Austrocknung diese Gebiete für die Landwirtschaft besser geeignet machte, wurden sie mit zivilisierteren Einwanderern besiedelt; und während ein Teil ihrer früheren Bewohner von den neuen Siedlern assimiliert wurde , wanderte ein anderer Teil weiter und ließ sich dort nieder, wo wir sie finden. Die Gebiete, in denen sie heute leben, sind hinsichtlich ihrer physischen Merkmale noch oder vor kurzem subglazial; ihre Künste und Geräte stammen aus der Jungsteinzeit; und ungeachtet ihrer Rassenunterschiede und der Entfernungen, die sie trennen, weisen ihre Lebensweisen und sozialen Institutionen eine verblüffende Ähnlichkeit auf. Daher können wir sie nur als Fragmente der frühen postglazialen Bevölkerung des heute zivilisierten Gebiets betrachten.

Das erste, was uns auffällt, sobald wir anfangen, primitive Menschen zu studieren, ist die Komplexität der Organisation der ehelichen Beziehungen, unter denen sie leben. Bei den meisten von ihnen ist die Familie in dem Sinne, wie wir sie ihr zuschreiben, kaum im Ansatz vorhanden. Aber sie sind keineswegs lose Ansammlungen von Männern und Frauen, die in ungeordneter Weise gemäß ihren momentanen Launen zusammenkommen. Sie alle unterliegen einer bestimmten Organisation, die Morgan in ihren allgemeinen Aspekten als „Gentil-" oder Clan-Organisation beschrieben hat . (7)

Um es so kurz wie möglich zu sagen: Es besteht wenig Zweifel daran, dass die Menschheit in ihren Anfängen eine Phase durchlief, die man als die der „Gemeinschaftsehe" bezeichnen könnte; das heißt, der ganze Stamm hatte gemeinsame Ehemänner und -frauen, wobei die Blutsverwandtschaft kaum berücksichtigt wurde. Es ist aber auch sicher, dass diesem freien Umgang schon sehr früh einige Beschränkungen auferlegt wurden. Mischehen zwischen den Söhnen einer Mutter und ihren Schwestern, Enkelinnen und Tanten wurden bald verboten. Später wurden sie zwischen den Söhnen und Töchtern derselben Mutter verboten, und weitere Beschränkungen folgten. Die Idee einer Gens oder eines Clans, der alle mutmaßlichen Nachkommen einer Familie (oder vielmehr alle, die sich in einer Gruppe versammelten) umfasste, entwickelte sich, und Heiraten innerhalb des Clans wurden gänzlich verboten. Es blieb zwar noch immer „Gemeinschaft", aber die Frau oder der Mann mussten aus einem anderen Clan genommen werden. Und wenn eine Gens zu groß wurde und sich in mehrere Gentes aufteilte, wurde jede von ihnen in Klassen (normalerweise vier) unterteilt, und Heirat war nur zwischen bestimmten, genau abgegrenzten Klassen erlaubt. Dies ist das Stadium, das wir heute bei den Kamilaroi sprechenden Australiern vorfinden. Was die Familie betrifft, so erschienen ihre ersten Keime inmitten der Clan-Organisation. Eine Frau, die im Krieg von einem anderen Clan gefangen genommen wurde und die früher zur gesamten Gens gehört hätte, konnte zu einem späteren Zeitpunkt vom Fänger unter bestimmten Verpflichtungen gegenüber dem Stamm behalten werden. Sie konnte von ihm in eine separate Hütte gebracht werden, nachdem sie einen bestimmten Tribut an den Clan gezahlt hatte, und so innerhalb der Gens eine separate Familie bilden, deren Auftreten offensichtlich eine ganz neue Phase der Zivilisation einleitete.

Wenn wir nun bedenken, dass sich diese komplizierte Organisation unter Menschen entwickelte, die auf dem niedrigsten bekannten Entwicklungsniveau standen, und dass sie sich in Gesellschaften behauptete, die außer der Autorität der öffentlichen Meinung keine andere Autorität kannten, erkennen wir sofort, wie tief verwurzelt Soziale Instinkte müssen in der menschlichen Natur schon in ihren niedrigsten Stadien vorhanden gewesen sein. Ein Wilder, der in der Lage ist, in einer solchen Organisation zu leben und sich frei Regeln zu unterwerfen, die ständig mit seinen persönlichen Wünschen in Konflikt geraten, ist sicherlich kein Tier ohne ethische Prinzipien und ohne die Zügel seiner Leidenschaften. Aber die Tatsache wird noch bemerkenswerter, wenn wir das enorme Alter der Clan-Organisation bedenken. Es ist jetzt bekannt, dass die primitiven Semiten, die Griechen von Homer, die prähistorischen Römer, die Germanen von Tacitus, die frühen Kelten und die frühen Slawonier alle ihre eigene Periode der Clanorganisation hatten, die der der Australier sehr ähnlich war Indianer, Eskimos und andere Bewohner des „Gürtels der Wilden". (9) Wir müssen also zugeben, dass entweder die Entwicklung der Ehegesetze bei allen menschlichen Rassen in gleicher Weise verlief oder dass die Grundlagen der Clanregeln entwickelt wurden unter einigen gemeinsamen Vorfahren der Semiten, Arier, Polynesier usw., bevor ihre Differenzierung in getrennte Rassen stattfand, und dass diese Regeln bis jetzt zwischen Rassen beibehalten wurden, die vor langer Zeit vom gemeinsamen Stamm getrennt waren. Beide Alternativen implizieren jedoch eine gleichermaßen bemerkenswerte Hartnäckigkeit der Institution – eine solche Hartnäckigkeit, dass kein Angriff des Einzelnen sie in den vielen Jahrtausenden ihres Bestehens zerstören konnte. Die bloße Beharrlichkeit der Clan-Organisation zeigt, wie völlig falsch es ist, die primitive Menschheit als eine ungeordnete Ansammlung von Individuen darzustellen, die nur ihren individuellen Leidenschaften gehorchen und ihre persönliche Stärke und List gegen alle anderen Vertreter der Art ausnutzen. Ungezügelter Individualismus ist ein modernes

Wachstum, aber er ist nicht charakteristisch für die primitive Menschheit.(10)

Wenn wir nun zu den heute lebenden Wilden übergehen, können wir mit den Buschmännern beginnen, die auf einem sehr niedrigen Entwicklungsniveau stehen – so niedrig, dass sie keine Behausungen haben und in in die Erde gegrabenen Löchern schlafen, die gelegentlich durch Mauern geschützt sind. Es ist bekannt, dass die Buschmänner, als sich die Europäer in ihrem Gebiet niederließen und das Wild vernichteten, begannen, das Vieh der Siedler zu stehlen, woraufhin ein Vernichtungskrieg gegen sie geführt wurde, der zu schrecklich ist, um hier erzählt zu werden. 1774 wurden 500 Buschmänner abgeschlachtet, 1808 und 1809 3000 von der Farmers' Alliance usw. Sie wurden wie Ratten vergiftet, von Jägern getötet, die vor dem Kadaver irgendeines Tieres auf der Lauer lagen, oder getötet, wo immer man ihnen begegnete . (11) Daher ist unser Wissen über die Buschmänner notwendigerweise begrenzt, da es hauptsächlich von denselben Leuten stammt, die sie ausgerottet haben. Aber wir wissen doch, dass die Buschmänner, als die Europäer kamen, in kleinen Stämmen (oder Clans) lebten, die manchmal zusammengeschlossen waren; dass sie gemeinsam jagten und die Beute ohne Streit aufteilten; dass sie ihre Verwundeten nie im Stich ließen und ihren Kameraden große Zuneigung entgegenbrachten. Lichtenstein erzählt eine äußerst rührende Geschichte über einen Buschmann, der in einem Fluss fast ertrunken wäre und von seinen Gefährten gerettet wurde. Sie zogen ihre Pelze aus, um ihn zuzudecken, und zitterten; sie trockneten ihn, rieben ihn vor dem Feuer und rieben seinen Körper mit warmem Fett ein, bis sie ihn wieder zum Leben erweckten. Und als die Buschmänner in Johan van der Walt einen Mann fanden, der sie gut behandelte, drückten sie ihre Dankbarkeit durch eine äußerst rührende Zuneigung zu diesem Mann aus. (12) Burchell und Moffat stellen sie beide als gutherzig, uneigennützig, versprechenstreu und dankbar dar (13) - alles Eigenschaften, die sich nur entwickeln können, wenn sie innerhalb des Stammes geübt werden. Was ihre Liebe zu Kindern betrifft, genügt es zu sagen, dass ein Europäer, der sich eine Buschmann-Frau als Sklavin sichern wollte, ihr Kind stahl: Die Mutter würde mit Sicherheit in die Sklaverei geraten und das Schicksal ihres Kindes teilen.(14)

Die gleichen sozialen Umgangsformen zeichnen die Hottentotten aus, die jedoch etwas weiter entwickelt sind als die Buschmänner. Lubbock beschreibt sie als „die schmutzigsten Tiere", und schmutzig sind sie wirklich. Ihr ganzes Kleid besteht aus einem Pelz, der bis zum Hals hängt und so lange getragen wird, bis er in Stücke fällt. Ihre Hütten bestehen aus ein paar zusammengesteckten und mit Matten bedeckten Stöcken, in denen sich keinerlei Möbel befinden. Und obwohl sie Ochsen und Schafe hielten und offenbar den Gebrauch von Eisen gekannt hatten, bevor sie mit den

Europäern Bekanntschaft machten, belegen sie immer noch eine der untersten Stufen der menschlichen Skala. Und doch lobten diejenigen, die sie kannten, ihre Geselligkeit und Hilfsbereitschaft. Wenn einem Hottentotten etwas gegeben wird, teilt er es sofort unter allen Anwesenden aus – eine Gewohnheit, die Darwin bekanntlich bei den Feuerländern so sehr auffiel. Er kann nicht alleine essen, und so hungrig er auch sein mag, er ruft die Vorübergehenden dazu auf, sein Essen zu teilen. Und als Kolben darüber sein Erstaunen zum Ausdruck brachte, erhielt er die Antwort. „Das ist Hottentotten-Manier.“ Aber das ist nicht nur Hottentotten-Manier: Es ist eine nahezu allgemeine Gewohnheit unter den „Wilden“. Kolben, der die Hottentotten gut kannte und ihre Mängel nicht schweigend ignorierte, konnte ihre Stammesmoral nicht hoch genug loben.

„Ihr Wort ist heilig“, schrieb er. Sie wüssten „nichts von der Korruption und den untreuen Künsten Europas“. „Sie leben in großer Ruhe und führen selten Krieg mit ihren Nachbarn .“ Sie sind „alle Freundlichkeit und Wohlwollen zueinander . Eine der größten Freuden der Hottentotten liegt sicherlich in ihren Geschenken und guten Diensten untereinander.“ „Die Integrität der Hottentotten, ihre Strenge und Schnelligkeit bei der Ausübung der Gerechtigkeit und ihre Keuschheit sind Dinge, in denen sie alle oder die meisten Nationen der Welt übertreffen.“(15)

Tachart , Barrow und Moodie (16) bestätigen Kolbens Aussage voll und ganz. Ich möchte nur anmerken, dass Kolben, als er schrieb, dass „sie sicherlich die freundlichsten , liberalsten und wohlwollendsten Menschen zueinander sind, die es je auf der Erde gab“ (i . 332), einen Satz schrieb, der seither immer wieder in der Beschreibung von Wilden auftaucht. Wenn die Europäer zum ersten Mal auf primitive Rassen treffen, zeichnen sie gewöhnlich eine Karikatur ihres Lebens; aber wenn ein intelligenter Mensch längere Zeit unter ihnen gelebt hat, beschreibt er sie im Allgemeinen als die „freundlichste“ oder „sanfteste“ Rasse der Erde. Genau diese Worte wurden von den höchsten Autoritäten auf die Ostjaken , die Samojeden , die Eskimos, die Dajaken, die Aleuten , die Papuas usw. angewandt. Ich erinnere mich auch, gelesen zu haben, dass sie auf die Tungusen, die Tschuktschen , die Sioux und mehrere andere angewandt wurden . Allein die Häufigkeit dieser hohen Anerkennung spricht Bände.

Die Ureinwohner Australiens stehen nicht auf einem höheren Entwicklungsniveau als ihre südafrikanischen Brüder. Ihre Hütten haben den gleichen Charakter: Sehr oft sind einfache Schirme der einzige Schutz vor kalten Winden. In ihrer Nahrung sind sie äußerst gleichgültig: Sie verschlingen schrecklich verweste Leichen, und in Zeiten der Knappheit greift man auf Kannibalismus zurück. Als sie zum ersten Mal von Europäern entdeckt wurden, verfügten sie nur über Werkzeuge aus Stein oder Knochen, und diese waren von der gröbsten Beschreibung. Einige Stämme besaßen nicht einmal Kanus und kannten den Tauschhandel nicht. Und doch stellte sich bei sorgfältigem Studium ihrer Sitten und Gebräuche heraus, dass sie unter der ausgefeilten Clan-Organisation lebten, die ich auf der vorherigen Seite erwähnt hatte.(17)

Das von ihnen bewohnte Territorium wird normalerweise zwischen den verschiedenen Gentes oder Clans aufgeteilt; aber die Jagd- und Fischereigebiete jedes Clans bleiben gemeinsam erhalten, und die Fischerei- und Jagderzeugnisse gehören dem gesamten Clan; ebenso die Angel- und Jagdgeräte . (18) Die Mahlzeiten werden gemeinsam eingenommen. Wie viele andere Wilde respektieren sie bestimmte Vorschriften hinsichtlich der Jahreszeiten, in denen bestimmte Eukalyptusbäume und Gräser gesammelt werden dürfen. (19) Was ihre Moral insgesamt betrifft, können wir nichts Besseres tun, als die folgenden Antworten auf die Fragen der Pariser Anthropologischen Gesellschaft zu transkribieren Lumholtz, ein Missionar, der sich in Nord-Queensland aufhielt:(20)—

„Das Gefühl der Freundschaft ist unter ihnen bekannt; es ist stark. Schwache Menschen werden normalerweise unterstützt; kranke Menschen werden sehr gut betreut; sie werden nie verlassen oder getötet. Diese Stämme sind Kannibalen, aber sie essen sehr selten Mitglieder ihres eigenen Stammes.“ (Wenn sie aufgrund religiöser Prinzipien geopfert werden, nehmen sie an, dass sie nur Fremde essen, mit ihnen spielen und sie streicheln. Alte Menschen werden sehr gut behandelt und niemals getötet , keine Idole, nur die Angst vor dem Tod, Streitigkeiten, die innerhalb des Stammes entstehen, werden mit Hilfe von Holzschwertern und Schildern ausgetragen, keine Kultur jeglicher Art, außer manchmal eine Schürze; Der Clan besteht aus zweihundert Individuen, aufgeteilt in vier Klassen von Männern und vier von Frauen, wobei die Ehe nur innerhalb der üblichen Klassen und niemals innerhalb der Gens erlaubt ist.

Für die Papuas haben wir, ähnlich wie oben, die Aussage von GL Bink, der sich von 1871 bis 1883 in Neuguinea, hauptsächlich in der Geelwink Bay, aufhielt. Hier ist der Kern seiner Antworten an denselben Fragesteller:(21)—

„Sie sind kontaktfreudig und fröhlich; sie lachen sehr viel. Eher schüchtern als mutig. Die Freundschaft ist zwischen Angehörigen verschiedener Stämme relativ stark und innerhalb des Stammes noch stärker. Ein Freund zahlt oft die Schulden seines Freundes unter der Bedingung, dass dies der Fall ist.“ Letztere werden es ohne Zinsen an die Kinder des Kreditgebers zurückzahlen. Sie kümmern sich um die Kranken und die alten Menschen werden niemals verlassen und auf keinen Fall getötet – es sei denn, es handelt sich um einen Sklaven, der schon lange krank war . Kriegsgefangene werden manchmal sehr gehätschelt und geliebt, die anderen werden als Sklaven verkauft. Sie haben keine Religion, keine Götter, keine Autorität Der Mann in der Familie ist der Richter, und ein Teil davon geht an die Negoria (die Gemeinschaft), aber die Ernte gehört denen, die sie angebaut haben Töpferhandwerk und Tauschhandel – der Brauch besteht darin, dass ihnen der Kaufmann die Waren gibt, woraufhin sie in ihre Häuser zurückkehren und die vom Kaufmann benötigten einheimischen Waren mitbringen; können diese nicht beschafft werden, werden die europäischen Waren zurückgegeben. (22) Sie sind Kopfjäger und betreiben damit Blutrache. „Manchmal", sagt Finsch , „wird die Angelegenheit an den Rajah von Namototte verwiesen , der sie mit der Verhängung einer Geldstrafe beendet."

Wenn man sie gut behandelt , sind die Papuas sehr freundlich. Miklukho - Maclay landete an der Ostküste Neuguineas, gefolgt von einem einzigen Mann, blieb zwei Jahre unter Stämmen, die angeblich Kannibalen waren, und verließ sie mit Bedauern; er kehrte zurück, um ein weiteres Jahr unter ihnen zu bleiben, und hatte nie einen Konflikt, über den er sich beklagen konnte. Allerdings war es seine Regel, niemals – unter keinem Vorwand – etwas zu sagen, was nicht wahr war, noch ein Versprechen zu machen, das er nicht halten konnte. Diese armen Geschöpfe, die nicht einmal wissen, wie man Feuer macht, und es sorgfältig in ihren Hütten unterhalten, leben unter ihrem primitiven Kommunismus ohne Häuptlinge; und innerhalb ihrer Dörfer gibt es keine nennenswerten Streitigkeiten. Sie arbeiten gemeinsam, gerade genug, um sich den Lebensunterhalt des Tages zu verdienen; sie ziehen ihre Kinder gemeinsam auf; und abends kleiden sie sich so kokett wie möglich und tanzen. Wie alle Wilden tanzen sie gern. Jedes Dorf hat seine Barla oder Balai – das „lange Haus", „longue maison " oder „ grande maison ". maison " – für die unverheirateten Männer, für gesellige Zusammenkünfte und zur Erörterung gemeinsamer Angelegenheiten – wiederum ein Merkmal, das den meisten Bewohnern der pazifischen Inseln, den Eskimos, den Indianern usw. gemeinsam ist. Ganze Gruppen von Dörfern stehen in freundschaftlichem Kontakt und besuchen sich gegenseitig en bloc.

Leider sind Fehden keine Seltenheit – nicht etwa als Folge von „Überbesatz in der Gegend" oder „scharfer Konkurrenz" und ähnlichen Erfindungen eines Handelsjahrhunderts, sondern hauptsächlich als Folge von Aberglauben. Sobald jemand krank wird, kommen seine Freunde und Verwandten zusammen und diskutieren in aller Ruhe, wer die Ursache der Krankheit sein könnte. Alle möglichen Feinde werden in Betracht gezogen, jeder gesteht seine eigenen kleinen Streitigkeiten und schließlich wird die wahre Ursache entdeckt. Ein Feind aus dem Nachbardorf hat die Krankheit heraufbeschworen und ein Überfall auf dieses Dorf wird beschlossen. Daher sind Fehden ziemlich häufig, sogar zwischen den Küstendörfern, ganz zu schweigen von den kannibalischen Bergbewohnern, die als echte Hexen und Feinde angesehen werden, obwohl sich bei näherer Bekanntschaft herausstellt, dass sie genau dieselbe Art von Menschen sind wie ihre Nachbarn an der Küste. (23)

Man könnte viele eindrucksvolle Seiten über die Harmonie schreiben, die in den Dörfern der polynesischen Bewohner der pazifischen Inseln herrscht. Aber sie gehören einer fortgeschritteneren Zivilisationsstufe an. Deshalb werden wir uns jetzt unsere Beispiele aus dem hohen Norden holen. Bevor ich jedoch die südliche Hemisphäre verlasse, muss ich erwähnen, dass selbst die Feuerländer, deren Ruf so schlecht war, in einem viel besseren Licht erscheinen, seit man sie bekannter macht. Einige französische Missionare, die unter ihnen bleiben, „wissen von keiner böswilligen Tat, über die man sich beklagen müsste". In ihren Clans, die aus 120 bis 150 Seelen bestehen, praktizieren sie denselben primitiven Kommunismus wie die Papua ; sie teilen alles miteinander und behandeln ihre alten Leute sehr gut. Unter diesen Stämmen herrscht Frieden. (24) Mit den Eskimos und ihren nächsten Verwandten, den Thlinkets , den Kolosches und den Aleuten , finden wir eines der besten Beispiele dafür, wie der Mensch während der Eiszeit gewesen sein könnte. Ihre Geräte unterscheiden sich kaum von denen der Menschen aus der Altsteinzeit , und einige ihrer Stämme kennen das Fischen noch nicht: Sie spießen die Fische einfach mit einer Art Harpune auf. (25) Sie kennen den Gebrauch von Eisen, aber sie erhalten es von den Europäern oder finden es auf Schiffswracks. Ihre soziale Organisation ist sehr primitiv, obwohl sie selbst unter den nichtjüdischen Beschränkungen bereits das Stadium der „Gemeinschaftsehe" hinter sich gelassen haben. Sie leben in Familien, aber die Familienbande werden oft zerbrochen; Ehemänner und Ehefrauen werden oft ausgetauscht. (26) Die Familien bleiben jedoch in Clans vereint, und wie könnte es auch anders sein? Wie könnten sie den harten Kampf ums Überleben aushalten, wenn sie ihre Kräfte nicht eng bündeln? Das tun sie, und die Stammesbande sind dort am stärksten, wo der Kampf ums Überleben am härtesten ist, nämlich in Nordostgrönland. Das „Langhaus" ist ihre übliche Behausung, und mehrere Familien wohnen darin, voneinander durch kleine Trennwände aus zerlumpten Fellen getrennt, mit einem gemeinsamen Durchgang an der Vorderseite. Manchmal hat das Haus die Form eines Kreuzes, und in diesem Fall wird in der Mitte ein gemeinsames Feuer entzündet . Die deutsche Expedition, die einen Winter in der Nähe eines dieser „langen Häuser" verbrachte, konnte feststellen, dass während des ganzen langen Winters „kein Streit den Frieden störte und kein Streit über die Nutzung dieses engen Raumes entstand". „Schelte oder sogar unfreundliche Worte werden als Vergehen angesehen , wenn sie nicht in der legalen Form des Prozesses, nämlich des Nith -Songs, vorgebracht werden." (27) Enges Zusammenleben und enge gegenseitige Abhängigkeit genügen, um Jahrhundert für Jahrhundert jenen tiefen Respekt für die Interessen der Gemeinschaft aufrechtzuerhalten, der für das Leben der Eskimos charakteristisch ist. Selbst in den größeren Eskimogemeinschaften „bildete die öffentliche Meinung den eigentlichen Richterstuhl, und die allgemeine Bestrafung bestand darin, dass die Übertreter in den Augen des Volkes beschämt wurden." (28)

Das Leben der Eskimos beruht auf dem Kommunismus. Was durch Jagd und Fischerei erwirtschaftet wird, gehört dem Clan. Aber in mehreren Stämmen, besonders im Westen, dringt unter dem Einfluss der Dänen das Privateigentum in ihre Institutionen ein. Sie verfügen jedoch über ein originelles Mittel, um die Unannehmlichkeiten zu vermeiden, die aus der persönlichen Anhäufung von Reichtümern entstehen, welche die Einheit ihres Stammes bald zerstören würde. Wenn ein Mann reich geworden ist, ruft er die Leute seines Clans zu einem großen Fest zusammen und verteilt, nachdem er ausgiebig gegessen hat, sein gesamtes Vermögen unter ihnen. Auf dem Yukon sah Dall eine Aleonte -Familie, die auf diese Weise zehn Gewehre, zehn Pelzkleider, 200 Perlenketten, zahlreiche Decken, zehn Wolfsfelle, 200 Biber und 500 Zibelines verteilte . Danach zogen sie ihre Festkleider aus, verschenkten sie, zogen alte, zerlumpte Pelze an und richteten ein paar Worte an ihre Verwandten, in denen sie sagten, dass sie, obwohl sie jetzt ärmer als jeder von ihnen seien, ihre Freundschaft gewonnen hätten. (29) Ähnliche Vermögensverteilungen scheinen bei den Eskimos eine regelmäßige Gewohnheit zu sein und zu einer bestimmten Jahreszeit nach einer Ausstellung aller im Laufe des Jahres erzielten Gewinne stattzufinden. (30) Meiner Meinung nach enthüllen diese Verteilungen eine sehr alte Institution, die zeitgleich mit dem ersten Auftreten persönlichen Reichtums stattfand; sie müssen ein Mittel gewesen sein, um die Gleichheit unter den Mitgliedern des Clans wiederherzustellen, nachdem sie durch die Bereicherung einiger weniger gestört worden war. Die periodische Neuverteilung des Landes und der periodische Erlass aller Schulden, die in historischen Zeiten bei so vielen verschiedenen Rassen (Semiten, Arier usw.) stattfanden, müssen ein Überbleibsel dieses alten Brauchs gewesen sein. Und der Brauch, alles, was ihm persönlich gehörte, mit dem Toten zu begraben oder auf seinem Grab zu zerstören – ein Brauch, den wir bei allen primitiven Völkern finden – muss denselben Ursprung haben. Während alles, was dem Toten persönlich gehört, auf seinem Grab verbrannt oder zerbrochen wird, wird nichts von dem zerstört, was ihm gemeinsam mit dem Stamm gehörte, wie Boote oder die gemeinsamen Fischereigeräte. Die Zerstörung betrifft nur persönliches Eigentum. In einer späteren Epoche wird dieser Brauch zu einer religiösen Zeremonie. Er erhält eine mystische Interpretation und wird von der Religion auferlegt, wenn sich die öffentliche Meinung allein als unfähig erweist, seine allgemeine Einhaltung durchzusetzen. Und schließlich wird er ersetzt, indem entweder einfache Modelle des Eigentums des Toten verbrannt werden (wie in China) oder indem man einfach sein Eigentum zum Grab trägt und es nach der Bestattungszeremonie wieder nach Hause bringt

– ein Brauch, der bei den Europäern hinsichtlich Schwertern, Kreuzen und anderen Zeichen öffentlicher Auszeichnung noch immer vorherrscht. (31)

Der hohe Standard der Stammesmoral der Eskimos wurde in der allgemeinen Literatur oft erwähnt. Dennoch werden die folgenden Bemerkungen über die Manieren der Aleoutes – die den Eskimos fast verwandt sind – die Moral der Wilden als Ganzes besser veranschaulichen. Sie wurden nach einem zehnjährigen Aufenthalt bei den Aleouten von einem äußerst bemerkenswerten Mann geschrieben – dem russischen Missionar Veniaminow . Ich fasse sie hauptsächlich in seinen eigenen Worten zusammen:

Ausdauer (schrieb er) ist ihr Hauptmerkmal. Sie ist einfach kolossal. Sie baden nicht nur jeden Morgen im gefrorenen Meer und stehen nackt am Strand und atmen den eisigen Wind ein, sondern ihre Ausdauer, selbst wenn sie bei ungenügender Nahrung hart arbeiten, übertrifft alles, was man sich vorstellen kann. Während einer längeren Nahrungsmittelknappheit kümmert sich der Aleuten zuerst um seine Kinder; er gibt ihnen alles, was er hat, und fastet selbst. Sie neigen nicht zum Stehlen; das bemerkten sogar die ersten russischen Einwanderer. Nicht, dass sie nie stehlen; jeder Aleuten würde zugeben, irgendwann einmal etwas gestohlen zu haben, aber es ist immer eine Kleinigkeit; das Ganze ist so kindisch. Die Zuneigung der Eltern zu ihren Kindern ist rührend, obwohl sie nie in Worten oder Zärtlichkeiten zum Ausdruck kommt. Der Aleuten lässt sich nur schwer dazu bewegen, ein Versprechen abzugeben, aber wenn er es einmal gegeben hat , wird er es halten, was auch immer passieren mag. (Ein Aleuten machte Veniaminoff getrockneten Fisch als Geschenk , aber in der Eile der Abreise wurde er am Strand vergessen. Er nahm ihn mit nach Hause. Die nächste Gelegenheit, ihn dem Missionar zu schicken, bot sich im Januar; und im November und Dezember herrschte im Lager der Aleuten großer Nahrungsmittelmangel . Aber der Fisch wurde von den hungernden Menschen nie angerührt und im Januar an seinen Bestimmungsort geschickt.) Ihr Moralkodex ist vielfältig und streng. Es gilt als beschämend, Angst vor dem unvermeidlichen Tod zu haben; einen Feind um Vergebung zu bitten; zu sterben, ohne je einen Feind getötet zu haben; des Diebstahls überführt zu werden; ein Boot im Hafen zum Kentern zu bringen ; Angst zu haben, bei stürmischem Wetter zur See zu fahren; auf einer langen Reise der Erste einer Reisegruppe zu sein, der bei Nahrungsmittelknappheit zum Invaliden wird; bei der Aufteilung der Beute gierig zu sein, wobei jeder dem gierigen Mann seinen eigenen Teil gibt, um ihn zu beschämen; seiner Frau ein öffentliches Geheimnis auszuplaudern; wenn zwei Personen auf einer Jagdexpedition sind, dem Partner nicht das beste Wild anzubieten; mit seinen eigenen Taten zu prahlen, besonders mit erfundenen; jemanden verächtlich zu schelten. Ebenso zu betteln; seine Frau in Gegenwart anderer Leute zu streicheln und mit ihr zu tanzen; persönlich zu verhandeln: Der Verkauf muss immer über eine dritte Person erfolgen, die den Preis festlegt. Für eine Frau ist es eine Schande, nicht nähen, tanzen und alle Arten von Frauenarbeit zu können; ihren Mann und ihre Kinder zu streicheln oder sogar in Gegenwart eines Fremden mit ihrem Mann zu sprechen. (32)

Das ist die Moral der Aleoute , die auch durch ihre Erzählungen und Legenden weiter veranschaulicht werden könnte. Ich möchte noch hinzufügen, dass, als Veniaminoff (1840) schrieb, seit dem letzten Jahrhundert nur ein einziger Mord in einer Bevölkerung von 60.000 Menschen begangen worden war und dass unter 1.800 Aleoutes seit vierzig Jahren kein einziger Verstoß gegen das Gewohnheitsrecht bekannt war. Dies wird nicht verwunderlich erscheinen, wenn wir bemerken, dass Schelte, Verachtung und der Gebrauch grober Worte im Leben der Aléoute absolut unbekannt sind. Sogar ihre Kinder streiten nie und beschimpfen sich gegenseitig nie mit Worten. Sie sagen vielleicht nur: „Deine Mutter kann nicht nähen" oder „Dein Vater ist auf einem Auge blind."(33)

Viele Merkmale des wilden Lebens bleiben für die Europäer jedoch weiterhin ein Rätsel. Die hohe Entwicklung der Stammessolidarität und die guten Gefühle, mit denen die Naturvölker zueinander beseelt sind, könnten durch jede Menge verlässlicher Zeugnisse veranschaulicht werden. Und doch ist es nicht weniger sicher, dass dieselben Wilden Kindermord praktizieren ; dass sie in manchen Fällen ihre alten Leute im Stich lassen und blind den Regeln der Blutrache gehorchen. Dann müssen wir die Koexistenz von Tatsachen erklären, die dem europäischen Geist auf den ersten Blick so widersprüchlich erscheinen. Ich habe gerade erwähnt, wie der Aleoute- Vater tage- und wochenlang hungert und seinem Kind alles Essbare gibt; und wie die Buschmann-Mutter zur Sklavin wird, um ihrem Kind zu folgen; und ich könnte Seiten mit Illustrationen der wirklich zärtlichen Beziehungen füllen, die zwischen den Wilden und ihren Kindern bestehen. Reisende erwähnen sie immer wieder nebenbei. Hier lesen Sie von der liebevollen Liebe einer Mutter; dort sieht man einen Vater, der wild durch den Wald rennt und sein von einer Schlange gebissenes Kind auf seinen Schultern trägt; Oder ein Missionar erzählt Ihnen von der Verzweiflung der Eltern über den Verlust eines Kindes, das er einige Jahre zuvor vor der Opferung bei der Geburt gerettet hatte. Sie erfahren, dass die „wilden" Mütter ihre Kinder normalerweise bis zum Alter von vier Jahren stillen , und dass auf den Neuen Hebriden beim Verlust eines besonders geliebten Kindes dessen Mutter oder Tante sich umbringen wird, um sich in der anderen Welt um es zu kümmern.(34) Und so weiter.

Ähnliche Tatsachen werden durch die Partitur widergespiegelt; Wenn wir also sehen, dass dieselben liebevollen Eltern Kindermord praktizieren , müssen wir erkennen, dass diese Gewohnheit (was auch immer ihre späteren

Veränderungen sein mögen) ihren Ursprung unter dem bloßen Druck der Notwendigkeit hat, als Verpflichtung gegenüber dem Stamm und als Mittel für die Erziehung der bereits heranwachsenden Kinder. Die Wilden vermehren sich in der Regel nicht „ohne Sparmaßnahmen", wie einige englische Schriftsteller es ausdrücken. Im Gegenteil, sie ergreifen alle möglichen Maßnahmen, um die Geburtenrate zu senken. Zu diesem Zweck werden eine ganze Reihe von Beschränkungen auferlegt, die Europäer sicherlich als übertrieben empfinden würden, und sie werden strikt eingehalten. Dennoch können Naturvölker nicht alle ihre Kinder großziehen. Es wurde jedoch festgestellt, dass sie sofort damit beginnen, die Praxis des Kindsmords aufzugeben, sobald es ihnen gelingt, ihre regulären Lebensunterhaltsmittel zu erhöhen. Im Großen und Ganzen kommen die Eltern dieser Verpflichtung nur widerwillig nach, und sobald sie es sich leisten können , gehen sie alle möglichen Kompromisse ein, um das Leben ihres Neugeborenen zu retten. Wie mein Freund Elie Reclus so gut dargelegt hat,(35) erfinden sie die glücklichen und unglücklichen Tage der Geburt und verschonen die Kinder, die an den glücklichen Tagen geboren wurden; Sie versuchen, das Urteil um ein paar Stunden hinauszuzögern, und sagen dann, dass das Baby, wenn es einen Tag überlebt hat, sein ganzes natürliches Leben führen muss. (36) Sie hören die Schreie der Kleinen, die aus dem Wald kommen, und behaupten, dass: Wenn man sie hört, verbieten sie Unglück für den Stamm; Und da sie keine Babyfarmen und keine Kinderkrippen haben, um die Kinder loszuwerden, schreckt jeder von ihnen vor der Notwendigkeit zurück, das grausame Urteil zu vollstrecken. Sie ziehen es vor, das Baby im Wald auszusetzen, anstatt ihm gewaltsam das Leben zu nehmen. Unwissenheit, nicht Grausamkeit, hält Kindsmord aufrecht; und anstatt die Wilden mit Predigten zu moralisieren, täten die Missionare besser daran, dem Beispiel von Veniaminow zu folgen , der bis zu seinem hohen Alter jedes Jahr in einem elenden Boot das Ochotskische Meer überquerte oder auf Hunden zwischen seinen Tschuktschis reiste , um zu versorgen sie mit Brot und Angelgeräten. Damit hatte er den Kindsmord tatsächlich gestoppt.

Dasselbe gilt für das, was oberflächliche Beobachter als Vatermord bezeichnen. Wir haben gerade gesehen, dass die Gewohnheit, alte Leute im Stich zu lassen, nicht so weit verbreitet ist, wie einige Autoren behauptet haben. Es wurde stark übertrieben, aber man trifft gelegentlich bei fast allen Wilden darauf; und in solchen Fällen hat es denselben Ursprung wie das Aussetzen von Kindern. Wenn ein „Wilder" das Gefühl hat, dass er seinem Stamm zur Last fällt; wenn ihm jeden Morgen sein Anteil am Essen aus dem Mund der Kinder genommen wird – und die Kleinen sind nicht so stoisch wie ihre Väter: Sie weinen, wenn sie hungrig sind; wenn er jeden Tag auf den Schultern jüngerer Leute über den steinigen Strand oder den Urwald getragen werden muss (es gibt keine Krankenwagen und keine Bedürftigen , die sie in wilden Ländern schieben), beginnt er zu wiederholen, was die alten

russischen Bauern bis heute sagen." Tchujoi vek zayedayu , jetzt pokoi !"
("Ich lebe das Leben anderer Leute: Es ist Zeit, mich zurückzuziehen!") Und
er zieht sich zurück. Er tut, was der Soldat in einem ähnlichen Fall tut. Wenn
die Rettung seiner Abteilung von ihrem weiteren Vorrücken abhängt und er
sich nicht mehr bewegen kann und weiß, dass er sterben muss, wenn er
zurückgelassen wird, fleht der Soldat seinen besten Freund an, ihm den
letzten Dienst zu erweisen, bevor er das Lager verlässt. Und der Freund
feuert mit zitternden Händen sein Gewehr in den sterbenden Körper ab. So
machen es die Wilden. Der alte Mann bittet sich selbst zu sterben; er selbst
besteht auf dieser letzten Pflicht gegenüber der Gemeinschaft und erhält die
Zustimmung des Stammes; er gräbt sein Grab aus; er lädt seine Verwandten
zum letzten Abschiedsmahl ein. Sein Vater hat dies getan, jetzt ist er an der
Reihe; und er verabschiedet sich mit Zeichen der Zuneigung von seinen
Verwandten. Der Wilde betrachtet den Tod so sehr als Teil seiner Pflichten
gegenüber seiner Gemeinschaft, dass er sich nicht nur weigert, gerettet zu
werden (wie Moffat erzählt hat), sondern als eine Frau, die auf ihren eigenen
Beinen geopfert werden musste, Das Grab ihres Mannes wurde von
Missionaren gerettet und auf eine Insel gebracht. Sie entkam in der Nacht,
überquerte schwimmend einen breiten Meeresarm und schloss sich ihrem
Stamm wieder an, um auf dem Grab zu sterben. (37) Für sie ist es eine Frage
der Religion geworden. Aber die Wilden sind in der Regel so ungern
jemandem das Leben nehmen, außer im Kampf, dass keiner von ihnen es auf
sich nimmt, Menschenblut zu vergießen, und sie greifen auf alle möglichen
Listen zurück, die so falsch ausgelegt wurden. In den meisten Fällen lassen
sie den alten Mann im Wald zurück, nachdem sie ihm mehr als seinen Anteil
an der üblichen Nahrung gegeben haben. Arktische Expeditionen haben
dasselbe getan, als sie ihre kranken Kameraden nicht mehr tragen konnten.
„Lebe noch ein paar Tage, vielleicht gibt es eine unerwartete Rettung!"
Westeuropäische Wissenschaftler können diese Tatsachen absolut nicht
ertragen, wenn sie darauf stoßen. Sie können sie nicht mit einer hoch
entwickelten Stammesmoral vereinbaren und ziehen es vor, die Genauigkeit
absolut zuverlässiger Beobachter in Zweifel zu ziehen, statt zu versuchen, das
parallele Vorhandensein dieser beiden Tatsachen zu erklären: eine hohe
Stammesmoral zusammen mit der Vernachlässigung der Eltern und dem
Kindermord. Aber wenn dieselben Europäer einem Wilden erzählen würden,
dass in Europa nur einen Steinwurf von Höhlen entfernt Menschen leben,
die äußerst liebenswürdig sind, ihre eigenen Kinder lieben und so
beeinflussbar sind, dass sie weinen, wenn sie ein auf der Bühne simuliertes
Unglück sehen, so würde auch der Wilde sie nicht verstehen. Ich erinnere
mich, wie vergeblich ich versuchte, einigen meiner tungusischen Freunde
unsere Zivilisation des Individualismus verständlich zu machen: Sie konnten
es nicht und griffen auf die phantastischsten Einfälle zurück. Tatsache ist,
dass ein Wilder, der mit der Vorstellung einer Stammessolidarität in allem, im

Guten wie im Schlechten, aufgewachsen ist, einen „moralischen" Europäer, der nichts von dieser Solidarität weiß, ebenso wenig verstehen kann wie der Durchschnittseuropäer den Wilden. Aber wenn unser Wissenschaftler inmitten eines halb verhungerten Stammes gelebt hätte, der nicht einmal für ein paar Tage genug Nahrung für einen Mann hat, hätte er wahrscheinlich ihre Motive verstanden. Und vielleicht würde auch der Wilde, wenn er unter uns geblieben wäre und unsere Erziehung genossen hätte, unsere europäische Gleichgültigkeit gegenüber unseren Nachbarn und unsere königlichen Kommissionen zur Verhinderung der „ Babyfarming " verstehen . „Steinhäuser machen steinerne Herzen", sagen die russischen Bauern. Aber zuerst sollte er in einem Steinhaus leben.

Ähnliche Bemerkungen müssen in Bezug auf Kannibalismus gemacht werden. Wenn wir alle Tatsachen berücksichtigen, die während einer kürzlichen Kontroverse zu diesem Thema bei der Pariser Anthropologischen Gesellschaft ans Licht kamen, und viele beiläufige Bemerkungen, die in der „wilden" Literatur verstreut sind, müssen wir anerkennen, dass diese Praxis aus purer Notwendigkeit entstand. Aber sie wurde durch Aberglauben und Religion bis zu den Ausmaßen weiterentwickelt, die sie auf den Fidschi-Inseln oder in Mexiko erreichte. Es ist eine Tatsache, dass bis zum heutigen Tag viele Wilde gezwungen sind, Leichen im fortgeschrittensten Verwesungsstadium zu verzehren, und dass in Fällen absoluter Knappheit einige von ihnen sogar während einer Epidemie menschliche Leichen ausgraben und sich von ihnen ernähren mussten. Dies sind gesicherte Tatsachen. Aber wenn wir uns jetzt in die Bedingungen versetzen, denen der Mensch während der Eiszeit ausgesetzt war, in einem feuchten und kalten Klima, mit nur wenig pflanzlicher Nahrung zur Verfügung; Wenn wir die schrecklichen Verwüstungen berücksichtigen, die Skorbut noch immer unter unterernährten Eingeborenen anrichtet, und uns daran erinnern, dass Fleisch und frisches Blut die einzigen Stärkungsmittel sind, die sie kennen, müssen wir zugeben, dass der Mensch, der früher ein Körnerfresser war, während der Eiszeit zum Fleischfresser wurde. Er fand damals reichlich Hirsche, aber Hirsche wandern oft in die arktischen Regionen und verlassen manchmal ein Gebiet für mehrere Jahre vollständig. In solchen Fällen verschwanden seine letzten Ressourcen. Während ähnlich harter Prüfungen haben sogar Europäer zum Kannibalismus gegriffen, und die Wilden haben ihn gegriffen. Bis heute verschlingen sie gelegentlich die Leichen ihrer eigenen Toten: Sie müssen damals die Leichen derer verschlungen haben, die sterben mussten. Alte Menschen starben in der Überzeugung, dass sie mit ihrem Tod dem Stamm einen letzten Dienst erwiesen. Deshalb wird Kannibalismus von einigen Wilden als göttlichen Ursprungs dargestellt, als etwas, das von einem Boten des Himmels befohlen wurde. Später verlor er jedoch seinen Charakter der Notwendigkeit und überlebte als Aberglaube. Feinde mussten gegessen werden, um ihren Mut zu erben; und in einer noch späteren Epoche wurde das Auge oder das Herz des Feindes zu demselben Zweck gegessen; während bei anderen Stämmen, die bereits eine zahlreiche Priesterschaft und eine entwickelte Mythologie hatten, böse Götter erfunden wurden, die nach menschlichem Blut dürsteten, und Menschenopfer von den Priestern verlangt wurden, um die Götter zu besänftigen. In dieser religiösen Phase seiner Existenz nahm der Kannibalismus seine abstoßendsten Formen an. Mexiko ist ein bekanntes Beispiel; und auf Fidschi, wo der König jeden seiner Untertanen essen konnte, finden wir auch eine mächtige Priesterschaft, eine komplizierte Theologie (38) und eine volle Entwicklung der Autokratie. Aus der Notwendigkeit entstanden, wurde der Kannibalismus in einer späteren Periode zu einer religiösen Institution, und in dieser Form überlebte er lange, nachdem er aus den Stämmen verschwunden war, die ihn zwar in früheren Zeiten praktizierten , aber nicht das theokratische Entwicklungsstadium erreichten. Dasselbe gilt für den Kindermord und die Vernachlässigung der Eltern. In manchen Fällen werden sie ebenfalls als Relikt aus alten Zeiten, als religiöse Tradition der Vergangenheit aufrechterhalten.

Ich werde meine Bemerkungen mit der Erwähnung eines anderen Brauchs beenden, der ebenfalls eine Quelle höchst irriger Schlussfolgerungen ist. Ich meine die Praxis der Blutrache. Alle Wilden glauben, dass vergossenes Blut mit Blut gerächt werden muss. Wenn jemand getötet wurde, muss der Mörder sterben; wenn jemand verwundet wurde, muss das Blut des Angreifers vergossen werden. Es gibt keine Ausnahme von dieser Regel, nicht einmal für Tiere; so wird das Blut des Jägers bei seiner Rückkehr ins Dorf vergossen, wenn er das Blut eines Tieres vergossen hat. Das ist die Auffassung der Wilden von Gerechtigkeit – eine Auffassung, die in Westeuropa hinsichtlich Mordes noch immer vorherrscht. Wenn nun sowohl der Täter als auch der Beleidigte demselben Stamm angehören, regeln der Stamm und die beleidigte Person die Angelegenheit. (39) Aber wenn der Täter einem anderen Stamm angehört und dieser Stamm aus dem einen oder anderen Grund eine Entschädigung ablehnt, dann beschließt der beleidigte Stamm, sich selbst zu rächen. Primitive Menschen betrachten die Taten eines jeden als eine Stammesangelegenheit, die von der Zustimmung des Stammes abhängt, so dass sie leicht glauben, der Clan sei für die Taten eines jeden verantwortlich. Daher kann an jedem Mitglied des Clans oder an den Verwandten des Täters die gebührende Rache genommen werden. (40) Es kann jedoch häufig vorkommen, dass die Vergeltung über das Vergehen hinausgeht. Beim Versuch, eine Wunde zuzufügen, können sie den Täter töten oder ihn stärker verletzen, als sie beabsichtigten, und dies wird zum Anlass für eine neue Fehde, so dass die primitiven Gesetzgeber darauf achteten, die Vergeltung auf Auge um Auge, Zahn um Zahn und Blut um Blut zu beschränken. (41)

Es ist jedoch bemerkenswert, dass derartige Fehden bei den meisten primitiven Völkern weitaus seltener sind, als man erwarten könnte; bei manchen von ihnen können sie jedoch abnorme Ausmaße annehmen, insbesondere bei Bergbewohnern, die von ausländischen Invasoren ins Hochland getrieben wurden, wie die Bergbewohner Kaukasus und insbesondere die von Borneo – die Dayaks. Bei den Dayaks – so wurde uns kürzlich erzählt – waren die Fehden so weit gegangen, dass ein junger Mann weder heiraten noch für volljährig erklärt werden konnte, bevor er sich den Kopf eines Feindes gesichert hatte. Diese grauenhafte Praxis wurde in einem modernen englischen Werk ausführlich beschrieben. (42) Es scheint jedoch, dass diese Behauptung eine grobe Übertreibung war. Darüber hinaus nimmt die „Kopfjagd" der Dayaks eine ganz andere Gestalt an, wenn wir erfahren, dass der vermeintliche „Kopfjäger" überhaupt nicht von persönlicher Leidenschaft getrieben wird. Er handelt im Rahmen dessen, was er als moralische Verpflichtung gegenüber seinem Stamm betrachtet, genau wie der europäische Richter, der in Gehorsam gegenüber demselben, offensichtlich falschen Prinzip „Blut für Blut" den verurteilten Mörder dem Henker übergibt. Sowohl der Dayak als auch der Richter würden sogar Reue empfinden, wenn sie aus Mitgefühl den Mörder verschonen würden. Deshalb werden die Dayaks, abgesehen von den Morden, die sie begehen, wenn sie von ihrem Rechtsverständnis getrieben werden, von allen, die sie kennen, als äußerst sympathisches Volk dargestellt. So schreibt Carl Bock, derselbe Autor, der ein so schreckliches Bild der Kopfjagd gezeichnet hat:

> „Was die Moral betrifft, muss ich den Dayaks einen hohen
> Platz auf der Skala der Zivilisation einräumen … Raub und
> Diebstahl sind bei ihnen völlig unbekannt. Außerdem sind
> sie sehr ehrlich … Wenn ich auch nicht immer die ‚ganze
> Wahrheit' erfuhr, so erfuhr ich von ihnen doch zumindest
> immer nur die Wahrheit. Ich wünschte, ich könnte dasselbe
> von den Malayen sagen" (S. 209 und 210).

Bocks Aussage wird durch die von Ida Pfeiffer voll und ganz bestätigt. „Ich war mir völlig darüber im Klaren", schrieb sie, „dass es mir Freude bereiten würde, länger unter ihnen zu reisen. Ich fand sie gewöhnlich ehrlich, gut und zurückhaltend … viel mehr als jede andere Nation, die ich kenne." (43) Stoltze verwendete fast die gleiche Sprache, als er von ihnen sprach. Die Dayaks haben gewöhnlich nur eine Frau und behandeln sie gut. Sie sind sehr gesellig, und jeden Morgen geht der ganze Clan in großen Gruppen zum Fischen, Jagen oder Gärtnern hinaus. Ihre Dörfer bestehen aus großen Hütten, von denen jede von einem Dutzend Familien und manchmal von mehreren hundert Personen bewohnt wird, die friedlich zusammenleben. Sie zeigen großen Respekt vor ihren Frauen und lieben ihre Kinder; und wenn eines von ihnen krank wird, pflegen die Frauen ihn abwechselnd. In der Regel sind sie sehr maßvoll beim Essen und Trinken. So ist der Dayak in seinem wirklichen Alltagsleben.

Es wäre eine langweilige Wiederholung, wenn mehr Beispiele aus dem Leben der Wilden gegeben würden. Wohin wir auch gehen, wir finden die gleichen geselligen Umgangsformen, den gleichen Geist der Solidarität. Und wenn wir versuchen , in die Dunkelheit vergangener Zeitalter einzudringen, finden wir dasselbe Stammesleben, dieselben Vereinigungen von Menschen, wie primitiv sie auch sein mögen, zur gegenseitigen Unterstützung. Daher hatte Darwin völlig recht, als er in den sozialen Qualitäten des Menschen den Hauptfaktor für seine weitere Entwicklung sah, und Darwins Vulgarisierer haben völlig Unrecht, wenn sie das Gegenteil behaupten.

Die geringe Kraft und Schnelligkeit des Menschen (schrieb er), sein Mangel an natürlichen Waffen usw. werden mehr als ausgeglichen, erstens durch seine intellektuellen Fähigkeiten (die, wie er auf einer anderen Seite bemerkte, hauptsächlich oder sogar ausschließlich für die Menschheit erworben wurden). Wohl der Gemeinschaft). und zweitens durch seine sozialen Qualitäten, die ihn dazu brachten, seinen Mitmenschen Hilfe zu geben und von ihnen anzunehmen .(44)

Im letzten Jahrhundert wurde der „Wilde" und sein „Leben im Naturzustand" idealisiert. Aber jetzt sind die Wissenschaftler in das entgegengesetzte Extrem verfallen, vor allem seit einige von ihnen, bestrebt, die tierische Herkunft des Menschen zu beweisen, aber mit den sozialen Aspekten des Tierlebens nicht vertraut waren, begannen, dem Wilden alle erdenklichen „bestialischen" Merkmale vorzuwerfen . Es ist jedoch offensichtlich, dass diese Übertreibung noch unwissenschaftlicher ist als Rousseaus Idealisierung. Der Wilde ist weder ein Ideal der Tugend noch ein Ideal der „Wildheit". Aber der primitive Mensch hat eine Eigenschaft, die durch die Notwendigkeiten seines harten Kampfes ums Leben entwickelt und aufrechterhalten wird: Er identifiziert seine eigene Existenz mit der seines Stammes; Und ohne diese Eigenschaft hätte die Menschheit niemals das Niveau erreicht, das sie jetzt erreicht hat.

Primitive Menschen identifizieren, wie bereits gesagt wurde, ihr Leben so sehr mit dem des Stammes, dass jede ihrer Handlungen, so unbedeutend sie auch sein mögen, als Stammesangelegenheit betrachtet wird. Ihr gesamtes Verhalten wird durch eine unendliche Reihe ungeschriebener Anstandsregeln geregelt, die das Ergebnis ihrer gemeinsamen Erfahrung darüber sind, was gut oder schlecht ist – das heißt, was für ihren eigenen Stamm nützlich oder schädlich ist. Natürlich sind die Argumente, auf denen ihre Anstandsregeln basieren, manchmal äußerst absurd. Viele von ihnen haben ihren Ursprung im Aberglauben; und insgesamt sieht er in allem, was der Wilde tut, nur die unmittelbaren Konsequenzen seiner Taten; Er kann deren indirekte und weitergehende Konsequenzen nicht vorhersehen – und übertreibt damit lediglich einen Fehler, den Bentham zivilisierten Gesetzgebern vorwarf. Aber ob absurd oder nicht, der Wilde gehorcht den Vorschriften des Gewohnheitsrechts, so unbequem sie auch sein mögen. Er gehorcht ihnen noch blinder, als der zivilisierte Mensch den Vorschriften des geschriebenen Gesetzes gehorcht. Sein Gewohnheitsrecht ist seine Religion; es ist seine Lebensgewohnheit. Die Idee des Clans ist ihm immer gegenwärtig, und Selbstbeschränkung und Selbstaufopferung im Interesse des Clans sind an der Tagesordnung. Wenn der Wilde gegen eine der kleineren Stammesregeln verstoßen hat, wird er durch den Spott der Frauen strafrechtlich verfolgt. Wenn der Verstoß schwerwiegend ist, wird er Tag und Nacht von der Angst gequält, er hätte ein Unheil über seinen Stamm heraufbeschworen. Wenn er versehentlich jemanden aus seinem eigenen Clan verwundet und damit das größte aller Verbrechen begangen hat, fühlt er sich ganz elend: Er rennt in den Wald und ist bereit, Selbstmord zu begehen, es sei denn, der Stamm entbindet ihn, indem er ihm etwas zufügt er bereitet ihm körperliche Schmerzen und vergießt etwas von seinem eigenen Blut.(45) Innerhalb des Stammes ist alles gemeinsam; jedes Bissen Essen wird unter allen Anwesenden aufgeteilt; und wenn der Wilde allein im Wald ist, beginnt er nicht zu essen, bevor er dreimal lautstark jeden, der seine Stimme hört, zum Essen einlädt.(46)

Kurz gesagt, innerhalb des Stammes gilt die Regel „jeder für alle", solange die einzelne Familie die Stammeseinheit noch nicht aufgelöst hat. Aber diese Regel wird nicht auf benachbarte Clans oder Stämme ausgedehnt, selbst wenn diese zum gegenseitigen Schutz verbündet sind. Jeder Stamm oder Clan ist eine eigene Einheit. Genau wie bei Säugetieren und Vögeln wird das Territorium grob auf einzelne Stämme aufgeteilt, und außer in Kriegszeiten werden die Grenzen respektiert. Beim Betreten des Territoriums seiner Nachbarn muss man zeigen, dass man keine bösen Absichten hegt. Je lauter jemand sein Kommen ankündigt, desto mehr Vertrauen gewinnt er; und wenn er ein Haus betritt, muss er sein Beil am Eingang ablegen. Aber kein Stamm ist verpflichtet, seine Nahrung mit den anderen zu teilen: Er kann es tun oder auch nicht. Daher ist das Leben des Wilden in zwei Handlungsstränge unterteilt und erscheint unter zwei unterschiedlichen ethischen Aspekten: den Beziehungen innerhalb des Stammes und den Beziehungen zu Außenstehenden; und (wie unser internationales Recht) unterscheidet sich das „intertribale" Recht stark vom Gewohnheitsrecht. Wenn es also zu einem Krieg kommt, können die abscheulichsten Grausamkeiten als Anspruch auf die Bewunderung des Stammes angesehen werden. Diese doppelte Auffassung von Moral durchzieht die gesamte Evolution der Menschheit und bleibt bis heute erhalten. Wir Europäer haben bei der Beseitigung dieser doppelten Auffassung von Ethik einige Fortschritte erzielt – jedenfalls nicht immens; Aber es muss auch gesagt werden, dass wir, während wir unsere Vorstellungen von Solidarität – zumindest theoretisch – in gewissem Maße auf die Nation und teilweise auch auf andere Nationen ausgeweitet haben, die Bande der Solidarität innerhalb unserer eigenen Nationen geschwächt haben sogar innerhalb unserer eigenen Familien.

Das Auftreten einer eigenen Familie innerhalb des Clans stört zwangsläufig die bestehende Einheit. Eine eigene Familie bedeutet getrenntes Eigentum und Anhäufung von Reichtum. Wir haben gesehen, wie die Eskimos diese Unannehmlichkeiten umgehen; und es ist eine der interessantesten Studien, im Laufe der Jahrhunderte die verschiedenen Institutionen (Dorfgemeinschaften, Gilden usw.) zu verfolgen, mit deren Hilfe die Massen versuchten, die Stammeseinheit aufrechtzuerhalten, ungeachtet der Kräfte, die daran arbeiteten, sie zu zerstören. Andererseits wurden die ersten Grundlagen des Wissens, die in einer sehr fernen Epoche auftauchten, als sie mit Hexerei verwechselt wurden, auch zu einer Macht in den Händen des Einzelnen, die gegen den Stamm eingesetzt werden konnte. Sie wurden sorgfältig geheim gehalten und nur an die Eingeweihten weitergegeben, in den Geheimgesellschaften der Hexen, Schamanen und Priester, die wir bei allen Wilden finden. Zur gleichen Zeit schufen Kriege und Invasionen militärische Autorität, ebenso wie Kriegerkasten, deren Vereinigungen oder Klubs große Macht erlangten. Doch zu keiner Zeit im Leben der Menschheit waren Kriege der Normalzustand. Während die Krieger sich gegenseitig ausrotteten und die Priester ihre Massaker feierten, führten die Massen ihr alltägliches Leben weiter und verrichteten ihre tägliche Arbeit. Und es ist eine der interessantesten Studien, dieses Leben der Massen zu verfolgen; zu studieren, mit welchen Mitteln sie ihre eigene soziale Organisation aufrechterhielten, die auf ihren eigenen Vorstellungen von Gerechtigkeit, gegenseitiger Hilfe und gegenseitiger Unterstützung beruhte – mit einem Wort, auf Gewohnheitsrecht, selbst als sie der grausamsten Theokratie oder Autokratie im Staat unterworfen waren.

ANMERKUNGEN:

1. Nineteenth Century, Februar 1888, S. 165.

2. Die Abstammung des Menschen, Ende von Kapitel 2, S. 63 und 64 der 2. Auflage.

3. Anthropologen, die die oben genannten Ansichten in Bezug auf den Menschen voll unterstützen, deuten dennoch manchmal an, dass die Affen in polygamen Familien unter der Führung „eines starken und eifersüchtigen Männchens" leben. Ich weiß nicht, inwieweit diese Behauptung auf schlüssiger Beobachtung beruht. Aber die Passage aus Brehms „Leben der Tiere", auf die manchmal Bezug genommen wird, kann kaum als sehr schlüssig angesehen werden. Sie kommt in seiner allgemeinen Beschreibung

der Affen vor; aber seine detaillierteren Beschreibungen einzelner Arten widersprechen ihr entweder oder bestätigen sie nicht. Sogar in Bezug auf die Cercopitheques bekräftigt Brehm die Aussage, dass sie „fast immer in Herden und sehr selten in Familien leben" (französische Ausgabe, S. 59). Was andere Arten betrifft, so macht allein die Anzahl ihrer Herden, die immer viele Männchen enthalten, die „polygame Familie" mehr als zweifelhaft; weitere Beobachtungen sind offensichtlich erforderlich.

4. Lubbock, Prehistoric Times, fünfte Ausgabe, 1890.

5. Diese Ausdehnung der Eiskappe wird von den meisten Geologen anerkannt, die sich speziell mit der Eiszeit beschäftigt haben. Der Russische Geologische Dienst hat diese Ansicht in Bezug auf Russland bereits vertreten, und die meisten deutschen Spezialisten vertreten sie in Bezug auf Deutschland. Die Vereisung des größten Teils des zentralen Plateaus Frankreichs wird den französischen Geologen nicht entgehen, wenn sie den Gletscherablagerungen insgesamt mehr Aufmerksamkeit schenken.

6. Prähistorische Zeiten, S. 232 und 242.

7. Bachofen, Das Mutterrecht , Stuttgart, 1861; Lewis H. Morgan, Ancient Society, or Researches in the Lines of Human Progress from Savagery through Barbarism to Civilization, New York, 1877; JF MacLennan, Studies in Ancient History, 1. Serie, Neuauflage, 1886; 2. Serie, 1896; L. Fison und AW Howitt, Kamilaroi und Kurnai, Melbourne. Diese vier Autoren sind - wie Giraud Teulon sehr richtig bemerkt hat - von verschiedenen Tatsachen und allgemeinen Ideen ausgegangen und haben verschiedene Methoden verfolgt, und doch zum selben Schluss gekommen. Bachofen verdanken wir den Begriff der mütterlichen Familie und der mütterlichen Erbfolge; Morgan das malaiische und turanische Verwandtschaftssystem und eine höchst begabte Skizze der wichtigsten Phasen der menschlichen Evolution; MacLennan das Gesetz der Exogenie; und Fison und Howitt das Cuadro oder Schema der ehelichen Gesellschaften in Australien. Alle vier führen schließlich zur Feststellung derselben Tatsache des Stammesursprungs der Familie. Als Bachofen in seinem epochalen Werk erstmals die Aufmerksamkeit auf die mütterliche Familie lenkte und Morgan die Clan-Organisation beschrieb – beide stimmten der fast allgemeinen Verbreitung dieser Formen zu und behaupteten, dass die Ehegesetze die eigentliche Grundlage der aufeinanderfolgenden Schritte der menschlichen Evolution bilden –, wurden sie der Übertreibung bezichtigt. Die sorgfältigsten Forschungen, die seither von einer Phalanx von Gelehrten des antiken Rechts durchgeführt wurden, haben jedoch bewiesen, dass alle Menschenrassen Spuren ähnlicher Entwicklungsstufen der Ehegesetze aufweisen, wie wir sie heute bei gewissen Wilden in Kraft sehen. Siehe die

Werke von Post, Dargun , Kovalevsky, Lubbock und ihren zahlreichen Anhängern: Lippert, Mücke usw.

8. Keine

9. Zu den Semiten und Ariern siehe insbesondere Prof. Maxim Kovalevskys „Urgesetz" (auf Russisch), Moskau 1886 und 1887. Ebenso seine in Stockholm gehaltenen Vorlesungen (Tableau des origines et de l'evolution de la famille et de la propriete , Stockholm 1890), die eine bewundernswerte Übersicht über die ganze Frage bieten. Vgl. auch A. Post, „Die Geschlechtsgenossenschaft der Urzeit" , Oldenburg 1875.

10. Es wäre unmöglich, hier auf den Ursprung der Heiratsbeschränkungen einzugehen. Ich möchte nur anmerken, dass bei Vögeln eine Gruppeneinteilung ähnlich der hawaiianischen von Morgan existiert; die jungen Bruten leben getrennt von ihren Eltern zusammen. Eine ähnliche Einteilung kann wahrscheinlich auch bei einigen Säugetieren festgestellt werden. Was das Verbot von Beziehungen zwischen Brüdern und Schwestern betrifft, so ist es wahrscheinlicher, dass es nicht aus Spekulationen über die schlechten Auswirkungen der Blutsverwandtschaft entstand, die wirklich nicht wahrscheinlich erscheinen, sondern um die allzu schnelle Verfrühung gleichgeschlechtlicher Ehen zu vermeiden. Bei engem Zusammenleben muss es zu einer zwingenden Notwendigkeit geworden sein. Ich muss auch anmerken, dass wir bei der Erörterung des Ursprungs neuer Bräuche im Allgemeinen im Auge behalten müssen, dass die Wilden, wie wir, ihre „Denker" und Gelehrten haben – Zauberer, Ärzte, Propheten usw. – deren Wissen und Ideen denen der Massen voraus sind. Durch ihre geheimen Bündnisse (ein weiteres fast universelles Merkmal) sind sie zweifellos in der Lage, einen starken Einfluss auszuüben und Bräuche durchzusetzen, deren Nutzen von der Mehrheit des Stammes möglicherweise noch nicht erkannt wird.

11. Col. Collins, in Philips' Researches in South Africa, London, 1828. Zitiert von Waitz, ii. 334.

12. Lichtensteins Reisen im südliches Afrika, ii. Pp. 92, 97. Berlin, 1811.

13. Waitz, Anthropologie der Naturvölker , ii. S. 335 ff. Siehe auch Fritschs „Die eingeborene Süd-Afrika", Breslau, 1872, S. 386 ff.; und Drei Jahre in Südafrika. Auch W. Bleck, A Brief Account of BushmenFolklore, Kapstadt , 1875.

14. Elisee Reclus, Geographie Universelle , xiii. 475.

15. P. Kolben, Der gegenwärtige Zustand des Kap der Guten Hoffnung, aus dem Deutschen übersetzt von Mr. Medley, London, 1731, Band I , S. 59, 71, 333, 336 usw.

16. Zitiert in Waitz's Anthropologie, ii. 335 ff.

17. Die Eingeborenen, die im Norden von Sydney leben und die Kamilaroi-Sprache sprechen, sind in dieser Hinsicht am besten bekannt durch das Hauptwerk von Lorimer Fison und AW Howitt, Kamilaroi and Kurnaii , Melbourne, 1880. Siehe auch AW Howitts „Further Note on the Australian Class Systems", im Journal of the Anthropological Institute, 1889, Band xviii, S. 31, das die weite Verbreitung derselben Organisation in Australien zeigt.

18. Folklore, Sitten und Bräuche der australischen Ureinwohner, Adelaide, 1879, S. 11.

19. Grey's Journals of Two Expeditions of Discovery in North-West and Western Australia, London, 1841, Bd. ii. S. 237, 298.

20. Bulletin de la Societe d'Anthropologie , 1888, Bd. xi. P. 652. Ich kürze die Antworten.

21. Bulletin de la Societe d'Anthropologie , 1888, Bd. xi. P. 386.

22. Das Gleiche gilt für die Papuas der Kaimani-Bucht, die einen hohen Ruf ihrer Ehrlichkeit genießen. „Es kommt nie vor, dass der Papua seinem Versprechen nicht treu bleibt", sagt Finsch in Neuguinea und seine Bewohner , Bremen, 1865, S. 829.

23. Iswestija der Russischen Geographischen Gesellschaft, 1880, S. 161 ff. Nur wenige Reisebücher geben einen besseren Einblick in die kleinen Einzelheiten des täglichen Lebens der Wilden als diese Bruchstücke aus Maklays Notizbüchern.

24. LF Martial, in Mission Scientifique au Cap Horn, Paris, 1883, Bd. ich . S. 183–201.

25. Kapitän Holms Expedition nach Ostgrönland.

26. In Australien hat man ganze Clans gesehen, die alle ihre Frauen vertauschten, um ein Unglück heraufzubeschwören (Post, Studien zur Entwicklungsgeschichte des Familienrechts , 1890, S. 135. 342). Mehr Brüderlichkeit ist ihr spezifischer Schutz gegen Katastrophen.

27. Dr. H. Rink, Die Eskimo-Stämme, S. 26 (Meddelelser om Grönland , Bd. XI. 1887).

28. Dr. Rink, a. a. O., S. 24. Europäer, die mit dem Respekt vor dem römischen Recht aufgewachsen sind, sind selten in der Lage, diese Macht der Stammesautorität zu verstehen. „Tatsächlich", schreibt Dr. Rink, „ist es nicht die Ausnahme, sondern Regel ist, dass weiße Männer, die zehn oder zwanzig Jahre unter den Eskimos verbracht haben, ohne wirkliche Erweiterung ihres Wissens über die traditionellen Ideen, auf denen ihr sozialer Status beruht,

zurückkehren. Der weiße Mann, ob Missionar oder Händler, ist fest von seiner dogmatischen Meinung überzeugt, dass der vulgärste Europäer besser sei als der vornehmste Eingeborene." – The Eskimo Tribes, S. 31.

29. Dall, Alaska und seine Ressourcen, Cambridge, USA, 1870.

30. Dall sah es in Alaska, Jacobsen in Ignitok in der Nähe der Beringstraße. Gilbert Sproat erwähnt es bei den Vancouver- Indianern ; und Dr. Rink, der die eben erwähnten periodischen Vorkommnisse beschreibt, fügt hinzu: „Der Hauptzweck der Anhäufung persönlichen Reichtums ist seine periodische Verteilung." Er erwähnt auch (loc. cit. S. 31) „die Zerstörung von Eigentum zum gleichen Zweck" (der Wahrung der Gleichheit).

31. Siehe Anhang VIII.

32. Veniaminoff , Memoiren über den Distrikt Unalashka (Russisch), 3 Bände, St. Petersburg, 1840. Auszüge aus dem obigen Werk in englischer Sprache finden sich in Dall's Alaska. Eine ähnliche Beschreibung der Moral der Australier findet sich in Nature, xlii, S. 639.

33. Es ist höchst bemerkenswert, dass mehrere Schriftsteller (Middendorff , Schrenk, O. Finsch) die Ostjaken und Samojeden mit fast denselben Worten beschrieben haben. Selbst wenn sie betrunken sind, sind ihre Streitereien unbedeutend. „Seit hundert Jahren wird in der Tundra ein einziger Mord begangen." „Ihre Kinder streiten nie;" „Alles kann jahrelang in der Tundra zurückbleiben, sogar Essen und Gin, und niemand wird es anfassen." und so weiter. Gilbert Sproat „hat nie einen Kampf zwischen zwei nüchternen Eingeborenen" der Aht -Indianer von Vancouver Island miterlebt. „Auch unter ihren Kindern kommt es selten zu Streitereien." (Rink, loc. cit.) Und so weiter.

34. Gill, zitiert in Gerland und Waitz's Anthropologie, Vers 641. Siehe auch S. 636-640, wo viele Fakten über elterliche und kindliche Liebe zitiert werden.

35. Primitive Folk, London, 1891.

36. Gerland, aaO. cit. V. 636.

37. Erskine, zitiert in Gerland und Waitz's Anthropologie, Vers 640.

38. WT Pritchard, Polynesian Reminiscences, London, 1866, p. 363.

39. Es ist jedoch bemerkenswert, dass im Falle eines Todesurteils niemand die Rolle des Henkers übernimmt. Jeder wirft seinen Stein oder schlägt mit der Axt zu, wobei er sorgfältig einen tödlichen Schlag vermeidet. In einer späteren Epoche wird der Priester das Opfer mit einem heiligen Messer erstechen. Noch später wird es der König sein, bis die Zivilisation den Henker erfindet. Siehe Bastians tiefgründige Bemerkungen zu diesem Thema in Der Mensch in der Geschichte , III. Die Blutrache , S. 1-36. Ein

Überbleibsel dieser Stammesgewohnheit hat, wie mir Professor E. Nys erzählte, bei militärischen Hinrichtungen bis in unsere Zeit überlebt. In der Mitte des 19. Jahrhunderts war es Brauch, die Gewehre der zwölf Soldaten, die zur Erschießung des Verurteilten gerufen wurden, mit elf Vollkugelpatronen und einer Platzpatrone zu laden. Da die Soldaten nie wussten, wer von ihnen die letztere hatte, konnte jeder sein schlechtes Gewissen damit trösten, dass er nicht einer der Mörder war.

40. In Afrika und auch anderswo ist es ein weitverbreiteter Brauch, dass nach einem Diebstahl der nächste Clan den Gegenwert des gestohlenen Gegenstandes zurückgeben und dann selbst nach dem Dieb suchen muss. AH Post, Afrikanische Jurisprudenz , Leipzig, 1887, Bd. ich . P. 77.

41. Siehe Prof. M. Kovalevskys Modern Customs and Ancient Law (Russisch), Moskau, 1886, Band II, der viele wichtige Überlegungen zu diesem Thema enthält.

42. Siehe Carl Bock, The Head Hunters of Borneo, London, 1881. Sir Hugh Law, der lange Zeit Gouverneur von Borneo war, sagte mir jedoch, dass die in diesem Buch beschriebene „Kopfjagd" stark übertrieben sei. Insgesamt spricht mein Informant von den Dayaks in genau denselben wohlwollenden Worten wie Ida Pfeiffer. Ich möchte noch hinzufügen, dass Mary Kingsley in ihrem Buch über Westafrika in denselben wohlwollenden Worten von den Fans spricht, die früher als die „schrecklichsten Kannibalen" dargestellt wurden.

43. Ida Pfeiffer, Meine zweite Weltriese , Wien, 1856, Bd. I , S. 116 ff. Siehe auch Muller und Temminchs Dutch Possessions in Archipelagic India, zitiert von Elisee Reclus, in Geographie Universelle , xiii.

44. Descent of Man, 2. Auflage, S. 63, 64.

45. Siehe Bastians Mensch in der Geschichte , iii. P. 7. Auch Grey, loc. cit. ii. P. 238.

46. Miklukho -Maclay, loc. cit. Dieselbe Angewohnheit bei den Hottentotten.

KAPITEL IV

Gegenseitige Hilfe unter den Barbaren

Die großen Migrationen. Neue Organisation notwendig gemacht. Die
Dorfgemeinschaft. Gemeinschaftsarbeit. Gerichtsverfahren.
Interstammesrecht. Illustrationen aus dem Leben unserer Zeitgenossen.
Burjaten . Kabylen .
Kaukasische Bergsteiger. Afrikanische Stämme.

Es ist nicht möglich, den Urmenschen zu studieren, ohne tief beeindruckt zu
sein von der Geselligkeit, die er seit seinen allerersten Lebensschritten an den
Tag gelegt hat. Spuren menschlicher Gesellschaften finden sich in den
Relikten sowohl der ältesten als auch der späteren Steinzeit; und wenn wir
die Wilden beobachten, deren Lebensgewohnheiten noch immer denen des
neolithischen Menschen entsprechen, stellen wir fest, dass sie durch eine
äußerst alte Clan-Organisation eng miteinander verbunden sind, die es ihnen
ermöglicht, ihre individuell schwachen Kräfte zu bündeln, das gemeinsame
Leben zu genießen und zu leben Fortschritt. Der Mensch ist in der Natur
keine Ausnahme. Er unterliegt auch dem großen Prinzip der gegenseitigen
Hilfe, das denjenigen die besten Überlebenschancen gewährt, die sich
gegenseitig im Kampf ums Leben am besten unterstützen. Zu diesen
Schlussfolgerungen kam man in den vorangegangenen Kapiteln.

Sobald wir jedoch eine höhere Stufe der Zivilisation erreichen und uns auf
die Geschichte beziehen, die bereits etwas über diese Stufe zu sagen hat, sind
wir verwirrt über die Kämpfe und Konflikte, die sie offenbart. Die alten
Bindungen scheinen völlig zerbrochen zu sein. Man sieht, dass Stämme
gegen Stämme kämpfen, Stämme gegen Stämme, Individuen gegen
Individuen; Und aus diesem chaotischen Wettstreit feindlicher Kräfte geht
die Menschheit hervor, die in Kasten aufgeteilt, den Despoten versklavt und
in Staaten aufgeteilt ist, die immer bereit sind, Krieg gegeneinander zu führen.
Und mit dieser Geschichte der Menschheit in seinen Händen kommt der
pessimistische Philosoph triumphierend zu dem Schluss, dass Krieg und
Unterdrückung das Wesen der menschlichen Natur sind; dass die
kriegerischen und räuberischen Instinkte des Menschen nur in bestimmten
Grenzen durch eine starke Autorität eingedämmt werden können, die den
Frieden durchsetzt und so den Wenigen und Edleren die Möglichkeit gibt,
der Menschheit in kommenden Zeiten ein besseres Leben zu bereiten.

Und doch, sobald das Alltagsleben des Menschen während der historischen
Periode einer genaueren Analyse unterzogen wird, wie es in letzter Zeit von
vielen geduldigen Studenten sehr früher Institutionen getan wurde, erscheint
es sofort unter einem ganz anderen Aspekt . Wenn wir die vorgefassten
Meinungen der meisten Historiker und ihre ausgeprägte Vorliebe für die

dramatischen Aspekte der Geschichte beiseite lassen, sehen wir, dass gerade die Dokumente, die sie gewöhnlich durchsehen, den Teil des menschlichen Lebens, der den Kämpfen gewidmet ist, übertreiben und seine friedlichen Stimmungen unterschätzen. Die hellen und sonnigen Tage gehen in den Stürmen und Stürmen aus den Augen. Sogar in unserer Zeit leiden die umständlichen Aufzeichnungen, die wir für den zukünftigen Historiker erstellen, in unserer Presse, unseren Gerichten, unseren Regierungsbüros und sogar in unserer Belletristik und Poesie, unter derselben Einseitigkeit. Sie überliefern der Nachwelt die genauesten Beschreibungen jedes Krieges, jeder Schlacht und Scharmützel, jedes Wettstreits und jeder Gewalttat, jeder Art individuellen Leids; aber sie tragen kaum eine Spur der unzähligen Taten der gegenseitigen Unterstützung und Hingabe, die jeder von uns aus eigener Erfahrung kennt; Sie nehmen kaum Rücksicht auf das, was den Kern unseres täglichen Lebens ausmacht – unsere sozialen Instinkte und Manieren. Kein Wunder also, wenn die Aufzeichnungen der Vergangenheit so unvollkommen waren. Die Annalisten der alten Zeit versäumten es nie, die kleinen Kriege und Katastrophen aufzuzeichnen, die ihre Zeitgenossen heimsuchten; aber sie schenkten dem Leben der Massen keinerlei Beachtung, obwohl die Massen überwiegend friedlich schufteten, während einige wenige sich dem Kampf hingaben. Die epischen Gedichte, die Inschriften auf Denkmälern, die Friedensverträge – fast alle historischen Dokumente tragen den gleichen Charakter; Sie befassen sich mit Friedensbrüchen, nicht mit dem Frieden selbst. So dass der Historiker mit den besten Absichten unbewusst ein verzerrtes Bild der Zeiten zeichnet, die er darzustellen versucht ; und um das wirkliche Verhältnis zwischen Konflikt und Vereinigung wiederherzustellen, müssen wir nun eine detaillierte Analyse Tausender kleiner Tatsachen und schwacher Hinweise vornehmen, die zufällig in den Relikten der Vergangenheit konserviert wurden. sie mit Hilfe der vergleichenden Ethnologie zu interpretieren; und nachdem wir so viel darüber gehört hatten, was die Menschen einst trennte, Stein für Stein die Institutionen zu rekonstruieren, die sie einst vereinten.

Bald wird die Geschichte neu geschrieben werden müssen, um diese beiden Strömungen des menschlichen Lebens zu berücksichtigen und die Rolle zu würdigen, die jeder von ihnen in der Evolution spielt. Aber in der Zwischenzeit können wir uns die immensen Vorbereitungsarbeiten zunutze machen, die kürzlich geleistet wurden, um die Hauptmerkmale der zweiten Strömung wiederherzustellen, die so sehr vernachlässigt wurden. Aus den bekannteren Perioden der Geschichte können wir einige Beispiele für das Leben der Massen nehmen, um die Rolle zu verdeutlichen, die die gegenseitige Unterstützung in diesen Perioden spielte; und dabei können wir (der Kürze halber) darauf verzichten, bis in die ägyptische oder sogar in die griechische und römische Antike zurückzugehen. Denn tatsächlich hatte die Entwicklung der Menschheit nicht den Charakter einer ununterbrochenen

Reihe. Mehrmals endete die Zivilisation in einer bestimmten Region mit einer bestimmten Rasse und begann anderswo, unter anderen Rassen, neu. Aber bei jedem Neuanfang begann es wieder mit den gleichen Clan-Institutionen, die wir bei den Wilden gesehen haben. Wenn wir also den letzten Anfang unserer eigenen Zivilisation nehmen, als sie in den ersten Jahrhunderten unserer Zeitrechnung von neuem begann, unter denen, die die Römer die „Barbaren" nannten, werden wir die gesamte Evolutionsskala haben, beginnend mit den Gentes und endet in den Institutionen unserer Zeit. Diesen Abbildungen sind die folgenden Seiten gewidmet.

Wissenschaftler haben sich noch nicht über die Ursachen geklärt, die vor etwa zweitausend Jahren ganze Nationen aus Asien nach Europa trieben und zu den großen Barbarenwanderungen führten, die dem Weströmischen Reich ein Ende setzten. Eine Ursache wird dem Geographen jedoch natürlich nahegelegt, wenn er die Ruinen bevölkerungsreicher Städte in den Wüsten Zentralasiens betrachtet oder den alten Flussbetten folgt, die jetzt verschwunden sind, und den breiten Umrissen von Seen, die jetzt auf die Größe bloßer Teiche reduziert sind. Es ist Austrocknung: eine noch recht junge Austrocknung, die noch immer mit einer Geschwindigkeit andauert, die wir früher nicht zugeben wollten . (1) Dagegen war der Mensch machtlos. Als die Bewohner der Nordwestmongolei und Ostturkestans sahen, dass das Wasser sie verließ, blieb ihnen kein anderer Ausweg, als die breiten Täler hinunter ins Tiefland zu ziehen und die Bewohner der Ebenen nach Westen zu drängen.(2) Stängel nach Stängel wurden so nach Europa geworfen, was andere Stämme dazu zwang, jahrhundertelang nach Westen und Osten zu ziehen und sie zu entfernen, auf der Suche nach neuen und mehr oder weniger dauerhaften Wohnorten. Während dieser Wanderungen vermischten sich Rassen mit Rassen, Ureinwohner mit Einwanderern, Arier mit Ural- Altaiern ; und es wäre kein Wunder gewesen, wenn die sozialen Institutionen, die sie in ihren Mutterländern zusammengehalten hatten, während der Rassenschichtung in Europa und Asien völlig zerstört worden wären. Aber sie wurden nicht zerstört; Sie erfuhren einfach die Modifikation, die die neuen Lebensbedingungen erforderten.

Die Germanen, Kelten, Skandinavier, Slawen und andere befanden sich, als sie zum ersten Mal mit den Römern in Kontakt kamen, in einem Übergangsstadium ihrer sozialen Organisation. Die Clanverbände, die auf einem wirklichen oder vermeintlichen gemeinsamen Ursprung beruhten, hatten sie viele tausend Jahre lang zusammengehalten. Aber diese Verbände konnten ihren Zweck nur so lange erfüllen, wie es innerhalb der Gens oder des Clans selbst keine getrennten Familien gab. Aus den bereits erwähnten Gründen hatte sich jedoch die getrennte patriarchalische Familie langsam, aber stetig innerhalb der Clans entwickelt, und auf lange Sicht bedeutete sie offensichtlich die individuelle Anhäufung von Reichtum und Macht und die

Vererbung beider. Die häufigen Wanderungen der Barbaren und die darauf folgenden Kriege beschleunigten die Aufspaltung der Gentes in getrennte Familien nur, während die Zerstreuung der Stämme und ihre Vermischung mit Fremden einzigartige Möglichkeiten für den endgültigen Zerfall dieser auf Verwandtschaft beruhenden Verbände bot. Die Barbaren standen also vor der Situation, dass ihre Clans sich entweder in lose Familienzusammenschlüsse auflösten, von denen die reichsten - vor allem wenn sie priesterliche Funktionen oder militärischen Ruf mit Reichtum verbanden - den anderen ihre Autorität aufzwingen konnten; oder dass sie eine neue Organisationsform auf der Grundlage neuer Prinzipien finden mussten.

Viele Stämme hatten nicht die Kraft, dem Zerfall zu widerstehen: Sie brachen auseinander und gingen für die Geschichte verloren. Aber die kräftigeren zerfielen nicht. Sie gingen aus der Tortur mit einer neuen Organisation hervor – der Dorfgemeinschaft –, die sie für die nächsten fünfzehn Jahrhunderte oder mehr zusammenhielt. Die Vorstellung eines gemeinsamen Territoriums, das durch gemeinsame Anstrengungen angeeignet oder geschützt wurde, wurde ausgearbeitet und trat an die Stelle der verschwindenden Vorstellungen gemeinsamer Abstammung. Die gemeinsamen Götter verloren allmählich ihren Charakter als Vorfahren und wurden mit einem lokalen territorialen Charakter ausgestattet. Sie wurden zu den Göttern oder Heiligen eines bestimmten Ortes; „das Land“ wurde mit seinen Bewohnern identifiziert. Anstelle der Blutsverwandtschaftsverbindungen der alten Zeit entstanden territoriale Verbindungen, und diese neue Organisation bot unter den gegebenen Umständen offensichtlich viele Vorteile. Sie erkannte die Unabhängigkeit der Familie an und betonte sie sogar, indem die Dorfgemeinschaft jedes Recht auf Einmischung in das, was innerhalb des Familienkreises vor sich ging, ablehnte; sie gab viel mehr Freiheit für persönliche Initiative; Es war der Vereinigung von Menschen unterschiedlicher Herkunft nicht grundsätzlich feindlich gesinnt und bewahrte gleichzeitig den notwendigen Zusammenhalt in Handeln und Denken, während es stark genug war, um den dominanten Tendenzen der Minderheiten der Zauberer, Priester und professionellen oder angesehenen Krieger entgegenzutreten. Folglich wurde es zur primären Zelle der zukünftigen Organisation, und bei vielen Nationen hat die Dorfgemeinschaft diesen Charakter bis heute bewahrt.

Es ist heute bekannt und kaum bestritten, dass die Dorfgemeinschaft kein spezifisches Merkmal der Slawen und auch nicht der alten Germanen war. Es herrschte in England sowohl zur sächsischen als auch zur normannischen Zeit und überlebte teilweise bis ins letzte Jahrhundert;(3) es befand sich am unteren Ende der gesellschaftlichen Organisation des alten Schottland, des alten Irland und des alten Wales. In Frankreich bestand der gemeinschaftliche Besitz und die gemeinschaftliche Zuteilung von Ackerland durch die Dorfvolksversammlungen von den ersten Jahrhunderten unserer Zeitrechnung an bis zu den Zeiten Turgots, der die Volksversammlungen als „zu laut" empfand und sie deshalb abschaffte. Es überlebte die römische Herrschaft in Italien und lebte nach dem Untergang des Römischen Reiches wieder auf. Es war die Regel bei den Skandinaviern, den Slawoniern, den Finnen (in der Pittaya und wahrscheinlich auch in der Kihla-Kunta), den Coures und den Leben. Die Dorfgemeinschaft in Indien – früher und heute, arisch und nichtarisch – ist durch die epochalen Werke von Sir Henry Maine gut bekannt; und Elphinstone hat es bei den Afghanen beschrieben. Wir finden es auch im mongolischen Oulous , im kabylischen Thaddart , im javanischen Dessa, im malaiischen Kota oder Tofa und unter verschiedenen Namen in Abessinien, im Sudan, im Inneren Afrikas, bei den Ureinwohnern beider Amerikas und bei allen kleine und große Stämme der pazifischen Archipele. Kurz gesagt, wir kennen keine einzige Menschheit und keine einzige Nation, die nicht ihre Zeit der Dorfgemeinschaften gehabt hätte. Allein diese Tatsache widerlegt die Theorie, nach der die Dorfgemeinschaft in Europa ein unterwürfiges Gewächs gewesen wäre. Sie ist älter als die Leibeigenschaft, und selbst unterwürfige Unterwürfigkeit konnte sie nicht brechen. Es war eine universelle Phase der Evolution, ein natürliches Ergebnis der Clan-Organisation, zumindest mit all jenen Stämmen, die in der Geschichte eine Rolle gespielt haben oder immer noch spielen.(4)

Es war ein natürliches Wachstum, und eine absolute Einheitlichkeit in seiner Struktur war daher nicht möglich. In der Regel war es eine Verbindung zwischen Familien, die als von gemeinsamer Abstammung betrachtet wurden und ein bestimmtes Gebiet gemeinsam besaßen. Aber bei einigen Stämmen und unter bestimmten Umständen wurden die Familien sehr zahlreich, bevor sie neue Knospen in Form neuer Familien austrieben; fünf, sechs oder sieben Generationen lebten weiterhin unter demselben Dach oder innerhalb derselben Umzäunung, besaßen ihren gemeinsamen Haushalt und ihr Vieh gemeinsam und nahmen ihre Mahlzeiten am gemeinsamen Herd ein. Sie hielten sich in diesem Fall an das, was die Ethnologie als „gemeinsame Familie" oder „ungeteilten Haushalt" kennt, den wir noch immer in ganz China, in Indien, in der südslawonischen Zadruga sehen und gelegentlich in Afrika, in Amerika, in Dänemark, in Nordrussland und Westfrankreich finden. (5) Bei anderen Stämmen oder unter anderen, noch nicht genau spezifizierten Umständen erreichten die Familien nicht dieselben Proportionen; Die Enkel und manchmal auch die Söhne verließen den Haushalt, sobald sie verheiratet waren, und jeder von ihnen gründete eine eigene neue Zelle. Doch ob vereint oder nicht, zusammengedrängt oder in den Wäldern verstreut, die Familien blieben in Dorfgemeinschaften vereint; mehrere Dörfer wurden zu Stämmen zusammengefasst, und die Stämme schlossen sich zu Konföderationen zusammen. Dies war die soziale

Organisation, die sich unter den sogenannten „Barbaren" entwickelte, als sie begannen, sich mehr oder weniger dauerhaft in Europa niederzulassen.

Es bedurfte einer sehr langen Entwicklung, bevor die Gentes oder Clans die abgesonderte Existenz einer patriarchalischen Familie in einer abgesonderten Hütte anerkannten; aber selbst nachdem dies anerkannt worden war, kannte der Clan in der Regel keine persönliche Erbschaft von Besitz. Die wenigen Dinge, die dem Einzelnen persönlich gehört haben könnten, wurden entweder auf seinem Grab zerstört oder mit ihm begraben. Die Dorfgemeinschaft hingegen erkannte die private Ansammlung von Reichtum innerhalb der Familie und seine Vererbung voll und ganz an. Reichtum wurde jedoch ausschließlich in Form von beweglichem Besitz verstanden, einschließlich Vieh, Geräten, Waffen und dem Wohnhaus, das – „wie alle Dinge, die durch Feuer zerstört werden können" – derselben Kategorie angehörte (6). Was Privateigentum an Land anbelangt, so erkannte die Dorfgemeinschaft nichts dergleichen an und konnte es auch nicht an, und in der Regel erkennt sie es auch heute nicht an. Das Land war das gemeinsame Eigentum des Stammes oder des gesamten Stammes, und die Dorfgemeinschaft selbst besaß ihren Teil des Stammesgebiets, solange der Stamm keine Neuverteilung der Dorfzuteilungen forderte. Die Rodung der Wälder und die Urbarmachung der Prärien wurde meist von den Gemeinden oder zumindest von mehreren Familien gemeinsam durchgeführt – immer mit Zustimmung der Gemeinde. Die gerodeten Parzellen blieben für eine Dauer von vier, zwölf oder zwanzig Jahren im Besitz jeder Familie. Nach Ablauf dieser Frist wurden sie als Teile des gemeinschaftlich besessenen Ackerlandes behandelt. Privateigentum oder Besitz „ auf ewig " war mit den Grundsätzen und religiösen Vorstellungen der Dorfgemeinschaft ebenso unvereinbar wie mit den Grundsätzen der Gens; so dass ein langer Einfluss des römischen Rechts und der christlichen Kirche, die die römischen Grundsätze bald akzeptierte, erforderlich war, um die Barbaren an die Idee zu gewöhnen, dass Privateigentum an Land möglich sei. (7) Und doch blieb der Eigentümer eines separaten Anwesens, selbst wenn ein solches Eigentum oder ein solcher Besitz auf unbegrenzte Zeit anerkannt wurde, Miteigentümer der Brachländer, Wälder und Weideflächen. Darüber hinaus sehen wir immer wieder, insbesondere in der Geschichte Russlands, dass einige Familien, die unabhängig voneinander Land in Besitz nahmen, das Stämmen gehörte, die als Fremde behandelt wurden, sich sehr bald zusammenschlossen und eine Dorfgemeinschaft bildeten, die in der dritten oder vierten Generation begann, sich zu einer gemeinsamen Herkunft zu bekennen.

Aus dieser Grundlage des gemeinsamen Landbesitzes haben sich im Laufe der Jahrhunderte eine ganze Reihe von Institutionen entwickelt, die teilweise aus der Clan-Zeit stammen und die notwendig waren, um die Barbaren unter die Herrschaft von Staaten zu bringen, die nach römischem oder byzantinischem Muster organisiert waren. Die Dorfgemeinde war nicht nur ein Zusammenschluss, der jedem seinen gerechten Anteil am gemeinsamen Land garantierte, sondern auch ein Zusammenschluss für gemeinsame Kultur, für gegenseitige Unterstützung in allen möglichen Formen, für Schutz vor Gewalt und für die Weiterentwicklung von Wissen, nationalen Bindungen und moralischen Vorstellungen; und jede Änderung der Rechts-, Militär-, Bildungs- oder Wirtschaftspraktiken musste auf den Volksversammlungen des Dorfes, des Stammes oder der Konföderation beschlossen werden. Da die Gemeinde eine Fortsetzung der Gens war, erbte sie alle ihre Funktionen. Sie war die Universitas, die Mir – eine Welt für sich.

Gemeinsames Jagen, gemeinsames Fischen und gemeinsame Kultur der Obstgärten oder Obstbaumplantagen waren bei den alten Gentes die Regel. In den barbarischen Dorfgemeinschaften wurde die gemeinsame Landwirtschaft zur Regel. Es stimmt, dass direkte Zeugnisse hierfür rar sind, und in der antiken Literatur finden wir nur Passagen von Diodorus und Julius Cäsar, die sich auf die Bewohner der Liparischen Inseln, eines der keltisch-iberischen Stämme, und die Sueben beziehen . Aber es mangelt nicht an Beweisen dafür, dass bei einigen Germanenstämmen, den Franken sowie den alten Schotten, Iren und Walisern eine gemeinsame Landwirtschaft betrieben wurde . (8) Was die späteren Überreste derselben Praxis betrifft, so gibt es einfach unzählige. Sogar im vollkommen romanisierten Frankreich war die gemeinsame Kultur vor etwa fünf und zwanzig Jahren im Morbihan (Bretagne) üblich.(9) Das alte walisische Cyvar oder gemeinsame Team sowie die gemeinsame Kultur des Landes, das der Nutzung zugeteilt wurde Dorfheiligtümer sind bei den von der Zivilisation am wenigsten berührten Stämmen des Kaukasus weit verbreitet(10), und ähnliche Tatsachen kommen unter den russischen Bauern täglich vor. Darüber hinaus ist bekannt, dass viele Stämme Brasiliens, Mittelamerikas und Mexikos ihre Felder gemeinsam bewirtschafteten und dass die gleiche Gewohnheit bei einigen Malaien, in Neukaledonien, mit mehreren Negerstämmen usw., weit verbreitet ist. (11) Kurz gesagt, die Gemeinschaftskultur ist bei vielen arischen, ural- altaischen , mongolischen, negerischen, indianischen, malaiischen und melanesischen Stämmen so gewohnheitsmäßig, dass wir sie als eine universelle – wenn auch nicht als die einzig mögliche – Form des Primitiven betrachten müssen Landwirtschaft.(12)

Der gemeinschaftliche Anbau bedeutet jedoch nicht zwangsläufig einen gemeinschaftlichen Konsum. Schon im Rahmen der Clan-Organisation sehen wir oft, dass, wenn die mit Früchten oder Fisch beladenen Boote ins Dorf zurückkehren, das mitgebrachte Essen auf die Hütten und „Langhäuser“, in denen entweder mehrere Familien oder die Jugend leben, aufgeteilt und gekocht wird separat an jedem einzelnen Herd. Die

Gewohnheit, Mahlzeiten im engeren Kreis von Verwandten oder Verbündeten einzunehmen, herrscht daher bereits in einer frühen Phase des Clanlebens vor. Es wurde zur Regel in der Dorfgemeinschaft. Sogar die gemeinsam angebauten Lebensmittel wurden in der Regel zwischen den Haushalten aufgeteilt, nachdem ein Teil davon für den gemeinschaftlichen Gebrauch bereitgelegt worden war. Die Tradition der gemeinsamen Mahlzeiten wurde jedoch fromm gepflegt; Jede sich bietende Gelegenheit, wie das Gedenken an die Vorfahren, die religiösen Feste, der Beginn und das Ende der Feldarbeit, die Geburten, die Hochzeiten und die Beerdigungen, wurde genutzt, um die Gemeinschaft zu einem gemeinsamen Mahl zusammenzubringen. Auch heute noch ist diese Gewohnheit, die hierzulande als „Erntemahl" bekannt ist, als letztes verschwunden. Andererseits wurden, selbst als die Felder schon lange nicht mehr gemeinschaftlich bestellt und gesät wurden, weiterhin und noch immer vielfältige landwirtschaftliche Arbeiten von der Gemeinde verrichtet. Ein Teil des kommunalen Landes wird in vielen Fällen immer noch gemeinschaftlich bewirtschaftet, entweder für die Nutzung durch die Bedürftigen, zum Auffüllen der kommunalen Vorräte oder zur Verwendung der Produkte bei religiösen Festen. Die Bewässerungskanäle werden gemeinsam gegraben und repariert. Die Gemeinschaftswiesen werden von der Gemeinde gemäht; und der Anblick einer russischen Kommune, die eine Wiese mäht – die Männer wetteifern mit der Sense, während die Frauen das Gras umdrehen und zu Haufen aufwerfen – ist einer der inspirierendsten Anblicke; es zeigt, was menschliche Arbeit sein könnte und sein sollte. Das Heu wird in diesem Fall auf die einzelnen Haushalte aufgeteilt, und es ist offensichtlich, dass niemand das Recht hat, ohne seine Erlaubnis Heu vom Stapel eines Nachbarn zu nehmen; Am bemerkenswertesten ist jedoch die Einschränkung dieser letzten Regel bei den kaukasischen Osseten . Wenn der Kuckuck schreit und verkündet, dass der Frühling naht und die Wiesen bald wieder mit Gras bedeckt werden, hat jeder Bedürftige das Recht, vom Stapel des Nachbarn das Heu zu nehmen, das er für sein Vieh haben will. (13) Die alte Kommune Rechte werden auf diese Weise erneut geltend gemacht, als ob sie beweisen wollten, wie sehr der ungezügelte Individualismus der menschlichen Natur widerspricht.

Wenn der europäische Reisende auf einer kleinen Insel im Pazifik landet und in der Ferne einen Palmenhain sieht und in diese Richtung geht, ist er erstaunt, dass die kleinen Dörfer durch mit großen Steinen gepflasterte Straßen verbunden sind, die für die barfuß gehenden Einheimischen recht bequem sind und den „alten Straßen" der Schweizer Berge sehr ähneln. Solche Straßen wurden von den „Barbaren" in ganz Europa angelegt, und man muss durch wilde, dünn besiedelte Länder gereist sein, weit weg von den Hauptverkehrswegen, um sich voll und ganz vorzustellen, welche enorme Arbeit die Barbarengemeinschaften geleistet haben müssen, um die waldige und sumpfige Wildnis zu erobern, die Europa vor etwa zweitausend

Jahren war. Isolierte Familien, die keine Werkzeuge hatten und schwach waren, hätten sie nicht erobern können; die Wildnis hätte sie überwältigt. Nur Dorfgemeinschaften, die gemeinsam arbeiteten, konnten die wilden Wälder, die sinkenden Sümpfe und die endlosen Steppen meistern. Die holprigen Straßen, die Fähren, die Holzbrücken, die im Winter abgetragen und nach der Frühjahrsflut wieder aufgebaut wurden, die Zäune und Palisadenmauern der Dörfer, die Erdfestungen und kleinen Türme, mit denen das Gebiet übersät war – all dies war das Werk der barbarischen Gemeinschaften. Und wenn eine Gemeinschaft an Zahl zunahm, pflegte sie einen neuen Keim zu treiben. In der Ferne entstand eine neue Gemeinschaft, die so Schritt für Schritt die Wälder und Steppen unter die Herrschaft des Menschen brachte. Die gesamte Entstehung der europäischen Nationen war ein solches Aufkeimen der Dorfgemeinschaften. Selbst heute noch wandern die russischen Bauern, wenn sie nicht völlig vom Elend gebrochen sind, in Gemeinschaften aus, und sie bestellen den Boden und bauen die Häuser gemeinsam, wenn sie sich an den Ufern des Amur oder in Manitoba niederlassen. Und selbst die Engländer kehrten, als sie begannen, Amerika zu kolonisieren, zum alten System zurück; sie schlossen sich zu Dorfgemeinschaften zusammen . (14)

Die Dorfgemeinschaft war der wichtigste Arm der Barbaren in ihrem harten Kampf gegen eine feindliche Natur. Sie war auch das Band, das sie der Unterdrückung durch die Schlauesten und Stärksten entgegenstellten, die sich in jenen unruhigen Zeiten so leicht hätte entwickeln können. Der imaginäre Barbar – der Mann, der aus reiner Laune kämpft und tötet – existierte ebenso wenig wie der „blutrünstige" Wilde. Der echte Barbar dagegen lebte unter einer Vielzahl von Institutionen, die von Überlegungen durchdrungen waren, was seinem Stamm oder seiner Konföderation nützlich oder schädlich sein könnte, und diese Institutionen wurden fromm von Generation zu Generation in Versen und Liedern, in Sprichwörtern oder Dreiklängen, in Sätzen und Anweisungen weitergegeben. Je mehr wir sie studieren, desto mehr erkennen wir die engen Bande, die die Menschen in ihren Dörfern vereinten. Jeder Streit zwischen zwei Personen wurde als Gemeinschaftsangelegenheit behandelt – selbst die beleidigenden Worte, die während eines Streits geäußert worden sein könnten, wurden als Beleidigung der Gemeinschaft und ihrer Vorfahren angesehen. Sie mussten durch Wiedergutmachung sowohl gegenüber dem Einzelnen als auch gegenüber der Gemeinschaft wiedergutgemacht werden (15). Und wenn ein Streit mit einer Schlägerei und Verletzungen endete, wurde derjenige, der dabeistand und nicht eingriff, so behandelt, als hätte er die Verletzungen selbst verursacht (16). Das Gerichtsverfahren war von demselben Geist durchdrungen. Jeder Streit wurde zunächst vor Mediatoren oder Schiedsrichter gebracht und endete meistens mit ihnen, da die Schiedsrichter in der barbarischen Gesellschaft eine sehr wichtige Rolle spielten. Aber wenn der Fall zu schwerwiegend war, um auf diese Weise entschieden zu werden, kam er vor die Volksversammlung, die verpflichtet war, „das Urteil zu fällen" und es in einer bedingten Form verkündete; das heißt, „eine solche Entschädigung war fällig, wenn das Unrecht bewiesen wurde", und das Unrecht musste von sechs oder zwölf Personen bewiesen oder abgestritten werden, die die Tatsache durch Eid bestätigten oder leugneten; im Falle von Widersprüchen zwischen den beiden Geschworenengruppen wurde auf die Gottesurteile zurückgegriffen. Dieses Verfahren, das mehr als zweitausend Jahre in Folge in Kraft blieb, spricht Bände für sich; es zeigt, wie eng die Bindungen zwischen allen Mitgliedern der Gemeinde waren. Darüber hinaus gab es außer ihrer eigenen moralischen Autorität keine andere Autorität, die die Entscheidungen der Volksversammlung durchsetzen konnte. Die einzige mögliche Drohung war, dass die Gemeinde den Rebellen zum Gesetzlosen erklären könnte, aber selbst diese Drohung war gegenseitig. Ein Mann, der mit der Volksversammlung unzufrieden war, konnte erklären, dass er den Stamm verlassen und zu einem anderen Stamm überlaufen würde – eine äußerst schreckliche Drohung, da sie mit Sicherheit alle möglichen Unglücke über einen Stamm bringen würde, der einem seiner Mitglieder gegenüber unfair gewesen sein könnte. (17) Eine Rebellion gegen eine richtige Entscheidung des Gewohnheitsrechts war einfach „undenkbar", wie Henry Maine so treffend sagte, weil „Gesetz, Moral und Tatsachen" in jenen Zeiten nicht voneinander getrennt werden konnten. (18) Die moralische Autorität der Gemeinde war so groß, dass selbst in einer viel späteren Epoche, als die Dorfgemeinschaften sich dem Feudalherrn unterwarfen, sie ihre richterliche Gewalt behielten; sie erlaubten dem Herrn oder seinem Stellvertreter lediglich, das obige bedingte Urteil gemäß dem Gewohnheitsrecht, das er zu befolgen geschworen hatte, zu „finden" und für sich selbst die der Gemeinde geschuldete Geldstrafe (den Fred) zu erheben. Aber lange Zeit unterwarf sich der Herr selbst, wenn er Miteigentümer des Brachlandes der Gemeinde blieb, in Gemeindeangelegenheiten ihren Entscheidungen. Ob Adeliger oder Geistlicher, er musste sich der Volksversammlung unterwerfen – Wer daselbst Wasser und Weid genusst , muss gehorsam sein – „Wer hier das Recht auf Wasser und Weide genießt, muss gehorsam sein" – so lautete das alte Sprichwort. Selbst als die Bauern Leibeigene des Herrn wurden, war dieser verpflichtet, vor der Volksversammlung zu erscheinen, wenn sie ihn vorlud.(19)

In ihren Rechtsauffassungen unterschieden sich die Barbaren offensichtlich nicht sehr von den Wilden. Sie vertraten ebenfalls die Ansicht, dass auf einen Mord die Hinrichtung des Mörders folgen müsse; dass Wunden mit gleichen Wunden bestraft werden müssten und dass die geschädigte Familie verpflichtet sei, das Urteil des Gewohnheitsrechts zu erfüllen. Dies war eine heilige Pflicht, eine Pflicht gegenüber den Vorfahren, die am helllichten Tag, niemals im Geheimen, erfüllt und weithin bekannt gemacht werden musste.

Daher sind die inspiriertesten Passagen der Sagen und der epischen Dichtung überhaupt jene, die das verherrlichen, was Gerechtigkeit sein sollte. Die Götter selbst unterstützten sie. Das vorherrschende Merkmal der barbarischen Gerechtigkeit ist jedoch einerseits, die Zahl der Personen zu begrenzen, die in eine Fehde verwickelt sein können, und andererseits, die brutale Idee von Blut für Blut und Wunden für Wunden auszurotten, indem man sie durch das System der Entschädigung ersetzte. Die barbarischen Gesetze, die Sammlungen von Common Law-Regeln waren, die für den Gebrauch durch Richter niedergeschrieben wurden, „erlaubten zuerst, förderten dann und setzten schließlich Entschädigung statt Rache durch". (20) Die Entschädigung wurde jedoch von denen völlig missverstanden, die sie als Geldstrafe darstellten und als eine Art Freibrief für den reichen Mann, zu tun, was er wollte. Das Entschädigungsgeld (Wergeld), das sich deutlich von der Geldstrafe oder dem Fred unterschied (21), war für alle Arten von Straftaten üblicherweise so hoch, dass es sicherlich keine Ermutigung für solche Straftaten darstellte. Im Falle eines Mordes überstieg sie gewöhnlich das gesamte mögliche Vermögen des Mörders. „Achtzehn mal achtzehn Kühe" beträgt die Entschädigung bei den Osseten , die nicht über achtzehn hinaus zu rechnen wissen, während sie bei den afrikanischen Stämmen 800 Kühe oder 100 Kamele mit ihren Jungen oder 416 Schafe bei den ärmeren Stämmen beträgt. (22) In den allermeisten Fällen konnte das Entschädigungsgeld überhaupt nicht gezahlt werden, so dass dem Mörder keine andere Nachkommenschaft blieb, als die geschädigte Familie durch Reue zu bewegen, ihn zu adoptieren. Noch heute berührt im Kaukasus der Täter nach Beendigung einer Fehde mit seinen Lippen die Brust der ältesten Frau des Stammes und wird zum „Milchbruder" aller Männer der geschädigten Familie. (23) Bei mehreren afrikanischen Stämmen muss er seine Tochter oder Schwester einem Familienmitglied zur Frau geben; bei anderen Stämmen ist er verpflichtet, die Frau zu heiraten, die er zur Witwe gemacht hat; Und in jedem Fall wird er ein Mitglied der Familie, dessen Meinung in allen wichtigen Familienangelegenheiten berücksichtigt wird.(24)

Weit davon entfernt, mit Missachtung des menschlichen Lebens zu handeln, wussten die Barbaren außerdem nichts von den grausamen Strafen, die später durch die weltlichen und kanonischen Gesetze unter römischem und byzantinischem Einfluss eingeführt wurden. Denn während das sächsische Gesetzbuch die Todesstrafe sogar in Fällen von Brandstiftung und bewaffnetem Raub ziemlich freizügig zuließ, verhängten die anderen barbarischen Gesetze sie ausschließlich in Fällen von Verrat an der eigenen Familie und Sakrileg gegen die Götter der Gemeinschaft, als einziges Mittel, die Götter zu besänftigen.

All dies ist, wie man sieht, weit entfernt von der angeblichen „moralischen Zügellosigkeit" der Barbaren. Im Gegenteil, wir können nicht anders, als die zutiefst moralischen Prinzipien zu bewundern, die in den frühen Dorfgemeinschaften entwickelt wurden und ihren Ausdruck in walisischen Triaden, in Legenden über König Artus, in Brehon- Kommentaren (25), in alten deutschen Legenden usw. fanden oder noch immer finden ihren Ausdruck in den Sprüchen der modernen Barbaren. In seiner Einleitung zu „The Story of Burnt Njal" fasst George Dasent die Eigenschaften eines Nordmanns, wie sie in den Sagen vorkommen, sehr treffend wie folgt zusammen:

> Offen und wie ein Mann tun, was vor ihm lag, ohne Angst vor Feinden, Unholden oder dem Schicksal; ... in all seinen Taten frei und mutig zu sein; seinen Freunden und Verwandten gegenüber sanft und großzügig sein; seinen Feinden gegenüber streng und grimmig zu sein [denen, die unter der Lex talionis stehen], aber auch ihnen gegenüber alle ihm auferlegten Pflichten zu erfüllen ... Kein Waffenstillstandsbrecher, kein Verleumder und kein Verleumder zu sein. Nichts gegen jemanden auszusprechen, was er nicht wagen würde, es ihm ins Gesicht zu sagen. Um niemanden von seiner Tür abzuhalten, der Nahrung oder Schutz suchte, selbst wenn er ein Feind wäre.(26)

Dieselben oder noch bessere Grundsätze durchdringen die walisische epische Dichtung und die Triaden. Die höchsten Pflichten des Menschen sind, „nach der Natur der Milde und den Grundsätzen der Billigkeit" zu handeln, ohne Rücksicht auf Feinde oder Freunde, und „das Unrecht wiedergutzumachen". „Böses ist Tod, Gutes ist Leben", ruft der Dichter und Gesetzgeber aus. (27) „Die Welt wäre ein Narr, wenn mündlich geschlossene Vereinbarungen nicht ehrenhaft wären " – so das Brehon-Gesetz. Und der bescheidene Schamanist Mordwine wird, nachdem er dieselben Eigenschaften gelobt hat, in seinen Grundsätzen des Gewohnheitsrechts außerdem hinzufügen, dass „unter Nachbarn die Kuh und der Melkkrug gemeinsam sind", dass „die Kuh für dich selbst und denjenigen, der um Milch bittet, gemolken werden muss", dass „der Körper eines Kindes vom Schlagen rot wird, aber das Gesicht desjenigen, der zuschlägt, rot vor Scham" (28) und so weiter. Viele Seiten könnten mit ähnlichen Grundsätzen gefüllt werden, die von den „Barbaren" ausgedrückt und befolgt werden.

Ein weiteres Merkmal der alten Dorfgemeinschaften verdient besondere Erwähnung. Es ist die schrittweise Erweiterung des Kreises der von Solidaritätsgefühlen umschlossenen Menschen. Nicht nur die Stämme schlossen sich zu Stämmen zusammen, sondern auch die Stämme, wenn auch unterschiedlicher Herkunft, schlossen sich zu Konföderationen zusammen. Einige Gewerkschaften waren so eng miteinander verbunden, dass zum Beispiel die Vandalen, nachdem ein Teil ihrer Konföderation an den Rhein gegangen war und von dort nach Spanien und Afrika übergegangen war, vierzig Jahre lang die Wahrzeichen und verlassenen Dörfer ihrer Konföderierten respektierten und dies auch taten nicht in Besitz nehmen, bis sie durch Gesandte festgestellt hatten, dass ihre Verbündeten nicht die Absicht hatten, zurückzukehren. Bei anderen Barbaren wurde der Boden von einem Teil des Stammes kultiviert, während der andere Teil an oder außerhalb der Grenzen des gemeinsamen Territoriums kämpfte. Was die Abstände zwischen mehreren Stämmen betrifft, so waren sie ziemlich üblich. Die Sicambers vereinigten sich mit den Cherusques und den Sueves , die Quades mit den Sarmates ; die Sarmaten mit den Alanen, den Karpen und den Hunnen. Später sehen wir auch, wie sich in Europa die Vorstellung von Nationen allmählich entwickelte, lange bevor in irgendeinem von den Barbaren besetzten Teil des Kontinents so etwas wie ein Staat entstanden war. Diese Nationen – denn es ist unmöglich, dem merowingischen Frankreich oder dem Russland des 11. und 12. Jahrhunderts den Namen einer Nation zu verweigern – wurden dennoch durch nichts anderes als eine Sprachgemeinschaft und eine stillschweigende Übereinkunft der Kleinen zusammengehalten Republiken, ihre Herzöge nur aus einer besonderen Familie zu übernehmen.

Kriege waren sicherlich unvermeidlich; Migration bedeutet Krieg; aber Sir Henry Maine hat in seiner bemerkenswerten Studie über den Stammesursprung des Völkerrechts bereits vollständig bewiesen, dass „der Mensch nie so wild oder so dumm war, sich einem solchen Übel wie dem Krieg zu unterwerfen, ohne irgendeine Art von Anstrengung zu unternehmen, ihn zu verhindern", und er hat gezeigt, wie außerordentlich groß „die Zahl der alten Institutionen ist, die die Zeichen einer Absicht tragen, dem Krieg im Wege zu stehen oder eine Alternative zu ihm zu bieten." (29) In Wirklichkeit ist der Mensch so weit von dem kriegerischen Wesen entfernt, das er sein soll, dass die Barbaren, als sie sich einmal niedergelassen hatten, so schnell die Gewohnheiten der Kriegsführung verloren, dass sie sehr bald gezwungen waren, spezielle Herzöge zu halten, denen spezielle Scholae oder Kriegergruppen folgten, um sie vor möglichen Eindringlingen zu schützen. Sie zogen friedliche Arbeit dem Krieg vor, und gerade die Friedfertigkeit des Menschen war die Ursache für die Spezialisierung des Kriegerhandwerks , die später zur Leibeigenschaft und zu allen Kriegen der „Staatenperiode" der Menschheitsgeschichte führte.

Die Geschichte hat große Schwierigkeiten, die Institutionen der Barbaren wieder zum Leben zu erwecken. Bei jedem Schritt stößt der Historiker auf einen schwachen Hinweis, den er allein mit Hilfe seiner eigenen Dokumente nicht erklären kann. Aber ein helles Licht wird auf die Vergangenheit geworfen, sobald wir uns auf die Institutionen der sehr zahlreichen Stämme beziehen, die noch immer in einer sozialen Organisation leben, die fast identisch mit der unserer barbarischen Vorfahren ist. Hier haben wir einfach die Schwierigkeit der Auswahl, denn die Inseln des Pazifiks, die Steppen Asiens und die Hochebenen Afrikas sind wahre historische Museen, die Beispiele aller möglichen Zwischenstadien enthalten, die die Menschheit auf ihrem Weg von den wilden Gentes bis zur Staatsorganisation durchlebt hat. Lassen Sie uns also einige dieser Beispiele untersuchen.

Wenn wir die Dorfgemeinschaften der mongolischen Burjaten betrachten , besonders jene der Kudinsker Steppe an der oberen Lena, die dem russischen Einfluss besser entgangen sind, haben wir recht gute Vertreter von Barbaren in einem Übergangszustand zwischen Viehzucht und Landwirtschaft. (30) Diese Burjaten leben noch immer in „Großfamilien", d. h., obwohl jeder Sohn nach seiner Heirat in eine eigene Hütte zieht, bleiben die Hütten von mindestens drei Generationen innerhalb derselben Einfriedung, und die Großfamilie arbeitet gemeinsam auf ihren Feldern und besitzt gemeinsam ihre gemeinsamen Haushaltungen und ihr Vieh sowie ihre „Kälberplätze" (kleine eingezäunte Flecken Erde mit weichem Gras zur Aufzucht von Kälbern). In der Regel werden die Mahlzeiten in jeder Hütte getrennt eingenommen; wenn jedoch Fleisch gebraten wird, schlemmen alle zwanzig bis sechzig Mitglieder der Großfamilie gemeinsam. Mehrere Großfamilien, die in einer Gruppe leben, sowie mehrere kleinere Familien, die im selben Dorf angesiedelt sind – meist Überbleibsel zufällig aufgelöster Großfamilien – bilden den Oulos oder die Dorfgemeinschaft; mehrere Oulus bilden einen Stamm; und die 46 Stämme oder Clans der Kudinsker Steppe sind zu einem Bund vereinigt. Je nach Bedarf schließen sich mehrere Stämme zu kleineren und engeren Bünden zusammen. Sie kennen kein Privateigentum an Land – das Land ist im gemeinsamen Besitz der Oulus oder vielmehr des Bundes, und wenn es nötig wird, wird das Gebiet auf einer Volksversammlung des Stammes unter den verschiedenen Oulus und auf einer Volksversammlung des Bundes unter den 46 Stämmen neu aufgeteilt. Es ist bemerkenswert, dass bei allen 250.000 Burjaten Ostsibiriens dieselbe Organisation vorherrscht , obwohl sie seit drei Jahrhunderten unter russischer Herrschaft stehen und mit den russischen Institutionen bestens vertraut sind.

Burjaten rasch zu Vermögensungleichheiten , insbesondere da die russische Regierung ihren gewählten Taishas (Fürsten) eine übertriebene Bedeutung beimisst, die sie als verantwortungsbewusste Steuereintreiber und Vertreter der Konföderationen in ihren Verwaltungs- und sogar Handelsgeschäften betrachtet Beziehungen zu den Russen. Es gibt also viele Möglichkeiten zur Bereicherung einiger weniger, während die Verarmung der großen Zahl durch die Aneignung der burjatischen Gebiete durch die Russen damit einhergeht . Aber es ist eine Gewohnheit bei den Burjaten , insbesondere denen von Kudinsk – und Gewohnheit ist mehr als Gesetz –, dass, wenn eine Familie ihr Vieh verloren hat, die reicheren Familien ihr einige Kühe und

Pferde geben, damit sie sich erholen kann. Was den mittellosen Mann betrifft, der keine Familie hat, so nimmt er seine Mahlzeiten in den Hütten seiner Artgenossen ein; er betritt eine Hütte, nimmt – von Rechts wegen, nicht für Almosen – seinen Platz am Feuer ein und teilt die Mahlzeit, die immer gewissenhaft in gleiche Teile aufgeteilt wird; er schläft dort, wo er sein Abendessen eingenommen hat. Insgesamt waren die russischen Eroberer Sibiriens von den kommunistischen Praktiken der Burjaten so beeindruckt, dass sie ihnen den Namen Bratskije – „die Brüderlichen" – gaben und sich nach Moskau meldeten. „Mit ihnen ist alles gemeinsam; was sie haben, wird gemeinsam geteilt." Auch heute noch, wenn die Lena- Burjaten ihren Weizen verkaufen oder einen Teil ihres Viehs zum Verkauf an einen russischen Metzger schicken, legen die Familien der Oulous oder des Stammes ihren Weizen und ihr Vieh zusammen und verkaufen es als Ganzes. Jeder Oulous hat außerdem seinen Getreidevorrat für Kredite im Bedarfsfall, seinen gemeinschaftlichen Backofen (die vier Banal der alten französischen Gemeinden) und seinen Schmied, der wie der Schmied der indianischen Gemeinden (31) a Mitglied der Gemeinschaft, wird für seine Arbeit innerhalb der Gemeinschaft niemals bezahlt. Er muss es umsonst herstellen, und wenn er seine Freizeit dazu nutzt, die kleinen Plättchen aus gemeißeltem und versilbertem Eisen anzufertigen, die im burjatischen Land zur Verzierung von Kleidern verwendet werden , verkauft er sie gelegentlich an eine Frau aus einem anderen Clan, aber an Den Frauen seines eigenen Clans wird die Kleidung als Geschenk überreicht. Verkaufen und Kaufen kann nicht innerhalb der Gemeinschaft stattfinden, und die Regel ist so streng, dass, wenn eine reichere Familie einen Arbeiter anstellt , dieser einem anderen Clan oder aus dem Kreis der Russen entnommen werden muss. Dieser Brauch ist offenbar nicht spezifisch für die Burjaten ; Es ist unter den modernen Barbaren, den Ariern und den Ural- Altayern , so weit verbreitet, dass es unter unseren Vorfahren universell gewesen sein muss.

Das Gefühl der Einheit innerhalb der Konföderation wird durch die gemeinsamen Interessen der Stämme, ihre Volksversammlungen und die Festlichkeiten, die normalerweise im Zusammenhang mit den Volksversammlungen abgehalten werden, am Leben erhalten. Das gleiche Gefühl wird jedoch durch eine andere Institution aufrechterhalten, die Aba oder gemeinsame Jagd, die eine Reminiszenz an eine sehr ferne Vergangenheit ist. Jeden Herbst kommen die 46 Clans von Kudinsk zu einer solchen Jagd zusammen, deren Ertrag unter allen Familien aufgeteilt wird. Darüber hinaus werden von Zeit zu Zeit nationale Abas einberufen , um die Einheit der gesamten burjatischen Nation zu bekräftigen. In solchen Fällen sind alle burjatischen Clans, die Hunderte von Meilen westlich und östlich des Baikalsees verstreut sind, verpflichtet, ihre Jägerdelegierten zu schicken. Tausende von Männern kommen zusammen, und jeder bringt Proviant für einen ganzen Monat mit. Jeder Anteil muss dem aller anderen gleich sein, und deshalb werden sie vor der Zusammenstellung von einem gewählten Ältesten gewogen (immer „mit der Hand": Waagen wären eine Entweihung des alten Brauchs). Danach teilen sich die Jäger in Gruppen von zwanzig auf, und die Gruppen gehen nach einem wohlausgearbeiteten Plan auf die Jagd. In solchen Abas belebt die gesamte burjatische Nation ihre epischen Traditionen aus einer Zeit, als sie in einem mächtigen Bund vereint war. Ich möchte hinzufügen, dass solche Gemeinschaftsjagden bei den Indianern und den Chinesen an den Ufern des Usuri (der Kada) durchaus üblich sind. (32)

Die Kabylen , deren Lebensweise von zwei französischen Forschern so treffend beschrieben wurde (33), sind Barbaren, die in der Landwirtschaft noch weiter fortgeschritten sind. Ihre bewässerten und gedüngten Felder werden gut bestellt und in den Berggebieten wird jedes verfügbare Stück Land mit dem Spaten bestellt. Die Kabylen haben in ihrer Geschichte viele Wechselfälle erlebt; eine Zeit lang befolgten sie das muselmanische Erbrecht, aber da sie sich dagegen sträubten , sind sie vor 150 Jahren zum alten Stammesgewohnheitsrecht zurückgekehrt. Dementsprechend sind ihre Grundbesitzverhältnisse gemischter Natur und Privateigentum an Land besteht neben Gemeinbesitz. Dennoch ist die Grundlage ihrer gegenwärtigen Organisation die Dorfgemeinschaft, die Thaddart , die normalerweise aus mehreren Großfamilien (kharoubas) besteht, die einen gemeinsamen Ursprung beanspruchen, sowie aus kleineren Familien von Fremden. Mehrere Dörfer sind zu Clans oder Stämmen (arch) zusammengefasst; mehrere Stämme bilden eine Konföderation (thak'ebilt); und mehrere Konföderationen können gelegentlich Bündnisse schließen, hauptsächlich zum Zweck der bewaffneten Verteidigung .

Die Kabylen kennen keinerlei Autorität außer der des Djemmaa , dem Folkmote der Dorfgemeinschaft. Alle volljährigen Männer nehmen daran teil, entweder im Freien oder in einem besonderen Gebäude mit Steinsitzen. Und die Entscheidungen des Djemmaa werden offensichtlich einstimmig getroffen: Das heißt, die Diskussionen werden fortgesetzt, bis alle Anwesenden sich darauf einigen, eine Entscheidung zu akzeptieren oder sich ihr zu unterwerfen. Da es in einer Dorfgemeinschaft keine Befugnis gibt, eine Entscheidung durchzusetzen, wurde dieses System von der Menschheit überall dort praktiziert , wo es Dorfgemeinschaften gab, und es wird immer noch überall dort praktiziert , wo es weiterhin existiert, also von mehreren hundert Millionen Männern auf der ganzen Welt. Der Djemmaa ernennt seinen Geschäftsführer – den Ältesten, den Schreiber und den Schatzmeister; es veranschlagt seine eigenen Steuern; und es verwaltet die Aufteilung des Gemeindelandes sowie alle Arten von Arbeiten von öffentlichem Nutzen. Viele Arbeiten werden gemeinsam erledigt: Die Straßen, die Moscheen, die Brunnen, die Bewässerungskanäle, die zum Schutz vor Räubern errichteten Türme, die Zäune usw. werden von der Dorfgemeinschaft gebaut; während die Hauptstraßen, die größeren Moscheen und die großen Marktplätze das Werk des Stammes sind. Viele Spuren einer gemeinsamen Kultur sind weiterhin vorhanden und die Häuser werden weiterhin von oder mit der Hilfe aller Männer und Frauen des Dorfes gebaut. Insgesamt sind die „Hilfen" an der Tagesordnung und werden ständig für die Bewirtschaftung der Felder, die Ernte usw. in Anspruch genommen. Was die Facharbeit anbelangt, so hat jede Gemeinde ihren Schmied, der seinen Teil des Gemeindelandes genießt und für die Gemeinde arbeitet; Wenn die Ackersaison naht, besucht er jedes Haus und repariert die Werkzeuge und Pflüge, ohne einen Lohn zu erwarten, während die Herstellung neuer Pflüge als eine fromme Arbeit angesehen wird, die keineswegs in Geld oder auf andere Weise entlohnt werden kann des Gehalts.

Da die Kabylen bereits Privateigentum besitzen, gibt es offensichtlich sowohl Reiche als auch Arme unter ihnen. Aber wie alle Menschen, die eng zusammenleben und wissen, wie Armut entsteht, betrachten sie sie als einen Unfall, der jeden treffen kann . „Sag nicht, dass du nie die Betteltasche tragen oder ins Gefängnis gehen wirst", ist ein Sprichwort der russischen Bauern; die Kabylen praktizieren es, und es ist kein Unterschied im äußeren Verhalten zwischen Arm und Reich erkennbar ; wenn der Arme um eine „Hilfe" bittet, arbeitet der Reiche auf seinem Feld, so wie es der Arme im Gegenzug tut. (34) Darüber hinaus legen die Djemmaas bestimmte Gärten und Felder, die manchmal gemeinsam bewirtschaftet werden, für die ärmsten Mitglieder beiseite. Viele ähnliche Bräuche bestehen weiterhin. Da die ärmeren Familien kein Fleisch kaufen könnten, wird regelmäßig Fleisch mit dem Geld der Geldstrafen oder der Geschenke an die Djemmaa oder der Gebühren für die Nutzung der gemeinschaftlichen Olivenölbecken gekauft und zu gleichen Teilen unter denen verteilt, die es sich nicht leisten können, selbst Fleisch zu kaufen. Und wenn ein Schaf oder ein Ochse von einer Familie für den Eigenbedarf an einem Tag geschlachtet wird, der kein Markttag ist, wird dies vom Dorfausrufer auf der Straße verkündet, damit Kranke und Schwangere sich davon nehmen können, was sie wollen. Gegenseitige Unterstützung durchdringt das Leben der Kabylen , und wenn einer von ihnen während einer Auslandsreise auf einen anderen Kabylen in Not trifft, ist er verpflichtet, ihm zu Hilfe zu kommen, selbst wenn er dabei sein eigenes Vermögen und Leben aufs Spiel setzt. Geschieht dies nicht, kann die Djemmaa des Mannes, der unter solcher Vernachlässigung gelitten hat, Beschwerde einreichen, und die Djemmaa des Egoisten wird den Verlust sofort wiedergutmachen. Wir stoßen so auf einen Brauch, der den Erforschern der mittelalterlichen Kaufmannsgilden vertraut ist. Jeder Fremde, der ein kabylisches Dorf betritt, hat im Winter Anspruch auf Unterkunft, und seine Pferde können jederzeit rund um die Uhr auf den Gemeindeflächen grasen. Aber im Notfall kann er auf fast unbegrenzte Unterstützung rechnen. So nahmen die Kabylen während der Hungersnot von 1867/68 jeden auf , der in ihren Dörfern Zuflucht suchte, und verpflegten ihn , ohne Unterschied der Herkunft. Im Bezirk Dellys wurden nicht weniger als 12.000 Menschen, die aus allen Teilen Algeriens und sogar aus Marokko kamen, auf diese Weise ernährt. Während in ganz Algerien Menschen verhungerten, gab es auf kabylischem Boden keinen einzigen Todesfall aus diesem Grund. Die Djemmaas , die sich des Lebensnotwendigen beraubten, organisierten Hilfe, ohne jemals die Regierung um Hilfe zu bitten oder die geringste Beschwerde zu äußern; sie betrachteten es als ihre natürliche Pflicht. Und während bei den europäischen Siedlern alle möglichen polizeilichen Maßnahmen ergriffen wurden, um Diebstähle und Unruhen zu verhindern, die durch einen solchen Zustrom von Fremden entstanden, war nichts dergleichen auf dem Gebiet der Kabylen erforderlich : Die Djemmaas brauchten weder Hilfe noch Schutz von außen.(35)

Ich kann nur flüchtig zwei andere, höchst interessante Aspekte des kabylischen Lebens erwähnen, nämlich die Anaya oder den Schutz, der Brunnen, Kanälen, Moscheen, Marktplätzen, einigen Straßen usw. im Kriegsfall gewährt wird, und die Cofs . In der Anaya haben wir eine Reihe von Einrichtungen, die sowohl die Übel des Krieges verringern als auch Konflikten vorbeugen sollen. So ist der Marktplatz eine Anaya , besonders wenn er an einer Grenze liegt und Kabylen und Fremde zusammenbringt; niemand wagt es, den Frieden auf dem Markt zu stören, und wenn es zu einer Unruhe kommt, wird sie sofort von den Fremden niedergeschlagen, die sich in dem Marktstädtchen versammelt haben. Auch die Straße, auf der die Frauen vom Dorf zum Brunnen gehen, ist im Kriegsfall eine Anaya , und so weiter. Der Cof ist eine weit verbreitete Vereinigungsform, die einige Merkmale der mittelalterlichen Burgschaften oder Gegilden aufweist , sowie von Gesellschaften zum gegenseitigen Schutz und für verschiedene Zwecke – intellektuelle, politische und emotionale –, die durch die territoriale Organisation des Dorfes, des Clans und der Konföderation nicht befriedigt werden können. Der Cof kennt keine territorialen Grenzen; er rekrutiert seine Mitglieder in verschiedenen Dörfern, sogar unter Fremden, und er schützt sie in allen möglichen Lebenslagen. Insgesamt ist er ein Versuch, die territoriale Gruppierung durch eine extraterritoriale Gruppierung zu ergänzen, die gegenseitigen Affinitäten aller Art über die Grenzen hinweg Ausdruck verleihen soll. Der freie internationale Zusammenschluss individueller Vorlieben und Ideen, den wir als eines der besten Merkmale unseres eigenen Lebens betrachten, hat seinen Ursprung also im barbarischen Altertum.

Die Bergbewohner Kaukasus bieten ein weiteres, äußerst lehrreiches Feld für ähnliche Beispiele. Durch das Studium der heutigen Gebräuche der Osseten – ihrer Großfamilien und Kommunen und ihrer Rechtsauffassungen –

konnte Professor Kovalevsky in einer bemerkenswerten Arbeit über moderne Gebräuche und altes Recht Schritt für Schritt die ähnlichen Bestimmungen der alten barbarischen Gesetze aufspüren und sogar die Ursprünge des Feudalismus studieren. Bei anderen kaukasischen Stämmen erhaschen wir gelegentlich einen Blick auf den Ursprung der Dorfgemeinschaft in jenen Fällen, in denen sie nicht stammesgebunden war, sondern aus einem freiwilligen Zusammenschluss von Familien unterschiedlicher Herkunft entstand. Dies war vor kurzem in einigen Chewsure- Dörfern der Fall, deren Einwohner einen Eid der „Gemeinschaft und Brüderlichkeit" schworen. (36) In einem anderen Teil des Kaukasus, in Dagestan , sehen wir das Wachstum feudaler Beziehungen zwischen zwei Stämmen, die beide gleichzeitig ihre Dorfgemeinschaften (und sogar Spuren der nichtjüdischen „Klassen") aufrechterhielten und so ein lebendiges Beispiel dafür geben, welche Formen die Eroberung Italiens und Galliens durch die Barbaren annahm. Das siegreiche Volk, die Lesginen , die mehrere georgische und tatarische Dörfer im Distrikt Zakataly eroberten , unterwarfen sie nicht der Herrschaft einzelner Familien; sie bildeten einen feudalen Clan, der jetzt 12.000 Haushaltungen in drei Dörfern umfasst und nicht weniger als zwanzig georgische und tatarische Dörfer gemeinsam besitzt. Die Eroberer teilten ihr eigenes Land unter ihren Clans auf, und die Clans teilten es zu gleichen Teilen unter den Familien auf; aber sie störten nicht die Djemmaas ihrer Nebenflüsse, die noch immer praktizieren der von Julius Cäsar erwähnte Brauch, nämlich dass die Djemmaa jedes Jahr entscheidet, welcher Teil des Gemeindegebiets bebaut werden soll, und dieses Land wird in so viele Teile aufgeteilt, wie es Familien gibt, und die Teile werden per Los verteilt. Es ist bemerkenswert, dass Proletarier zwar unter den Lesginen (die in einem System von Privateigentum an Land und Gemeineigentum an Leibeigenen leben (37)) häufig vorkommen, unter ihren georgischen Leibeigenen, die ihr Land weiterhin in Gemeinbesitz haben, jedoch selten sind. Was das Gewohnheitsrecht der kaukasischen Bergbewohner betrifft, so ist es ziemlich dasselbe wie das der Langobarden oder Salfranken, und einige seiner Bestimmungen erklären viel über das Rechtsverfahren der alten Barbaren. Da sie einen sehr beeinflussbaren Charakter haben, tun sie ihr Bestes, um zu verhindern, dass Streitigkeiten einen tödlichen Ausgang nehmen; so werden bei den Chewsuren sehr schnell die Schwerter gezogen, wenn ein Streit ausbricht. aber wenn eine Frau hinausstürmt und das Stück Leinen, das sie auf dem Kopf trägt, unter sie wirft, werden die Schwerter sofort wieder in die Scheiden gesteckt und der Streit ist beigelegt. Die Kopfbedeckung der Frauen ist Anaya . Wenn ein Streit nicht rechtzeitig beendet werden konnte und mit Mord endete, ist die Entschädigungssumme so hoch, dass der Angreifer für sein Leben ruiniert ist, es sei denn, er wird von der geschädigten Familie adoptiert; und wenn er bei einem nichtigen Streit zum Schwert gegriffen und Wunden zugefügt hat, verliert er für immer die Achtung seiner Verwandten. Bei allen Streitigkeiten nehmen Vermittler die Sache in die Hand; sie wählen aus den Mitgliedern des Clans die Richter aus – sechs bei kleineren Angelegenheiten und zehn bis fünfzehn bei ernsteren – und russische Beobachter bezeugen die absolute Unbestechlichkeit dieser Richter. Ein Eid hat eine solche Bedeutung, dass Männer, die allgemeine Wertschätzung genießen, davon befreit sind, ihn zu leisten: eine einfache Bekräftigung ist völlig ausreichend, umso mehr, als der Khevsure in ernsten Angelegenheiten nie zögert, seine Schuld zuzugeben (ich meine natürlich den Khevsure , der noch unberührt von der Zivilisation ist). Der Eid ist hauptsächlich solchen Fällen vorbehalten, wie z. B. Streitigkeiten über Eigentum, die neben einer einfachen Feststellung der Tatsachen eine Art Wertschätzung erfordern; und in solchen Fällen handeln die Männer, deren Bekräftigung im Streit entscheiden wird, mit größter Umsicht. Insgesamt ist es sicherlich kein Mangel an Ehrlichkeit oder Respekt gegenüber den Rechten der Artgenossen, der die barbarischen Gesellschaften des Kaukasus charakterisiert.

Die Stämme Afrikas bieten eine so große Vielfalt äußerst interessanter Gesellschaften auf allen Zwischenstufen von der frühen Dorfgemeinschaft bis zu den despotischen Barbarenmonarchien, dass ich auf die Idee verzichten muss, hier auch nur die wichtigsten Ergebnisse einer vergleichenden Studie ihrer Institutionen wiederzugeben. (38) Es genügt zu sagen, dass selbst unter dem schrecklichsten Despotismus der Könige die Volksversammlungen der Dorfgemeinschaften und ihr Gewohnheitsrecht in einem weiten Bereich der Angelegenheiten souverän bleiben. Das Staatsgesetz erlaubt dem König, jedem aus einer einfachen Laune heraus oder sogar zur Befriedigung seiner Völlerei das Leben zu nehmen; aber das Gewohnheitsrecht des Volkes hält weiterhin dasselbe Netzwerk von Institutionen zur gegenseitigen Unterstützung aufrecht, das unter anderen Barbaren besteht oder unter unseren Vorfahren bestanden hat. Und bei einigen begünstigteren Stämmen (in Bornu, Uganda, Abessinien) und insbesondere den Bogos sind einige der Bestimmungen des Gewohnheitsrechts von wirklich anmutigen und feinen Gefühlen inspiriert.

Die Dorfgemeinschaften der Ureinwohner beider Amerikas haben denselben Charakter. Die Tupi von Brasilien lebten in „Langhäusern", die von ganzen Clans bewohnt wurden, die ihre Mais- und Maniokfelder gemeinsam bewirtschafteten. Die Arani, die in der Zivilisation viel weiter fortgeschritten waren, bewirtschafteten ihre Felder gemeinsam; ebenso die Oucagas , die unter ihrem System des primitiven Kommunismus und ihrer „Langhäuser" gelernt hatten, gute Straßen zu bauen und eine Vielzahl von Hausgewerben zu betreiben (39), die denen des frühen Mittelalters in Europa nicht nachstanden. Sie alle lebten auch unter demselben Gewohnheitsrecht, von dem wir auf den vorhergehenden Seiten Beispiele gegeben haben. Am anderen Ende der Welt finden wir den malaiischen Feudalismus, aber dieser Feudalismus war nicht in der Lage, die Negaria oder Dorfgemeinschaft mit ihrem gemeinsamen Besitz von zumindest einem Teil des Landes und der Neuverteilung des Landes unter den verschiedenen Negarias des Stammes auszurotten (40). Bei den Alfurus von Minahasa finden wir die gemeinschaftliche Fruchtfolge; beim indianischen Stamm der Wyandots haben wir die periodische Neuverteilung des Landes innerhalb des Stammes und die Clan-Kultur des Bodens; und in allen Teilen Sumatras, wo die moslemischen Institutionen die alte Organisation noch nicht völlig zerstört haben, finden wir die Großfamilie (suka) und die Dorfgemeinschaft (kota), die ihr Recht auf das Land aufrechterhält, selbst wenn ein Teil davon ohne ihre Ermächtigung gerodet wurde. (41) Dies zu sagen bedeutet aber zugleich, dass alle Bräuche zum gegenseitigen Schutz und zur Verhütung von Fehden und Kriegen, die auf den vorhergehenden Seiten kurz als charakteristisch für die Dorfgemeinschaft angedeutet wurden, ebenfalls existieren. Mehr noch: je vollständiger der gemeinschaftliche Landbesitz aufrechterhalten wurde, umso besser und sanfter sind die Sitten. De Stuers bestätigt ausdrücklich, dass überall dort, wo die Institution der Dorfgemeinschaft von den Eroberern weniger angegriffen wurde, die Vermögensungleichheit geringer und die Vorschriften der lex talionis selbst weniger grausam sind; während im Gegenteil überall dort, wo die Dorfgemeinschaft völlig aufgelöst ist, „die Einwohner unter der unerträglichsten Unterdrückung durch ihre despotischen Herrscher leiden." (42) Das ist ganz natürlich. Und als Waitz die Bemerkung machte, dass jene Stämme, die ihre Stammesverbände aufrechterhalten haben, auf einer höheren Entwicklungsstufe stehen und eine reichere Literatur haben als jene Stämme, die die alten Bande der Union verloren haben, wies er nur darauf hin, was im Voraus hätte vorhergesagt werden können.

Mehr Illustrationen würden mich einfach in langweilige Wiederholungen verwickeln – so auffallend ähnlich sind die barbarischen Gesellschaften in allen Klimazonen und bei allen Rassen. Derselbe Evolutionsprozess hat in der Menschheit mit wunderbarer Ähnlichkeit stattgefunden. Als die Clanorganisation von innen durch die Einzelfamilie und von außen durch die Zerstückelung der wandernden Clans und die Notwendigkeit, Fremde anderer Abstammung aufzunehmen, angegriffen wurde, entstand die Dorfgemeinschaft, die auf einer territorialen Konzeption beruhte . Diese neue Institution, die auf natürliche Weise aus der vorherigen – dem Clan – hervorgegangen war, ermöglichte es den Barbaren, eine höchst bewegte Periode der Geschichte zu überstehen, ohne in isolierte Familien zersplittert zu werden, die im Kampf ums Überleben unterlegen wären. Unter der neuen Organisation entwickelten sich neue Kulturformen; Die Landwirtschaft hat mit der großen Zahl einen Stand erreicht, den sie bisher kaum überschritten hat; Die heimischen Industrien erreichten einen hohen Grad an Perfektion.

Die Wildnis wurde erobert, sie wurde von Straßen durchzogen, übersät mit von den Muttergemeinschaften vertriebenen Schwärmen. Es wurden Märkte und befestigte Zentren sowie öffentliche Kultstätten errichtet. Die Vorstellungen einer umfassenderen Vereinigung, die sich auf ganze Stämme und auf mehrere Stämme unterschiedlichen Ursprungs erstreckte, wurden langsam ausgearbeitet. Die alten Vorstellungen von Gerechtigkeit, die Vorstellungen von bloßer Rache waren, erfuhren langsam eine tiefgreifende Veränderung – die Idee der Wiedergutmachung für das begangene Unrecht trat an die Stelle der Rache. Das Gewohnheitsrecht, das für zwei Drittel oder mehr der Menschheit immer noch das Gesetz des täglichen Lebens ist, wurde unter dieser Organisation ausgearbeitet, ebenso wie ein System von Gewohnheiten, das die Unterdrückung der Massen durch Minderheiten verhindern sollte, deren Macht proportional zunahm zu den wachsenden Möglichkeiten der privaten Vermögensbildung. Dies war die neue Form, die die Tendenzen der Massen zur gegenseitigen Unterstützung annahmen. Und der wirtschaftliche, intellektuelle und moralische Fortschritt, den die Menschheit unter dieser neuen Volksorganisationsform erreichte, war so groß, dass die Staaten, als sie später ins Leben gerufen wurden, im Interesse der Minderheiten einfach Besitz davon ergriffen alle gerichtlichen, wirtschaftlichen und administrativen Funktionen, die die Dorfgemeinschaft bereits im Interesse aller ausgeübt hatte.

ANMERKUNGEN:

Über Zentral-, West- und Nordasien finden sich unzählige Spuren postpliozäner Seen , die inzwischen verschwunden sind. Muscheln der gleichen Art, wie sie heute im Kaspischen Meer vorkommen, sind über die Bodenoberfläche im Osten bis zur Hälfte des Aralsees verstreut und kommen in neueren Ablagerungen bis nach Kasan im Norden vor. Spuren des Kaspischen Golfs, die früher als alte Flussbetten des Amu galten, durchziehen das turkmenische Gebiet. Vorübergehende, periodische Schwankungen müssen selbstverständlich abgezogen werden. Aber bei alledem ist die Austrocknung offensichtlich, und sie schreitet mit einer früher unerwarteten Geschwindigkeit voran. Sogar in den relativ feuchten Teilen Südwestsibiriens zeigen eine Reihe zuverlässiger Untersuchungen, die kürzlich von Yadrintseff veröffentlicht wurden, dass Dörfer auf dem Grund eines der Seen der Tchany- Gruppe vor achtzig Jahren entstanden sind ; während die anderen Seen derselben Gruppe, die vor etwa fünfzig Jahren Hunderte von Quadratmeilen umfassten, heute nur noch Teiche sind. Kurz gesagt, die Austrocknung Nordwestasiens schreitet mit einer Geschwindigkeit voran, die in Jahrhunderten gemessen werden muss, statt in den geologischen Zeiteinheiten, von denen wir früher zu sprechen pflegten.

Lukchun- Senke (von Dmitri Clements) beweisen .

3. Wenn ich den Meinungen von (um nur moderne Spezialisten zu nennen) Nasse, Kovalevsky und Vinogradov folge und nicht denen von Herrn Seebohm (Herr Denman Ross kann nur der Vollständigkeit halber genannt werden), dann liegt das nicht nur daran auf die tiefe Kenntnis und Übereinstimmung der Ansichten dieser drei Autoren zurückzuführen, aber auch auf ihre perfekte Kenntnis der Dorfgemeinschaft insgesamt — eine Kenntnis, deren Mangel in dem ansonsten bemerkenswerten Werk von Herrn Seebohm deutlich zu spüren ist. Dieselbe Bemerkung trifft in noch höherem Maße auf die elegantesten Schriften von Fustel de Coulanges zu, dessen Meinungen und leidenschaftliche Interpretationen alter Texte auf ihn selbst beschränkt sind.

4. Die Literatur der Dorfgemeinschaft ist so umfangreich, dass nur wenige Werke genannt werden können. Die von Sir Henry Maine, Mr. Seebohm und Walters Das alte Wallis (Bonn, 1859) sind bekannte populäre Informationsquellen über Schottland, Irland und Wales. Für Frankreich: P. Viollet, Precis de l'histoire du droit francais . Droit prive , 1886, und mehrere seiner Monographien in Bibl. de l'Ecole des Chartes ; Babeau , Le Village sous l'ancien regime (Die Welt im 18. Jahrhundert), dritte Auflage, 1887; Bonnemere , Doniol , usw. Für Italien und Skandinavien werden die wichtigsten Werke in Laveleyes Primitive Property, deutsche Version von K. Bucher , genannt . Für die Finnen: Reins Forelasningar , I . 16; Koskinen, Finnische Geschichte , 1874, und verschiedene Monographien. Für die Leben und Lehren , Prof. Lutchitzky in Severnyi Vestnil , 1891. Für die Germanen sind neben den bekannten Werken von Maurer, Sohm (Altdeutsche Reichs- und Gerichts- Verfassung), auch Dahn (Urzeit , Völkerwanderung , Langobardische Studien), Janssen, Wilh . Arnold usw. Für Indien siehe neben H. Maine und den von ihm genannten Werken Sir John Phears Aryan Village. Für Russland und Südslawen siehe Kavelin , Posnikoff , Sokolovsky, Kovalevsky, Efimenko, Ivanisheff , Klaus usw. (ausführlicher bibliographischer Index bis 1880 im Sbornik schweden ob obschinye der Russ. Geog. Soc.). Für allgemeine Schlussfolgerungen, neben Laveleyes Propriete , Morgans Ancient Society, Lipperts Kulturgeschichte , Post, Dargun usw., außerdem die Vorlesungen von M. Kovalevsky (Tableau des origines et de l'evolution de la famille et de la propriete , Stockholm, 1890). Viele spezielle Monographien müssen erwähnt werden; ihre Titel finden sich in den ausgezeichneten Listen von P. Viollet in Droit prive und Droit public. Für andere Rassen siehe nachfolgende Anmerkungen.

5. Mehrere Autoritäten neigen dazu, den gemeinsamen Haushalt als eine Zwischenstufe zwischen dem Clan und der Dorfgemeinschaft zu betrachten; und es besteht kein Zweifel, dass in sehr vielen Fällen Dorfgemeinschaften aus ungeteilten Familien entstanden sind . Dennoch betrachte ich den gemeinsamen Haushalt als eine Tatsache anderer Art. Wir finden es innerhalb

der Gentes; Andererseits können wir nicht behaupten, dass gemeinsame Familien zu irgendeinem Zeitpunkt existiert haben, ohne einer Gens oder einer Dorfgemeinschaft oder einem Gau anzugehören . Ich stelle mir vor, dass die frühen Dorfgemeinschaften langsam direkt aus den Gentes hervorgegangen sind und je nach Rasse und örtlichen Gegebenheiten entweder aus mehreren gemeinsamen Familien oder sowohl aus gemeinsamen als auch einfachen Familien oder (insbesondere im Fall neuer Siedlungen) aus einfachen Familien bestanden Nur Familien. Wenn diese Ansicht richtig wäre, hätten wir nicht das Recht, die Reihe Gens, zusammengesetzte Familie, Dorfgemeinschaft aufzustellen — wobei das zweite Mitglied der Reihe nicht den gleichen ethnologischen Wert hat wie die beiden anderen. Siehe Anhang IX.

6. Stobbe, Beitrag zur Geschichte des deutschen Rechte , S. 62.

7. Die wenigen Spuren von Privateigentum an Land, die man in der frühen Barbarenzeit findet, finden sich bei Stämmen (den Batavern, den Franken in Gallien), die eine Zeit lang unter dem Einfluss des kaiserlichen Roms standen. Siehe Inama- Sterneggs Die Ausbildung der Grossen Grundherrschaften in Deutschland, Bd. ich . 1878. Auch Besseler, Neubruch nach dem alteren deutsches Recht, S. 11-12, zitiert nach Kovalevsky, Modern Custom and Ancient Law, Moskau, 1886, i . 134.

8. Maurers Markgenossenschaft ; Lamprechts „ Wirthschaft und Recht der Franken zur Zeit der Volksrechte “, in Histori . Taschenbuch , 1883; Seebohms The English Village Community, Kap. vi, vii und ix.

9. Letourneau, im Bulletin de la Soc. d'Anthropologie , 1888, Bd. xi. P. 476.

10. Walter, Das alte Wallis, S. 323; Dm. Bakradze und N. Khoudadoff im russischen Zapiski des kaukasischen Geogr . Gesellschaft, xiv. Teil I.

11. Bancrofts Native Races; Waitz, Anthropologie, iii. 423; Montrozier , in Bull. Soc. d'Anthropologie , 1870; Post's Studien usw.

12. Eine Reihe von Arbeiten von Ory, Luro, Laudes und Sylvestre über die Dorfgemeinschaft in Annam, die beweisen, dass sie dort die gleichen Formen hatte wie in Deutschland oder Russland, werden in einer Besprechung dieser Arbeiten von Jobbe-Duval in der Nouvelle Revue historique de droit francais et etranger , Oktober und Dezember 1896, erwähnt. Eine gute Studie über die Dorfgemeinschaft in Peru vor der Machtergreifung der Inkas hat Heinrich Cunow veröffentlicht (Die Soziale Verfassung des Inka-Reichs, Stuttgart, 1896.) In diesem Werk werden der gemeinschaftliche Landbesitz und die gemeinschaftliche Kultur beschrieben.

13. Kovalevsky, Modern Custom and Ancient Law, i . 115.

14. Palfrey, History of New England, ii. 13; zitiert in Maine's Village Communities, New York, 1876, S. 201.

15. Königswarter , Etüden über die Entwicklung der Gesellschaften humaines , Paris, 1850.

16. Dies ist zumindest das Recht der Kalmücken, deren Gewohnheitsrecht den Gesetzen der Germanen, der alten Slawen usw. am nächsten kommt.

17. Dieser Brauch ist bei vielen afrikanischen und anderen Stämmen noch immer in Kraft.

18. Dorfgemeinschaften, S. 65-68 und 199.

19. Maurer (Gesch. der Markverfassung , §§ 29, 97) ist in dieser Frage recht entschieden. Er behauptet, dass „alle Mitglieder der Gemeinde ..., auch die weltlichen und geistlichen Herren, oft auch die teilweisen Miteigentümer (Markberechtigten) und sogar Fremde der Mark, ihrer Gerichtsbarkeit unterworfen waren" (S. 312). Diese Auffassung blieb lokal bis ins 15. Jahrhundert in Kraft.

20. Konigswarter , a. a. O. S. 50; J. Thrupp, Historical Law Tracts, London, 1843, S. 106.

21. Königswarter hat gezeigt, dass der Fred aus einem Opfer entstand, das gemacht werden musste, um die Vorfahren zu besänftigen. Später wurde es an die Gemeinschaft für den Friedensbruch gezahlt; und noch später an den Richter, König oder Herrn, wenn sie sich die Rechte der Gemeinschaft angeeignet hatten.

22. Post's Bausteine und Afrikanische Jurisprudenz , Oldenburg, 1887, Bd. I , S. 64 ff.; Kovalevsky, a. a. O. ii, 164-189.

23. O. Miller und M. Kovalevsky, „In the Mountaineer Communities of Kabardia ", in Vestnik Evropy , April 1884. Bei den Shakhsevens der Mugan-Steppe enden Blutfehden immer durch eine Heirat zwischen den beiden feindlichen Seiten (Markoff, im Anhang zum Zapiski des Caucasian Geogr . Soc. xiv. 1, 21).

24. Post, in Afrika . Die Jurisprudenz führt eine Reihe von Fakten an, die die bei den afrikanischen Barbaren verwurzelten Vorstellungen von Gerechtigkeit veranschaulichen . Das Gleiche gilt für alle ernsthaften Untersuchungen des barbarischen Gewohnheitsrechts.

25. Siehe das ausgezeichnete Kapitel „Le droit de La Vieille ". Irlande " (auch „Le Haut Nord") in Etudes de droit international et de droit politique, von Prof. E. Nys, Brüssel , 1896.

26. Einleitung, S. xxxv.

27. Das alte Wallis, S. 343-350.

28. Maynoff , „Sketches of the Judicial Practices of the Mordovians", im ethnographischen Werk Zapiski der Russian Geographical Society, 1885, S. 236, 257.

29. Henry Maine, International Law, London, 1888, S. 11-13. E. Nys, Les origines du droit international, Brüssel , 1894.

30. Ein russischer Historiker, der Kasaner Professor Schapoff , der 1862 nach Sibirien verbannt wurde, hat eine gute Beschreibung ihrer Institutionen in der Iswestija der Ostsibirischen Geographischen Gesellschaft, Bd. 1, gegeben. v. 1874.

31. Sir Henry Maine's Village Communities, New York, 1876, S. 193-196.

32. Nazaroff, The North Usuri Territory (Russisch), St. Petersburg, 1887, S. 65.

33. Hanoteau et Letourneux , La Kabylie , 3 Bde. Paris, 1883.

34. Um eine „Hilfe" oder „Biene" einzuberufen, muss der Gemeinschaft eine Art Mahlzeit angeboten werden. Ein kaukasischer Freund erzählte mir, dass in Georgien der arme Mann, wenn er eine „Hilfe" braucht, vom reichen Mann ein oder zwei Schafe leiht, um das Essen zuzubereiten, und die Gemeinde bringt zusätzlich zu ihrer Arbeit so viel Proviant mit damit er die Schulden zurückzahlen kann. Eine ähnliche Angewohnheit gibt es bei den Mordwinen.

35. Hanoteau et Letourneux , La kabylie , ii. 58. Der gleiche Respekt gegenüber Fremden ist bei den Mongolen die Regel. Der Mongole, der einem Fremden sein Dach verweigert, zahlt die volle Blutentschädigung, wenn der Fremde darunter gelitten hat (Bastian, Der Mensch in der Geschichte , iii. 231).

36. N. Khoudadoff , „Notizen zu den Khevsoures ", in Zapiski des kaukasischen Geogr . Gesellschaft, xiv. 1, Tiflis, 1890, S. 68. Sie legten auch den Eid ab, keine Mädchen aus ihrer eigenen Verbindung zu heiraten, und stellten damit eine bemerkenswerte Rückkehr zu den alten nichtjüdischen Regeln dar.

37. DM. Bakradze, „Notizen zum Bezirk Zakataly ", in demselben Zapiski , xiv. 1, S. 264. Das „gemeinsame Team" ist bei den Lezginen ebenso verbreitet wie bei den Osseten .

38. Siehe Post, Afrikanische Jurisprudenz , Oldenburg, 1887. Munzinger , Ueber das Recht und Sitten der Bogos, Winterthur 1859; Casalis , Les Bassoutos , Paris, 1859; Maclean, Kafir Laws and Customs, Mount Coke, 1858 usw.

39. Waitz, iii. 423 sek.

40. Post's Studien zur Entwicklungsgeschichte des Familien Rechts Oldenburg, 1889, S. 270 ff.

41. Powell, Annual Report of the Bureau of Ethnography, Washington, 1881, zitiert in Post's Studien , S. 290; Bastian's Inselgruppen in Oceanien , 1883, S. 88.

42. De Stuers , zitiert nach Waitz, Bd. 141.

KAPITEL V

GEGENSEITIGE HILFE IN DER MITTELALTERLICHEN STADT

Wachsende Autorität in der barbarischen Gesellschaft. Leibeigenschaft in den Dörfern. Aufstände der befestigten Städte: ihre Befreiung, ihre Chartas. Die Gilde. Doppelter Ursprung der freien mittelalterlichen Stadt. Selbstgerichtsbarkeit, Selbstverwaltung. Ehrenhafte Stellung der Arbeiterschaft . Handel durch die Gilde und durch die Stadt.

Geselligkeit und das Bedürfnis nach gegenseitiger Hilfe und Unterstützung sind so inhärente Teile der menschlichen Natur, dass wir zu keinem Zeitpunkt der Geschichte Männer finden können, die in kleinen, isolierten Familien leben und gegeneinander um den Lebensunterhalt kämpfen. Im Gegenteil, die moderne Forschung, wie wir sie in den beiden vorangegangenen Kapiteln gesehen haben, beweist, dass sich die Menschen seit Beginn ihres prähistorischen Lebens zu Gentes, Clans oder Stämmen zusammenschlossen, die von der Idee einer gemeinsamen Abstammung und der Verehrung dieser Menschen getragen wurden gemeinsame Vorfahren. Jahrtausende lang hat diese Organisation die Menschen zusammengehalten, obwohl es überhaupt keine Autorität gab, die sie durchsetzen konnte. Es hat die gesamte weitere Entwicklung der Menschheit tief beeindruckt; und als die Bande der gemeinsamen Abstammung durch Migrationen im großen Stil gelockert worden waren, während die Entwicklung der getrennten Familie innerhalb des Clans selbst die alte Einheit des Clans zerstört hatte, eine neue Form der Union, die in ihrem Prinzip territorial war – das Dorf Gemeinschaft – wurde durch die soziale Genialität des Menschen ins Leben gerufen. Diese Institution wiederum hielt die Menschen mehrere Jahrhunderte lang zusammen und ermöglichte ihnen, ihre sozialen Institutionen weiterzuentwickeln und einige der dunkelsten Perioden der Geschichte zu überstehen, ohne sich in lose Ansammlungen von Familien und Einzelpersonen aufzulösen, um einen weiteren Schritt zu tun in ihrer Entwicklung und zur Entwicklung einer Reihe sekundärer sozialer Institutionen, von denen einige bis heute überlebt haben. Wir müssen nun die weiteren Entwicklungen derselben immer lebendigen Tendenz zur gegenseitigen Hilfe verfolgen. Betrachtet man die Dorfgemeinschaften der sogenannten Barbaren zu einer Zeit, als sie nach dem Untergang des Römischen Reiches einen Neuanfang der Zivilisation machten, müssen wir die neuen Aspekte untersuchen, die die geselligen Bedürfnisse der Massen im Mittelalter annahmen . und insbesondere in den mittelalterlichen Zünften und der mittelalterlichen Stadt.

Weit davon entfernt, die kämpfenden Tiere zu sein, mit denen sie oft verglichen wurden, zogen die Barbaren der ersten Jahrhunderte unserer Zeitrechnung (wie so viele Mongolen, Afrikaner, Araber usw., die sich immer noch in derselben barbarischen Phase befinden) ausnahmslos den Frieden dem Krieg vor . Mit Ausnahme einiger weniger Stämme, die während der großen Wanderungen in unproduktive Wüsten oder Hochlande vertrieben worden waren und daher gezwungen waren, von Zeit zu Zeit ihre begünstigten Nachbarn auszubeuten – abgesehen von diesen, der großen Masse der Germanen, der Sachsen, der … Kelten, Slawonier usw. kehrten sehr bald, nachdem sie sich in ihren neu eroberten Wohnsitzen niedergelassen hatten, zum Spaten oder zu ihren Herden zurück. Die frühesten barbarischen Kodizes stellen für uns bereits Gesellschaften dar, die aus friedlichen landwirtschaftlichen Gemeinschaften bestehen, nicht Horden von Menschen, die miteinander Krieg führen. Diese Barbaren bedeckten das Land mit Dörfern und Bauernhäusern; (1) sie rodeten die Wälder, überbrückten die Wildbäche und kolonisierten die früher völlig unbewohnte Wildnis; und sie überließen die unsicheren kriegerischen Unternehmungen Bruderschaften, Scholae oder „Trusts" widerspenstiger Männer, die sich um vorübergehende Häuptlinge versammelten, die umherzogen und ihren Abenteuergeist, ihre Waffen und ihr Wissen über Kriegsführung nur zum Schutz der Bevölkerung zur Verfügung stellten darauf bedacht, in Ruhe gelassen zu werden. Die Kriegerbanden kamen und gingen und verfolgten ihre Familienfehden; aber die große Masse bewirtschaftete weiterhin den Boden und schenkte ihren Möchtegern-Herrschern kaum Beachtung, solange sie nicht in die Unabhängigkeit ihrer Dorfgemeinschaften eingriffen.(2) Die neuen Besatzer Europas entwickelten die Systeme des Landbesitzes und Bodenkultur, die noch immer bei Hunderten Millionen Menschen in Kraft ist; Sie entwickelten ihre Systeme der Entschädigung für Unrecht anstelle der alten Stammes-Blutrache; sie lernten die ersten Grundlagen der Industrie; und während sie ihre Dörfer mit Palisadenmauern befestigten oder Türme und Erdfestungen errichteten, um sie im Falle einer erneuten Invasion zu reparieren, überließen sie bald die Aufgabe, diese Türme und Festungen zu verteidigen, denen, die den Krieg zu ihrer Spezialität machten .

Die eigentliche Friedfertigkeit der Barbaren, sicherlich nicht ihre angeblichen kriegerischen Instinkte, wurde somit zur Quelle ihrer späteren Unterwerfung unter die Militärführer. Es ist offensichtlich, dass die Lebensweise der bewaffneten Bruderschaften ihnen mehr Möglichkeiten zur Bereicherung bot, als die Ackerbauern in ihren landwirtschaftlichen Gemeinschaften finden konnten. Noch heute sehen wir, dass sich gelegentlich bewaffnete Männer zusammentun, um Matabeles abzuschießen und ihnen ihre Viehherden zu rauben, obwohl die Matabeles nur den Frieden wollen und bereit sind, ihn teuer zu erkaufen. Die alten Schulen waren sicherlich nicht gewissenhafter als die unserer Zeit. Auf diese Weise wurden Viehherden, Eisen (das damals äußerst kostspielig war (3)) und Sklaven beschlagnahmt; und obwohl die meisten Errungenschaften auf der Stelle bei jenen glorreichen Festen verschwendet wurden, von denen die epische Poesie so viel zu erzählen hat, wurde dennoch ein Teil des geraubten Reichtums zur weiteren Bereicherung verwendet. Es gab viel Ödland und es mangelte nicht an Männern, die bereit waren, es zu bestellen, wenn sie nur das nötige Vieh und die nötigen Geräte beschaffen könnten. Ganze Dörfer, die durch Muren, Schädlinge, Brände oder Überfälle neuer Einwanderer zerstört wurden, wurden oft von ihren Bewohnern verlassen, die auf der Suche nach neuen Wohnorten irgendwohin gingen. In Russland geschieht dies immer noch unter ähnlichen Umständen. Und wenn einer der Hirten der bewaffneten Bruderschaften den Bauern etwas Vieh für einen Neuanfang, etwas Eisen für die Herstellung eines Pfluges, wenn nicht den Pflug selbst, anbot, so bot er ihm Schutz vor weiteren Überfällen und eine Reihe von Jahren, in denen er von allen Verpflichtungen befreit war Sie sollten mit der Rückzahlung der vertraglichen Schulden beginnen und sich auf das Land niederlassen. Und als diese Pioniere nach einem harten Kampf mit Missernten, Überschwemmungen und Seuchen begannen, ihre Schulden zurückzuzahlen, gerieten sie in unterwürfige Verpflichtungen gegenüber dem Beschützer des Territoriums. Zweifellos hat sich auf diese Weise Reichtum angesammelt, und Macht folgt immer dem Reichtum. (4) Und je mehr wir in das Leben dieser Zeit, des sechsten und siebten Jahrhunderts unserer Zeitrechnung, eindringen, desto mehr sehen wir dieses andere Element neben dem Reichtum und militärische Gewalt waren erforderlich, um die Autorität einiger weniger zu begründen. Es war ein Element des Rechts und der Strafe, ein Wunsch der Massen, den Frieden aufrechtzuerhalten und das zu etablieren, was sie als Gerechtigkeit betrachteten, was den Häuptlingen der Scholae – Königen, Herzögen, Knyazen und dergleichen – die Macht verlieh, die sie hatten zwei- oder dreihundert Jahre später erworben. Dieselbe Idee von Gerechtigkeit, die als angemessene Rache für begangenes Unrecht verstanden wurde und in der Stammesphase gewachsen war, zog sich nun wie ein roter Faden durch die Geschichte der nachfolgenden Institutionen und wurde, weit mehr noch als militärische oder wirtschaftliche Zwecke, zu einem wahren Ideal die Grundlage, auf der die Autorität der Könige und Feudalherren beruhte.

Tatsächlich war es schon immer eine der Hauptanliegen der barbarischen Dorfgemeinschaft, wie es auch heute noch bei unseren barbarischen Zeitgenossen der Fall ist, den Fehden, die sich aus der damals gängigen Vorstellung von Gerechtigkeit ergaben, ein schnelles Ende zu bereiten. Als es zu einem Streit kam, mischte sich die Gemeinde sofort ein, und nachdem der Volksabgeordnete den Fall verhandelt hatte, legte sie den Betrag des Vergleichs (Wergeld) fest, der an die geschädigte Person oder an ihre Familie sowie an den Fred oder an ihn zu zahlen war Geldstrafe wegen Landfriedensbruch, die an die Gemeinde gezahlt werden musste. Innerliche Streitigkeiten ließen sich auf diese Weise leicht beschwichtigen. Wenn jedoch Fehden zwischen zwei verschiedenen Stämmen oder zwei Stammeskonföderationen ausbrachen, trotz aller Maßnahmen, die zu ihrer Verhinderung ergriffen wurden (5), bestand die Schwierigkeit darin, einen Schiedsrichter oder Urteilsfindungsrichter zu finden, dessen Entscheidung von beiden Parteien gleichermaßen akzeptiert werden sollte, und zwar von beiden Seiten seine Unparteilichkeit und seine Kenntnis des ältesten Rechts. Die Schwierigkeit war umso größer, als die Gewohnheitsgesetze verschiedener Stämme und Konföderationen hinsichtlich der in verschiedenen Fällen zu zahlenden Entschädigung unterschiedlich waren. Es wurde daher zur Gewohnheit, den Urteilsstifter aus solchen Familien oder Stämmen zu wählen, die dafür bekannt waren, das alte Gesetz in seiner Reinheit zu bewahren; mit den Liedern, Triaden, Sagen usw. vertraut zu sein, durch die das Gesetz im Gedächtnis verewigt wurde; und die Einhaltung des Gesetzes auf diese Weise wurde zu einer Art Kunst, einem „Geheimnis", das in bestimmten Familien von Generation zu Generation sorgfältig weitergegeben wurde. So pflegte in Island und in anderen skandinavischen Ländern bei jedem A11thing oder nationalen Volksmeeting ein Lövsögmathr das gesamte Gesetz aus dem Gedächtnis aufzusagen, um die Versammlung aufzuklären; und in Irland gab es bekanntlich eine besondere Klasse von Männern, die für ihre Kenntnis der alten Traditionen bekannt waren und daher eine große Autorität als Richter genossen Nordwestrussland, bewegt von der wachsenden Unordnung, die aus dem „Aufstand von Clans gegen Clans" resultierte, appellierte an Norman Varingiar , ihr Richter und Kommandeur der Kriegerschulen zu sein; und wenn wir sehen, dass die Knyazes oder Herzöge für die nächsten zweihundert Jahre immer aus derselben normannischen Familie gewählt werden, können wir nicht umhin zu erkennen, dass die Slawonier auf die Normannen vertrauten, um eine bessere Kenntnis des Gesetzes zu erlangen, das von allen gleichermaßen als gut anerkannt wurde verschiedene slawonische Sippen. In diesem Fall war der Besitz von Runen, die zur Weitergabe alter Bräuche dienten, ein entscheidender Vorteil zugunsten der Normannen; aber in anderen Fällen gibt es schwache Hinweise darauf, dass der „älteste" Zweig des Stammes, der angebliche Mutterzweig , herangezogen wurde , um die Richter zu stellen, und dass seine Entscheidungen als gerecht angesehen wurden;(7) während wir in einer späteren Epoche sehen, dass a ausgeprägte Tendenz, die Urteilsfindung vom christlichen Klerus zu übernehmen, der damals noch an dem grundlegenden, heute vergessenen Prinzip des Christentums festhielt, dass Vergeltung kein Akt der Gerechtigkeit ist. Damals öffnete der christliche Klerus die Kirchen als Zufluchtsorte für diejenigen, die vor der Blutrache flohen, und fungierte bereitwillig als Schiedsrichter in Strafsachen, stets im

Widerspruch zum alten Stammesprinzip „Leben um Leben und Wunde um Wunde". Kurz gesagt: Je tiefer wir in die Geschichte der frühen Institutionen eindringen, desto weniger finden wir Anhaltspunkte für die militärische Ursprungstheorie der Autorität. Selbst jene Macht, die später zu einer solchen Quelle der Unterdrückung wurde, scheint im Gegenteil ihren Ursprung in den friedlichen Neigungen der Massen gefunden zu haben.

In all diesen Fällen ging der fred , der oft die Hälfte der Entschädigung ausmachte, an die Volksversammlung und wurde seit jeher für Arbeiten von allgemeinem Nutzen und zur Verteidigung verwendet . Bei den Kabylen und bestimmten mongolischen Stämmen hat es immer noch das gleiche Ziel (die Errichtung von Türmen) ; und wir haben direkte Beweise dafür, dass die Geldstrafen auch mehrere Jahrhunderte später in Pskow und mehreren französischen und deutschen Städten weiterhin für die Reparatur der Stadtmauern verwendet wurden.(8) Es war daher ganz natürlich, dass die Geldstrafen ausgehändigt wurden an den Urteilsrichter, der im Gegenzug verpflichtet war, sowohl die Schola der bewaffneten Männer aufrechtzuerhalten, denen die Verteidigung des Territoriums anvertraut wurde, als auch die Urteile zu vollstrecken. Dies wurde im 8. und 9. Jahrhundert zu einem allgemeinen Brauch, selbst als der Urteilsstifter ein gewählter Bischof war. Der Keim einer Kombination dessen, was wir heute als Judikative und Exekutive bezeichnen würden, entstand so. Aber auf diese beiden Funktionen beschränkten sich die Aufgaben des Herzogs oder Königs streng. Er war kein Beherrscher des Volkes – die oberste Macht lag immer noch bei der Volksversammlung –, nicht einmal ein Befehlshaber der Volksmiliz; Als das Volk zu den Waffen griff, marschierte es unter einem gesonderten, ebenfalls gewählten Befehlshaber, der dem König nicht untergeordnet, sondern ihm gleichgestellt war . (9) Der König war nur auf seinem persönlichen Gebiet ein Herr. Tatsächlich hatte das Wort konung , koning oder cyning , gleichbedeutend mit dem lateinischen rex, in der barbarischen Sprache keine andere Bedeutung als die eines vorübergehenden Anführers oder Häuptlings einer Gruppe von Menschen. Der Kommandeur einer Bootsflotte oder sogar eines einzelnen Piratenbootes war ebenfalls ein Konung , und bis zum heutigen Tag wird der Kommandeur der Fischerei in Norwegen Notkong genannt – „der König der Netze".(10) Der Später gab es noch keine Verehrung für die Persönlichkeit eines Königs, und während Verrat an den Verwandten mit dem Tod bestraft wurde, konnte die Ermordung eines Königs durch die Zahlung einer Entschädigung wiedergutgemacht werden: Ein König wurde einfach so viel mehr geschätzt als ein König Freeman.(11) Und als König Knu (oder Canute) einen Mann seiner eigenen Schule getötet hatte, stellt die Saga dar, wie er seine Kameraden zu einer Veranstaltung zusammenrief, bei der er auf den Knien stand und um Vergebung flehte. Er wurde begnadigt, aber erst, nachdem er sich bereit erklärt hatte, das Neunfache der regulären Entschädigung zu zahlen, wovon ein Drittel an ihn selbst für den Verlust eines seiner Männer, ein Drittel an die Verwandten des Erschlagenen und ein Drittel ging (der Fred) an die Schola.(12) In Wirklichkeit musste unter dem doppelten Einfluss der Kirche und der Studenten des römischen Rechts eine völlige Änderung der aktuellen Vorstellungen vollzogen werden, bevor eine Idee der Heiligkeit eingeführt wurde die Persönlichkeit des Königs.

Es würde jedoch den Rahmen dieser Aufsätze sprengen, die allmähliche Entwicklung der Autorität aus den gerade genannten Elementen zu verfolgen. Historiker wie Mr. und Mrs. Green für dieses Land, Augustin Thierry, Michelet und Luchaire für Frankreich, Kaufmann, Janssen, W. Arnold und sogar Nitzsch für Deutschland, Leo und Botta für Italien, Byelaeff , Kostomaroff und Ihre Anhänger für Russland und viele andere haben diese Geschichte vollständig erzählt. Sie haben gezeigt, wie Bevölkerungsgruppen, die einmal frei waren und einfach zustimmten, einen bestimmten Teil ihrer militärischen Verteidiger zu „ernähren", nach und nach zu Leibeigenen dieser Beschützer wurden; wie „Empfehlung" an die Kirche oder einen Herrn für den freien Mann zu einer harten Notwendigkeit wurde; wie die Burgen aller Herren und Bischöfe zu Räubernestern wurden – mit einem Wort, wie der Feudalismus durchgesetzt wurde – und wie die Kreuzzüge durch die Befreiung der Leibeigenen, die das Kreuz trugen, den ersten Anstoß zur Volksemanzipation gaben. All dies muss an dieser Stelle nicht noch einmal erzählt werden. Unser Hauptziel besteht darin, dem konstruktiven Geist der Massen in ihren Institutionen der gegenseitigen Hilfe zu folgen.

Zu einer Zeit, als die letzten Spuren barbarischer Freiheit zu verschwinden schienen und Europa, das unter die Herrschaft Tausender kleiner Herrscher gefallen war, auf die Gründung solcher Theokratien und despotischen Staaten zusteuerte, die bei den früheren Anfängen der Zivilisation dem barbarischen Stadium gefolgt waren oder barbarischer Monarchien, wie wir sie jetzt in Afrika sehen, nahm das Leben in Europa eine andere Richtung. Es ging ähnlich weiter wie einst in den Städten des antiken Griechenlands. Mit einer Einstimmigkeit, die fast unverständlich erscheint und von Historikern lange Zeit nicht verstanden wurde, begannen die städtischen Agglomerationen bis hin zu den kleinsten Bürgern, das Joch ihrer weltlichen und geistlichen Herren abzuschütteln. Das befestigte Dorf erhob sich gegen die Burg des Herrn, widersetzte sich ihr zuerst, griff sie dann an und zerstörte sie schließlich. Die Bewegung breitete sich von Ort zu Ort aus und umfasste alle Städte auf der Oberfläche Europas, und in weniger als hundert Jahren waren an den Küsten des Mittelmeers, der Nordsee, der Ostsee und des Atlantischen Ozeans freie Städte entstanden zu den Fjorden Skandinaviens; am Fuße des Apennins, der Alpen, des Schwarzwalds, der Grampians und der Karpaten; in den Ebenen Russlands, Ungarns, Frankreichs und Spaniens.

Überall fand derselbe Aufstand mit denselben Merkmalen statt, durchlief dieselben Phasen und führte zu denselben Ergebnissen. Wo immer die Menschen hinter ihren Stadtmauern Schutz gefunden hatten oder zu finden erwarteten , richteten sie ihre „Co-Jurationen", ihre „Bruderschaften", ihre „Freundschaften" ein, vereint in einer gemeinsamen Idee, und marschierten mutig einem neuen Leben entgegen gegenseitige Unterstützung und Freiheit. Und das gelang ihnen so gut, dass sie in drei- oder vierhundert Jahren das Gesicht Europas völlig verändert hatten. Sie hatten das Land mit wunderschönen prächtigen Gebäuden bedeckt, die die Genialität freier Vereinigungen freier Männer zum Ausdruck brachten und seitdem in ihrer Schönheit und Ausdruckskraft ihresgleichen suchen; und sie vermachten den nachfolgenden Generationen alle Künste, alle Industrien, von denen unsere gegenwärtige Zivilisation mit all ihren Errungenschaften und Versprechen für die Zukunft nur eine Weiterentwicklung ist. Und wenn wir nun auf die Kräfte blicken, die diese großartigen Ergebnisse hervorgebracht haben, finden wir sie – nicht im Genie einzelner Helden, nicht in der mächtigen Organisation riesiger Staaten oder den politischen Fähigkeiten ihrer Herrscher, sondern in derselben Strömung gegenseitige Hilfe und Unterstützung, die wir in der Dorfgemeinschaft am Werk sahen und die im Mittelalter durch eine neue Form von Gewerkschaften belebt und gestärkt wurde, die von demselben Geist inspiriert, aber nach einem neuen Modell gestaltet waren – die Zünfte.

Es ist mittlerweile bekannt, dass der Feudalismus keine Auflösung der Dorfgemeinschaft bedeutete. Obwohl es dem Lehnsherrn gelungen war, den Bauern Sklavenarbeit aufzuerlegen und er sich Rechte angeeignet hatte, die früher nur der Dorfgemeinschaft zugestanden worden waren (Steuern, Totengage, Erbschafts- und Heiratsabgaben), behielten die Bauern dennoch die beiden Grundrechte ihrer Gemeinschaften: den gemeinsamen Besitz des Landes und die Selbstgerichtsbarkeit. In alten Zeiten, wenn ein König seinen Vogt in ein Dorf schickte, empfingen ihn die Bauern mit Blumen in der einen Hand und Waffen in der anderen und fragten ihn, welches Gesetz er anzuwenden gedenke: das, das er im Dorf vorfand, oder das, das er mitgebracht hatte? Und im ersten Fall überreichten sie ihm die Blumen und nahmen ihn an; im zweiten Fall bekämpften sie ihn.(13) Jetzt akzeptierten sie den Beamten des Königs oder Lehnsherrn, dem sie nichts abschlagen konnten; aber sie behielten die Gerichtsbarkeit der Volksversammlung bei und ernannten selbst sechs, sieben oder zwölf Richter, die zusammen mit dem Richter des Lehnsherrn in Anwesenheit der Volksversammlung als Schiedsrichter und Urteilsfinder auftraten. In den meisten Fällen blieb dem Beamten nichts anderes übrig, als das Urteil zu bestätigen und den üblichen Fred zu erheben . Dieses kostbare Recht der Selbstgerichtsbarkeit, das damals Selbstverwaltung und Selbstgesetzgebung bedeutete, war während all dieser Kämpfe aufrechterhalten worden, und selbst die Juristen, von denen

Karl der Große umgeben war, konnten es nicht abschaffen; sie waren verpflichtet, es zu bestätigen. Gleichzeitig behielt die Volksversammlung in allen Angelegenheiten, die den Herrschaftsbereich der Gemeinde betrafen, ihre Vorherrschaft und verlangte (wie Maurer zeigt) in Grundbesitzfragen oft Unterwerfung vom Lehnsherrn selbst. Kein Anwachsen des Feudalismus konnte diesen Widerstand brechen; die Dorfgemeinde behauptete ihre Stellung; und als im neunten und zehnten Jahrhundert die Invasionen der Normannen, Araber und Ugrier gezeigt hatten, dass militärische Scholae für den Schutz des Landes wenig Wert waren, begann in ganz Europa eine allgemeine Bewegung, die Dörfer mit Steinmauern und Zitadellen zu befestigen. Tausende von befestigten Zentren wurden dann durch die Energie der Dorfgemeinschaften gebaut; und nachdem sie ihre Mauern gebaut hatten, nachdem ein gemeinsames Interesse an diesem neuen Heiligtum – den Stadtmauern – geschaffen worden war, erkannten sie bald, dass sie fortan den Übergriffen der inneren Feinde, der Herren, ebenso wie den Invasionen von Ausländern widerstehen konnten. Innerhalb der befestigten Anlagen begann sich ein neues Leben der Freiheit zu entwickeln. Die mittelalterliche Stadt war geboren. (14)

Keine Epoche der Geschichte könnte die konstruktive Kraft der Volksmassen besser veranschaulichen als das zehnte und elfte Jahrhundert, als die befestigten Dörfer und Marktplätze, die so viele „Oasen inmitten des feudalen Waldes" darstellten, begannen, sich vom Joch ihrer Herren zu befreien. und erarbeitete langsam die zukünftige Stadtorganisation; Aber leider ist dies eine Zeit, über die historische Informationen besonders rar sind: Wir kennen die Ergebnisse, aber wenig hat uns über die Mittel erreicht, mit denen sie erreicht wurden. Unter dem Schutz ihrer Mauern eroberten und behielten die Volksversammlungen der Städte – entweder völlig unabhängig oder von den führenden Adels- oder Kaufmannsfamilien geführt – das Recht, den militärischen Verteidiger und obersten Richter der Stadt zu wählen oder zumindest zwischen denen zu wählen, die dies tun gab vor, diese Position innezuhaben. In Italien schickten die jungen Kommunen ständig ihre Verteidiger oder Domini weg und kämpften gegen diejenigen, die sich weigerten zu gehen. Das Gleiche geschah im Osten. In Böhmen gibt es Reiche und Arme gleichermaßen (Bohemicae Gentis magni et parvi , nobiles et ignobiles) nahmen an der Wahl teil;(15) während die Vyeches (Folkmotes) der russischen Städte regelmäßig ihre Herzöge wählten – immer aus derselben Rurik-Familie –, einen Bund mit ihnen schlossen und die Knyaz wegschickten, wenn er hatte Unzufriedenheit hervorgerufen.(16) Gleichzeitig bestand in den meisten Städten West- und Südeuropas die Tendenz, einen Bischof, den die Stadt selbst gewählt hatte, zum Verteidiger zu machen; und so viele Bischöfe übernahmen die Führung beim Schutz der „Immunitäten" der Städte und bei der Verteidigung ihrer Freiheiten, dass viele von ihnen nach ihrem Tod als Heilige und besondere Gönner verschiedener Städte betrachtet wurden. Der heilige Uthelred von Winchester, der heilige Ulrike von Augsburg, der heilige Wolfgang von Regensburg, der heilige Heribert von Köln, der heilige Adalbert von Prag usw. sowie viele Äbte und Mönche wurden zu Heiligen vieler Städte handelte zur Verteidigung der Volksrechte . (17) Und unter den neuen Verteidigern , ob Laien oder Geistliche, erlangten die Bürger die volle Selbstgerichtsbarkeit und Selbstverwaltung für ihre Volksversammlungen. (18)

Der gesamte Befreiungsprozeß schritt voran durch eine Reihe unmerklicher Akte der Hingabe an die gemeinsame Sache, vollbracht von Männern, die aus den Massen kamen - von unbekannten Helden, deren Namen nicht in die Geschichte eingegangen sind. Die wunderbare Bewegung des Gottesfriedens (treuga Dei), mit der die Volksmassen den endlosen Familienfehden der Adelsfamilien ein Ende zu setzen suchten , entstand in den jungen Städten, wo die Bischöfe und Bürger versuchten, den Frieden, den sie innerhalb ihrer Stadtmauern geschaffen hatten, auf die Adligen auszudehnen.(19) Schon zu dieser Zeit erarbeiteten die Handelsstädte Italiens, insbesondere Amalfi (das seit 844 seine gewählten Konsuln hatte und im 10. Jahrhundert häufig seine Dogen wechselte)(20), das übliche See- und Handelsrecht, das später zum Vorbild für ganz Europa wurde; Ravenna entwickelte seine Handwerksorganisation weiter, und Mailand, wo es 980 seine erste Revolution gegeben hatte, wurde zu einem großen Handelszentrum , dessen Gewerbe seit dem 11. Jahrhundert völlige Unabhängigkeit genossen.(21) Ebenso Brügge und Gent; ebenso mehrere Städte Frankreichs, in denen das Mahl oder Forum eine völlig unabhängige Institution geworden war. (22) Und bereits während dieser Zeit begann man mit der künstlerischen Ausschmückung der Städte durch architektonische Werke, die wir noch heute bewundern und die lautstark von der intellektuellen Bewegung der Zeit zeugen. „Die Basiliken wurden damals fast im ganzen Universum erneuert", schrieb Raoul Glaber in seiner Chronik, und einige der schönsten Monumente mittelalterlicher Architektur stammen aus dieser Zeit: Die wunderbare alte Kirche von Bremen wurde im 9. Jahrhundert erbaut, Sankt Markus in Venedig wurde 1071 fertiggestellt und der wunderschöne Dom von Pisa 1063. Tatsächlich stammen die intellektuelle Bewegung, die als Renaissance des 12. Jahrhunderts (23) und Rationalismus des 12. Jahrhunderts – der Vorläufer der Reformation (24) – beschrieben wurde, aus dieser Zeit, als die meisten Städte noch einfache Ansammlungen kleiner, von Mauern umgebener Dorfgemeinschaften waren.

Allerdings war neben dem Prinzip der Dorfgemeinschaft noch ein weiteres Element erforderlich, um diesen wachsenden Zentren der Freiheit und Aufklärung die Einheit des Denkens und Handelns sowie die Initiativekraft zu verleihen, die im 12. und 13. Jahrhundert ihre Kraft entfaltete. Mit der wachsenden Vielfalt an Berufen, Handwerken und Künsten und dem wachsenden Handel in fernen Ländern war eine neue Form der Vereinigung erforderlich, und dieses notwendige neue Element wurde von den Zünften bereitgestellt. Es wurden Bände und Bände über diese Gewerkschaften geschrieben, die unter den Namen Gilden, Bruderschaften, Freundschaften und Druzhestva , Minne , Artels in Russland, Esnaifs in Serbien und der Türkei, Amkari in Georgien usw. im Mittelalter eine so beeindruckende Entwicklung erlebten Zeiten und spielte eine so wichtige Rolle bei der Emanzipation der Städte. Aber es dauerte mehr als sechzig Jahre, bis Historiker die Universalität dieser Institution und ihren wahren Charakter verstanden. Erst jetzt, wo Hunderte von Zunftstatuten veröffentlicht und untersucht wurden und ihre Beziehung zu den römischen Collegiae und den früheren Gewerkschaften in Griechenland und Indien (25) bekannt ist, können wir mit voller Zuversicht behaupten, dass diese Bruderschaften nur eine waren Weiterentwicklung derselben Prinzipien, die wir in der Gens und der Dorfgemeinschaft am Werk gesehen haben.

Nichts veranschaulicht diese mittelalterlichen Bruderschaften besser als die temporären Zünfte, die an Bord von Schiffen gegründet wurden. Als ein Schiff der Hanse nach dem Verlassen des Hafens seine erste halbtägige Überfahrt hinter sich hatte, versammelte der Kapitän (Schiffer) alle Besatzungsmitglieder und Passagiere auf dem Deck und hielt die folgende Sprache, wie ein Zeitgenosse berichtete:

„,Da wir nun Gott und den Wellen ausgeliefert sind', sagte er, ,muss jeder dem anderen gleich sein. Und da wir von Stürmen, hohen Wellen, Piraten und anderen Gefahren umgeben sind, müssen wir eine strenge Ordnung einhalten, damit wir unsere Reise zu einem guten Ende bringen. Deshalb werden wir das Gebet für guten Wind und gutes Gelingen sprechen und gemäß dem Seerecht die Inhaber der Richtersitze (Schoffenstellen) benennen.' Daraufhin wählte die Mannschaft einen Vogt und vier Scabini , die als Richter fungieren sollten. Am Ende der Reise legten der Vogt und die Scabini ihre Ämter nieder und wandten sich wie folgt an die Mannschaft: „Was an Bord des Schiffes geschehen ist, müssen wir einander verzeihen und als tot betrachten und ab sein lassen . Was wir richtig beurteilt haben, geschah aus Gründen der Gerechtigkeit. Deshalb bitten wir euch alle im Namen der ehrlichen Gerechtigkeit, alle Feindseligkeit zu vergessen, die einer gegen einen anderen hegen mag, und bei Brot und Salz zu schwören, dass er nicht in böser Absicht daran denken wird. Wenn jedoch jemand glaubt, dass ihm Unrecht geschehen ist, muss er sich vor Sonnenuntergang an den Landvogt wenden und von ihm Gerechtigkeit verlangen." Bei der Landung wurde der Stock mit den Fredfines dem Vogt des Seehafens zur Verteilung unter den Armen übergeben." (26)

Diese einfache Erzählung schildert vielleicht besser als alles andere den Geist der mittelalterlichen Gilden. Ähnliche Organisationen entstanden überall dort, wo eine Gruppe von Menschen – Fischer, Jäger, reisende Kaufleute, Bauarbeiter oder sesshafte Handwerker – zusammenkam, um einer gemeinsamen Beschäftigung nachzugehen. So gab es an Bord eines Schiffes die Seemacht des Kapitäns; aber um das gemeinsame Unternehmen erfolgreich zu machen, einigten sich alle Männer an Bord, reich und arm, Kapitän und Mannschaft, Kapitän und Matrosen, darauf, in ihren gegenseitigen Beziehungen gleich zu sein, einfach Menschen zu sein, die verpflichtet waren, einander zu helfen und ihre möglichen Streitigkeiten vor von allen gewählten Richtern zu regeln. Auch wenn eine Anzahl von Handwerkern – Maurer, Zimmerleute, Steinmetze usw. – zusammenkamen, um beispielsweise eine Kathedrale zu bauen, gehörten sie alle einer Stadt an, die ihre politische Organisation hatte, und jeder von ihnen gehörte außerdem seinem eigenen Handwerk an; aber sie waren außerdem durch ihr gemeinsames Unternehmen vereint, das sie besser kannten als jeder andere, und sie schlossen sich zu einem Körper zusammen, der durch engere, wenn auch vorübergehende Bindungen verbunden war; Sie gründeten die Gilde für den Bau der Kathedrale. (27) Dasselbe können wir bis heute in der Kabylen-Gemeinde beobachten . (28) Die Kabylen haben ihre Dorfgemeinschaft; aber dieser Zusammenschluss reicht nicht für alle politischen, kommerziellen und persönlichen Bedürfnisse aus, und so wurde die engere Bruderschaft der Gemeinschaft gegründet.

Was die sozialen Merkmale der mittelalterlichen Gilde angeht, so kann jede Gildensatzung diese veranschaulichen. Nehmen wir zum Beispiel die Skraa einer frühen dänischen Gilde. Darin lesen wir zunächst eine Erklärung der allgemeinen brüderlichen Gefühle, die in der Gilde herrschen müssen; als nächstes kommen die Bestimmungen bezüglich der Selbstgerichtsbarkeit in Fällen von Streitigkeiten zwischen zwei Brüdern oder einem Bruder und einem Fremden; und dann werden die sozialen Pflichten der Brüder aufgezählt. Wenn das Haus eines Bruders niederbrennt, er sein Schiff verloren hat oder auf einer Pilgerreise gelitten hat, müssen ihm alle Brüder zu Hilfe kommen. Wenn ein Bruder gefährlich erkrankt, müssen zwei Brüder an seinem Bett Wache halten, bis er außer Gefahr ist, und wenn er stirbt, müssen die Brüder ihn begraben – eine große Angelegenheit in jenen Zeiten der Pest – und ihm zur Kirche und ins Grab folgen. Nach seinem Tod müssen sie, falls nötig, für seine Kinder sorgen; sehr oft wird die Witwe eine Schwester der Gilde.(29)

Diese beiden Hauptmerkmale traten in jeder Bruderschaft auf, die zu irgendeinem Zweck gegründet wurde. In jedem Fall behandelten sich die Mitglieder gegenseitig wie Bruder und Schwester und nannten sich auch so (30). Vor der Gilde waren alle gleich. Sie besaßen gemeinsam „bewegliche Güter" (Vieh, Land, Gebäude, Gotteshäuser oder „Wertpapier"). Alle Brüder legten den Eid ab, alle alten Fehden aufzugeben, und ohne sich gegenseitig die Verpflichtung aufzuerlegen, nie wieder zu streiten, stimmten sie überein, dass kein Streit zu einer Fehde oder zu einem Rechtsstreit vor einem anderen Gericht als dem Tribunal der Brüder selbst ausarten sollte. Und wenn ein Bruder in einen Streit mit einem Fremden der Gilde verwickelt war, stimmten sie zu, ihn im Guten wie im Schlechten zu unterstützen; das heißt, ob er zu Unrecht der Aggression beschuldigt wurde oder tatsächlich der Angreifer war, sie mussten ihn unterstützen und die Dinge zu einem friedlichen Ende bringen. Solange es sich nicht um eine heimliche Aggression handelte – in diesem Fall wäre er als Geächteter behandelt worden – stand die Bruderschaft zu ihm. (31) Wenn die Verwandten des Geschädigten die Beleidigung sofort durch eine neue Aggression rächen wollten, stellte die Bruderschaft ihm ein Pferd zur Flucht oder ein Boot, ein Paar Ruder, ein Messer und einen Stahl zum Feuermachen zur Verfügung; wenn er in der Stadt blieb, begleiteten ihn zwölf Brüder, um ihn zu beschützen; und in der Zwischenzeit arrangierten sie die Einigung. Sie gingen vor Gericht, um die Wahrhaftigkeit seiner Aussagen durch Eid zu bekräftigen, und wenn er für schuldig befunden wurde, ließen sie ihn nicht völlig zugrunde gehen und ein Sklave werden, indem er die fällige Entschädigung nicht zahlte: sie zahlten sie alle, genau wie die Gens es in alten Zeiten tat. Nur wenn ein Bruder die Treue gegenüber seinen Gildenbrüdern oder anderen Leuten gebrochen hatte, wurde er „mit dem Namen eines Nichts" (das Skalierung han maeles af Brodrescap mit Nidings nafn).(32)

Dies waren die leitenden Ideen jener Bruderschaften, die allmählich das gesamte mittelalterliche Leben umfassten. Tatsächlich kennen wir Gilden für alle möglichen Berufe: Gilden der Leibeigenen, (33) Gilden der Freien und Gilden sowohl der Leibeigenen als auch der Freien; Gilden, die für den besonderen Zweck der Jagd, Fischerei oder eines Handelsausflugs ins Leben gerufen und aufgelöst wurden, wenn der besondere Zweck erreicht war; und Gilden, die in einem bestimmten Handwerk oder Gewerbe Jahrhunderte lang bestanden. Und in dem Maße, wie das Leben eine immer größere Vielfalt an Beschäftigungen annahm, wuchs auch die Vielfalt der Gilden. So sehen wir nicht nur Kaufleute, Handwerker, Jäger und Bauern in Gilden vereinigt; Wir kennen auch Gilden von Priestern, Malern, Grundschul- und Universitätslehrern, Gilden zur Aufführung der Passionsspiele, zum Kirchenbau, zur Entwicklung des „Mysteriums" einer bestimmten Kunst- oder Handwerksschule oder für eine besondere Freizeitbeschäftigung – sogar Gilden der Bettler, Henker und verlorenen Frauen, die alle nach dem gleichen doppelten Prinzip der Selbstgerichtsbarkeit und gegenseitigen Unterstützung organisiert sind. (34) Im Falle Russlands haben wir eindeutige Belege dafür, dass die „Entstehung Russlands" ebenso sehr das Werk der Artels der Jäger, Fischer und Händler war wie das der aufkeimenden Dorfgemeinschaften, und bis zum heutigen Tag ist das Land übersät mit Artels. (35)

Diese wenigen Bemerkungen zeigen, wie falsch die Ansicht einiger früher Forscher der Zünfte war, als sie das Wesen der Institution in ihrem jährlichen Festival sehen wollten. In Wirklichkeit war der Tag des gemeinsamen Mahls immer der Tag oder der Morgen des Tages, an dem die Wahl der Stadträte stattfand, an dem die Änderungen in den Statuten besprochen wurden und sehr oft der Tag der Beurteilung von Streitigkeiten, die unter den Brüdern entstanden waren. (36) oder von erneuter Treue zur Zunft. Das gemeinsame Mahl war, wie das Fest auf dem alten Volksfest des Stammes – das Mahl oder Malum – oder das burjatische Aba oder das Gemeindefest und das Erntedankfest, einfach eine Bestätigung der Brüderlichkeit. Es symbolisierte die Zeiten, in denen der Clan alles gemeinsam hielt. Zumindest an diesem Tag gehörte alles allen; alle saßen am selben Tisch und nahmen an derselben Mahlzeit teil. Noch viel später saß an diesem Tag der Bewohner des Armenhauses einer Londoner Zunft an der Seite des reichen Stadtrats. Was die Unterscheidung betrifft, die mehrere Forscher zwischen der alten sächsischen „ Frit- Gilde" und den sogenannten „sozialen" oder „religiösen" Gilden zu treffen versucht haben – alle waren Frith- Gilden im oben genannten Sinne (37) und alle waren religiös in dem Sinne, dass eine Dorfgemeinschaft oder eine Stadt, die unter dem Schutz eines besonderen Heiligen steht, sozial und religiös ist. Wenn die Institution der Zunft in Asien, Afrika und Europa eine so gewaltige Ausdehnung angenommen hat, wenn sie Jahrtausende gedauert hat und immer wieder auftauchte, wenn ähnliche Bedingungen sie ins Leben riefen, dann deshalb, weil sie viel mehr als nur ein Essen war Verein, ein Verein, der an einem bestimmten Tag in die Kirche geht, oder ein Bestattungsverein. Es entsprach einem tief verwurzelten Bedürfnis der menschlichen Natur; und es verkörperte alle Attribute, die sich der Staat später für seine Bürokratie und Polizei aneignete, und noch viel mehr. Es war eine Vereinigung zur gegenseitigen Unterstützung in allen Lebenslagen und bei allen Zufällen des Lebens, „durch Tat und Rat", und es war eine Organisation zur Aufrechterhaltung der Gerechtigkeit – mit dem Unterschied zum Staat, dass er bei all diesen Gelegenheiten menschlich und brüderlich war Das Element wurde anstelle des formalen Elements eingeführt, das das wesentliche Merkmal staatlicher Eingriffe darstellt. Auch bei seinem Erscheinen vor dem Zunftgericht antwortete der Zunftbruder vor Männern, die ihn gut kannten und ihm zuvor bei der täglichen Arbeit, beim gemeinsamen Mahl, bei der Erfüllung ihrer brüderlichen Pflichten zur Seite gestanden hatten: Männern, die ihm ebenbürtig und brüderlich waren in der Tat weder Rechtstheoretiker noch Verteidiger der Interessen anderer . (38)

Es ist offensichtlich, dass eine Institution, die so gut geeignet ist, den Bedürfnissen der Union zu dienen, ohne den Einzelnen seiner Initiative zu berauben, sich nur ausbreiten, wachsen und stärken könnte. Die Schwierigkeit bestand lediglich darin, eine Form zu finden, die es ermöglichte, die Gewerkschaften der Zünfte zusammenzuschließen, ohne die Gewerkschaften der Dorfgemeinschaften zu beeinträchtigen, und sie alle zu einem harmonischen Ganzen zu vereinen. Und als diese Form der Verbindung gefunden war und eine Reihe günstiger Umstände es den Städten ermöglichten, ihre Unabhängigkeit zu bekräftigen, taten sie dies mit einer Einheit des Denkens, die selbst in unserem Jahrhundert der Eisenbahnen, Telegraphen und Buchdruckerkunst nur Bewunderung hervorrufen kann . Hunderte von Urkunden, in denen die Städte ihre Befreiung niederschrieben, sind zu uns gelangt, und durch alle ziehen sich – ungeachtet der unendlichen Vielfalt der Einzelheiten, die von der mehr oder weniger größeren Fülle der Emanzipation abhingen – die gleichen Leitgedanken. Die Stadt organisierte sich als Zusammenschluss kleiner Dorfgemeinschaften und Zünfte.

"Alle, die zur Freundschaft der Stadt gehören" - so heißt es in einer Charta, die Philipp, Graf von Flandern, den Bürgern von Aire im Jahr 1188 gab - "haben durch Treue und Eid versprochen und bestätigt, dass sie einander als Brüder in allem, was nützlich und ehrlich ist, helfen werden. Wenn einer gegen einen anderen eine Straftat in Worten oder Taten begeht, wird derjenige, der darunter gelitten hat, weder sich selbst noch sein Volk dafür rächen ... er wird eine Beschwerde einreichen und der Täter wird seine Straftat wiedergutmachen, je nachdem, was von zwölf gewählten Richtern verkündet wird, die als Schiedsrichter fungieren. Und wenn der Täter oder der Beleidigte sich nach dreimaliger Verwarnung der Entscheidung der Schiedsrichter nicht unterwirft, wird er als böser Mensch und Meineidiger von der Freundschaft ausgeschlossen . (39)

"Jeder der Gemeindemitglieder wird seinem Schwurgericht treu sein und ihm Hilfe und Rat geben, je nachdem, was die Gerechtigkeit ihm gebietet" - so heißt es in den Urkunden von Amiens und Abbeville. "Alle werden einander innerhalb der Grenzen der Gemeinde nach Maßgabe ihrer Möglichkeiten helfen und nicht dulden, dass jemand einem von ihnen etwas wegnimmt oder einen zur Zahlung von Beiträgen zwingt" - so lesen wir in den Urkunden von Soissons, Compiègne, Senlis und vielen anderen dieser Art . (40) Und so weiter mit zahllosen Variationen zum gleichen Thema.

„Die Kommune", schrieb Guilbert de Nogent , „ist ein Schwur der gegenseitigen Hilfe (mutui adjutoren conjuratio) ... Ein neues und verabscheuungswürdiges Wort. Durch es werden die Leibeigenen (capite sensi) von aller Leibeigenschaft befreit; durch es können sie für Gesetzesübertretungen nur zu einer gesetzlich festgelegten Geldstrafe verurteilt werden; durch es hören sie auf, Zahlungen zu leisten, die die Leibeigenen immer zu leisten pflegten."(41)

Dieselbe Welle der Emanzipation erfasste im 12. Jahrhundert alle Teile des Kontinents und erfasste sowohl die reichen als auch die ärmsten Städte. Und auch wenn wir in der Regel sagen dürfen, dass die italienischen Städte die ersten waren, die sich befreiten, können wir kein Zentrum benennen , von dem aus sich die Bewegung ausgebreitet hätte. Sehr oft übernahm eine kleine Stadt in Mitteleuropa die Führung für ihre Region, und große Ballungsräume akzeptierten die Charta der kleinen Stadt als Modell für ihre eigene. So wurde die Charta einer kleinen Stadt, Lorris , von 83 Städten im Südwesten Frankreichs übernommen, und die von Beaumont wurde zum Modell für über 500 Städte in Belgien und Frankreich. Die Städte entsandten Sonderabgeordnete zu ihren Nachbarn , um eine Kopie ihrer Charta zu erhalten, und die Verfassung wurde nach diesem Modell formuliert. Sie kopierten sich jedoch nicht einfach gegenseitig: Sie formulierten ihre eigenen Chartas gemäß den Zugeständnissen, die sie von ihren Herren erhalten hatten; und das Ergebnis war, dass, wie ein Historiker bemerkte, die Urkunden der mittelalterlichen Gemeinden die gleiche Vielfalt bieten wie die gotische Architektur ihrer Kirchen und Kathedralen. In allen waren dieselben Leitideen zu finden – die Kathedrale symbolisierte die Vereinigung von Gemeinde und Gilde in der Stadt – und dieselbe unendlich reiche Vielfalt an Details.

Der entscheidende Punkt war die Selbstgerichtsbarkeit, und Selbstgerichtsbarkeit bedeutete Selbstverwaltung. Aber die Kommune war nicht einfach ein „autonomer" Teil des Staates – solch zweideutige Worte waren damals noch nicht erfunden worden –, sie war ein Staat für sich. Sie hatte das Recht auf Krieg und Frieden, auf Föderationen und Bündnisse mit ihren Nachbarn . Sie war in ihren eigenen Angelegenheiten souverän und vermischte sich mit niemandem. Die höchste politische Macht konnte vollständig einem demokratischen Forum übertragen sein, wie es in Pskow der Fall war, dessen Wyeche Botschafter schickte und empfing, Verträge schloss, Fürsten akzeptierte und entsandte oder Dutzende von Jahren ohne sie auskam; oder sie lag in der Hand einer Aristokratie von Kaufleuten oder sogar Adligen oder wurde von ihnen usurpiert, wie es in Hunderten von italienischen und mitteleuropäischen Städten der Fall war. Das Prinzip blieb jedoch dasselbe: Die Stadt war ein Staat, und - was vielleicht noch bemerkenswerter ist - als die Macht in der Stadt von einer Aristokratie aus Kaufleuten oder sogar Adligen usurpiert wurde, verschwanden das innere Leben der Stadt und der Demokratismus ihres täglichen Lebens nicht: Sie hingen nur wenig von dem ab, was man die politische Form des Staates nennen könnte.

Das Geheimnis dieser scheinbaren Anomalie liegt in der Tatsache, dass eine mittelalterliche Stadt kein zentralisierter Staat war. In den ersten Jahrhunderten ihres Bestehens konnte die Stadt hinsichtlich ihrer inneren Organisation kaum als Staat bezeichnet werden, da das Mittelalter von der heutigen Zentralisierung der Funktionen ebenso wenig wusste wie von der heutigen territorialen Zentralisierung. Jede Gruppe hatte ihren Anteil an der

Souveränität. Die Stadt war normalerweise in vier Viertel oder fünf bis sieben Abschnitte unterteilt, die strahlenförmig von einem Zentrum ausgingen , wobei jedes Viertel oder jeder Abschnitt ungefähr einem bestimmten Gewerbe oder Beruf entsprach, der in der Stadt vorherrschte, aber dennoch Einwohner unterschiedlicher sozialer Stellung und Berufe beherbergten – Adlige, Kaufleute, Handwerker oder sogar Halbleibeigene; und jeder Abschnitt oder jedes Viertel bildete eine völlig unabhängige Ansammlung. In Venedig war jede Insel eine unabhängige politische Gemeinschaft. Es hatte seinen eigenen organisierten Handel, seinen eigenen Salzhandel, seine eigene Gerichtsbarkeit und Verwaltung, sein eigenes Forum; und die Ernennung eines Dogen durch die Stadt änderte nichts an der inneren Unabhängigkeit der Einheiten. (42) In Köln sehen wir die Einteilung der Einwohner in Geburschaften und Heimschaften (viciniae), also Nachbarzünfte , die aus der fränkischen Zeit stammen. Jeder von ihnen hatte seinen Richter (Burrichter) und die üblichen zwölf gewählten Urteilsrichter (Schoffen), seinen Vogt und seinen Greve oder Kommandeur der örtlichen Miliz.(43) Die Geschichte des frühen London vor der Eroberung – Mr. Green sagt, dass es sich um „eine Anzahl kleiner Gruppen handelt, die hier und da über das Gebiet innerhalb der Mauern verstreut sind und von denen jede mit ihrem eigenen Leben und ihren eigenen Institutionen, Gilden, Sokes , religiösen Häusern und dergleichen aufwächst und sich nur langsam zu einer Einheit zusammenschließt." Gemeindeunion."(44) Und wenn wir uns auf die Annalen der russischen Städte Nowgorod und Pskow beziehen, die beide relativ reich an lokalen Details sind, finden wir den Abschnitt (konets), der jeweils aus unabhängigen Straßen (ulitsa) besteht Obwohl die Stadt hauptsächlich aus Handwerkern eines bestimmten Handwerks bestand, zählte sie auch Kaufleute und Grundbesitzer zu ihren Bewohnern und war eine eigenständige Gemeinde. Es verfügte über die gemeinschaftliche Verantwortung aller Mitglieder bei Straftaten, eine eigene Gerichtsbarkeit und die Verwaltung durch Straßenräte (ulichanskiye). Starosty), ein eigenes Siegel und bei Bedarf ein eigenes Forum; seine eigene Miliz sowie seine selbstgewählten Priester und sein eigenes kollektives Leben und kollektives Unternehmen.(45)

Die mittelalterliche Stadt erscheint somit als eine doppelte Föderation: aus allen Hausbesitzern, die in kleinen territorialen Vereinigungen – der Straße, der Pfarrei, der Sektion – zusammengeschlossen sind, und aus Einzelpersonen, die entsprechend ihrem Beruf durch Eid zu Zünften zusammengeschlossen sind; Ersteres ist ein Produkt des dörflich-gemeinschaftlichen Ursprungs der Stadt, während Letzteres ein späteres Wachstum ist, das durch neue Bedingungen ins Leben gerufen wurde.

Freiheit, Selbstverwaltung und Frieden zu garantieren, war das Hauptziel der mittelalterlichen Stadt; und Arbeit war , wie wir gleich sehen werden, wenn wir von den Handwerkszünften sprechen, ihre wichtigste Grundlage. Aber die „Produktion" beanspruchte nicht die ganze Aufmerksamkeit des mittelalterlichen Ökonomen. Mit seinem praktischen Verstand verstand er, dass der „Konsum" garantiert werden musste, um Produktion zu erhalten; und daher musste für „die gemeinsame erste Nahrung und Unterkunft von Armen und Reichen gleichermaßen" gesorgt werden (gemeinsame notdurft und gemach armer und richer (46)) war das Grundprinzip in jeder Stadt. Der Kauf von Nahrungsmitteln und anderen lebensnotwendigen Gütern (Kohle, Holz usw.), bevor sie den Markt erreicht hatten, oder überhaupt zu besonders günstigen Bedingungen, von denen andere ausgeschlossen wären - kurz gesagt, der preempcio - war völlig verboten. Alles musste auf den Markt gebracht und dort zum Kauf angeboten werden, bis das Läuten der Glocke den Markt geschlossen hatte. Erst dann durfte der Einzelhändler den Rest kaufen, und selbst dann durfte sein Gewinn nur ein „ehrlicher Gewinn" sein. (47) Wenn außerdem Getreide nach Marktschluss von einem Bäcker im Großhandel gekauft wurde, hatte jeder Bürger das Recht, einen Teil des Getreides (etwa ein halbes Viertel) zum eigenen Gebrauch zum Großhandelspreis zu beanspruchen, wenn er dies vor dem endgültigen Abschluss des Geschäfts tat; und umgekehrt konnte jeder Bäcker dasselbe beanspruchen, wenn der Bürger Getreide kaufte, um es weiterzuverkaufen. Im ersten Fall brauchte das Korn nur zur Stadtmühle gebracht zu werden, um dort zu einem festgesetzten Preis richtig gemahlen zu werden, und das Brot konnte in den vier Banalen oder Gemeinschaftsöfen gebacken werden. (48) Kurz gesagt, wenn eine Stadt von einer Knappheit heimgesucht wurde, hatten alle mehr oder weniger darunter zu leiden; aber abgesehen von den Katastrophen konnte, solange die freien Städte existierten, niemand in ihnen verhungern, wie es in unseren Tagen leider allzu oft der Fall ist.

Alle diese Regelungen gehören jedoch späteren Phasen des städtischen Lebens an, während es früher die Stadt selbst war, die alle Lebensmittel für die Bürger kaufte. Die kürzlich von Herrn Gross veröffentlichten Dokumente sind in diesem Punkt ganz eindeutig und stützen voll und ganz seine Schlussfolgerung, dass die Ladungen mit Lebensmitteln „von bestimmten städtischen Beamten im Namen der Stadt gekauft und dann in Anteilen unter den Handelsbürgern verteilt wurden, wobei niemand im Hafen an Land gebrachte Waren kaufen durfte, es sei denn, die städtischen Behörden lehnten den Kauf ab. Dies scheint – fügt sie hinzu – in England, Irland, Wales und Schottland eine ganz gängige Praxis gewesen zu sein." (49) Sogar im 16. Jahrhundert finden wir, dass Getreide allgemein gekauft wurde, um „ in allen Dingen dieser ... Stadt und Kammer von London und aller Bürger und Einwohner derselben, so viel in uns liegt", wie der Bürgermeister 1565 schrieb. (50) In Venedig war der gesamte Getreidehandel bekanntlich in den Händen der Stadt; die „Quartiere" waren verpflichtet, nach Erhalt des Getreides von der Behörde, die die Importe verwaltete, jedem Bürger die ihm zugeteilte Menge nach Hause zu schicken. (51) In Frankreich pflegte die Stadt Amiens Salz zu kaufen und es zum Selbstkostenpreis an alle Bürger zu verteilen. (52) Und noch heute sieht man in vielen französischen Städten die „Halles", die früher städtische Depots für Getreide und Salz waren. (53) In Russland war dies in Nowgorod und Pskow gängige Praxis.

Die ganze Angelegenheit im Zusammenhang mit den gemeinschaftlichen Einkäufen für den Gebrauch der Bürger und die Art und Weise, wie sie früher durchgeführt wurden, scheint von den Historikern der damaligen Zeit noch nicht die gebührende Aufmerksamkeit erhalten zu haben; aber es gibt hier und da einige sehr interessante Fakten, die ein neues Licht darauf werfen. So gibt es unter den Dokumenten von Herrn Gross eine Kilkenny-Verordnung aus dem Jahr 1367, aus der wir erfahren, wie die Preise der Waren festgelegt wurden. „Die Kaufleute und die Seeleute", schreibt Herr Gross, „sollten unter Eid die Anschaffungskosten der Waren und die Transportkosten angeben. Dann sollten der Bürgermeister der Stadt und zwei verständige Männer den Preis nennen, zu dem die Waren verkauft werden sollten." Dieselbe Regel galt in Thurso für Waren, die „über das Meer oder Land" kamen. Diese Art der „Preisnennung" entspricht so gut den im Mittelalter gängigen Handelskonzepten, dass sie beinahe allgemein verbreitet gewesen sein muss. Den Preis von einer dritten Person festlegen zu lassen, war ein sehr alter Brauch; und für den gesamten Handel innerhalb der Stadt war es sicherlich eine weit verbreitete Gewohnheit, die Festlegung der Preise „diskreten Männern" – einer dritten Partei – zu überlassen und nicht dem Verkäufer oder dem Käufer. Aber diese Reihenfolge der Dinge führt uns noch weiter zurück in die Geschichte des Handels – nämlich in eine Zeit, als der Handel mit Grundnahrungsmitteln von der ganzen Stadt betrieben wurde und die Kaufleute nur die Kommissare, die Treuhänder der Stadt für den Verkauf der von ihr exportierten Waren waren. Eine Verordnung von Waterford, die ebenfalls von Herrn Gross veröffentlicht wurde, besagt, „dass alle Arten von Waren, gleich welcher Art, Sie sollen vom Bürgermeister und den Bürgern gekauft werden, die für die Zeit als gewöhnliche Käufer der Stadt gelten, und sie sollen an die freien Bürger der Stadt verteilt werden (ausgenommen sind nur die eigenen Güter der freien Bürger und Einwohner)." Diese Verordnung kann kaum anders erklärt werden, als wenn man zugibt, dass der gesamte Außenhandel der Stadt von ihren Agenten betrieben wurde. Darüber hinaus haben wir direkte Beweise dafür, dass dies in Nowgorod und Pskow der Fall war. Es waren die Herrscher von Nowgorod und Pskow, die ihre Karawanen von Kaufleuten in ferne Länder schickten.

Wir wissen auch, dass in fast allen mittelalterlichen Städten Mittel- und Westeuropas die Handwerkszünfte als Gemeinschaft alle notwendigen Rohprodukte kauften und die Produkte ihrer Arbeit durch ihre Beamten verkauften, und es ist kaum möglich, dass dasselbe nicht auch für den Außenhandel gehandhabt wurde – umso mehr, als bekannt ist, dass bis zum 13. Jahrhundert nicht nur alle Kaufleute einer bestimmten Stadt im Ausland als gemeinschaftlich für die von ihnen gemachten Schulden haftbar galten, sondern dass auch die ganze Stadt für die Schulden jedes einzelnen ihrer Kaufleute haftete. Erst im 12. und 13. Jahrhundert schlossen die Städte am Rhein besondere Verträge ab, die diese Verantwortung aufhoben. (54) Und schließlich haben wir das bemerkenswerte Ipswich-Dokument, das von Herrn Gross veröffentlicht wurde. Aus diesem Dokument erfahren wir, dass die Kaufmannsgilde dieser Stadt von allen gegründet wurde, die die Stadtbürgerschaft besaßen und ihren Beitrag („ihre Hanse ") an die Gilde zahlen wollten. Die ganze Gemeinde diskutierte gemeinsam, wie die Kaufmannsgilde besser erhalten werden könnte, und verlieh ihr bestimmte Privilegien. Die Kaufmannsgilde von Ipswich erscheint somit eher als eine Körperschaft von Treuhändern der Stadt denn als eine gewöhnliche private Gilde.

Kurz gesagt, je mehr wir beginnen, die mittelalterliche Stadt kennenzulernen, desto mehr erkennen wir, dass es sich nicht nur um eine politische Organisation zum Schutz bestimmter politischer Freiheiten handelte. Es war ein Versuch, in einem viel größeren Maßstab als in einer Dorfgemeinschaft eine enge Gemeinschaft für gegenseitige Hilfe und Unterstützung, für Konsum und Produktion und für das gesellschaftliche Leben insgesamt zu organisieren, ohne den Menschen die Fesseln des Staates aufzuerlegen, sondern zu geben volle Ausdrucksfreiheit für das kreative Genie jeder einzelnen Gruppe von Individuen in Kunst, Handwerk, Wissenschaft, Handel und politischer Organisation. Wie erfolgreich dieser Versuch war, lässt sich am besten erkennen, wenn wir im nächsten Kapitel die Arbeitsorganisation in der mittelalterlichen Stadt und die Beziehungen der Städte zur umliegenden Bauernbevölkerung analysieren.

ANMERKUNGEN:

1. W. Arnold, in seinen Wanderungen und Ansiedelungen der deutschen Stamme , S. 431, behauptet sogar, dass die Hälfte der heute urbar gemachten Fläche in Mitteldeutschland zwischen dem 6. und 9. Jahrhundert urbar gemacht worden sein muss. Nitzsch (Geschichte des deutschen Volkes , Leipzig 1883, Bd. I) ist derselben Ansicht.

2. Leo und Botta, Histoire d'Italie , französische Ausgabe, 1844, Bd. i , S. 37.

3. Die Summe für den Diebstahl eines einfachen Messers betrug 15 Solidii und für den Diebstahl der Eisenteile einer Mühle 45 Solidii (siehe hierzu Lamprecht's Wirthschaft und Recht der Franken in Raumers Historisches Taschenbuch , 1883, S. 52.) Nach dem Uferrecht hatten das Schwert, der Speer und die eiserne Rüstung eines Kriegers den Wert von mindestens

fünfundzwanzig Kühen oder zwei Jahren Arbeit eines freien Mannes . Allein ein Kürass hatte im salischen Recht (Desmichels , zitiert von Michelet) einen Wert von bis zu sechsunddreißig Scheffel Weizen.

4. Der größte Reichtum der Häuptlinge lag lange Zeit in ihren persönlichen Besitztümern, die teilweise mit gefangenen Sklaven bevölkert waren, hauptsächlich jedoch auf die oben beschriebene Weise. Zur Entstehung des Eigentums siehe Inama Sterneggs „ Die Ausbildung der Grossen “. Grundherrschaften in Deutschland, in Schmollers Forschungen , Bd. I., 1878; F. Dahns Urgeschichte des germanischen und romanischen Volker, Berlin, 1881; Maurers Dorfverfassung ; Guizots Essais sur l'histoire de France; Maines Dorfgemeinschaft; Bottas Histoire d'Italie ; Seebohm, Vinogradov, JR Green usw.

5. Siehe Sir Henry Maine's International Law, London, 1888.

6. Alte Gesetze Irlands, Einleitung; E. Nys, Etudes de droit international, t. i ., 1896, S. 86 ff. Bei den Osseten genießen die Schiedsrichter aus den drei ältesten Dörfern ein besonderes Ansehen (M. Kovalevskys Modern Custom and Old Law, Moskau, 1886, ii. 217, Russisch).

7. Man kann wohl annehmen, dass dieses Konzept (das mit dem Konzept der Tanistik verwandt ist) im Leben dieser Zeit eine wichtige Rolle spielte; die Forschung hat sich jedoch bisher nicht in diese Richtung orientiert.

8. In der Urkunde von St. Quentin aus dem Jahr 1002 wurde ausdrücklich festgelegt, dass das Lösegeld für Häuser, die wegen Verbrechen abgerissen werden mussten, für die Stadtmauern bestimmt war. Den gleichen Bestimmungsort erhielt das Ungeld in deutschen Städten. In Pskow war die Kathedrale die Bank für die Bußgelder, und aus diesem Fonds wurde Geld für die Klagen entnommen.

9. Sohm, Fränkische Rechts- und Gerichtsverfassung , S. 23; auch Nitzsch, Geschichte des Deutschen Volkes , ich . 78.

10. Siehe die hervorragenden Bemerkungen zu diesem Thema in Augustin Thierrys Lettres sur l'histoire de France. 7. Brief. Die barbarischen Übersetzungen von Teilen der Bibel sind in diesem Punkt äußerst aufschlussreich.

11. Sechsunddreißigmal mehr als ein Adliger, nach angelsächsischem Recht. Im Kodex von Rothari wird die Ermordung eines Königs jedoch mit dem Tod bestraft; aber (abgesehen vom römischen Einfluss) wurde diese neue Regelung (646) in das lombardische Gesetz eingeführt – wie Leo und Botta bemerkten –, um den König vor Blutrache zu schützen. Da der König zu dieser Zeit der Vollstrecker seiner eigenen Urteile war (wie es früher der Stamm seiner eigenen Urteile war), musste er durch eine besondere

Anordnung geschützt werden, zumal mehrere lombardische Könige vor Rothari nacheinander getötet worden waren (Leo und Botta, lc, i .

12. Kaufmann, Deutsche Geschichte , Bd. I. „Die Germanen der Urzeit ", S. 133.

13. Dr. F. Dahn, Urgeschichte des germanischen und romanischen Volkers, Berlin, 1881, Bd. I. 96.

14. Wenn ich damit den Ansichten folge, die Maurer seit langem vertritt (Geschichte der Stadtverfassung in Deutschland, Erlangen, 1869), dann deshalb, weil er die ununterbrochene Entwicklung von der Dorfgemeinschaft zur mittelalterlichen Stadt vollständig bewiesen hat und dass seine Ansichten allein dies können Erklären Sie die Universalität der kommunalen Bewegung. Savigny und Eichhorn und ihre Anhänger haben sicherlich bewiesen, dass die Traditionen der römischen municipia nie ganz verschwunden waren. Sie berücksichtigten jedoch nicht die Zeit der Dorfgemeinschaft, die die Barbaren durchlebten, bevor sie Städte gründeten. Tatsache ist, dass die Menschheit jedes Mal, wenn sie einen Neuanfang in der Zivilisation machte, in Griechenland, Rom oder Mitteleuropa, dieselben Phasen durchlief – den Stamm, die Dorfgemeinschaft, die freie Stadt, den Staat –, aus denen sich jede auf natürliche Weise entwickelte die vorangehende Stufe. Natürlich gingen die Erfahrungen jeder vorangegangenen Zivilisation nie verloren. Griechenland (das selbst von östlichen Zivilisationen beeinflusst wurde) beeinflusste Rom, und Rom beeinflusste unsere Zivilisation; aber jeder von ihnen beginnt mit demselben Anfang – dem Stamm. Und so wie wir nicht sagen können, dass unsere Staaten Fortsetzungen des römischen Staates sind, können wir auch nicht sagen, dass die mittelalterlichen Städte Europas (einschließlich Skandinaviens und Russlands) eine Fortsetzung der römischen Städte waren. Sie waren eine Fortsetzung der barbarischen Dorfgemeinschaft, die in gewissem Maße von den Traditionen der römischen Städte beeinflusst war.

15. M. Kovalevsky, Moderne Bräuche und alte Gesetze Russlands (Ilchester Lectures, London, 1891, Vorlesung 4).

16. Es musste eine beträchtliche Menge an Forschung betrieben werden, bevor dieser Charakter der sogenannten Udyelnyi- Zeit durch die Werke von Byelaeff (Geschichten aus der russischen Geschichte), Kostomaroff (Die Anfänge der Autokratie in Russland) und insbesondere Professor Sergievich ordnungsgemäß nachgewiesen werden konnte (Der Vyeche und der Prinz). Der englische Leser kann einige Informationen über diese Zeit in dem eben genannten Werk von M. Kovalevsky, in Rambauds History of Russia und, in einer kurzen Zusammenfassung, im Artikel „Russia" der letzten Ausgabe von Chambers' Encyclopaedia finden .

17. Ferrari, Histoire des revolutions d'Italie , i . 257; Kallsen, Die deutschen Städte Ich bin Mittelalter , Bd. I. (Halle, 1891).

18. Siehe die hervorragenden Bemerkungen von Herrn GL Gomme bezüglich der Folkmote von London (The Literature of Local Institutions, London, 1886, S. 76). Es muss jedoch angemerkt werden, dass die Volksversammlung in königlichen Städten nie die Unabhängigkeit erlangte, die sie anderswo erlangte. Es ist sogar sicher, dass Moskau und Paris von den Königen und der Kirche als Wiegen der künftigen königlichen Autorität im Staat gewählt wurden, weil sie nicht über die Tradition von Folkmotes verfügten, die es gewohnt waren, in allen Angelegenheiten als Souverän zu agieren.

19. A. Luchaire , Les Communes francaises ; Auch Kluckohn , Geschichte des Gottesfriedens , 1857. L. Semichon (La paix et la trêve de Dieu, 2 Bde., Paris, 1869) hat versucht, die kommunale Bewegung so darzustellen, wie sie aus dieser Institution hervorgegangen ist. In Wirklichkeit war die Treuga Dei, wie die unter Louis le Gros gegründete Liga zur Verteidigung sowohl gegen die Raubüberfälle der Adligen als auch gegen die normannischen Invasionen, eine durch und durch populäre Bewegung. Der einzige Historiker, der diese letzte Liga erwähnt — nämlich Vitalis —, beschreibt sie als „Volksgemeinschaft" („Considerations sur l'histoire de France", in Bd. IV von Aug. Thierrys OEuvres , Paris, 1868, S. 191 und Anmerkung).

20. Ferrari, ich . 152, 263 usw.

21. Perrens , Histoire de Florence, i . 188; Ferrari, lc, ich . 283.

22. Aug. Thierry, Essai sur l'histoire du Tiers Etat, Paris, 1875, p. 414, Anmerkung.

23. F. Rocquain , „La Renaissance au XIIe siecle ", in Etudes sur l'histoire de France, Paris, 1875, S. 55-117.

24. N. Kostomaroff , „Die Rationalisten des zwölften Jahrhunderts", in seinen Monographien und Forschungen (Russisch).

25. Sehr interessante Fakten über die Universalität der Gilden finden sich in „Two Thousand Years of Guild Life" von Rev. JM Lambert, Hull, 1891. Über die georgischen Amkari siehe S. Eghiazarov , Gorodskiye Tsekhi („Organisation des transkaukasischen Amkari "), in Memoiren der Kaukasischen Geographischen Gesellschaft, xiv. 2, 1891.

26. JD Wunderers „ Reisebericht " in Fichards Frankfurter Archiv , ii. 245; zitiert nach Janssen, Geschichte des deutschen Volkes , ich . 355.

27. Dr. Leonard Ennen, Der Dom zu Köln, Historische Einleitung , Köln, 1871, S. 46 und 50.

28. Siehe vorheriges Kapitel.

29. Kofod Anker, Über alte dänische Gilder und deres Undergang , Kopenhagen, 1785. Statuten einer Knu -Gilde.

30. Zur Stellung der Frauen in Gilden siehe Miss Toulmin Smiths einführende Bemerkungen zu den englischen Gilden ihres Vaters. Eine der Cambridge-Statuten (S. 281) aus dem Jahr 1503 ist in folgendem Satz recht positiv: „Deine Satzung ist erlassen durch die gemeinsame Zustimmung aller Brüder und Schwestern von Alhallowe. yelde ."

31. Im Mittelalter wurde nur heimlicher Übergriff als Mord behandelt. Blutrache am helllichten Tag war Gerechtigkeit; und ein Mord im Streit war kein Mord, wenn der Angreifer seine Bereitschaft zur Reue und Wiedergutmachung des begangenen Unrechts zeigte . Im modernen Strafrecht, insbesondere in Russland, sind noch heute tiefe Spuren dieser Unterscheidung vorhanden.

32. Kofod Ancher, lc Dieses alte Büchlein enthält vieles, was spätere Entdecker aus den Augen verloren haben.

33. Sie spielten eine wichtige Rolle bei den Aufständen der Leibeigenen und wurden deshalb in der zweiten Hälfte des 9. Jahrhunderts mehrmals hintereinander verboten. Natürlich blieben die Verbote des Königs toter Buchstabe.

34. Auch die mittelalterlichen italienischen Maler waren in Zünften organisiert, die später zu Kunstakademien wurden. Wenn die italienische Kunst jener Zeit von so viel Individualität geprägt ist, dass wir noch heute zwischen den verschiedenen Schulen von Padua, Bassano, Treviso, Verona usw. unterscheiden, obwohl alle diese Städte unter der Herrschaft Venedigs standen, dann war dies der Fall fällig – J. Paul Richter weist darauf hin, dass die Maler jeder Stadt einer eigenen Zunft angehörten, mit den Zünften anderer Städte befreundet waren, aber eine eigene Existenz führten. Das älteste bekannte Zunftstatut ist das von Verona aus dem Jahr 1303, das jedoch offensichtlich von einem viel älteren Statut übernommen wurde. Dazu gehören „brüderliche Hilfe in Not jeder Art", „Gastfreundschaft gegenüber Fremden, wenn man durch die Stadt geht, um so Auskunft über Dinge zu erhalten, die man gerne lernen möchte" und „Verpflichtung, bei Schwäche Trost zu spenden". die Verpflichtungen der Mitglieder (19. Jahrhundert, November 1890 und August 1892).

35. Die wichtigsten Arbeiten über die Artels werden im Artikel „Russland" der Encyclopaedia Britannica, 9. Auflage, S. 84 genannt.

36. Siehe zum Beispiel die Texte der Cambridge-Zünfte von Toulmin Smith (English Guilds, London, 1870, S. 274-276), aus denen hervorgeht, dass der

„ allgemeine und wichtigste Tag" der „ elektronische Tag " war ; " oder, Kap. M. Clodes The Early History of the Guild of the Merchant Taylors, London, 1888, i . 45; und so weiter. Zur Erneuerung der Treue siehe die Jomsviking-Saga, die in Pappenheims Altdanische erwähnt wird Schutzgilden , Breslau, 1885, S. 67. Es erscheint sehr wahrscheinlich, dass viele von ihnen zu Beginn der strafrechtlichen Verfolgung der Zünfte in ihren Statuten nur den Essenstag oder ihre frommen Pflichten festhielten und nur in vagen Worten auf die richterliche Funktion der Zunft anspielten; aber diese Funktion verschwand erst sehr viel später. Die Frage: „Wer wird mein Richter sein?" hat jetzt keine Bedeutung mehr, da der Staat seiner Bürokratie die Organisation der Justiz angeeignet hat; aber im Mittelalter war es von größter Bedeutung, zumal Selbstgerichtsbarkeit Selbstverwaltung bedeutete. Es muss auch angemerkt werden, dass die Übersetzung des sächsischen und dänischen „guild- bretheren " oder „ brodre " durch das lateinische convivii ebenfalls zu der oben genannten Verwirrung beigetragen haben muss.

37. Siehe die hervorragenden Bemerkungen über die Frith- Gilde von JR Green und Mrs. Green in The Conquest of England, London, 1883, S. 229-230.

38. Keine

39. Sammlung der Verordnungen der Könige von Frankreich, T. xii. 562; zitiert von Aug. Thierry in Considerations sur l'histoire de France, S. 196, Hrsg. 12 Monate.

40. A. Luchaire , Les Communes francaises , S. 45-46.

41. Guilbert de Nogent , De vita sua , zitiert nach Luchaire , a. a. O., S. 14.

42. Lebret, Histoire de Venise, i . 393; auch Marin, zitiert von Leo und Botta in Histoire de l'Italie , französische Ausgabe, 1844, Bd. i 500.

43. Dr. W. Arnold, Verfassungsgeschichte der deutschen Freistädte , 1854, Bd. ii. 227 ff.; Ennen, Geschichte der Stadt Köln , Bd. ich . 228-229; siehe auch die von Ennen und Eckert veröffentlichten Dokumente.

44. Conquest of England, 1883, S. 453.

45. Byelaeff , Russische Geschichte, Bde. II und III.

46. W. Gramich , Verfassungs- und Verwaltungsgeschichte der Stadt Würzburg im 13. bis zum 15. Jahrhundert , Würzburg, 1882, S. 135. 34.

47. Wenn ein Schiff eine Ladung Kohle nach Würzburg brachte, durfte die Kohle während der ersten acht Tage nur im Einzelhandel verkauft werden, wobei jeder Familie nicht mehr als fünfzig Körbe zustehen. Die restliche Ladung durfte im Großhandel verkauft werden, aber der Einzelhändler durfte nur einen zittlichen Profit machen, der unzittliche oder unehrliche

Profit war streng verboten (Gramich , lc). Dasselbe in London (Liber albus, zitiert nach Ochenkowski , S. 161) und eigentlich überall.

48. Siehe Fagniez , Etudes sur l'industrie et la classe Industriell in Paris im 13. und 14. Jahrhundert siecle , Paris, 1877, S. 155 ff. Es braucht kaum hinzugefügt zu werden, dass die Steuer auf Brot und auch auf Bier nach sorgfältigen Versuchen festgesetzt wurde, wie viel Brot und Bier aus einer bestimmten Menge Mais gewonnen werden konnten. Die Amiens-Archive enthalten die Protokolle solcher Erlebnisse (A. de Calonne, lc S. 77, 93). Auch die von London (Ochenkowski , Englands wirthschaftliche Entwickelung usw., Jena, 1879, S. 165).

49. Ch. Gross, The Guild Merchant, Oxford, 1890, i . 135. Seine Dokumente beweisen, dass diese Praxis in Liverpool (ii. 148-150), Waterford in Irland, Neath in Wales und Linlithgow und Thurso in Schottland existierte. Mr. Gross' Texte zeigen auch, dass die Käufe nicht nur zur Verteilung unter den Handelsbürgern, sondern „an alle Bürger und Gemeinden " (S. 136, Anmerkung) getätigt wurden, oder, wie es in der Thurso- Verordnung aus dem 17. Jahrhundert heißt, um „den Kaufleuten, Handwerkern und Einwohnern der besagten Stadt ein Angebot zu machen, dass sie ihren Anteil daran erhalten, je nach ihren Bedürfnissen und Möglichkeiten."

50. The Early History of the Guild of Merchant Taylors, von Charles M. Clode , London, 1888, i . 361, Anhang 10; auch der folgende Anhang, aus dem hervorgeht, dass die gleichen Einkäufe im Jahr 1546 getätigt wurden.

51. Cibrario , Les Conditions Economiques de l'Italie au Temps de Dante, Paris, 1865, S. 44.

52. A. de Calonne, Das städtische Leben im 15. Jahrhundert siecle dans le Nord de la France, Paris, 1880, S. 12-16. 1485 erlaubte die Stadt den Export einer bestimmten Menge Getreide nach Antwerpen, da „die Einwohner von Antwerpen immer bereit waren, den Kaufleuten und Bürgern von Amiens entgegenzukommen" (ebenda, S. 75-77 und Texte).

53. A. Babeau , La ville sous l'ancien regime, Paris, 1880.

54. Ennen, Geschichte der Stadt Köln, i . 491, 492, auch Texte.

KAPITEL VI

GEGENSEITIGE HILFE IN DER MITTELALTERLICHEN STADT (Fortsetzung)

Ähnlichkeit und Vielfalt der mittelalterlichen Städte. Die Handwerksgilden : Zustandsattribute in jedem von ihnen. Haltung der Stadt gegenüber den Bauern; versucht sie zu befreien. Die Herrscher. Ergebnisse der mittelalterlichen Stadt: in den Künsten, im Lernen. Ursachen des Verfalls.

Die mittelalterlichen Städte wurden nicht nach einem vorgefassten Plan im Gehorsam gegenüber dem Willen eines externen Gesetzgebers organisiert. Jedes von ihnen war ein natürliches Wachstum im wahrsten Sinne des Wortes – ein immer wechselndes Ergebnis des Kampfes zwischen verschiedenen Kräften, die sich entsprechend ihren relativen Energien, den Chancen ihrer Konflikte und der Unterstützung, die sie fanden, immer wieder anpassten ihre Umgebung. Daher gibt es keine zwei Städte, deren innere Organisation und Schicksale identisch gewesen wären. Jedes einzelne variiert von Jahrhundert zu Jahrhundert. Und doch, wenn wir einen umfassenden Blick auf alle Städte Europas werfen, verschwinden die lokalen und nationalen Unterschiede , und wir sind erstaunt, zwischen ihnen allen eine wunderbare Ähnlichkeit zu finden, obwohl sich jede für sich unabhängig von den anderen entwickelt hat unter verschiedenen Bedingungen. Eine kleine Stadt im Norden Schottlands mit einer Bevölkerung von einfachen Arbeitern und Fischern; eine reiche Stadt Flanderns mit weltweitem Handel, Luxus, Vergnügungslust und lebhaftem Leben; eine italienische Stadt, die durch ihre Kontakte mit dem Osten bereichert wurde und in ihren Mauern einen raffinierten künstlerischen Geschmack und eine raffinierte Zivilisation hervorbrachte; und eine arme, hauptsächlich landwirtschaftlich geprägte Stadt im Sumpf- und Seengebiet Russlands scheinen wenig gemeinsam zu haben. Und dennoch sind die Führungslinien ihrer Organisation und der Geist, der sie beseelt, von einer starken Familienähnlichkeit durchdrungen. Überall sehen wir die gleichen Zusammenschlüsse kleiner Gemeinden und Zünfte, die gleichen „Unterstädte" rund um die Mutterstadt, die gleiche Volksversammlung und die gleichen Zeichen ihrer Unabhängigkeit. Der Verteidiger der Stadt vertritt unter verschiedenen Namen und in unterschiedlicher Ausstattung dieselbe Autorität und dieselben Interessen; Nahrungsmittelversorgung, Arbeit und Handel sind nach sehr ähnlichen Grundsätzen organisiert; innere und äußere Kämpfe werden mit gleichen Ambitionen ausgetragen; ja, die Formeln selbst, die in den Kämpfen, wie auch in den Annalen, den Verordnungen und den Listen verwendet werden, sind identisch; und die Baudenkmäler, ob im gotischen, römischen oder byzantinischen Stil, drücken dieselben Bestrebungen und dieselben Ideale aus; Sie sind auf die gleiche Weise konzipiert und gebaut. Viele

Unähnlichkeiten sind bloße Altersunterschiede, und die realen Unterschiede zwischen Partnerstädten wiederholen sich in verschiedenen Teilen Europas. Die Einheit der Leitidee und die Identität der Herkunft gleichen Unterschiede des Klimas, der geografischen Lage, des Reichtums, der Sprache und der Religion aus. Aus diesem Grund können wir von der mittelalterlichen Stadt als einer klar definierten Phase der Zivilisation sprechen; und obwohl jede Forschung, die auf lokalen und individuellen Unterschieden besteht, höchst willkommen ist, können wir dennoch die Hauptlinien der Entwicklung aufzeigen, die allen Städten gemeinsam sind.(1)

Es besteht kein Zweifel, dass der Schutz, der dem Marktplatz seit den frühesten Barbarenzeiten zuteil wurde, eine wichtige, wenn auch nicht ausschließliche Rolle bei der Emanzipation der mittelalterlichen Stadt gespielt hat. Die frühen Barbaren kannten innerhalb ihrer Dorfgemeinschaften keinen Handel; Sie trieben nur an bestimmten Orten und an bestimmten Tagen Handel mit Fremden. Und damit der Fremde zum Tauschhandel kommen konnte, ohne Gefahr zu laufen, wegen einer Fehde zwischen zwei Sippen getötet zu werden, stand der Markt immer unter dem besonderen Schutz aller Sippen. Es war unantastbar wie der Ort der Anbetung, in dessen Schatten es stand. Bei den Kabylen ist es immer noch Annaya , wie der Fußweg, auf dem Frauen Wasser aus dem Brunnen tragen; Keiner darf mit Waffen getreten werden, selbst während Kriegen zwischen Stämmen. Im Mittelalter genoss der Markt allgemein den gleichen Schutz. (2) An dem Ort , zu dem Menschen zum Handel kamen, und auch nicht in einem bestimmten Umkreis von diesem konnte keine Fehde verfolgt werden ; und wenn in der bunt zusammengewürfelten Menge von Käufern und Verkäufern ein Streit entstand, musste er vor diejenigen gebracht werden, unter deren Schutz der Markt stand: das Tribunal der Gemeinde oder das Gericht des Bischofs, des Herrn oder des Königs. Ein Fremder, der zum Handel kam, war zu Gast, und er machte unter diesem Namen weiter. Sogar der Herr, der keine Skrupel hatte, einen Kaufmann auf der Landstraße auszurauben, respektierte das Weichbild , das heißt die Stange, die auf dem Marktplatz stand und entweder das Wappen des Königs oder einen Handschuh oder das Bild des örtlichen Heiligen trug oder einfach ein Kreuz, je nachdem, ob der Markt unter dem Schutz des Königs, des Herrn, der örtlichen Kirche oder der Volksversammlung – der Vyeche – stand .(3)

Es ist leicht zu verstehen, wie sich die Selbstgerichtsbarkeit der Stadt aus der besonderen Gerichtsbarkeit auf dem Marktplatz entwickeln konnte, wenn dieses letzte Recht, gewollt oder nicht, der Stadt selbst zugestanden wurde. Und ein solcher Ursprung der städtischen Freiheiten, der in sehr vielen Fällen nachvollzogen werden kann, drückte notwendigerweise ihrer späteren Entwicklung einen besonderen Stempel auf. Er verlieh dem Handelsteil der

Gemeinde eine Vorherrschaft. Die Bürger, die zu der Zeit ein Haus in der Stadt besaßen und Miteigentümer der städtischen Ländereien waren, bildeten sehr oft eine Kaufmannsgilde, die den Handel der Stadt in ihren Händen hielt; und obwohl anfangs jeder Bürger, reich und arm, der Kaufmannsgilde beitreten konnte und der Handel selbst von ihren Treuhändern für die ganze Stadt betrieben worden zu sein scheint, wurde die Gilde allmählich zu einer Art privilegierter Körperschaft. Sie verhinderte eifersüchtig, dass die Fremden, die bald in die freien Städte strömten, der Gilde beitraten, und behielt die Vorteile, die der Handel mit sich brachte, für die wenigen „Familien" bei, die zur Zeit der Emanzipation Bürger gewesen waren. Es bestand offensichtlich die Gefahr, dass sich so eine Kaufmannsoligarchie bilden würde. Aber bereits im zehnten Jahrhundert und noch mehr in den beiden folgenden Jahrhunderten waren die Hauptgewerbe, die ebenfalls in Gilden organisiert waren, mächtig genug, um die oligarchischen Tendenzen der Kaufleute einzudämmen.

Die Handwerkszunft war damals ein gemeinsamer Verkäufer ihrer Produkte und ein gemeinsamer Käufer der Rohstoffe, und ihre Mitglieder waren gleichzeitig Kaufleute und Handwerker. Daher garantierte die Vorherrschaft der alten Handwerkszünfte seit den Anfängen des freien Stadtlebens der Handarbeit den hohen Stellenwert, den sie später in der Stadt einnahm. (4) Tatsächlich war in einer mittelalterlichen Stadt Handarbeit kein Zeichen von Handarbeit Minderwertigkeit; es trug im Gegenteil Spuren des hohen Respekts, den es in der Dorfgemeinschaft genoss. Handarbeit in einem „ Mysterium " galt als fromme Pflicht gegenüber den Bürgern: eine öffentliche Funktion (Amt), ebenso ehrenhaft wie jede andere. Eine Idee von „Gerechtigkeit" gegenüber der Gemeinschaft, von „Recht" gegenüber Produzenten und Konsumenten, die heute so extravagant erscheinen würde, drang in Produktion und Austausch ein. Die Arbeit des Gerbers, des Böttchers oder des Schuhmachers müsse „gerecht", fair sein, schrieben sie damals. Holz, Leder oder Faden, die vom Kunsthandwerker verwendet werden, müssen „richtig" sein; Brot muss „in Gerechtigkeit" gebacken werden und so weiter. Übertragen Sie diese Sprache in unser gegenwärtiges Leben, und sie würde uns affektiert und unnatürlich erscheinen; Aber es war damals natürlich und unberührt, denn der mittelalterliche Handwerker produzierte nicht für einen unbekannten Käufer oder warf seine Waren auf einen unbekannten Markt. Er produzierte zunächst für seine Zunft; denn eine Bruderschaft von Männern, die sich kannten, die Techniken des Handwerks kannten und bei der Benennung des Preises jedes Produkts das bei seiner Herstellung gezeigte Können oder die ihm aufgewendete Arbeit würdigen konnten. Dann bot die Zunft, nicht der einzelne Produzent, die Waren in der Gemeinde zum Verkauf an, und diese wiederum bot der Bruderschaft verbündeter Gemeinden die exportierten Waren an und übernahm die Verantwortung für deren Qualität. Bei einer solchen

Organisation war es das Bestreben eines jeden Handwerks, keine Waren minderer Qualität anzubieten, und technische Mängel oder Verfälschungen wurden zu einer Angelegenheit, die die gesamte Gemeinschaft betrifft, weil sie, wie es in einer Verordnung heißt, „das Vertrauen der Öffentlichkeit zerstören würden."(5) Da die Produktion somit eine gesellschaftliche Pflicht ist und unter der Kontrolle der gesamten Amitas steht , konnte die Handarbeit nicht in den erniedrigten Zustand verfallen, den sie jetzt einnimmt, solange die freie Stadt lebte.

Ein Unterschied zwischen Meister und Lehrling oder zwischen Meister und Arbeiter (Compayne , Geselle) bestand in den mittelalterlichen Städten von Anfang an; Dabei handelte es sich zunächst lediglich um einen Unterschied des Alters und der Fähigkeiten, nicht des Reichtums und der Macht. Nach einer siebenjährigen Lehrzeit und nachdem er seine Kenntnisse und Fähigkeiten anhand eines Kunstwerks unter Beweis gestellt hatte, wurde der Lehrling selbst Meister. Und erst viel später, im 16. Jahrhundert, nachdem die königliche Macht die Stadt und den Handwerksbetrieb zerstört hatte, war es möglich, durch einfache Erbschaft oder Reichtum Meister zu werden. Dies war aber auch die Zeit eines allgemeinen Verfalls der mittelalterlichen Industrie und Kunst.

In den frühen Blütezeiten der mittelalterlichen Städte gab es nicht viel Raum für Lohnarbeit, noch weniger für einzelne Lohnarbeiter. Die Arbeit der Weber, Bogenschützen, Schmiede, Bäcker usw. wurde für das Handwerk und die Stadt verrichtet; und wenn Handwerker im Baugewerbe angeheuert wurden, arbeiteten sie als temporäre Unternehmen (wie dies in den russischen Artels noch immer der Fall ist), deren Arbeit en bloc bezahlt wurde. Die Arbeit für einen Meister begann sich erst später zu vervielfachen; aber selbst in diesem Fall wurde der Arbeiter besser bezahlt als heute, sogar in diesem Land, und sehr viel besser, als er in der ersten Hälfte dieses Jahrhunderts in ganz Europa bezahlt wurde. Thorold Rogers hat englische Leser mit dieser Idee vertraut gemacht; aber dasselbe gilt auch für den Kontinent, wie die Forschungen von Falke und Schönberg und viele gelegentliche Hinweise zeigen. Sogar im 15. Jahrhundert erhielt ein Maurer, Zimmermann oder Schmied in Amiens vier Sols pro Tag, was 48 Pfund Brot oder dem Achtel eines kleinen Ochsen (Bouvard) entsprach. In Sachsen war das Gehalt eines Geselle im Baugewerbe so hoch, dass er, um es mit Falkes Worten auszudrücken, mit seinem Sechstageslohn drei Schafe und ein Paar Schuhe kaufen konnte. (6) Auch die Spenden der Arbeiter (Geselle) an Kathedralen zeugen von ihrem relativen Wohlstand, ganz zu schweigen von den herrlichen Spenden bestimmter Handwerkszünfte oder davon, wie viel sie für Feste und Festzüge ausgaben. (7) Je mehr wir über die mittelalterliche Stadt erfahren, desto mehr sind wir davon überzeugt, dass die Arbeit zu keiner Zeit so wohlhabend und angesehen war wie zu der Zeit, als das Stadtleben seinen Höhepunkt erreichte.

Mehr noch: Viele Bestrebungen unserer modernen Radikalen wurden nicht nur bereits im Mittelalter verwirklicht, sondern vieles von dem, was heute als utopisch bezeichnet wird, wurde damals als Tatsache akzeptiert. Wir werden ausgelacht, wenn wir sagen, dass die Arbeit angenehm sein muss, aber – „ jeder muss mit seiner Arbeit zufrieden sein", heißt es in einer mittelalterlichen Verordnung von Kuttenberg, „und niemand darf, während er nichts tut (mit nichts thun), sich anzueignen, was andere durch Fleiß und Arbeit hervorgebracht haben, denn Gesetze müssen ein Schutzschild für Fleiß und Arbeit sein."(8) Und bei all dem gegenwärtigen Gerede über einen Achtstundentag ist es vielleicht gut, sich an eine Verordnung Ferdinands des Ersten bezüglich der kaiserlichen Kohlengruben zu erinnern, die den Arbeitstag der Bergleute auf acht Stunden festlegte, „wie es früher zu sein pflegte" (wie vor Alters herkommen), und die Arbeit am Samstagnachmittag war verboten. Längere Arbeitszeiten waren sehr selten, wie uns Janssen erzählt, während kürzere Arbeitszeiten üblich waren. In diesem Land arbeiteten die Arbeiter im 15. Jahrhundert, sagt Rogers, „nur 48 Stunden pro Woche." (9) Auch der halbe Feiertag am Samstag, den wir als moderne Errungenschaft betrachten, war in Wirklichkeit eine alte mittelalterliche Einrichtung; er war Badezeit für einen großen Teil der Gemeinde, während Mittwochnachmittag Badezeit für die Geselle war. (10) Und obwohl es keine Schulspeisung gab – wahrscheinlich, weil keine Kinder hungrig zur Schule gingen – war die Verteilung von Badegeld an die Kinder, deren Eltern Schwierigkeiten hatten, es zu beschaffen, an mehreren Orten üblich. Was Arbeiterkongresse betrifft, so waren sie ebenfalls ein regelmäßiges Merkmal des Mittelalters. In einigen Teilen Deutschlands kamen Handwerker desselben Gewerbes, die zu verschiedenen Gemeinden gehörten, jedes Jahr zusammen, um Fragen zu ihrem Gewerbe, den Lehrjahren, den Wanderjahren, den Löhnen usw. zu besprechen; und 1572 erkannten die Hansestädte offiziell das Recht der Handwerke an, sich zu regelmäßigen Kongressen zu versammeln und beliebige Beschlüsse zu fassen, solange diese nicht den Vorschriften der Städte hinsichtlich der Qualität der Waren zuwiderliefen. Solche Arbeiterkongresse, die teilweise international waren wie die Hanse selbst, wurden nachweislich von Bäckern, Gießern, Schmieden, Gerbern, Schwertschmieden und Fassmachern abgehalten .(11)

Die Handwerksorganisation erforderte natürlich eine strenge Aufsicht über die Handwerker durch die Zunft, und zu diesem Zweck wurden stets besondere Juristen ernannt. Am bemerkenswertesten ist jedoch, dass, solange die Städte ihr freies Leben führten, keine Beschwerden über die Aufsicht zu hören waren; während, nachdem der Staat eingegriffen hatte, das Eigentum der Zünfte beschlagnahmte und ihre Unabhängigkeit zugunsten seiner eigenen Bürokratie zerstörte , die Klagen einfach zahllos wurden Das mittelalterliche Zunftsystem ist der beste Beweis dafür, dass das System kein Hindernis für individuelle Initiative darstellte.(13) Tatsache ist, dass die mittelalterliche Zunft wie die mittelalterliche Gemeinde, „Straße" oder „Viertel" keine Körperschaft von Bürgern war, unter die Kontrolle staatlicher Funktionäre gestellt; Es handelte sich um einen Zusammenschluss aller Männer, die mit einem bestimmten Gewerbe zu tun hatten: juristische Käufer von Rohprodukten, Verkäufer von Industriegütern und Handwerker – Meister, „ Compaynes " und Lehrlinge. Für die innere Organisation des Gewerbes war seine Versammlung souverän, solange sie die anderen Zünfte nicht behinderte; in diesem Fall wurde die Angelegenheit vor die Zunft der Zünfte – die Stadt – gebracht. Aber da war noch mehr drin. Es hatte seine eigene Gerichtsbarkeit, seine eigene Militärmacht, seine eigenen Generalversammlungen, seine eigenen Kampf-, Ruhm- und Unabhängigkeitstraditionen, seine eigenen Beziehungen zu anderen Zünften desselben Gewerbes in anderen Städten: Es hatte, mit einem Wort, ein volles organisches Leben, das nur aus der Integrität der Lebensfunktionen resultieren konnte. Als die Stadt zu den Waffen gerufen wurde, erschien die Zunft als eigenständige Kompanie (Schaar), bewaffnet mit ihren eigenen Waffen (oder ihren eigenen Waffen, die die Zunft in einer späteren Epoche liebevoll dekorierte), unter ihren eigenen, selbst gewählten Kommandeuren. Mit einem Wort, es war eine ebenso unabhängige Einheit der Föderation wie die Republik Uri oder Genf vor fünfzig Jahren in der Schweizerischen Eidgenossenschaft. Daher ist es ebenso unvernünftig, sie mit einer modernen Gewerkschaft zu vergleichen, die aller Attribute staatlicher Souveränität beraubt und auf ein paar zweitrangige Funktionen reduziert ist, als Florenz oder Brügge mit einer französischen Kommune zu vergleichen, die unter dem Code Napoleon vor sich hin vegetiert. oder mit einer russischen Stadt, die dem Stadtrecht Katharinas II. untersteht. Beide haben gewählte Bürgermeister, und letzterer hat auch seine Handwerksbetriebe; aber der Unterschied ist – der ganze Unterschied, der zwischen Florenz und Fontenay-les- Oies oder Tsarevokokshaisk besteht , oder zwischen einem venezianischen Dogen und einem modernen Bürgermeister, der vor dem Schreiber des Souspräfekten seinen Hut lüftet .

Die mittelalterlichen Gilden waren in der Lage, ihre Unabhängigkeit zu bewahren; und später, besonders im 14. Jahrhundert, als das alte städtische Leben infolge mehrerer Ursachen, die gleich aufgezeigt werden sollen, eine tiefgreifende Veränderung erfuhr, erwiesen sich die jüngeren Handwerke als stark genug, um ihren gebührenden Anteil an der Verwaltung der städtischen Angelegenheiten zu erobern. Die in „kleineren" Gewerken organisierten Massen erhoben sich, um einer wachsenden Oligarchie die Macht zu entreißen, und dies gelang ihnen größtenteils, wodurch eine neue Ära des Wohlstands eingeleitet wurde. Es stimmt zwar, dass in einigen Städten der

Aufstand blutig niedergeschlagen wurde und Massenenthauptungen von Arbeitern folgten, wie dies 1306 in Paris und 1371 in Köln der Fall war. In solchen Fällen verfielen die Freiheiten der Stadt rasch und die Stadt wurde allmählich von der Zentralgewalt unterworfen. Aber die Mehrheit der Städte hatte genug Vitalität bewahrt, um aus dem Aufruhr mit neuem Leben und neuer Kraft hervorzugehen . (14) Eine neue Periode der Verjüngung war ihre Belohnung. Neues Leben wurde eingehaucht und fand seinen Ausdruck in prächtigen Baudenkmälern, in einer neuen Periode des Wohlstands, im plötzlichen Fortschritt der Technik und des Erfindungsreichtums und in einer neuen intellektuellen Bewegung, die zur Renaissance und zur Reformation führte.

Das Leben einer mittelalterlichen Stadt war eine Abfolge harter Kämpfe zur Eroberung und Erhaltung der Freiheit. Zwar hatte sich während dieser heftigen Kämpfe eine starke und zähe Bürgerrasse entwickelt; Es stimmt, dass durch diese Kämpfe Liebe und Verehrung für die Mutterstadt entstanden waren und dass die großartigen Leistungen der mittelalterlichen Kommunen ein direktes Ergebnis dieser Liebe waren. Doch die Opfer, die die Kommunen im Freiheitskampf ertragen mussten, waren dennoch grausam und hinterließen auch in ihrem Innenleben tiefe Spuren der Spaltung. Nur sehr wenigen Städten war es unter günstigen Umständen gelungen, die Freiheit auf einen Schlag zu erlangen, und diese wenigen verloren sie meist ebenso leicht; während die große Zahl fünfzig oder hundert Jahre hintereinander, oft sogar länger, kämpfen musste, bevor ihr Recht auf freies Leben anerkannt wurde, und weitere hundert Jahre, um ihre Freiheit auf einer festen Grundlage zu begründen – die Urkunden aus dem 12. Jahrhundert sind daher nur eine davon die Sprungbretter zur Freiheit.(15) In Wirklichkeit war die mittelalterliche Stadt eine befestigte Oase inmitten eines Landes, das in feudale Unterwerfung gestürzt war, und sie musste sich mit der Kraft ihrer Waffen Platz verschaffen. Aufgrund der im vorigen Kapitel kurz angesprochenen Ursachen war jede Dorfgemeinschaft nach und nach unter das Joch eines Laien- oder Geistlichenherrn geraten. Sein Haus hatte sich zu einer Burg entwickelt, und seine Waffenbrüder waren nun der Abschaum von Abenteurern, immer bereit, die Bauern auszuplündern. Zusätzlich zu den drei Tagen in der Woche, an denen die Bauern für den Herrn arbeiten mussten, mussten sie auch allerlei Forderungen ertragen, um das Recht zu säen und zu ernten, fröhlich oder traurig zu sein, zu leben, zu heiraten oder zu sterben . Und das Schlimmste von allem war, dass sie fortwährend von den bewaffneten Räubern eines benachbarten Herrn geplündert wurden, der sie als Verwandte ihres Herrn betrachtete und die Rache für eine Fehde, die er bekämpfte, an ihnen, ihrem Vieh und ihrer Ernte auf sich nahm gegen ihren Besitzer. Jede Wiese, jedes Feld, jeder Fluss und jede Straße rund um die Stadt und jeder Mann auf dem Land standen unter einem Herrn.

Der Hass der Bürger gegen die Feudalherren fand einen höchst charakteristischen Ausdruck in den verschiedenen Urkunden, die sie unterzeichnen mussten. Heinrich V. musste in der Urkunde, die Speier 1111 verliehen wurde, unterschreiben, dass er die Bürger von dem „schrecklichen und abscheulichen Gesetz der Totengötterei, durch das die Stadt in tiefste Armut gestürzt wurde " befreite . Gesetze , welches gemein Budel genannt wird , Kallsen, i . 307). Das Coutume von Bayonne, das um 1273 geschrieben wurde, enthält Passagen wie diese: „Das Volk steht über den Herren. Es ist das Volk, zahlreicher als alle anderen, das in seinem Wunsch nach Frieden die Herren eingesetzt hat, um die Mächtigen zu zügeln und zu stürzen" und so weiter (Giry , Etablissements de Rouen, i . 117, zitiert nach Luchaire , S. 24). Eine Urkunde, die König Robert zur Unterschrift vorgelegt wurde, ist ebenso charakteristisch. Darin wird er aufgefordert zu sagen: „Ich werde weder Ochsen noch andere Tiere rauben. Ich werde keine Kaufleute überfallen, ihnen ihr Geld wegnehmen oder Lösegeld verlangen. Von Mariä Himmelfahrt bis Allerheiligen werde ich auf den Wiesen weder Pferde noch Stuten oder Fohlen rauben. Ich werde weder Mühlen niederbrennen noch Mehl rauben ... Ich werde Dieben keinen Schutz bieten" usw. (Pfister hat dieses Dokument veröffentlicht, das von Luchaire reproduziert wurde). Ebenso bezeichnend ist die vom Erzbischof Hugues von Besançon „verliehene" Charta, in der er gezwungen war, alle ihm aufgrund seiner Sterbegelder zugefügten Schäden aufzuzählen . (16) Und so weiter.

In einem solchen Umfeld konnte die Freiheit nicht aufrechterhalten werden, und die Städte waren gezwungen, den Krieg außerhalb ihrer Mauern weiterzuführen. Die Bürger schickten Abgesandte aus, um Aufstände in den Dörfern anzuführen; sie nahmen Dörfer in ihre Gemeinden auf und führten direkten Krieg gegen den Adel. In Italien, wo das Land dicht mit feudalen Burgen übersät war, nahm der Krieg heroische Ausmaße an und wurde von beiden Seiten mit bitterer Schärfe geführt. Florenz ertrug 77 Jahre lang eine Reihe blutiger Kriege, um seinen Contado von den Adligen zu befreien; aber als die Eroberung vollbracht war (1181), musste alles von vorne beginnen. Der Adel sammelte sich; er gründete seine eigenen Bünde als Gegenpol zu den Bünden der Städte, und da er neue Unterstützung vom Kaiser oder vom Papst erhielt, ließ er den Krieg weitere 130 Jahre andauern. Dasselbe geschah in Rom, in der Lombardei und in ganz Italien.

Die Bürger zeigten in diesen Kriegen erstaunliche Tapferkeit , Kühnheit und Zähigkeit. Aber die Bogen und Beile der Künste und des Handwerks behielten bei ihren Begegnungen mit den gerüsteten Rittern nicht immer die Oberhand, und viele Burgen widerstanden der raffinierten Belagerungsmaschinerie und der Beharrlichkeit der Bürger. Einige Städte wie Florenz, Bologna und viele Städte in Frankreich, Deutschland und Böhmen schafften es, die umliegenden Dörfer zu befreien, und sie wurden für ihre

Bemühungen mit außerordentlichem Wohlstand und Ruhe belohnt . Aber auch hier und noch mehr in den weniger starken oder weniger impulsiven Städten verhandelten die vom Krieg erschöpften Kaufleute und Handwerker, die ihre eigenen Interessen nicht verstanden, über die Köpfe der Bauern hinweg. Sie zwangen den Lehnsherrn, der Stadt Treue zu schwören. sein Landschloss wurde abgerissen, und er willigte ein, ein Haus zu bauen und in der Stadt zu wohnen, deren Mitbürger er wurde (com-bourgeois, con-cittadino); im Gegenzug behielt er aber die meisten seiner Rechte gegenüber den Bauern, die nur eine teilweise Erleichterung ihrer Lasten erlangten. Der Bürger konnte nicht verstehen, dass dem Bauern, auf dessen Nahrungsversorgung er angewiesen war, gleiche Bürgerrechte zugestanden werden konnten, und so entstand ein tiefer Riss zwischen Stadt und Dorf. In einigen Fällen wechselten die Bauern einfach den Besitzer, indem die Stadt die Rechte der Barone aufkaufte und sie in Anteilen an ihre eigenen Bürger verkaufte. (17) Die Leibeigenschaft blieb erhalten, und erst viel später, gegen Ende des 13. Jahrhunderts, unternahm die Handwerksrevolution den Versuch, ihr ein Ende zu bereiten, und schaffte die persönliche Knechtschaft ab, enteignete aber gleichzeitig die Leibeigenen ihres Landes. (18) Es braucht kaum hinzugefügt zu werden, dass die Städte die fatalen Folgen einer solchen Politik bald selbst zu spüren bekamen; das Land wurde zum Feind der Stadt.

Der Krieg gegen die Burgen hatte noch eine andere schlimme Auswirkung. Er verwickelte die Städte in eine lange Reihe gegenseitiger Kriege, die der bis vor kurzem noch in Mode gekommenen Theorie zugrunde lagen, dass die Städte ihre Unabhängigkeit durch ihre eigene Eifersucht und gegenseitigen Kämpfe verloren hätten. Die imperialistischen Historiker haben diese Theorie besonders unterstützt, die jedoch heute durch die moderne Forschung stark untergraben wird. Es ist sicher, dass in Italien die Städte mit hartnäckiger Feindseligkeit gegeneinander kämpften, aber nirgendwo sonst erreichten solche Auseinandersetzungen dieselben Ausmaße; und in Italien selbst hatten die Städtekriege, insbesondere die der früheren Periode, ihre besonderen Ursachen. Sie waren (wie bereits Sismondi und Ferrari gezeigt haben) eine bloße Fortsetzung des Krieges gegen die Burgen – das freie städtische und föderative Prinzip geriet unvermeidlich in einen erbitterten Kampf mit Feudalismus, Imperialismus und Papsttum. Viele Städte, die das Joch des Bischofs, des Lehnsherrn oder des Kaisers nur teilweise abgeschüttelt hatten , wurden von den Adligen, dem Kaiser und der Kirche einfach gegen die freien Städte getrieben, deren Politik darin bestand, die Städte zu spalten und gegeneinander aufzurüsten. Diese besonderen Umstände (die sich teilweise auch auf Deutschland auswirkten) erklären, warum die italienischen Städte, von denen einige Unterstützung beim Kaiser suchten, um den Papst zu bekämpfen, während die anderen Unterstützung bei der Kirche suchten, um dem Kaiser zu widerstehen, bald in ein Gibelin-

und ein Guelfenlager aufgeteilt wurden und warum in jeder einzelnen Stadt dieselbe Aufteilung auftrat. (19)

Der enorme wirtschaftliche Fortschritt, den die meisten italienischen Städte gerade zu der Zeit erzielten , als diese Kriege am heißesten waren (20), und die zwischen den Städten so leicht geschlossenen Bündnisse charakterisieren diese Kämpfe noch besser und untergraben die obige Theorie weiter. Bereits in den Jahren 1130–1150 entstanden mächtige Bünde; und als Friedrich Barbarossa einige Jahre später in Italien einmarschierte und mit Unterstützung des Adels und einiger rückständiger Städte gegen Mailand marschierte, wurde in vielen Städten durch populäre Prediger Volksbegeisterung geweckt. Crema, Piacenza, Brescia, Tortona usw. kamen zu Hilfe; Die Banner der Zünfte von Verona, Padua, Vicenza und Trevisa wehten Seite an Seite im Lager der Städte gegen die Banner des Kaisers und der Adligen. Im nächsten Jahr entstand die Lombardische Liga, und sechzig Jahre später sehen wir, wie sie durch viele andere Städte gestärkt wurde und eine dauerhafte Organisation bildete, die die Hälfte ihrer Bundeskriegskasse in Genua und die andere Hälfte in Venedig hatte. (21) In der Toskana Florenz leitete einen weiteren mächtigen Bund, zu dem Lucca, Bologna, Pistoia usw. gehörten und der eine wichtige Rolle bei der Niederschlagung des Adels in Mittelitalien spielte, während kleinere Bünde häufig vorkamen. Es ist daher sicher, dass, obwohl zweifellos kleine Eifersüchteleien existierten und Zwietracht leicht gesät werden konnte, diese die Städte nicht daran hinderten, sich zur gemeinsamen Verteidigung der Freiheit zusammenzuschließen. Erst später, als einzelne Städte zu kleinen Staaten wurden, kam es zu Kriegen zwischen ihnen, wie es immer der Fall sein muss, wenn Staaten um Vorherrschaft oder Kolonien kämpfen.

Ähnliche Ligen wurden in Deutschland zu demselben Zweck gegründet. Als das Land unter den Nachfolgern Konrads zur Beute endloser Fehden zwischen den Adligen wurde, schlossen die westfälischen Städte einen Bund gegen die Ritter, in dem es unter anderem hieß, niemals einem Ritter Geld zu leihen, der weiterhin gestohlenes Geld verbarg (22) Als „die Ritter und Adligen von der Plünderung lebten und ermordeten, wen sie ermorden wollten", wie der Wormser Zorn klagt, nahmen die Städte am Rhein (Mainz, Köln, Speier, Straßburg und Basel) die Güter ein Initiative eines Bundes, der bald sechzig verbündete Städte umfasste, die Räuber unterdrückte und den Frieden aufrechterhielt. Den gleichen Zweck verfolgte später der in drei „Friedensbezirke" (Augsburg, Konstanz und Ulm) gegliederte Städtebund Schwabens . Und selbst als solche Bündnisse gebrochen wurden (23), lebten sie lange genug, um zu zeigen, dass die vermeintlichen Friedensstifter – die Könige, die Kaiser und die Kirche – zwar Zwietracht schürten und selbst den Raubrittern hilflos gegenüberstanden, diese jedoch aus den Städten stammten dass der Impuls kam, Frieden und Einheit wiederherzustellen. Die

Städte – nicht die Kaiser – waren die wahren Schöpfer der nationalen Einheit.(24)

Luchaire nun die Aufmerksamkeit auf dieses Thema gelenkt hat, können wir davon ausgehen, bald viel mehr über sie zu erfahren. Dörfer schlossen sich zu kleinen Verbänden im Bezirk Florenz zusammen, so auch in den Nebenbezirken Nowgorod und Pskow. Was Frankreich betrifft, so gibt es positive Beweise für einen Bund von siebzehn Bauerndörfern, der im Laonnais seit fast hundert Jahren (bis 1256) existierte und hart für seine Unabhängigkeit kämpfte. In der Umgebung von Laon existierten drei weitere Bauernrepubliken, die über ähnliche Eidstatuten wie Laon und Soissons verfügten und sich gegenseitig in ihren Befreiungskriegen unterstützten, da ihre Gebiete aneinander grenzten. Insgesamt ist Luchaire der Meinung, dass im 12. und 13. Jahrhundert in Frankreich viele solcher Föderationen entstanden sein müssen, dass die diesbezüglichen Dokumente jedoch größtenteils verloren gehen. Da sie nicht durch Mauern geschützt waren, konnten sie natürlich leicht von den Königen und Herren niedergerissen werden; aber unter bestimmten günstigen Umständen, als sie Unterstützung in einem Städtebund und Schutz in ihren Bergen fanden, wurden solche Bauernrepubliken unabhängige Einheiten der Schweizerischen Eidgenossenschaft.(25)

Was die Vereinigungen zwischen Städten zu friedlichen Zwecken betrifft, so waren sie durchaus üblich. Der Verkehr, der während der Zeit der Befreiung hergestellt worden war, wurde später nicht unterbrochen. Manchmal, wenn die Scabini einer deutschen Stadt in einem neuen oder komplizierten Fall das Urteil zu fällen hatten, erklärten sie, sie wüssten das Urteil nicht (des Urtheiles nicht weise zu sein), schickten sie Delegierte in eine andere Stadt, um das Urteil zu erhalten. Dasselbe geschah auch in Frankreich (26), während Forli und Ravenna bekanntlich ihre Bürger gegenseitig naturalisierten und ihnen in beiden Städten volle Rechte gewährten. Einen Streit, der zwischen zwei Städten oder innerhalb einer Stadt entstand, einer anderen Gemeinde zu unterwerfen, die als Schiedsrichter fungieren sollte, lag ebenfalls im Geist der Zeit (27). Was Handelsverträge zwischen Städten betrifft, so waren sie durchaus üblich (28). Vereinigungen zur Regulierung der Produktion und der Größe von Fässern, die für den Weinhandel verwendet wurden, „Heringsvereinigungen" usw. waren bloße Vorläufer der großen Handelsverbände der flämischen Hanse und später der großen norddeutschen Hanse, deren Geschichte allein Seiten über Seiten zur Veranschaulichung des Föderationsgeistes beitragen könnte, der die Menschen damals durchdrang. Es muss kaum hinzugefügt werden, dass die mittelalterlichen Städte durch ihre Hanseverbindungen mehr zur Entwicklung des internationalen Verkehrs, der Schifffahrt und der maritimen

Entdeckungen beigetragen haben als alle Staaten der ersten siebzehn Jahrhunderte unserer Zeitrechnung zusammen.

Kurz gesagt, Föderationen zwischen kleinen territorialen Einheiten sowie zwischen Menschen, die durch gemeinsame Interessen innerhalb ihrer jeweiligen Gilden vereint waren, und Föderationen zwischen Städten und Städtegruppen bildeten den eigentlichen Kern des Lebens und Denkens während jener Periode. Die ersten fünf Jahre des zweiten Jahrzehnts unserer Zeitrechnung können somit als ein gewaltiger Versuch beschrieben werden, gegenseitige Hilfe und Unterstützung im großen Maßstab zu erreichen, und zwar mittels der Prinzipien von Föderation und Assoziation, die in allen Erscheinungsformen des menschlichen Lebens und in jedem möglichen Ausmaß angewandt wurden. Dieser Versuch war in sehr großem Maße von Erfolg gekrönt. Er vereinigte Menschen, die vorher getrennt waren, sicherte ihnen ein sehr großes Maß an Freiheit und verzehnfachte ihre Kräfte. In einer Zeit, als der Partikularismus durch so viele Kräfte gefördert wurde und die Ursachen für Zwietracht und Eifersucht so zahlreich gewesen sein mögen, ist es erfreulich zu sehen, dass über einen weiten Kontinent verstreute Städte so viel gemeinsam hatten und so bereit waren, sich zur Verfolgung so vieler gemeinsamer Ziele zu verbünden. Auf lange Sicht erlagen sie mächtigen Feinden; Da sie das Prinzip der gegenseitigen Hilfe nicht ausreichend verstanden hatten, begingen sie selbst verhängnisvolle Fehler. Doch gingen sie nicht an ihrer eigenen Eifersucht zugrunde, und ihre Fehler waren auch nicht auf einen Mangel an föderalem Geist unter ihnen zurückzuführen.

Die Ergebnisse dieser neuen Bewegung, die die Menschheit in der mittelalterlichen Stadt unternahm, waren enorm. Zu Beginn des elften Jahrhunderts waren die Städte Europas kleine Ansammlungen elender Hütten, geschmückt, aber mit niedrigen, klobigen Kirchen, deren Erbauer kaum wussten, wie man einen Bogen baut; Die Künste, die hauptsächlich aus Weben und Schmieden bestanden, steckten noch in den Kinderschuhen. Gelehrsamkeit fand man nur in wenigen Klöstern. Dreihundertfünfzig Jahre später hatte sich das Gesicht Europas völlig verändert. Das Land war übersät mit reichen Städten, umgeben von riesigen dicken Mauern, die mit Türmen und Toren geschmückt waren, jede von ihnen ein Kunstwerk für sich. Die im großen Stil konzipierten und reich verzierten Kathedralen erhoben ihre Glockentürme in den Himmel und zeigten eine Reinheit der Form und eine Kühnheit der Fantasie, die wir heute vergeblich anstreben. Das Handwerk und die Künste hatten einen Grad an Perfektion erreicht, den wir in vielen Richtungen kaum übertroffen zu haben rühmen, wenn man die erfinderische Fähigkeit des Arbeiters und die hervorragende Ausführung seiner Arbeit höher schätzt als die Schnelligkeit der Fabrikation. Die Flotten der freien Städte durchzogen in alle Richtungen das nördliche und südliche Mittelmeer; Noch eine Anstrengung, und sie würden die Ozeane überqueren. Auf weiten

Landstrichen war Wohlstand an die Stelle von Elend getreten; Das Lernen war gewachsen und hatte sich ausgebreitet. Die Methoden der Wissenschaft waren ausgearbeitet; die Grundlagen der Naturphilosophie waren gelegt; und der Weg war geebnet für all die mechanischen Erfindungen, auf die unsere Zeit so stolz ist. Das waren die magischen Veränderungen, die in Europa in weniger als vierhundert Jahren vollzogen wurden. Und die Verluste, die Europa durch den Verlust seiner freien Städte erlitten hat, können wir nur verstehen, wenn wir das siebzehnte Jahrhundert mit dem vierzehnten oder dreizehnten vergleichen. Der Wohlstand, der einst Schottland, Deutschland und die Ebenen Italiens kennzeichnete, war verschwunden. Die Straßen waren in einem desolaten Zustand, die Städte wurden entvölkert, Arbeitskräfte wurden in die Sklaverei verschleppt, die Kunst war verschwunden, der Handel selbst verfiel.(29)

Hätten uns die mittelalterlichen Städte keine schriftlichen Dokumente hinterlassen, die von ihrer Pracht zeugen , und nichts als die Baudenkmäler hinterlassen, die wir heute in ganz Europa sehen, von Schottland bis Italien und von Gerona in Spanien bis Breslau in Slawonien, könnten wir dennoch zu dem Schluss kommen, dass die Zeiten des unabhängigen Stadtlebens die Zeiten der größten Entwicklung des menschlichen Intellekts während der christlichen Ära bis zum Ende des 18. Jahrhunderts waren. Wenn wir uns beispielsweise ein mittelalterliches Bild ansehen, das Nürnberg mit seinen zahlreichen Türmen und hohen Spitzen darstellt, von denen jeder den Stempel freier schöpferischer Kunst trug, können wir uns kaum vorstellen, dass die Stadt dreihundert Jahre zuvor nur eine Ansammlung elender Hütten war. Und unsere Bewunderung wächst, wenn wir uns die Einzelheiten der Architektur und Dekoration jeder der zahllosen Kirchen, Kirchtürme, Tore und Gemeindehäuser ansehen, die über ganz Europa verstreut sind, bis nach Böhmen und den heute nicht mehr existierenden Städten im polnischen Galizien. Nicht nur Italien, diese Mutter der Kunst, sondern ganz Europa ist voller solcher Denkmäler. Allein die Tatsache, dass die Architektur – vor allem eine soziale Kunst – von allen Künsten die höchste Entwicklung erreicht hatte, ist an sich schon bedeutsam. Um das zu sein, was sie war, musste sie einem ausgesprochen sozialen Leben entstammen.

Die mittelalterliche Architektur erreichte ihre Großartigkeit nicht nur, weil sie eine natürliche Entwicklung des Handwerks war; nicht nur, weil jedes Gebäude, jede architektonische Dekoration von Männern entworfen worden war, die durch die Erfahrung ihrer eigenen Hände wussten, welche künstlerischen Effekte man aus Stein, Eisen, Bronze oder sogar aus einfachen Baumstämmen und Mörtel erzielen kann; nicht nur, weil jedes Denkmal das Ergebnis kollektiver Erfahrung war, die in jedem „Mysterium" oder Handwerk angesammelt wurde (30) – sie war großartig, weil sie aus einer großartigen Idee geboren wurde. Wie die griechische Kunst entsprang sie

einer Vorstellung von Brüderlichkeit und Einheit, die von der Stadt gefördert
wurde. Sie hatte eine Kühnheit, die nur durch kühne Kämpfe und Siege
gewonnen werden konnte; sie hatte diesen Ausdruck von Kraft , weil Kraft
das gesamte Leben der Stadt durchdrang. Eine Kathedrale oder ein
Gemeindehaus symbolisierten die Großartigkeit eines Organismus, dessen
Erbauer jeder Maurer und Steinmetz war, und ein mittelalterliches Gebäude
erscheint nicht als ein einsames Unterfangen, zu dem Tausende von Sklaven
den Anteil beigetragen hätten, den ihnen die Vorstellungskraft eines Mannes
zugeteilt hatte; die ganze Stadt trug dazu bei. Der hohe Glockenturm erhob
sich auf einem an sich großartigen Bauwerk, in dem das Leben der Stadt
pulsierte – nicht auf einem bedeutungslosen Gerüst wie der Pariser
Eisenturm, nicht als Scheinbau aus Stein, der die Hässlichkeit eines
Eisenrahmens verbergen sollte, wie dies bei der Tower Bridge der Fall war.
Wie die Akropolis von Athen sollte die Kathedrale einer mittelalterlichen
Stadt die Erhabenheit der siegreichen Stadt verherrlichen, die Einheit ihrer
Handwerke symbolisieren und den Ruhm jedes Bürgers in einer von ihm
selbst geschaffenen Stadt zum Ausdruck bringen. Nachdem die Stadt ihre
Handwerksrevolution vollzogen hatte, begann sie oft mit dem Bau einer
neuen Kathedrale, um die neue, umfassendere und breitere Einheit
auszudrücken, die ins Leben gerufen worden war.

Die für diese großen Unternehmungen verfügbaren Mittel waren
unverhältnismäßig gering. Der Bau des Kölner Doms wurde mit einem
jährlichen Aufwand von nur 500 Mark begonnen; eine Spende von 100 Mark
wurde als großzügige Spende vermerkt (31) und selbst als die Arbeiten sich
der Vollendung näherten und Spenden im entsprechenden Umfang
eingingen, betrug der jährliche Geldaufwand etwa 5.000 Mark und überstieg
nie 14.000. Der Basler Dom wurde mit ebenso geringen Mitteln gebaut. Aber
jede Körperschaft steuerte ihren Teil an Steinen, Arbeit und dekorativem
Genie zu ihrem gemeinsamen Denkmal bei. Jede Gilde brachte darin ihre
politischen Vorstellungen zum Ausdruck, erzählte in Stein oder Bronze die
Geschichte der Stadt, verherrlichte die Grundsätze von „Freiheit, Gleichheit
und Brüderlichkeit" (32), lobte die Verbündeten der Stadt und schickte ihre
Feinde ins ewige Feuer. Und jede Gilde bekundete ihre Liebe zum
Gemeindedenkmal, indem sie es reich mit Buntglasfenstern, Gemälden,
„Toren, die würdig wären, die Tore des Paradieses zu sein", wie Michel
Angelo sagte, oder mit Steinverzierungen jeder noch so kleinen Ecke des
Gebäudes schmückte.(33) Kleine Städte, selbst kleine Pfarreien(34)
wetteiferten mit den großen Ballungsräumen in dieser Arbeit, und die
Kathedralen von Laon und St. Ouen stehen der von Reims, dem
Kommunalhaus von Bremen oder dem Kirchturm der Volksversammlung
von Breslau kaum nach. „Die Gemeinde darf nur Werke beginnen, die als
Antwort auf das große Herz der Gemeinde konzipiert sind, das aus den
Herzen aller Bürger besteht, die in einem gemeinsamen Willen vereint sind"

– so lauteten die Worte des Konzils von Florenz; und dieser Geist zeigt sich in allen kommunalen Werken von allgemeinem Nutzen, wie den Kanälen, Terrassen, Weinbergen und Obstgärten rund um Florenz, oder den Bewässerungskanälen, die die Ebenen der Lombardei durchkreuzten, oder dem Hafen und Aquädukt von Genua, oder eigentlich in allen Werken dieser Art, die von fast jeder Stadt errichtet wurden.(35)

Alle Künste hatten sich in den mittelalterlichen Städten auf die gleiche Weise entwickelt, wobei die unserer Tage meist nur eine Fortsetzung dessen waren, was damals gewachsen war. Der Wohlstand der flämischen Städte beruhte auf den feinen Wollstoffen , die sie herstellten. Florenz stellte zu Beginn des 14. Jahrhunderts, vor dem schwarzen Tod, 70.000 bis 100.000 Panni Wollstoffe her , die einen Wert von 1.200.000 Goldgulden hatten . (36) Das Meißeln von Edelmetallen, die Kunst des Gießens, das Feinschmieden aus Eisen, waren Schöpfungen der mittelalterlichen „Mysterien", denen es gelungen war, in ihren eigenen Bereichen alles zu erreichen, was mit der Hand ohne den Einsatz einer starken Antriebsmaschine hergestellt werden konnte. Durch die Hand und durch Erfindung, denn um Whewells Worte zu verwenden:

„Pergament und Papier, Buchdruck und Gravur, verbessertes Glas und Stahl, Schießpulver, Uhren, Teleskope, der Schiffskompass, der reformierte Kalender, die Dezimalnotation, Algebra, Trigonometrie, Chemie, Kontrapunkt (eine Erfindung, die einer neuen musikalischen Schöpfung gleichkommt); das alles sind Besitztümer, die wir aus der Zeit erben, die so abschätzig als die stationäre Periode bezeichnet wurde" (History of Inductive Sciences, i . 252).

Es stimmt zwar, dass keine dieser Entdeckungen neue Prinzipien veranschaulichte, wie Whewell sagte; aber die mittelalterliche Wissenschaft hatte mehr geleistet als nur tatsächlich neue Prinzipien zu entdecken. Sie hatte die Entdeckung aller neuen Prinzipien vorbereitet, die wir heute in den mechanischen Wissenschaften kennen: Sie hatte den Forscher daran gewöhnt, Tatsachen zu beobachten und daraus Schlüsse zu ziehen. Es war induktive Wissenschaft, auch wenn sie die Bedeutung und die Kräfte der Induktion noch nicht vollständig begriffen hatte; und sie legte die Grundlagen sowohl der Mechanik als auch der Naturphilosophie. Francis Bacon, Galileo und Kopernikus waren die direkten Nachkommen eines Roger Bacon und eines Michael Scot, so wie die Dampfmaschine ein direktes Produkt der Forschungen war, die an den italienischen Universitäten über das Gewicht der Atmosphäre durchgeführt wurden, und des mathematischen und technischen Wissens, das Nürnberg kennzeichnete.

Aber warum sollte man sich die Mühe machen, auf dem Fortschritt von Wissenschaft und Kunst in der mittelalterlichen Stadt zu bestehen? Genügt es nicht, im Bereich des Könnens auf die Kathedralen und im Bereich des Denkens auf die italienische Sprache und das Gedicht von Dante hinzuweisen, um auf einen Blick das Maß dafür zu geben, was die mittelalterliche Stadt in den vier Jahrhunderten, in denen sie lebte, geschaffen hat?

Die mittelalterlichen Städte haben der europäischen Zivilisation zweifellos einen immensen Dienst erwiesen. Sie haben verhindert, dass sie in die Theokratien und despotischen Staaten der Vergangenheit abdriftete; sie haben ihr die Vielfalt, das Selbstvertrauen, die Initiative und die immensen intellektuellen und materiellen Energien verliehen, die sie heute besitzt und die die beste Garantie dafür sind, dass sie jeder neuen Invasion des Ostens widerstehen kann. Aber warum haben diese Zentren der Zivilisation, die versuchten, den tief verwurzelten Bedürfnissen der menschlichen Natur zu entsprechen und so voller Leben waren, nicht weitergelebt? Warum wurden sie im 16. Jahrhundert von Altersschwäche befallen? Und warum erlagen sie schließlich beiden, nachdem sie so viele Angriffe von außen abgewehrt und nur aus ihren inneren Kämpfen neue Kraft geschöpft hatten?

Zu diesem Effekt haben verschiedene Ursachen beigetragen, von denen einige ihre Wurzeln in der fernen Vergangenheit haben, während andere ihren Ursprung in den Fehlern haben, die die Städte selbst begangen haben. Gegen Ende des 15. Jahrhunderts entstanden bereits mächtige Staaten, die nach altem römischen Muster wieder aufgebaut wurden. In jedem Land und in jeder Region war es einem Feudalherren, der schlauer war, mehr zum Horten neigte und oft weniger gewissenhaft als seine Nachbarn war, gelungen, sich reichere Privatdomänen, mehr Bauern auf seinen Ländereien, mehr Ritter in seinem Gefolge und mehr Schätze anzueignen in seiner Brust. Er hatte für seinen Sitz eine Gruppe glücklich gelegener Dörfer ausgewählt, die noch nicht zum freien städtischen Leben erzogen waren – Paris, Madrid oder Moskau – und mit der Arbeit seiner Leibeigenen hatte er daraus königliche Festungsstädte gemacht, zu denen er Kriegsgefährten lockte durch eine freie Verteilung der Dörfer und Kaufleute durch den Schutz, den er dem Handel bot. Damit war der Keim eines künftigen Staates gelegt, der nach und nach andere ähnliche Zentren zu absorbieren begann. Anwälte, die sich mit dem Studium des römischen Rechts auskannten, strömten in solche Zentren ; Aus dem Bürgertum ging eine hartnäckige und ehrgeizige Männerrasse hervor, die die Bosheit der Herren ebenso hasste wie das, was sie die Gesetzlosigkeit der Bauern nannten. Die Formen der dörflichen Gemeinschaft selbst, die ihrem Kodex unbekannt waren, die Prinzipien des Föderalismus waren ihnen als „barbarische" Erbschaften abstoßend. Der Cäsarismus, unterstützt durch die Fiktion der Zustimmung des Volkes und durch Waffengewalt, war ihr Ideal, und sie arbeiteten hart für diejenigen, die versprachen, es zu verwirklichen.(37)

Die christliche Kirche, einst ein Rebell gegen das römische Recht und jetzt dessen Verbündeter, arbeitete in dieselbe Richtung. Nachdem der Versuch, das theokratische Kaiserreich Europas zu errichten, gescheitert war, unterstützten die intelligenteren und ehrgeizigeren Bischöfe nun jene, auf die sie bei der Wiederherstellung der Macht der Könige Israels oder der Kaiser von Konstantinopel rechneten. Die Kirche verlieh den aufstrebenden Herrschern ihre Heiligkeit, sie krönte sie als Vertreter Gottes auf Erden, sie stellte ihnen die Gelehrsamkeit und Staatskunst ihrer Minister, ihre Segnungen und Verwünschungen, ihre Reichtümer und die Sympathien, die sie bei den Armen bewahrt hatte, in ihren Dienst. Als die Bauern, die die Städte nicht oder nicht freigelassen hatten, sahen, dass die Bürger unfähig waren, den endlosen Kriegen zwischen den Rittern ein Ende zu setzen – Kriegen, für die sie so teuer bezahlen mussten –, setzten sie nun ihre Hoffnungen auf den König, den Kaiser oder den Großfürsten; und während sie ihnen halfen, die mächtigen Feudalherren zu vernichten, halfen sie ihnen, den zentralisierten Staat zu errichten. Und schließlich trugen auch die Invasionen der Mongolen und Türken, der Heilige Krieg gegen die Mauren in Spanien sowie die schrecklichen Kriege, die bald zwischen den wachsenden Souveränitätszentren ausbrachen – Ile de France und Burgund, Schottland und England, England und Frankreich, Litauen und Polen, Moskau und Twer usw. – zu diesem Ziel bei. Mächtige Staaten traten in Erscheinung, und die Städte mussten nun nicht nur losen Bündnissen von Herren, sondern auch stark organisierten Zentren Widerstand leisten , die über Armeen von Leibeigenen verfügten.

Das Schlimmste war, dass die wachsenden Autokratien Unterstützung in den Spaltungen fanden, die innerhalb der Städte selbst entstanden waren. Die Grundidee der mittelalterlichen Stadt war großartig, aber sie war nicht umfassend genug. Gegenseitige Hilfe und Unterstützung können nicht auf eine kleine Vereinigung beschränkt werden; sie müssen sich auf die Umgebung ausdehnen, sonst wird die Vereinigung von der Umgebung absorbiert. Und in dieser Hinsicht hatte der mittelalterliche Bürger von Anfang an einen gewaltigen Fehler begangen. Anstatt die Bauern und Handwerker, die sich unter dem Schutz seiner Mauern versammelten, als ebenso viele Helfer zu betrachten, die ihren Teil zum Aufbau der Stadt beitragen würden – wie sie es tatsächlich taten –, wurde eine scharfe Trennung zwischen den „Familien" der alten Bürger und den Neuankömmlingen gezogen. Den ersteren blieben alle Vorteile des kommunalen Handels und der kommunalen Ländereien vorbehalten, und den letzteren blieb nichts übrig als das Recht, die Fähigkeiten ihrer eigenen Hände frei zu nutzen. Die Stadt teilte sich somit in „die Bürger" oder „die Allgemeinheit" und „die Einwohner". (38) Der Handel, der früher kommunal war, wurde nun zum Privileg der Kaufmanns- und Handwerkerfamilien, und der nächste Schritt - die Entwicklung zur

Individualität oder das Privileg unterdrückerischer Trusts - war unvermeidlich.

Die gleiche Teilung fand zwischen der eigentlichen Stadt und den umliegenden Dörfern statt. Die Gemeinde hatte sich mit aller Kraft bemüht, die Bauern zu befreien, aber ihre Kriege gegen die Herren wurden, wie bereits erwähnt, zu Kriegen, die die Stadt selbst von den Herren befreien sollten, anstatt die Bauern zu befreien. Sie beließ dem Herrn seine Rechte über die Leibeigenen unter der Bedingung, dass er die Stadt nicht mehr belästigte und Mitbürger wurde. Aber die von der Stadt „adoptierten" und nun innerhalb ihrer Mauern lebenden Adligen führten den alten Krieg einfach innerhalb der Stadtmauern weiter . Sie unterwarfen sich nicht gern einem Tribunal einfacher Handwerker und Kaufleute und kämpften ihre alten Fehden auf der Straße aus. Jede Stadt hatte nun ihre Colonnas und Orsinis , ihre Overstolzes und Wises. Sie bezogen große Einkünfte aus den Ländereien, die sie noch behalten hatten, umgaben sich mit zahlreichen Klienten und feudalisierten die Sitten und Gebräuche der Stadt selbst. Und als sich in der Handwerkerklasse der Stadt Unzufriedenheit breitmachte, boten sie ihr Schwert und ihre Gefolgsleute an, um die Differenzen in einem offenen Kampf beizulegen, statt der Unzufriedenheit die Kanäle zu überlassen, die sie sich in alten Zeiten stets geschaffen hatte.

Der größte und verhängnisvollste Fehler der meisten Städte bestand darin, ihren Reichtum auf Handel und Industrie zu gründen und die Landwirtschaft zu vernachlässigen. Sie wiederholten damit den Fehler, den einst die Städte des antiken Griechenlands begangen hatten, und verfielen dadurch denselben Verbrechen. (39) Die Entfremdung so vieler Städte vom Land führte sie zwangsläufig zu einer landfeindlichen Politik, die in der Zeit Eduards III. (40), während der französischen Jacqueries, der Hussitenkriege und des Bauernkriegs in Deutschland immer deutlicher wurde. Andererseits verwickelte sie eine Handelspolitik in ferne Unternehmungen. Kolonien wurden von den Italienern im Südosten, von deutschen Städten im Osten und von slawischen Städten im äußersten Nordosten gegründet. Söldnerarmeen wurden für Kolonialkriege und bald auch für die lokale Verteidigung unterhalten. Kredite wurden in einem solchen Ausmaß aufgenommen, dass die Bürger völlig demoralisiert wurden; und interne Konflikte wurden bei jeder Wahl, bei der die Kolonialpolitik im Interesse einiger Familien auf dem Spiel stand, immer schlimmer. Die Kluft zwischen Arm und Reich vertiefte sich, und im 16. Jahrhundert fand die königliche Autorität in allen Städten unter den Armen bereitwillige Verbündete und Unterstützung.

Und es gibt noch eine weitere Ursache für den Verfall kommunaler Institutionen, die höher und tiefer liegt als alle oben genannten. Die Geschichte der mittelalterlichen Städte bietet eines der eindrucksvollsten

Beispiele für die Macht von Ideen und Prinzipien auf das Schicksal der Menschheit und für die völlig gegensätzlichen Ergebnisse, die erzielt werden, wenn eine tiefgreifende Änderung führender Ideen stattgefunden hat. Eigenständigkeit und Föderalismus, die Souveränität jeder Gruppe und der Aufbau des politischen Körpers vom Einfachen zum Zusammengesetzten waren die Leitideen des 11. Jahrhunderts. Aber seitdem hatten sich die Vorstellungen völlig geändert. Den Studenten des römischen Rechts und den Prälaten der Kirche, die seit der Zeit Innozenz III. eng miteinander verbunden waren, war es gelungen, die Idee – die antike griechische Idee – zu paralysieren, die bei der Gründung der Städte vorherrschte. Zwei- oder dreihundert Jahre lang lehrten sie von der Kanzel, dem Universitätsstuhl und der Richterbank aus, dass die Erlösung in einem stark zentralisierten Staat gesucht werden müsse, der einer halbgöttlichen Autorität unterstellt sei;(41) dass ein Mensch dies könne und dass er der Retter der Gesellschaft sein muss , und dass er im Namen des öffentlichen Heils jede Gewalt begehen kann: Männer und Frauen auf dem Scheiterhaufen verbrennen, sie unter unbeschreiblichen Folterungen sterben lassen, ganze Provinzen in größtes Elend stürzen. Sie versäumten es auch nicht, in großem Stil und mit beispielloser Grausamkeit Anschauungsunterricht zu diesem Zweck zu erteilen, wohin auch immer das Schwert des Königs und das Feuer der Kirche oder beides zugleich reichten. Durch diese Lehren und Beispiele, die ständig wiederholt und der Öffentlichkeit aufgezwungen wurden, war der Geist der Bürger in eine neue Form gebracht worden . Sie fingen an, keine Autorität zu weitreichend, kein schrittweises Töten zu grausam zu finden, wenn es nur „der öffentlichen Sicherheit" diente. Und mit dieser neuen Geistesrichtung und diesem neuen Glauben an die Macht eines einzelnen Mannes verschwand das alte föderalistische Prinzip und das kreative Genie der Massen starb aus. Die römische Idee war siegreich, und unter solchen Umständen hatte der zentralisierte Staat in den Städten eine greifbare Beute.

Florenz im 15. Jahrhundert ist typisch für diesen Wandel. Früher war eine Volksrevolution das Signal eines Aufbruchs. Als nun das zur Verzweiflung gebrachte Volk aufstand, hatte es keine konstruktiven Ideen mehr; Aus der Bewegung ging keine neue Idee hervor. Anstelle von 400 wurden tausend Vertreter in den Gemeinderat aufgenommen; Statt 80 zogen 100 Männer in die Signoria ein. Doch eine Zahlenrevolution konnte nichts nützen. Die Unzufriedenheit des Volkes wuchs und es kam zu neuen Aufständen. Ein Retter – der „ Tyrann " – wurde angerufen; Er massakrierte die Rebellen, aber der Zerfall der Gemeinde ging schlimmer denn je weiter. Und als die Einwohner von Florenz nach einem neuen Aufstand ihren beliebtesten Mann, Gieronimo Savonarola, um Rat baten, antwortete der Mönch : „Oh, meine Leute, du weißt, dass ich mich nicht in Staatsangelegenheiten begeben kann … reinige deine Seele." Und wenn du in einer solchen Gemütsverfassung deine Stadt reformierst , dann, Volk von Florenz, sollst du die Reform in ganz Italien eingeleitet haben!" Karnevalsmasken und bösartige Bücher wurden verbrannt, ein Gesetz der Barmherzigkeit und ein weiteres gegen Wucherer wurden erlassen – und die Demokratie von Florenz blieb, wo sie war. Der alte Geist war verschwunden. Durch zu großes Vertrauen in die Regierung hatten sie aufgehört, sich selbst zu vertrauen; Sie konnten keine neuen Ausgaben eröffnen. Der Staat musste nur eingreifen und ihre letzten Freiheiten zerstören.

Und doch versiegte der Strom gegenseitiger Hilfe und Unterstützung in den Massen nicht, er floss sogar nach dieser Niederlage weiter. Er erhob sich mit gewaltiger Kraft erneut als Antwort auf die kommunistischen Appelle der ersten Propagandisten der Reform und er existierte weiter, selbst nachdem die Massen, nachdem sie nicht in der Lage waren, das Leben zu verwirklichen, das sie unter der Inspiration einer reformierten Religion zu beginnen hofften, unter die Herrschaft einer autokratischen Macht gerieten. Er fließt auch jetzt noch und sucht seinen Weg, einen neuen Ausdruck zu finden, der weder der Staat noch die mittelalterliche Stadt, noch die Dorfgemeinschaft der Barbaren oder der wilde Clan wäre, sondern aus ihnen allen hervorgehen und ihnen dennoch in seinen umfassenderen und tieferen menschlichen Konzeptionen überlegen sein würde.

ANMERKUNGEN:

1. Die Literatur zu diesem Thema ist immens; aber es gibt noch kein Werk, das die mittelalterliche Stadt als Ganzes behandelt. Für die französischen Kommunen sind Augustin Thierrys Lettres und Considerations sur l'histoire de France immer noch klassisch, und Luchaires Communes francaises ist eine hervorragende Ergänzung in derselben Richtung. Für die Städte Italiens ist das große Werk von Sismondi (Histoire des republiques italiennes du moyen age, Paris, 1826, 16 Bände), Leo und Bottas Geschichte Italiens, Ferraris Revolutions d'Italie und Hegels Geschichte der Stadtverfassung in Italien sind die wichtigsten Quellen für allgemeine Informationen. Für Deutschland haben wir Maurers Stadtverfassung , Bartholds Geschichte der deutschen Städte , und, von den neueren Werken, Hegels Städte und Gilden der germanischen Völker (2 Bände, Leipzig, 1891), und Dr. Otto Kallsens Die deutsche Städte Ich bin Mittelalter (2 Bände, Halle, 1891), sowie Janssens Geschichte des deutschen Volkes (5 Bände, 1886), das hoffentlich bald ins Englische übersetzt wird (französische Übersetzung 1892). Für Belgien: A. Wauters, Les Libertes communales (Brüssel , 1869-78, 3 Bände). Für Russland die Werke von Byelaeff , Kostomaroff und Sergievich . Und schließlich besitzen wir für England eines der besten Werke über Städte einer größeren Region, Mrs. JR Greens Town Life in the Fifteenth Century (2 Bände, London, 1894). Wir haben außerdem eine Fülle bekannter lokaler Geschichten und mehrere ausgezeichnete Werke zur allgemeinen oder Wirtschaftsgeschichte, die ich in diesem und im vorhergehenden Kapitel so

oft erwähnt habe. Der Reichtum der Literatur besteht jedoch hauptsächlich aus einzelnen, manchmal bewundernswerten Untersuchungen zur Geschichte einzelner Städte, insbesondere italienischer und deutscher, der Zünfte, der Landfrage, der wirtschaftlichen Grundsätze der Zeit, der wirtschaftlichen Bedeutung der Zünfte und des Handwerks, der Bündnisse zwischen Städten (die Hanse) und der kommunalen Kunst. Die Werke dieser zweiten Kategorie enthalten eine unglaubliche Fülle von Informationen, von denen auf diesen Seiten nur einige der wichtigeren genannt werden.

2. Kulischer weist in einem ausgezeichneten Aufsatz über primitiven Handel (Zeitschrift für Völkerpsychologie , Bd. x. 380) auch darauf hin, dass die Argippäer laut Herodot als unantastbar galten, da der Handel zwischen den Skythen und den nördlichen Stämmen auf ihrem Territorium stattfand. Ein Flüchtling war auf ihrem Territorium heilig, und sie wurden oft gebeten, als Schiedsrichter für ihre Nachbarn zu fungieren . Siehe Anhang XI.

3. In letzter Zeit wurde über das Weichbild und das Weichbildgesetz diskutiert , die noch immer im Dunkeln liegen (siehe Zopfl , Alterthumer des deutschen Reichs und Rechts , III. 29; Kallsen, I. 316). Die obige Erklärung scheint die wahrscheinlichere zu sein, aber sie muss natürlich durch weitere Forschung überprüft werden. Es ist auch offensichtlich, dass, um einen schottischen Ausdruck zu verwenden, das „ Mercet -Kreuz" als Symbol der kirchlichen Gerichtsbarkeit betrachtet werden könnte, aber wir finden es sowohl in Bischofsstädten als auch in solchen, in denen die Volksversammlung souverän war.

4. Alles über die Kaufmannsgilde finden Sie in Mr. Gross' ausführlichem Werk The Guild Merchant (Oxford, 1890, 2 Bände); auch in Mrs. Greens Bemerkungen in Town Life in the Fifteenth Century, Band II, Kapitel V, VIII, X; und in A. Dorens Besprechung des Themas in Schmollers Forschungen , Band XII. Wenn sich die im vorigen Kapitel angeführten Überlegungen (nach denen der Handel in seinen Anfängen kommunal war) als richtig erweisen, ist es zulässig, als wahrscheinliche Hypothese anzuführen, dass die Kaufmannsgilde eine Körperschaft war, die mit dem Handel im Interesse der ganzen Stadt betraut war und sich erst allmählich zu einer Gilde von Kaufleuten entwickelte, die für sich selbst handelten; während die Handelsabenteurer dieses Landes, die Nowgoroder Povolniki (freie Kolonisten und Kaufleute) und die Mercati personati wären diejenigen, denen es überlassen blieb, neue Märkte und neue Handelszweige für sich selbst zu erschließen. Insgesamt muss angemerkt werden, dass die Entstehung der mittelalterlichen Stadt keiner einzelnen Kraft zugeschrieben werden kann. Sie war das Ergebnis vieler Kräfte in unterschiedlichem Ausmaß.

5. Janssens Geschichte des Deutschen Volkes , ich . 315; Gramichs Würzburg; und in der Tat jede Sammlung von Verordnungen.

6. Falke, Geschichtliche Statistik , I. 373-393 und II. 66; zitiert in Janssens Geschichte , I. 339; JD Blavignac kommt in Comptes et depenses de la construction du clocher de Saint-Nicolas a Fribourg en Suisse zu einem ähnlichen Schluss. Für Amiens, De Calonne's Vie Municipale , S. 99 und Anhang. Eine gründliche Würdigung und grafische Darstellung der mittelalterlichen Löhne in England und ihres Wertes in Brot und Fleisch finden Sie in G. Steffens ausgezeichnetem Artikel und den Kurven in The Nineteenth Century von 1891 und in Studier ofver lonsystemets Geschichte i England, Stockholm, 1895.

7. Um nur ein Beispiel von vielen zu zitieren, die in den Werken Schönbergs und Falkes zu finden sind: Die sechzehn Schusterknechte der Stadt Xanten am Rhein gaben für die Errichtung eines Paravents und eines Altars in der Kirche 75 Gulden an Abonnements und 12 Gulden aus der Kiste, welches Geld nach der besten Schätzung das Zehnfache seines gegenwärtigen Wertes wert war.

8. Zitiert von Janssen, lc i . 343.

9. The Economical Interpretation of History, London, 1891, p. 303.

10. Janssen, lc Siehe auch Dr. Alwin Schultz, Deutsches Leben im XIV und XV Jahrhundert , große Ausgabe , Wien, 1892, S. 67 ff. In Paris variierte die Arbeitszeit in bestimmten Branchen zwischen sieben und acht Stunden im Winter und vierzehn Stunden im Sommer, in anderen zwischen acht und neun Stunden im Winter und zehn und zwölf Stunden im Sommer. Samstags und an etwa fünfundzwanzig anderen Tagen (jours de commun de vile foire) wurde die Arbeit um vier Uhr eingestellt, während sonntags und an dreißig anderen Feiertagen überhaupt nicht gearbeitet wurde. Die allgemeine Schlussfolgerung ist, dass der mittelalterliche Arbeiter insgesamt weniger Stunden arbeitete als der heutige Arbeiter (Dr. E. Martin Saint-Leon, Histoire des corporations, S. 121).

11. W. Stieda , „ Hansische Vereinbarungen überstädtisches Gewerbe im XIV. und XV. Jahrhundert ", im Hansischen Geschichtsblätter , Jahrgang 1886, S. 121. Schönbergs Wirthschaftliche Bedeutung der Zunfte ; teilweise auch Roscher.

12. Siehe Toulmin Smiths tief empfundene Bemerkungen über die königliche Enteignung der Gilden in Miss Smiths Introduction to English Guilds. In Frankreich begann die gleiche königliche Plünderung und Abschaffung der Gerichtsbarkeit der Zünfte ab 1306, und der letzte Schlag erfolgte 1382 (Fagniez , aaO, S. 52–54).

13. Adam Smith und seine Zeitgenossen wussten genau, was sie verurteilten, als sie gegen die Einmischung des Staates in den Handel und die Handelsmonopole der Staatsgründung schrieben. Bedauerlicherweise warfen ihre Anhänger mit ihrer hoffnungslosen Oberflächlichkeit mittelalterliche Zünfte und staatliche Eingriffe in einen Sack und machten keinen Unterschied zwischen einem Versailler Edikt und einer Zunftverordnung. Es muss kaum erwähnt werden, dass die Ökonomen, die sich ernsthaft mit diesem Thema befasst haben, wie Schönberg (der Herausgeber des bekannten Kurses „Politische Ökonomie"), nie in einen solchen Fehler verfielen. Aber bis vor kurzem gab es diffuse Diskussionen der oben genannten Art über die ökonomische „Wissenschaft".

14. In Florenz erlebten die sieben kleinen Künste 1270-82 ihre Revolution, und ihre Ergebnisse werden ausführlich von Perrens (Histoire de Florence, Paris, 1877, 3 Bde.) und insbesondere von Gino Capponi (Storia della Republik Florenz, 2. Auflage , 1876, i . 58-80; ins Deutsche übersetzt). In Lyon hingegen, wo 1402 die Bewegung der kleinen Handwerke stattfand, erlitten diese eine Niederlage und verloren das Recht, ihre eigenen Richter zu ernennen. Die beiden Parteien einigten sich offenbar auf einen Kompromiss. In Rostock kam es 1313 zu derselben Bewegung; 1336 in Zürich; 1363 in Bern; 1374 in Braunschweig und nächstes Jahr in Hamburg; in Lübeck 1376– 84; und so weiter. Siehe Schmollers Strassburg zur Zeit der Zunftkampfe und Strassburgs Bluthe ; Brentanos Arbeitergilden der Gegenwart , 2 Bde., Leipzig, 1871–72; Eb. Bain's Merchant and Craft Guilds, Aberdeen, 1887, S. 26-47, 75 usw. Zur Meinung von Herrn Gross in Bezug auf dieselben Kämpfe in England siehe die Bemerkungen von Frau Green in ihrem Town Life in the Fifteenth Century, ii. 190-217; auch das Kapitel über die Arbeitsfrage und eigentlich das Ganze dieses äußerst interessanten Bandes. Brentanos Ansichten über die Schwierigkeiten des Handwerks, insbesondere in III zum Ausdruck gebracht. und iv. aus seinem Essay „On the History and Development of Guilds" in Toulmin Smiths „English Guilds" sind nach wie vor klassisch für das Thema und man kann sagen, dass sie durch spätere Forschungen immer wieder bestätigt wurden.

15. Um nur ein Beispiel zu nennen: Cambrai führte seine erste Revolution im Jahr 907 durch und erhielt nach drei oder vier weiteren Revolten im Jahr 1076 seine Charta. Diese Charta wurde zweimal widerrufen (1107 und 1138) und zweimal wiedererlangt (1127 und 1180). Insgesamt 223 Jahre Kampf, bevor das Recht auf Unabhängigkeit erobert wurde. Lyon – von 1195 bis 1320.

16. Siehe Tuetey , „Etude sur Le droit municipal ... en Franche-Comte", in Memoires de la Societe d'emulation de Montbeliard , 2. Serie , II. 129 ff.

17. Dies scheint in Italien oft der Fall gewesen zu sein. In der Schweiz kaufte Bern sogar die Städte Thun und Burgdorf.

18. Dies war zumindest in den Städten der Toskana (Florenz, Lucca, Siena, Bologna usw.) der Fall, deren Beziehungen zwischen Stadt und Bauern am besten bekannt sind. (Luchitzkiy , „Sklaverei und russische Sklaven in Florenz", in Izvestia der Universität Kiew 1885, der Rumohrs Ursprung der Besitzlosigkeit der Colonien in Toscana, 1830, gelesen hat.) Die gesamte Angelegenheit der Beziehungen zwischen den Städten und den Bauern bedarf einer weitaus intensiveren Untersuchung, als bisher durchgeführt wurde.

19. Ferraris Verallgemeinerungen sind oft zu theoretisch, um immer richtig zu sein; aber seine Ansichten über die Rolle des Adels in den Stadtkriegen basieren auf einer breiten Palette belegter Fakten.

20. Nur Städte, die hartnäckig an der Sache der Barone festhielten, wie Pisa oder Verona, verloren durch die Kriege. Für viele Städte, die auf der Seite der Barone kämpften, war die Niederlage zugleich der Beginn von Befreiung und Fortschritt.

21. Ferrari, ii. 18, 104 ff.; Leo und Botta, i . 432.

22. Joh. Falke, Die Hansa als deutsche See- und Handelsmacht , Berlin, 1863, S. 31 und 55.

23. Für Aachen und Köln haben wir direkte Zeugnisse, dass die Bischöfe dieser beiden Städte − einer davon vom Feind gekauft − ihm die Tore öffneten.

24. Siehe die Fakten, wenn auch nicht immer die Schlussfolgerungen, bei Nitzsch, III, 133 ff.; auch Kallsen, I , 458 usw.

25. Zur Gemeinde Laonnais , die bis zu Mellevilles Forschungen (Histoire de la Commune du Laonnais , Paris, 1853) mit der Gemeinde Laon verwechselt wurde, siehe Luchaire , S. 75 ff. Zu den frühen Bauernzünften und späteren Gewerkschaften siehe R. Wilmans „Die landlichen ". Schutzgilden Westfalen ", in Zeitschrift für Kulturgeschichte , neue Folge , Bd. iii., zitiert in Henne-am- Rhyn's Kulturgeschichte , iii. 249.

26. Luchaire , S. 149.

27. Zwei wichtige Städte wie Mainz und Worms regelten einen politischen Konflikt durch Schiedsverfahren. Nach einem in Abbeville ausgebrochenen Bürgerkrieg fungierte Amiens 1231 als Schiedsrichter (Luchaire , 149); und so weiter.

28. Siehe zum Beispiel W. Stieda , Hansische Vereinbarungen , a. a. O., S. 114.

29. Cosmo Innes's Early Scottish History and Scotland in Middle Ages, zitiert von Rev. Denton, lc, S. 68, 69; Lamprechts Deutsches wirtschaftliche Leben

im Mittelalter , Rezension von Schmoller in seinem Jahrbuch , Bd. xii.; Sismondis Tableau de l'agriculture toscane , S. 226 ff. Die Herrschaftsgebiete von Florenz waren auf den ersten Blick an ihrem Wohlstand zu erkennen.

30. Herr John J. Ennett (Six Essays, London, 1891) hat ausgezeichnete Seiten zu diesem Aspekt der mittelalterlichen Architektur. Herr Willis hat in seinem Anhang zu Whewells Geschichte der induktiven Wissenschaften (I. 261-262) auf die Schönheit der mechanischen Beziehungen in mittelalterlichen Gebäuden hingewiesen. „Eine neue dekorative Konstruktion wurde gereift", schreibt er, „nicht um die mechanische Konstruktion zu behindern und zu kontrollieren, sondern zu unterstützen und mit ihr zu harmonieren. Jedes Mitglied, jedes Formteil wird zum Träger des Gewichts; und durch die Vielzahl der Stützen, die sich gegenseitig unterstützen, und." Durch die konsequente Gewichtsverteilung war das Auge von der Stabilität der Struktur überzeugt, ungeachtet der merkwürdig schlanken Aspekte der einzelnen Teile. Eine Kunst, die aus dem gesellschaftlichen Leben der Stadt hervorgegangen ist, könnte nicht besser charakterisiert werden.

31. Dr. L. Ennen, Der Dom zu Köln, seine Konstruktion und Anstaltung , Köln, 1871.

32. Die drei Statuen gehören zu den Außendekorationen von Notre Dame de Paris.

33. Die mittelalterliche Kunst kannte, wie die griechische Kunst, diese Kuriositätenläden nicht, die wir Nationalgalerie oder Museum nennen. Ein Bild wurde gemalt, eine Statue geschnitzt, eine Bronzeverzierung gegossen, um an ihrem richtigen Platz in einem Denkmal der Gemeinschaftskunst zu stehen. Es lebte dort, es war Teil eines Ganzen und es trug dazu bei, dem Eindruck, den das Ganze hervorbrachte, eine Einheit zu verleihen.

34. Vgl. JT Ennetts „Zweiter Essay", S. 36.

35. Sismondi, iv. 172; xvi. 356. Der große Kanal, Naviglio Grande, der das Wasser aus dem Tessino heranführt , wurde 1179, also nach der Eroberung der Unabhängigkeit, begonnen und im 13. Jahrhundert fertiggestellt. Über den späteren Verfall siehe xvi. 355.

36. Im Jahr 1336 besuchten 8.000 bis 10.000 Jungen und Mädchen die Grundschulen, 1.000 bis 1.200 Jungen die sieben Mittelschulen und 550 bis 600 Studenten die vier Universitäten. Die dreißig kommunalen Krankenhäuser verfügten über mehr als 1.000 Betten für eine Bevölkerung von 90.000 Einwohnern (Capponi, ii. 249 ff.). Autoritäre Autoren haben mehr als einmal darauf hingewiesen, dass das Bildungsniveau im Allgemeinen viel höher war als allgemein angenommen. Dies war im demokratischen Nürnberg sicherlich der Fall.

37. Vgl. L. Rankes hervorragende Überlegungen zum Wesen des römischen Rechts in seiner Weltgeschichte , Bd. iv. Abth . 2, S. 20-31. Auch Sismondis Bemerkungen zur Rolle der Legistes bei der Verfassung der königlichen Autorität, Histoire des Francais , Paris, 1826, viii. 85-99. Der Volkshass gegen diese „ weise „Doktoren und Beutelschneider des Volks" brach in den ersten Jahren des 16. Jahrhunderts in den Predigten der frühen Reformbewegung mit voller Wucht aus.

38. Brentano war sich der fatalen Auswirkungen des Kampfes zwischen den „alten Bürgern" und den Neuankömmlingen voll und ganz bewusst. Miaskowski hat in seinem Werk über die Dorfgemeinschaften der Schweiz dasselbe für Dorfgemeinschaften angedeutet.

39. Der Handel mit im Osten entführten Sklaven wurde in den italienischen Republiken bis zum 15. Jahrhundert nie eingestellt. Schwache Spuren davon finden sich auch in Deutschland und anderswo. Siehe Cibrario . Della schiavitu e del servaggio , 2 Bde. Mailand, 1868; Professor Luchitzkiy , „Sklaverei und russische Sklaven in Florenz im 14. und 15. Jahrhundert", in Izvestia der Kiewer Universität, 1885.

40. JR Green's History of the English People, London, 1878, i . 455.

41. Siehe die Theorien, die die Bologna-Juristen bereits auf dem Kongress von Roncaglia im Jahr 1158 zum Ausdruck brachten.

Kapitel VII

Gegenseitige Hilfe untereinander

Volksaufstände zu Beginn der Staatsperiode. Institutionen der gegenseitigen Hilfe der Gegenwart. Die Dorfgemeinschaft; seine Kämpfe um den Widerstand gegen seine Abschaffung durch den Staat. Gewohnheiten, die aus dem dörflichen Gemeinschaftsleben stammen und in unseren modernen Dörfern beibehalten werden. Schweiz, Frankreich, Deutschland, Russland.

Die Tendenz zur gegenseitigen Hilfe im Menschen hat einen so fernen Ursprung und ist so tief mit der gesamten vergangenen Entwicklung des Menschengeschlechts verwoben, dass sie trotz aller Wechselfälle der Geschichte von der Menschheit bis heute aufrechterhalten wurde. Es wurde hauptsächlich in Zeiten des Friedens und des Wohlstands entwickelt; Aber als selbst die größten Katastrophen über die Menschen hereinbrachen – als ganze Länder durch Kriege verwüstet wurden und ganze Bevölkerungen durch Elend dezimiert wurden oder unter dem Joch der Tyrannei stöhnten –, lebte dieselbe Tendenz weiterhin in den Dörfern und unter den ärmeren Klassen in den USA Städte; es hielt sie immer noch zusammen, und auf lange Sicht reagierte es sogar auf die herrschenden, kämpfenden und vernichtenden Minderheiten, die es als sentimentalen Unsinn abtaten. Und wann immer die Menschheit eine neue soziale Organisation erarbeiten musste, die an eine neue Entwicklungsphase angepasst war, bezog ihr konstruktives Genie immer die Elemente und die Inspiration für die neue Abkehr von derselben immer lebendigen Tendenz. Neue wirtschaftliche und soziale Institutionen, sofern sie eine Schöpfung der Massen waren, neue ethische Systeme und neue Religionen, sind alle aus derselben Quelle entstanden, und der ethische Fortschritt unserer Rasse erscheint in seinen Grundzügen so eine schrittweise Ausweitung der Prinzipien der gegenseitigen Hilfe vom Stamm auf immer größere Ballungsräume, um schließlich eines Tages die gesamte Menschheit zu umfassen, ohne Rücksicht auf ihre verschiedenen Glaubensbekenntnisse, Sprachen und Rassen.

Nachdem die Europäer zunächst den Stamm der Wilden und anschließend die Dorfgemeinschaft durchlaufen hatten, entwickelten sie im Mittelalter eine neue Organisationsform, die den Vorteil hatte, großen Spielraum für individuelle Initiativen zu lassen, gleichzeitig aber weitgehend reagierte auf das Bedürfnis des Menschen nach gegenseitiger Unterstützung. In den mittelalterlichen Städten entstand ein Bund dörflicher Gemeinschaften, der von einem Netz von Zünften und Bruderschaften getragen wurde. Die immensen Ergebnisse, die diese neue Form der Union erzielte – im Wohlergehen aller, in der Industrie, in der Kunst, in der Wissenschaft und im Handel – wurden in den beiden vorangegangenen Kapiteln ausführlich erörtert, und es wurde auch versucht, zu zeigen, warum Ende des fünfzehnten Jahrhunderts waren die mittelalterlichen Republiken – umgeben von Herrschaftsgebieten feindlicher Feudalherren, unfähig, die Bauern aus der Knechtschaft zu befreien und nach und nach durch die Ideen des römischen Cäsarismus korrumpiert – dazu verdammt, eine Beute der wachsenden Militärstaaten zu werden.

Doch bevor sich die Volksmassen drei Jahrhunderte lang der alles verschlingenden Autorität des Staates unterwarfen, unternahmen sie einen gewaltigen Versuch, die Gesellschaft auf der alten Grundlage gegenseitiger Hilfe und Unterstützung wieder aufzubauen. Es ist mittlerweile bekannt, dass die große Reformbewegung nicht nur ein Aufstand gegen die Missbräuche der katholischen Kirche war. Sie hatte auch ein konstruktives Ideal, und dieses Ideal war das Leben in freien, brüderlichen Gemeinschaften. Die frühen Schriften und Predigten dieser Zeit, die bei den Massen am meisten Anklang fanden, waren von Ideen der wirtschaftlichen und sozialen Brüderlichkeit der Menschheit durchdrungen. Die „Zwölf Artikel" und ähnliche Glaubensbekenntnisse, die unter den deutschen und schweizerischen Bauern und Handwerkern im Umlauf waren, bekräftigten nicht nur das Recht eines jeden, die Bibel nach seinem eigenen Verständnis zu interpretieren, sondern forderten auch die Rückgabe der Gemeindeländer an die Dorfgemeinschaften und die Abschaffung der feudalen Leibeigenschaft, und sie bezogen sich immer auf den „wahren" Glauben – einen Glauben der Brüderlichkeit. Zur gleichen Zeit schlossen sich Zehntausende von Männern und Frauen den kommunistischen Bruderschaften Mährens an, gaben ihnen ihr gesamtes Vermögen und lebten in zahlreichen und wohlhabenden Siedlungen, die nach den Prinzipien des Kommunismus errichtet wurden. (1) Nur Massenmorde durch Tausende konnten dieser weit verbreiteten Volksbewegung Einhalt gebieten, und mit Schwert, Feuer und Streckbank errangen die jungen Staaten ihren ersten und entscheidenden Sieg über die Volksmassen. (2)

In den folgenden drei Jahrhunderten beseitigten die Staaten auf dem Kontinent und auf den Inseln systematisch alle Institutionen, in denen die Tendenz zur gegenseitigen Hilfe früher ihren Ausdruck gefunden hatte. Die Dorfgemeinschaften wurden ihrer Volksversammlungen, ihrer Gerichte und ihrer unabhängigen Verwaltung beraubt; ihre Ländereien wurden konfisziert. Die Gilden wurden ihres Besitzes und ihrer Freiheiten beraubt und der Kontrolle, der Einbildungskraft und der Bestechung der Staatsbeamten unterworfen. Die Städte wurden ihrer Souveränität beraubt und die eigentlichen Quellen ihres inneren Lebens – die Volksversammlung, die gewählten Richter und die Verwaltung, die souveräne Gemeinde und die souveräne Gilde – wurden vernichtet; die Staatsbeamten nahmen jedes Glied dessen in Besitz, was früher ein organisches Ganzes gewesen war. Unter dieser verhängnisvollen Politik und den Kriegen , die sie hervorrief, wurden ganze Regionen, die einst bevölkerungsreich und wohlhabend waren, entblößt; reiche Städte wurden zu unbedeutenden Bezirken; selbst die Straßen, die sie mit anderen Städten verbanden, wurden unbrauchbar. Industrie, Kunst und Wissen verfielen. Politische Bildung, Wissenschaft und Recht wurden der Idee der staatlichen Zentralisierung untergeordnet. An den Universitäten und von der Kanzel wurde gelehrt, dass die Institutionen, in denen die Menschen früher ihre Bedürfnisse nach gegenseitiger Unterstützung verkörperten, in einem richtig organisierten Staat nicht geduldet werden könnten; dass nur der Staat die Bande der Einheit zwischen seinen Untertanen darstellen könne; dass Föderalismus und „Partikularismus" die Feinde des Fortschritts seien und der Staat der einzige geeignete Initiator weiterer Entwicklung sei. Am Ende des letzten Jahrhunderts waren sich die Könige auf dem Kontinent, das Parlament auf diesen Inseln und der revolutionäre Konvent in Frankreich, obwohl sie miteinander im Krieg lagen, darin einig, dass innerhalb des Staates keine getrennten Vereinigungen zwischen den Bürgern bestehen dürften; dass Zwangsarbeit und Tod die einzigen angemessenen Strafen für Arbeiter seien, die es wagten, „Koalitionen" einzugehen. „Kein Staat im Staat!" Nur der Staat und die Staatskirche müssten sich um Angelegenheiten von allgemeinem Interesse kümmern, während die Untertanen lose Ansammlungen von Individuen darstellen müssten, die durch keine besonderen Bindungen miteinander verbunden seien und sich jedes Mal an die Regierung wenden müssten, wenn sie ein gemeinsames Bedürfnis verspürten. Bis zur Mitte dieses Jahrhunderts war dies Theorie und Praxis in Europa. Sogar Handels- und Industriegesellschaften wurden mit Argwohn betrachtet. Was die Arbeiter anbelangt, so wurden ihre Gewerkschaften in diesem Land und in den letzten zwanzig Jahren auf dem Kontinent fast zu unseren Lebzeiten als ungesetzlich angesehen. Das gesamte System unseres staatlichen Bildungswesens war so, dass bis heute, sogar in diesem Land, ein beträchtlicher Teil der Gesellschaft die Gewährung solcher Rechte, die jeder, ob freier Mann oder Leibeigener, vor fünfhundert Jahren in der Dorfversammlung, der Gilde, der Gemeinde und der Stadt in Anspruch nehmen konnte, als revolutionäre Maßnahme betrachten würde.

Die Übernahme aller gesellschaftlichen Funktionen durch den Staat begünstigte zwangsläufig die Entwicklung eines ungezügelten, engstirnigen Individualismus. In dem Maße, in dem die Verpflichtungen gegenüber dem Staat zahlenmäßig zunahmen, wurden die Bürger offensichtlich von ihren Verpflichtungen untereinander befreit. In der Zunft – und im Mittelalter gehörte jeder Mann einer Zunft oder Bruderschaft an – waren zwei „Brüder" verpflichtet, abwechselnd auf einen erkrankten Bruder aufzupassen; es würde jetzt genügen, dem Nachbarn die Adresse des nächsten Armenkrankenhauses zu nennen. In der barbarischen Gesellschaft bedeutete es, einem Kampf zwischen zwei Männern beizustehen, der aus einem Streit entstand, und nicht, ihn daran zu hindern, einen tödlichen Ausgang zu nehmen, selbst als Mörder behandelt zu werden; Aber nach der Theorie des alles beschützenden Staates muss sich der Unbeteiligte nicht einmischen: Es ist die Aufgabe des Polizisten, einzugreifen oder nicht. Und während es in einem wilden Land, bei den Hottentotten, ein Skandal wäre, zu essen, ohne dreimal laut gerufen zu haben, ob nicht jemand da ist, der das Essen teilen möchte, muss ein anständiger Bürger jetzt nur noch die Armensteuer bezahlen und die Hungernden verhungern lassen. Das Ergebnis ist, dass die Theorie, die besagt, dass Menschen ihr eigenes Glück unter Missachtung der Bedürfnisse anderer Menschen suchen können und müssen, nun überall im Recht, in der Wissenschaft und in der Religion siegt. Es ist die Religion der Zeit, und an ihrer Wirksamkeit zu zweifeln, wäre eine gefährliche Utopie. Die Wissenschaft verkündet lautstark, dass der Kampf jedes Einzelnen gegen alle das Leitprinzip der Natur und auch der menschlichen Gesellschaften ist. Die Biologie führt die fortschreitende Entwicklung der Tierwelt auf diesen Kampf zurück. Die Geschichte argumentiert in derselben Linie; und politische Ökonomen führen in ihrer naiven Unwissenheit den gesamten Fortschritt der modernen Industrie und Maschinerie auf die „wunderbaren" Auswirkungen desselben Prinzips zurück. Die eigentliche Religion der Kanzel ist eine Religion des Individualismus, der durch mehr oder weniger wohltätige Beziehungen zu seinen Nachbarn , hauptsächlich sonntags, etwas gemildert wird. „Praktische" Männer und Theoretiker, Männer der Wissenschaft und religiöse Prediger, Anwälte und Politiker sind sich alle in einer Sache einig: dass der Individualismus zwar in seinen härtesten Auswirkungen durch Almosen mehr oder weniger gemildert werden kann, dass sie aber die einzig sichere Grundlage für den Unterhalt darstellt der Gesellschaft und ihres weiteren Fortschritts.

Es scheint daher aussichtslos, in der modernen Gesellschaft nach Institutionen und Praktiken der gegenseitigen Hilfe zu suchen. Was könnte von ihnen bleiben? Und doch, sobald wir versuchen herauszufinden, wie die Millionen von Menschen leben, und beginnen, ihre alltäglichen Beziehungen zu studieren, werden wir von der immensen Rolle beeindruckt, die die Prinzipien der gegenseitigen Hilfe und gegenseitigen Unterstützung auch heute noch spielen im menschlichen Leben. Obwohl die Zerstörung von Institutionen der gegenseitigen Hilfe in Praxis und Theorie bereits seit drei- oder vierhundert Jahren im Gange ist, leben weiterhin Hunderte Millionen Menschen unter solchen Institutionen; Sie bewahren sie fromm und bemühen sich , sie dort wiederherzustellen, wo sie nicht mehr existieren. In unseren gegenseitigen Beziehungen erlebt jeder von uns Momente der Revolte gegen das modische individualistische Glaubensbekenntnis des Tages, und Handlungen, bei denen sich Männer von ihren Neigungen zur gegenseitigen Hilfe leiten lassen, machen einen so großen Teil unseres täglichen Verkehrs aus, dass wir mit solchen Handlungen aufhören müssen gesetzt werden könnte, würde jeder weitere ethische Fortschritt sofort gestoppt werden. Die menschliche Gesellschaft selbst könnte nicht einmal für die Lebenszeit einer einzigen Generation aufrechterhalten werden. Diese Tatsachen, die von Soziologen größtenteils vernachlässigt werden und dennoch für das Leben und den weiteren Aufstieg der Menschheit von größter Bedeutung sind, werden wir nun analysieren, beginnend mit den bestehenden Institutionen der gegenseitigen Unterstützung und dann an jene Akte der gegenseitigen Hilfe gehend, die ihre Bedeutung haben Ursprung in persönlichen oder sozialen Sympathien.

Wenn wir einen umfassenden Blick auf die gegenwärtige Verfassung der europäischen Gesellschaft werfen, fällt uns sofort die Tatsache auf, dass, obwohl so viel getan wurde, um die Dorfgemeinschaft loszuwerden, diese Form der Vereinigung weiterhin in dem Ausmaß besteht, wie wir es gleich sehen werden Sehen Sie, und dass jetzt viele Versuche unternommen werden, es entweder in der einen oder anderen Form wiederherzustellen oder einen Ersatz dafür zu finden. Die aktuelle Theorie über die Dorfgemeinschaft besagt, dass sie in Westeuropa durch einen natürlichen Tod ausgestorben ist, weil der gemeinschaftliche Besitz des Bodens nicht mit den modernen Anforderungen der Landwirtschaft vereinbar war. Aber die Wahrheit ist, dass die Dorfgemeinschaft nirgendwo von selbst verschwunden ist; Im Gegenteil, überall erforderten die herrschenden Klassen mehrere Jahrhunderte hartnäckiger, aber nicht immer erfolgreicher Bemühungen, es abzuschaffen und die Gemeindeländer zu beschlagnahmen.

In Frankreich begann man bereits im 16. Jahrhundert, den Dorfgemeinschaften ihre Unabhängigkeit zu entziehen und ihre Ländereien zu plündern. Doch erst im nächsten Jahrhundert, als die Masse der Bauern durch Erpressungen und Kriege in den Zustand der Unterwerfung und des Elends gebracht wurde, der von allen Historikern anschaulich geschildert wird, wurde die Plünderung ihres Landes leicht und skandalös Proportionen. „ Jeder hat von ihnen nach seinen Kräften genommen ... es wurden imaginäre Schulden eingefordert, um sich ihrer Ländereien zu bemächtigen.“ so lesen wir in einem Edikt, das Ludwig der Vierzehnte im Jahr 1667 erließ. (3) Natürlich bestand das Mittel des Staates gegen solche Übel darin, die Gemeinden dem Staat noch mehr unterzuordnen und sie selbst auszuplündern. Tatsächlich wurden zwei Jahre später alle Geldeinnahmen der Gemeinden vom König beschlagnahmt. Was die Aneignung kommunaler Ländereien anging, wurde es immer schlimmer, und im nächsten Jahrhundert hatten Adlige und Geistliche bereits riesige Landstriche in Besitz genommen – gewissen Schätzungen zufolge die Hälfte der bewirtschafteten Fläche –, die sie größtenteils vermieteten es geht aus der Kultur hervor.(4) Aber die Bauern behielten weiterhin ihre kommunalen

Einrichtungen bei, und bis zum Jahr 1787 pflegten die Dorfvolksversammlungen, bestehend aus allen Hausbesitzern, im Schatten des Glockenturms oder eines Baumes zusammenzukommen, um zu teilen und das, was sie von ihren Feldern behalten hatten, neu zuteilen, um die Steuern festzusetzen und ihre Exekutive zu wählen, so wie es der russische Mir derzeit tut. Dies ist es, was Babeaus Forschungen nachweislich bewiesen haben .(5)

Die Regierung fand die Volksversammlungen jedoch „zu laut" und zu ungehorsam, und 1787 wurden stattdessen gewählte Räte eingeführt, die aus einem Bürgermeister und drei bis sechs Syndiks bestanden, die aus der Mitte der wohlhabenderen Bauern ausgewählt wurden. Zwei Jahre später der Revolutionary Assemblee Die Constituante , die in diesem Punkt mit dem alten Regime einig war, bestätigte dieses Gesetz vollständig (am 14. Dezember 1789), und nun waren die Bourgeois du Village an der Reihe, das Gemeindeland zu plündern, was während der gesamten Revolutionszeit andauerte Zeitraum. Erst am 16. August 1792 beschloss der Konvent unter dem Druck der Bauernaufstände, die eingeschlossenen Ländereien an die Kommunen zurückzugeben (6), befahl aber gleichzeitig, sie zu gleichen Teilen untereinander aufzuteilen nur die wohlhabenderen Bauern – eine Maßnahme, die neue Aufstände provozierte und im nächsten Jahr, 1793, aufgehoben wurde, als die Anordnung erging, das Gemeindeland unter allen Bürgern, reich und arm, „aktiv" und „inaktiv", aufzuteilen.

Diese beiden Gesetze widersprachen jedoch so sehr den Vorstellungen der Bauern, dass sie nicht befolgt wurden, und wo die Bauern einen Teil ihres Landes wieder in Besitz genommen hatten, behielten sie es ungeteilt. Doch dann kamen die langen Kriegsjahre, und die Gemeindeländereien wurden vom Staat (im Jahr 1794) einfach als Hypothek für Staatsanleihen beschlagnahmt, zum Verkauf angeboten und als solche geplündert; dann wieder an die Kommunen zurückgegeben und erneut beschlagnahmt (1813); und erst 1816 wurde das, was von ihnen übrig blieb, nämlich etwa 15.000.000 Acres des am wenigsten ertragreichen Landes, den Dorfgemeinschaften zurückgegeben . (7) Damit waren die Probleme der Kommunen jedoch noch nicht zu Ende. Jedes neue Regime sah im Gemeindeland ein Mittel zur Befriedigung seiner Anhänger, und drei Gesetze (das erste im Jahr 1837 und das letzte unter Napoleon dem Dritten) wurden erlassen, um die Dorfgemeinschaften zur Aufteilung ihrer Ländereien zu bewegen. Dreimal mussten diese Gesetze aufgrund des Widerstands, auf den sie in den Dörfern stießen, aufgehoben werden; Aber jedes Mal wurde etwas geschnappt , und Napoleon der Dritte gewährte unter dem Vorwand, perfektionierte Methoden der Landwirtschaft zu fördern, einigen seiner Günstlinge große Ländereien aus dem Gemeindeland .

Was blieb von der Autonomie der Dorfgemeinschaften nach so vielen Schlägen erhalten? Der Bürgermeister und die Syndikus wurden einfach als unbezahlte Funktionäre der Staatsmaschinerie betrachtet. Selbst jetzt, unter der Dritten Republik, kann in einer Dorfgemeinschaft sehr wenig getan werden, ohne dass die riesige Staatsmaschinerie, bis hin zum Präfekt und den Ministerien, in Gang gesetzt wird. Es ist kaum glaubwürdig und doch wahr, dass, wenn beispielsweise ein Bauer beabsichtigt, seinen Anteil an der Reparatur einer Gemeindestraße in Geld zu bezahlen, statt selbst die nötige Menge an Steinen zu brechen, nicht weniger als zwölf verschiedene Beamte tätig sind Die Mitglieder des Staates müssen ihre Zustimmung erteilen, und es müssen insgesamt zweiundfünfzig verschiedene Handlungen von ihnen vorgenommen und zwischen ihnen ausgetauscht werden, bevor der Bauer das Geld an den Gemeinderat zahlen darf. Der Rest trägt den gleichen Charakter.(8)

Was in Frankreich geschah, geschah überall in West- und Mitteleuropa. Sogar die Hauptdaten der großen Angriffe auf das Bauernland sind dieselben. Für England besteht der einzige Unterschied darin, dass die Enteignung durch einzelne Akte und nicht durch umfassende Maßnahmen durchgeführt wurde – mit weniger Eile, aber gründlicher als in Frankreich. Die Beschlagnahmung des Gemeindelandes durch die Herren begann ebenfalls im 15. Jahrhundert, nach der Niederschlagung des Bauernaufstands von 1380 – wie aus Rossus' Historia und einem Statut Heinrichs des Siebten hervorgeht, in dem diese Beschlagnahmungen unter der Überschrift erwähnt werden von „ enormitees und myschefes als schädlich für das Gemeinwohl " . es endete mit einer Sanktionierung dessen, was getan worden war.(10) Das Gemeindeland wurde weiterhin ausgebeutet und die Bauern wurden vom Land vertrieben. Aber insbesondere seit der Mitte des 18. Jahrhunderts wurde es in England wie überall sonst Teil einer systematischen Politik, alle Spuren von Gemeinschaftseigentum einfach auszumerzen; und das Wunder ist nicht, dass es verschwunden ist, sondern dass es sogar in England beibehalten werden konnte, so dass es „so spät wie die Großväter dieser Generation allgemein verbreitet" war.(11) Das eigentliche Ziel der Enclosure Acts, as Die von Herrn Seebohm gezeigte Maßnahme bestand darin, dieses System zu beseitigen(12), und es wurde durch die fast viertausend Gesetze, die zwischen 1760 und 1844 verabschiedet wurden, so gut beseitigt, dass heute nur noch schwache Spuren davon übrig sind. Das Land der Dorfgemeinschaften wurde von den Grundherren übernommen, und die Aneignung wurde in jedem einzelnen Fall vom Parlament genehmigt.

Auch in Deutschland, in Österreich, in Belgien wurde die Dorfgemeinschaft vom Staat zerstört. Fälle, in denen Bürger ihr Land selbst aufteilten, waren selten (13), während die Staaten sie überall dazu zwangen, die Teilung durchzusetzen, oder einfach die private Aneignung ihres Landes begünstigten . Auch der letzte Schlag gegen das kommunale Eigentum in Mitteleuropa fällt in die Mitte des 18. Jahrhunderts. In Österreich setzte die Regierung 1768 reine Gewalt ein, um die Gemeinden zur Aufteilung ihres Landes zu zwingen – zwei Jahre später wurde zu diesem Zweck eine Sonderkommission eingesetzt. In Preußen empfahl Friedrich der Zweite in mehreren seiner Verordnungen (1752, 1763, 1765 und 1769) den Justizkollegien , die Teilung durchzusetzen. In Schlesien wurde zu diesem Zweck 1771 ein Sonderbeschluss erlassen. Dasselbe geschah in Belgien, und da die Gemeinden sich nicht daran hielten, wurde 1847 ein Gesetz erlassen, das die Regierung ermächtigte, kommunale Wiesen zu kaufen, um sie im Einzelhandel zu verkaufen und einen Zwangsverkauf des Gemeinschaftslandes durchzuführen, wenn es einen potenziellen Käufer dafür gab .(14)

Kurz gesagt, vom natürlichen Tod der Dorfgemeinschaften aufgrund der Wirtschaftsgesetze zu sprechen, ist ein ebenso düsterer Witz wie vom natürlichen Tod von Soldaten, die auf dem Schlachtfeld abgeschlachtet werden. Tatsache war einfach: Die Dorfgemeinschaften lebten seit über tausend Jahren; und wo und solange die Bauern nicht durch Kriege und Zwangsmaßnahmen ruiniert wurden , verbesserten sie ihre Kulturmethoden stetig. Als aber der Wert des Bodens infolge des Wachstums der Industrie zunahm und der Adel unter der Staatsorganisation eine Macht erlangt hatte, die er unter dem Feudalsystem nie gehabt hatte, nahm er die besten Teile der Gemeinde in Besitz Ländereien und tat sein Bestes, um die kommunalen Institutionen zu zerstören.

Allerdings gehen die dörflichen Gemeinschaftsinstitutionen so gut auf die Bedürfnisse und Vorstellungen der Ackerbauern ein, dass trotz allem Europa bis heute mit lebendigen Überresten der dörflichen Gemeinschaften bedeckt und das europäische Landleben davon durchdrungen ist Bräuche und Gewohnheiten aus der Gemeindezeit. Selbst in England setzte sich die alte Ordnung trotz aller drastischen Maßnahmen noch zu Beginn des 19. Jahrhunderts durch. Herr Gomme – einer der ganz wenigen englischen Gelehrten, die sich mit diesem Thema befasst haben – zeigt in seiner Arbeit, dass in Schottland viele Spuren des gemeinschaftlichen Besitzes des Bodens zu finden sind, da in Forfarshire bis 1813 ein „ Runrig "-Pachtrecht bestand , während es in bestimmten Dörfern von Inverness bis 1801 Brauch war, das Land für die gesamte Gemeinde zu pflügen, ohne irgendwelche Grenzen zu hinterlassen, und es nach dem Pflügen zuzuteilen. In Kilmorie war die Zuteilung und Neuzuteilung der Felder „bis in die letzten 25 Jahre" in vollem Gange , und die Crofters' Commission stellte fest, dass sie auf bestimmten Inseln immer noch in vollem Gange war.(15) In Irland herrschte das System bis zum große Hungersnot; und was England betrifft, so lassen Marshalls Werke, die unbeachtet blieben, bis Nasse und Sir Henry Maine auf sie aufmerksam machten, keinen Zweifel daran, dass das Dorfgemeinschaftssystem zu Beginn des 19. Jahrhunderts in fast allen englischen Grafschaften weit verbreitet war .(16) Vor nicht mehr als zwanzig Jahren war Sir Henry Maine „äußerst überrascht über die Zahl der Fälle ungewöhnlicher Eigentumsrechte , die zwangsläufig auf die frühere Existenz von kollektivem Eigentum und gemeinsamer Bewirtschaftung schließen ließen", worauf ihn eine vergleichsweise kurze Untersuchung aufmerksam machte. (17) Und da kommunale Institutionen bis dahin bestehen geblieben sind, würden in englischen Dörfern zweifellos zahlreiche Gewohnheiten und Bräuche der gegenseitigen Hilfe entdeckt werden, wenn die Schriftsteller dieses Landes nur dem Dorfleben ihre Aufmerksamkeit schenken würden.(18)

Was den Kontinent betrifft, so finden wir die kommunalen Institutionen in vielen Teilen Frankreichs, der Schweiz, Deutschlands, Italiens, den skandinavischen Ländern und Spanien, ganz zu schweigen von Osteuropa, vollständig lebendig; das dörfliche Leben in diesen Ländern ist von gemeinschaftlichen Gewohnheiten und Bräuchen durchdrungen; und fast jedes Jahr wird die kontinentale Literatur durch ernsthafte Werke bereichert, die sich mit diesem und verwandten Themen befassen. Deshalb muss ich meine Darstellungen auf die typischsten Beispiele beschränken. Die Schweiz ist zweifellos eine davon. Nicht nur die fünf Republiken Uri, Schwytz , Appenzell, Glarus und Unterwalden besitzen ihre Ländereien als ungeteilte Besitztümer und werden von ihren Volksversammlungen regiert, auch in allen anderen Kantonen sind die Dorfgemeinschaften weiterhin im Besitz einer umfassenden Selbstverwaltung. und besitzen große Teile des Bundesgebiets.(19) Zwei Drittel aller Alpenwiesen und zwei Drittel aller Wälder der Schweiz sind bisher Gemeindeland; und eine beträchtliche Anzahl von Feldern, Obstgärten, Weinbergen, Torfmooren, Steinbrüchen usw. sind gemeinsames Eigentum. Im Waadtland, wo weiterhin alle Hausbesitzer an den Beratungen ihrer gewählten Gemeinderäte teilnehmen, ist der Gemeinschaftsgeist besonders lebendig. Gegen Ende des Winters verbringen alle jungen Männer jedes Dorfes ein paar Tage in den Wäldern, um Holz zu fällen und es auf der Rodelbahn die steilen Hänge hinunterzubringen. Das Holz und das Brennholz werden unter allen Haushalten aufgeteilt oder verkauft zu ihrem Nutzen. Diese Ausflüge sind wahre Feste männlicher Arbeit . An den Ufern des Genfersees wird ein Teil der Arbeiten zur Erhaltung der Terrassen der Weinberge noch immer gemeinschaftlich erledigt; und im Frühling, wenn das Thermometer vor Sonnenaufgang unter Null zu fallen droht, weckt der Wächter alle Hausbesitzer, die Feuer aus Stroh und Mist anzünden und ihre Weinbäume durch eine künstliche Wolke vor dem Frost schützen. In fast allen Kantonen verfügen die Dorfgemeinschaften über sogenannte. Burgernutzen — das heißt, sie halten gemeinsam eine Anzahl Kühe, um jede Familie mit Butter zu versorgen; oder sie bewirtschaften gemeinschaftliche Felder oder Weinberge, deren Ertrag unter den Bürgern aufgeteilt wird, oder sie verpachten ihr Land zugunsten der Gemeinde.(20)

Als Regel kann man annehmen, dass die Gemeinden dort, wo sie einen weiten Aufgabenbereich bewahrt haben, lebendige Teile des nationalen Organismus sind und wo sie nicht ins Elend gestürzt sind, stets gut auf ihre Ländereien achten. Dementsprechend stehen die Gemeindegüter in der Schweiz in krassem Gegensatz zu dem elenden Zustand der Allmende in unserem Land. Die Gemeindewälder in der Waadt und im Wallis werden nach den Regeln der modernen Forstwirtschaft vorbildlich bewirtschaftet. Andernorts werden die „Streifen“ der Gemeindefelder, die im Rahmen der Umverteilung den Besitzer wechseln, sehr gut gedüngt, zumal es keinen Mangel an Wiesen und Vieh gibt. Die hochgelegenen Wiesen sind in der Regel gut gepflegt und die Landstraßen sind ausgezeichnet. (21) Und wenn wir das Schweizer Chalet, die Bergstraße, das Vieh der Bauern, die Weinbergterrassen oder das Schulhaus in der Schweiz bewundern, müssen wir bedenken, dass es ohne das Holz für das Chalet aus den Gemeindewäldern und die Steine aus den Gemeindesteinbrüchen, ohne die Kühe auf den Gemeindewiesen und ohne den Bau der Straßen und Schulhäuser in Gemeindearbeit wenig zu bewundern gäbe.

Es muss kaum erwähnt werden, dass in den Schweizer Dörfern noch immer zahlreiche Bräuche und Bräuche der gegenseitigen Hilfe bestehen. Die abendlichen Treffen zum Walnussschälen, die abwechselnd in jedem Haushalt stattfinden; die Abendpartys zum Zusammennähen der Mitgift des Mädchens, das heiraten wird; die Herbeirufung von „Helfern“ für den Hausbau und die Ernte sowie für alle Arten von Arbeiten, die von einem der Bürger verlangt werden könnten; der Brauch, Kinder von einem Kanton in den anderen auszutauschen, um ihnen das Erlernen zweier Sprachen, Französisch und Deutsch, zu ermöglichen; und so weiter – all dies ist durchaus gewohnheitsmäßig; (22) während auf der anderen Seite verschiedene moderne Anforderungen im gleichen Geist erfüllt werden. So wurden im Glarnerland in einer Katastrophenzeit die meisten Alpweiden verkauft; aber die Gemeinden kaufen immer noch Feldland, und nachdem die neu gekauften Felder zehn, zwanzig oder dreißig Jahre lang im Besitz einzelner Bürger geblieben sind, kehren sie zum gemeinsamen Grundbesitz zurück, d. h entsprechend den Bedürfnissen aller neu zugeteilt werden. Eine große Zahl kleiner Vereine bildet sich, um in gemeinsamer Arbeit, wenn auch nur in begrenztem Umfang, einige der lebensnotwendigen Güter – Brot, Käse und Wein – zu produzieren; und die landwirtschaftliche Zusammenarbeit breitet sich in der Schweiz überhaupt mit größter Leichtigkeit aus. Zusammenschlüsse von zehn bis dreißig Bauern, die gemeinsam Wiesen und Felder kaufen und als Miteigentümer bewirtschaften, sind weit verbreitet; während es überall Molkereivereine für den Verkauf von Milch, Butter und Käse gibt. Tatsächlich war die Schweiz der Geburtsort dieser Form der Zusammenarbeit. Darüber hinaus bietet es ein riesiges Feld für die Untersuchung aller Arten kleiner und großer Gesellschaften, die zur Befriedigung aller Arten moderner Bedürfnisse gegründet wurden. In bestimmten Teilen der Schweiz findet man in fast jedem Dorf eine Reihe von Vereinen – für den Schutz vor Feuer, für die Schifffahrt, für die Instandhaltung der Kaianlagen an den Ufern eines Sees, für die Wasserversorgung und so weiter; und das Land ist übersät mit Gesellschaften von Bogenschützen, Scharfschützen, Topografen, Wanderwegforschern und dergleichen, die aus dem modernen Militarismus hervorgegangen sind.

Die Schweiz stellt in Europa jedoch keineswegs eine Ausnahme dar, da in den Dörfern Frankreichs, Italiens, Deutschlands, Dänemarks usw. dieselben Institutionen und Gewohnheiten zu finden sind. Wir haben gerade gesehen, was die Herrscher Frankreichs getan haben, um die Dorfgemeinschaft zu zerstören und sich ihrer Ländereien zu bemächtigen; aber trotz alledem bleibt ein Zehntel des gesamten für die Kultur zur Verfügung stehenden Territoriums, also 13.500.000 Acres, einschließlich der Hälfte aller natürlichen Wiesen und fast eines Fünftels aller Wälder des Landes, in kommunalem Besitz. Die Wälder versorgen die Kommunen mit Brennstoff, und das Nutzholz wird, meist durch Gemeinschaftsarbeit, in aller wünschenswerten Regelmäßigkeit gefällt; die Weideflächen sind für das Vieh der Bürger frei; und was von gemeinschaftlichen Feldern übrig bleibt, wird in bestimmten Teilen der Ardennen – wie in Frankreich üblich – zugeteilt und neu zugeteilt, nämlich auf dem Weg.(23)

Diese zusätzlichen Einnahmequellen, die den ärmeren Bauern helfen, ein Jahr mit Missernten zu überstehen, ohne sich von ihren kleinen Grundstücken zu trennen und ohne uneinlösbare Schulden zu machen, sind zweifellos sowohl für die Landarbeiter als auch für die nahezu drei Millionen Kleinbauern von Bedeutung . Es ist sogar fraglich, ob der Kleinbauernbesitz ohne diese zusätzlichen Mittel aufrechterhalten werden könnte. Aber die ethische Bedeutung des Gemeinbesitzes, so klein er auch ist, ist immer noch größer als sein ökonomischer Wert. Sie erhalten im Dorfleben einen Kern von Sitten und Gebräuchen der gegenseitigen Hilfe, der zweifellos die Entwicklung von rücksichtslosem Individualismus und Habgier, zu deren Entwicklung der Kleingrundbesitz nur allzu leicht neigt, gewaltig hemmt. Gegenseitige Hilfe in allen möglichen Situationen des Dorflebens ist in allen Teilen des Landes Teil des alltäglichen Lebens. Überall begegnen wir, unter verschiedenen Namen, dem „ Charroi ", d. h. der kostenlosen Hilfe der Nachbarn beim Einbringen einer Ernte, bei der Weinlese oder beim Bau eines Hauses; überall finden wir dieselben abendlichen Zusammenkünfte, wie sie gerade in der Schweiz erwähnt wurden; und überall schließen sich die einfachen Leute zu allen möglichen Arbeiten zusammen. Solche Gewohnheiten werden von fast allen erwähnt, die über das französische Dorfleben geschrieben haben. Aber es ist vielleicht besser, an dieser Stelle einige Auszüge aus Briefen wiederzugeben, die ich soeben von einem Freund erhalten habe, den ich gebeten habe, mir seine Beobachtungen zu diesem Thema mitzuteilen. Sie stammen von einem betagten Mann, der jahrelang Bürgermeister seiner Gemeinde in Südfrankreich (in Ariège) war; die Tatsachen, die er erwähnt, sind ihm aus jahrelanger persönlicher Beobachtung bekannt, und sie haben den Vorteil, dass sie aus einer Nachbarschaft stammen und nicht aus einem großen Gebiet. Einige davon mögen unbedeutend erscheinen, aber im Großen und Ganzen schildern sie einen ziemlich kleinen Teil der Welt des Dorflebens.

„In mehreren Gemeinden in unserer Nachbarschaft ‟, schreibt mein Freund, „ ist der alte Brauch des l'emprount in vollem Gange . Wenn in einer Metairie viele Hände benötigt werden, um schnell eine Arbeit zu erledigen – Kartoffeln auszugraben oder das Gras zu mähen –, ist die Jugend von.“ Die Nachbarschaft ist versammelt; junge Männer und Mädchen kommen in Scharen, machen fröhlich und umsonst und tanzen abends nach einem fröhlichen Essen.

„Wenn in denselben Gemeinden ein Mädchen heiraten will, kommen die Mädchen aus der Nachbarschaft , um beim Nähen der Mitgift zu helfen. In mehreren Gemeinden spinnen die Frauen noch immer viel. Wenn die Abwicklung in einem erledigt werden muss Familie wird es an einem Abend erledigt – alle Freunde werden zu dieser Arbeit zusammengerufen. In vielen Gemeinden der Ariege und anderen Teilen des Südwestens wird das Beschießen der indischen Maisgarben auch von allen Nachbarn erledigt Kastanien und Wein, und die jungen Leute tanzen nach getaner Arbeit. Der gleiche Brauch wird in der Gemeinde L. praktiziert , um die Maisernte einzubringen Arbeit wird zu Festtagen, da der Besitzer seine Ehre darauf setzt, ein gutes Essen zu servieren. Es wird keine Vergütung für den anderen gezahlt.(24)

„In der Gemeinde S. wird das gemeinsame Weideland jedes Jahr vergrößert, so dass nun fast das gesamte Gemeindeland gemeinschaftlich bewirtschaftet wird. Die Hirten werden von allen Besitzern des Viehs, einschließlich der Frauen, gewählt. Die Bullen sind gemeinschaftlich.

„In der Gemeinde M. werden die vierzig bis fünfzig kleinen Schafherden der einfachen Bevölkerung zusammengeführt und in drei oder vier Herden aufgeteilt, bevor sie auf die höher gelegenen Wiesen geschickt werden. Jeder Besitzer geht für eine Woche als Hirte.

„Im Weiler C. wurde von mehreren Haushalten gemeinsam eine Dreschmaschine gekauft; die für die Bedienung der Maschine erforderlichen fünfzehn bis zwanzig Personen wurden von allen Familien gestellt. Drei weitere Dreschmaschinen wurden gekauft und werden von ihren Besitzern vermietet , aber die Arbeit wird von externen Helfern ausgeführt, die in üblicher Weise eingeladen werden.

"In unserer Gemeinde R. mussten wir die Friedhofsmauer errichten. Die Hälfte des Geldes, das für den Kalkkauf und die Löhne der Facharbeiter benötigt wurde, wurde vom Kreisrat aufgebracht, die andere Hälfte durch Spenden. Die Arbeit des Sand- und Wassertransports, der Mörtelherstellung und der Bedienung der Maurer wurde vollständig von Freiwilligen erledigt [genau wie in der kabylischen Djemmaa]. Die Landstraßen wurden auf die gleiche Weise repariert, durch freiwillige Arbeitstage der Bürger. Andere Gemeinden haben auf die gleiche Weise ihre Brunnen gebaut. Die Weinpresse und andere kleinere Geräte werden häufig von der Gemeinde aufbewahrt."

Zwei Bewohner derselben Nachbarschaft , die von meinem Freund befragt wurden, fügen Folgendes hinzu :

vor ein paar Jahren keine Mühle. Die Gemeinde hat eine gebaut und von den Bürgern eine Steuer erhoben. Was den Müller betrifft, so beschlossen sie, um Betrug und Parteilichkeit zu vermeiden, dass ihm zwei Francs bezahlt werden sollten jeder Brotesser, und der Mais wird freigemahlen.

„In St. G. sind nur wenige Bauern gegen Feuer versichert. Wenn eine Feuersbrunst stattgefunden hat – so war es in letzter Zeit –, geben alle der Familie, die darunter gelitten hat, etwas – einen Chaldron , eine Bettdecke, einen Stuhl und so weiter." Weiter – und so entsteht ein bescheidener Haushalt. Alle Nachbarn helfen beim Bau des Hauses, und in der Zwischenzeit wird die Familie von den Nachbarn kostenlos untergebracht .

Solche Gewohnheiten der gegenseitigen Unterstützung – für die noch viele weitere Beispiele angeführt werden könnten – erklären zweifellos die Leichtigkeit, mit der sich die französischen Bauern zusammenschließen, um abwechselnd den Pflug mit seinem Pferdegespann, die Weinpresse und die Dreschmaschine zu benutzen, wenn sie im Dorf nur von einem von ihnen gehalten werden, sowie um alle Arten von Landarbeiten gemeinsam zu verrichten. Kanäle wurden von den Dorfgemeinschaften seit jeher instand gehalten, Wälder gerodet, Bäume gepflanzt und Sümpfe trockengelegt; und das ist noch immer so. In jüngster Zeit wurden in La Borne in Lozère kahle Hügel durch Gemeinschaftsarbeit in üppige Gärten verwandelt. „Die Erde wurde auf den Rücken der Männer gebracht; Terrassen wurden angelegt und mit Kastanienbäumen, Pfirsichbäumen und Obstgärten bepflanzt, und Wasser wurde zur Bewässerung in zwei oder drei Meilen langen Kanälen herangeführt." Gerade jetzt haben sie einen neuen Kanal gegraben, der elf Meilen lang ist .(25)

Diesem Geist verdanken wir auch den bemerkenswerten Erfolg, den die Syndikate in letzter Zeit erzielt haben. agricoles oder Bauern- und Landwirtsvereinigungen. Erst 1884 wurden in Frankreich Vereinigungen mit mehr als neunzehn Personen zugelassen, und ich brauche nicht zu erwähnen, dass, als dieses „gefährliche Experiment" gewagt wurde – so nannte es die Kammern – alle gebotenen „Vorsichtsmaßnahmen" getroffen wurden, die sich Funktionäre nur ausdenken können. Trotz alledem beginnt Frankreich von Syndikaten übersät zu sein. Anfangs wurden sie nur zum Ankauf von Dünger und Saatgut gegründet, da die Fälschung in diesen beiden Zweigen kolossale Ausmaße angenommen hatte;(26) aber nach und nach erweiterten sie ihre Aufgaben auf verschiedene Bereiche, darunter den Verkauf landwirtschaftlicher Produkte und ständige Bodenverbesserungen. In Südfrankreich haben die Verwüstungen durch die Reblaus eine große Zahl von Weinbauvereinigungen zur Gründung geführt. Zehn bis dreißig Winzer bilden ein Syndikat, kaufen eine Dampfmaschine zum Pumpen von Wasser und treffen die notwendigen Vorkehrungen, um ihre Weinberge nacheinander zu überfluten . (27) Ständig werden neue Vereinigungen zum Schutz des Landes vor Überschwemmungen, zu Bewässerungszwecken und zur Instandhaltung der Kanäle gegründet, und die gesetzlich vorgeschriebene Einstimmigkeit aller Bauern einer Nachbarschaft stellt kein Hindernis dar. Anderswo haben wir die Fruitières oder Molkereivereinigungen, in denen einige Butter und Käse zu gleichen Teilen aufgeteilt werden, unabhängig von der Leistung jeder einzelnen Kuh. In der Ariège finden wir eine Vereinigung von acht getrennten Gemeinden zur gemeinsamen Bewirtschaftung ihrer Ländereien, die sie zusammengeschlossen haben; in 172 von 337 Gemeinden im selben Departement wurden Syndikate für kostenlose medizinische Hilfe gegründet; im Zusammenhang mit den Syndikaten entstehen Verbrauchervereinigungen und so weiter . (28) „ In unseren Dörfern findet eine ziemliche Revolution statt", schreibt Alfred Baudrillart , „durch diese Vereinigungen, die in jeder Region ihren eigenen besonderen Charakter annehmen."

Ganz ähnliches gilt auch für Deutschland. Wo immer die Bauern der Plünderung ihrer Ländereien widerstehen konnten, haben sie diese in Gemeineigentum belassen, was in Württemberg, Baden, Hohenzollern und in der hessischen Provinz Starkenberg weitgehend der Fall ist . (29) Die Gemeindewälder werden in der Regel in ausgezeichnetem Zustand gehalten, und in Tausenden von Gemeinden werden Bau- und Brennholz jährlich unter allen Einwohnern aufgeteilt; sogar der alte Brauch des Lesholztags ist weit verbreitet: Beim Läuten der Dorfglocke gehen alle in den Wald, um so viel Brennholz zu holen, wie sie tragen können. (30) In Westfalen findet man Gemeinden, in denen das gesamte Land als ein gemeinsames Gut bewirtschaftet wird, und zwar in Übereinstimmung mit allen Anforderungen der modernen Agronomie. Was die alten Gemeindebräuche und -

gewohnheiten betrifft, so sind diese in den meisten Teilen Deutschlands noch immer lebendig . Das Herbeirufen von Hilfskräften, das wahre Arbeitsfeste sind , ist in Westfalen, Hessen und Nassau bekanntlich durchaus üblich. In waldreichen Gegenden wird das Holz für ein neues Haus normalerweise aus dem Gemeindewald genommen, und alle Nachbarn helfen beim Bau des Hauses mit. Sogar in den Vororten von Frankfurt ist es unter den Gärtnern ein fester Brauch, dass, wenn einer von ihnen krank ist, alle am Sonntag kommen, um seinen Garten zu bebauen.(31)

In Deutschland wie in Frankreich begannen sich diese Vereinigungen, sobald die Volksherrscher ihre Gesetze gegen die Bauernvereinigungen aufgehoben hatten – das war erst 1884-1888 –, mit erstaunlicher Geschwindigkeit zu entwickeln, ungeachtet aller rechtlichen Hindernisse, die ihnen in den Weg gelegt wurden. (32) „Es ist eine Tatsache", sagt Buchenberger , „dass in Tausenden von Dorfgemeinschaften, in denen weder chemischer Dünger noch vernünftiges Viehfutter je bekannt war, beides dank dieser Vereinigungen in einem ganz unvorhergesehenen Ausmaß zum alltäglichen Gebrauch geworden ist" (Bd. II, S. 507). Alle Arten arbeitssparender Geräte und landwirtschaftlicher Maschinen sowie bessere Viehrassen werden über die Vereinigungen gekauft, und es werden verschiedene Maßnahmen zur Verbesserung der Qualität der Erzeugnisse eingeführt. Es werden auch Vereinigungen zum Verkauf landwirtschaftlicher Erzeugnisse sowie zur ständigen Verbesserung des Bodens gegründet. (33)

Vom Standpunkt der Sozialökonomie aus sind all diese Bemühungen der Bauern sicherlich von geringer Bedeutung. Sie können das Elend, dem die Ackerbauern in ganz Europa ausgesetzt sind, nicht wesentlich und noch weniger dauerhaft lindern. Aber vom ethischen Standpunkt aus, den wir jetzt betrachten, kann ihre Bedeutung nicht überschätzt werden. Sie beweisen, dass die landwirtschaftlichen Massen selbst unter dem System des rücksichtslosen Individualismus, das jetzt vorherrscht, ihr Erbe der gegenseitigen Unterstützung fromm bewahren; und sobald die Staaten die ehernen Gesetze lockern, mit denen sie alle Bindungen zwischen den Menschen zerbrochen haben, werden diese Bindungen trotz der zahlreichen politischen, wirtschaftlichen und sozialen Schwierigkeiten sofort wiederhergestellt, und zwar in solchen Formen, die den modernen Produktionsanforderungen am besten entsprechen. Sie zeigen, in welcher Richtung und in welcher Form weiterer Fortschritt zu erwarten ist.

Ich könnte leicht viele solcher Beispiele anführen, indem ich sie aus Italien, Spanien, Dänemark usw. nehme und einige interessante Merkmale aufzeige, die jedem dieser Länder eigen sind. Die slawischen Bevölkerungen Österreichs und der Balkanhalbinsel, bei denen die „gemischte Familie" oder der „ungeteilte Haushalt" existiert, sollten ebenfalls erwähnt werden . (34) Aber ich beeile mich, nach Russland zu kommen, wo dieselbe Tendenz zur gegenseitigen Unterstützung bestimmte neue und unvorhergesehene Formen annimmt. Darüber hinaus haben wir bei der Behandlung der Dorfgemeinschaft in Russland den Vorteil, dass wir über eine enorme Menge an Material verfügen, das während der gewaltigen Haus-zu-Haus-Untersuchung gesammelt wurde, die kürzlich von mehreren Semstwos (Kreisräten) durchgeführt wurde und eine Bevölkerung von fast 20.000.000 Bauern in verschiedenen Teilen des Landes umfasst. (35)

Aus der Masse der von den russischen Untersuchungen zusammengetragenen Beweise können zwei wichtige Schlüsse gezogen werden. In Mittelrussland, wo ein Drittel der Bauern völlig ruiniert wurde (durch hohe Steuern, kleine Parzellen unproduktiven Landes, Wuchermieten und sehr strenge Steuereintreibung nach totalen Missernten), gab es während der ersten fünfundzwanzig Jahre nach der Befreiung der Leibeigenen eine entschiedene Tendenz zur Schaffung von individuellem Landbesitz innerhalb der Dorfgemeinschaften. Viele verarmte „pferdelose" Bauern gaben ihre Parzellen auf, und dieses Land wurde oft Eigentum jener reicheren Bauern, die sich zusätzliches Einkommen aus dem Handel borgten, oder von Händlern aus dem Ausland, die Land hauptsächlich kauften, um Wuchermieten von den Bauern zu kassieren. Es muss auch hinzugefügt werden, dass ein Fehler im Landrückkaufgesetz von 1861 große Erleichterungen für den Kauf von Bauernland zu sehr geringen Kosten bot (36) und dass die Staatsbeamten ihren gewichtigen Einfluss meist zugunsten des individuellen gegenüber dem Gemeinschaftseigentum nutzten. Seit zwanzig Jahren weht jedoch wieder ein starker Wind der Opposition gegen die individuelle Aneignung des Landes durch die Dörfer Mittelrusslands, und die Masse jener Bauern, die zwischen den Reichen und den Ärmsten stehen, unternimmt energische Anstrengungen, die Dorfgemeinschaft aufrechtzuerhalten. Was die fruchtbaren Steppen des Südens betrifft, die heute den bevölkerungsreichsten und reichsten Teil des europäischen Russlands ausmachen, so wurden sie im Laufe des letzten Jahrhunderts größtenteils unter dem System des individuellen Eigentums oder der individuellen Besetzung kolonisiert, das in dieser Form vom Staat genehmigt wurde. Seit jedoch in der Region verbesserte landwirtschaftliche Methoden mit Hilfe von Maschinen eingeführt wurden, haben die Bauern allmählich begonnen, ihr individuelles Eigentum selbst in Gemeinbesitz umzuwandeln, und man findet heute in dieser Kornkammer Russlands eine sehr große Zahl spontan gebildeter Dorfgemeinschaften neueren Ursprungs. (37)

Die Krim und der nördlich davon liegende Teil des Festlandes (die Provinz Taurida), für die wir detaillierte Daten haben, bieten ein hervorragendes Beispiel für diese Bewegung. Dieses Gebiet begann nach seiner Annexion im Jahr 1783 von Groß-, Klein- und Weißrussen – Kosaken, Freien und entlaufenen Leibeigenen – kolonisiert zu werden, die einzeln oder in kleinen

Gruppen aus allen Teilen Russlands kamen. Sie begannen zunächst mit der Viehzucht, und als sie später mit der Bodenbearbeitung begannen, bestellte jeder so viel, wie er es sich leisten konnte. Doch als die Einwanderung anhielt und perfektionierte Pflüge eingeführt wurden und die Nachfrage nach Land groß war, kam es zu erbitterten Auseinandersetzungen unter den Siedlern. Sie dauerten Jahre, bis diese Männer, die zuvor keine gegenseitigen Bindungen hatten, nach und nach auf die Idee kamen, dass Streitigkeiten durch die Einführung des Dorfgemeinschaftseigentums beendet werden müssten. Sie beschlossen, dass das Land, das sie einzeln besaßen, von nun an ihr gemeinsames Eigentum sein sollte, und sie begannen, es nach den üblichen Regeln der Dorfgemeinschaft zuzuteilen und umzuverteilen. Die Bewegung nahm nach und nach eine große Ausdehnung an, und auf einem kleinen Gebiet fanden die Taurida-Statistiker 161 Dörfer, in denen vor allem in den Jahren 1855–1885 von den Bauern selbst Gemeinschaftseigentum anstelle des Einzeleigentums eingeführt worden war. Auf diese Weise haben die Siedler eine ganze Reihe dörflicher Gemeinschaftstypen frei herausgebildet.(38) Das Interessante an dieser Transformation ist, dass sie nicht nur unter den Großrussen stattfand, die an dörfliche Gemeinschaften gewöhnt sind. Gemeinschaftsleben, sondern auch bei den Kleinrussen, die es unter der polnischen Herrschaft längst vergessen haben, bei Griechen und Bulgaren und sogar bei den Deutschen, die sich in ihren wohlhabenden und halbindustriellen Wolgakolonien längst eine eigene Art dörflicher Gemeinschaft erarbeitet haben .(39) Es ist offensichtlich, dass die muslimischen Tataren von Taurida ihr Land unter dem muslimischen Gewohnheitsrecht halten, das eine begrenzte persönliche Besetzung darstellt; aber auch bei ihnen wurde in einigen Fällen die europäische Dorfgemeinschaft eingeführt. Was andere Nationalitäten in Taurida anbelangt, so wurde das Individualeigentum in sechs estnischen , zwei griechischen, zwei bulgarischen, einem tschechischen und einem deutschen Dorf abgeschafft. Diese Bewegung ist charakteristisch für das gesamte fruchtbare Steppengebiet des Südens. Aber auch in Kleinrussland gibt es einzelne Exemplare davon. So waren in einer Reihe von Dörfern der Provinz Tschernigow die Bauern früher Einzelbesitzer ihrer Parzellen; Sie verfügten über separate Rechtsdokumente für ihre Grundstücke und konnten ihr Land nach Belieben vermieten und verkaufen. Doch in den fünfziger Jahren des 19. Jahrhunderts begann unter ihnen eine Bewegung zugunsten des Gemeinschaftsbesitzes, deren Hauptargument die wachsende Zahl armer Familien war. Die Initiative zur Reform wurde in einem Dorf ergriffen, und die anderen folgten diesem Beispiel, der letzte aktenkundige Fall datierte aus dem Jahr 1882. Natürlich gab es Kämpfe zwischen den Armen, die normalerweise Gemeinschaftsbesitz fordern, und den Reichen, die normalerweise Einzelbesitz bevorzugen Eigentum; und die Kämpfe dauerten oft jahrelang. An manchen Orten war die gesetzlich vorgeschriebene

Einstimmigkeit nicht zu erreichen, und das Dorf wurde in zwei Dörfer geteilt, eines im Privatbesitz und das andere im Gemeinschaftsbesitz; und so blieben sie, bis die beiden zu einer Gemeinschaft verschmolzen, oder sie blieben weiterhin getrennt. Was Mittelrussland betrifft, so ist es eine Tatsache, dass in vielen Dörfern, die in Richtung Einzeleigentum tendierten, seit 1880 eine Massenbewegung für die Wiederherstellung der Dorfgemeinschaft begann. Sogar Bauernbesitzer, die jahrelang im individualistischen System gelebt hatten, kehrten massenhaft zu den kommunalen Institutionen zurück. So gibt es eine beträchtliche Zahl ehemaliger Leibeigener, die nur ein Viertel der regulären Zuteilungen erhalten haben, diese aber unentgeltlich und im Privatbesitz erhalten haben. Im Jahr 1890 gab es unter ihnen (in Kursk, Rjasan, Tambow, Orel usw.) eine weit verbreitete Bewegung zur Zusammenlegung ihrer Kleingärten und zur Einführung der Dorfgemeinschaft. Die „freien Landwirte" (volnyie khlebopashtsy), die durch das Gesetz von 1803 von der Leibeigenschaft befreit wurden und ihre Parzellen – jede Familie einzeln – gekauft hatten, unterliegen nun fast alle dem Dorfgemeinschaftssystem, das sie selbst eingeführt haben. Alle diese Bewegungen sind neueren Ursprungs und auch Nicht-Russen schließen sich ihnen an. So führten die Bulgaren im Distrikt Tiraspol in den Jahren 1876-1882 die Dorfgemeinschaft ein, nachdem sie sechzig Jahre lang im System des Privatbesitzes geblieben waren. Die deutschen Mennoniten von Berdjansk kämpften 1890 für die Einführung der Dorfgemeinschaft, und die Kleinwirthschaftlichen unter den deutschen Baptisten agitierten in ihren Dörfern in die gleiche Richtung. Noch ein Beispiel: In der Provinz Samara gründete die russische Regierung in den vierziger Jahren versuchsweise 103 Dörfer im System des Einzeleigentums. Jeder Haushalt erhielt ein prächtiges Grundstück von 105 Hektar. Im Jahr 1890 hatten von den 103 Dörfern bereits 72 Bauern den Wunsch bekundet, die Dorfgemeinschaft einzuführen. Ich entnehme alle diese Fakten der hervorragenden Arbeit von VV, der lediglich die in der oben erwähnten Haus-zu-Haus-Untersuchung aufgezeichneten Fakten in geheimer Form wiedergibt.

Diese Bewegung zugunsten des Gemeinbesitzes steht im krassen Widerspruch zu den gängigen Wirtschaftstheorien , denen zufolge intensive Kultur mit der Dorfgemeinschaft unvereinbar ist. Aber das Wohlwollendste, was man diesen Theorien sagen kann, ist, dass sie nie einem Experiment unterzogen wurden: Sie gehören in den Bereich der politischen Metaphysik. Die Tatsachen, die uns vorliegen, zeigen im Gegenteil, dass überall dort, wo die russischen Bauern aufgrund eines Zusammentreffens günstiger Umstände weniger elend sind als im Durchschnitt und wo sie unter ihren Nachbarn Menschen mit Wissen und Initiative finden , die Dorfgemeinschaft das eigentliche Mittel zur Einführung verschiedener Verbesserungen in der Landwirtschaft und im Dorfleben insgesamt wird. Hier wie auch anderswo ist gegenseitige Hilfe ein besserer Wegweiser zum Fortschritt als der Krieg aller gegen alle, wie aus den folgenden Tatsachen hervorgeht.

Unter der Herrschaft von Nikolaus dem Ersten zwangen viele Kronbeamte und Leibeigene die Bauern dazu, die Gemeinschaftskultur auf kleinen Parzellen des Dorflandes einzuführen, um die kommunalen Lagerhäuser wieder aufzufüllen, nachdem den ärmsten Bürgern Getreide geliehen worden war. Solche Kulturen, die in den Köpfen der Bauern mit den schlimmsten Erinnerungen an die Leibeigenschaft verbunden waren, wurden aufgegeben, sobald die Leibeigenschaft abgeschafft wurde, aber jetzt beginnen die Bauern, sie auf eigene Faust wieder einzuführen. In einem Bezirk (Ostrogozhsk , in Kursk) reichte die Initiative einer Person aus, um sie in vier Fünfteln aller Dörfer ins Leben zu rufen. Dasselbe trifft man auch an mehreren anderen Orten an. An einem bestimmten Tag kommen die einfachen Leute heraus, die reicheren mit einem Pflug oder einem Karren und die ärmeren allein, und es wird kein Versuch unternommen, den eigenen Anteil an der Arbeit zu diskriminieren. Die Ernte wird anschließend für Kredite an die ärmeren Bürger, meist kostenlose Zuschüsse, oder für Waisen und Witwen, oder für die Dorfkirche, oder für die Schule oder zur Rückzahlung einer Gemeindeschuld verwendet .(40)

Dass alle Arten von Arbeiten, die sozusagen zum Alltag des Dorflebens gehören (Reparatur von Straßen und Brücken, Dämmen, Entwässerung, Wasserversorgung für die Bewässerung, Holzeinschlag, Baumpflanzung usw.), als Ganzes ausgeführt werden Kommunen, und dass Land von ganzen Kommunen gepachtet und Wiesen gemäht wird – die Arbeit, die in der von Tolstoi beschriebenen Weise von Alt und Jung, von Männern und Frauen geleistet wird – ist nur das, was man von Menschen erwarten kann, die im Dorf-Gemeinschaftssystem leben .(41) Sie sind im ganzen Land alltäglich. Aber auch die Dorfgemeinschaft ist den modernen landwirtschaftlichen Verbesserungen keineswegs abgeneigt, wenn sie die Kosten tragen kann und wenn Wissen, das bisher nur den Reichen vorbehalten war, Einzug in das Haus des Bauern hält.

Es wurde gerade gesagt, dass sich perfektionierte Pflüge in Südrussland rasch verbreiteten, und in vielen Fällen waren die Dorfgemeinschaften maßgeblich an ihrer Verbreitung beteiligt. Die Gemeinde kaufte einen Pflug, probierte ihn auf einem Teil des Gemeindelandes aus und wies die Hersteller auf die notwendigen Verbesserungen hin. Die Kommunen halfen ihnen oft dabei, die Herstellung billiger Pflüge als Dorfindustrie zu etablieren. Im Moskauer Bezirk, wo die Bauern in den letzten fünf Jahren 1.560 Pflüge kauften, kam der Impuls von jenen Kommunen, die als Körperschaft Land für den besonderen Zweck der verbesserten Kultur pachteten.

Im Nordosten (Vyatka) haben kleine Bauernvereinigungen, die mit ihren Winning-Maschinen (die als Dorfindustrie in einem der Eisenbezirke hergestellt wurden) reisen, den Einsatz solcher Maschinen in den benachbarten Regierungen verbreitet. Die sehr weite Verbreitung von Dreschmaschinen in Samara, Saratow und Cherson ist den Bauernverbänden zu verdanken, die sich den Kauf einer teuren Maschine leisten können, der einzelne Bauer jedoch nicht. Und während wir in fast allen wirtschaftswissenschaftlichen Abhandlungen lesen, dass die Dorfgemeinschaft zum Verschwinden verurteilt war, als das Drei-Felder-System durch das Fruchtwechselsystem ersetzt werden musste , sehen wir in Russland, dass viele Dorfgemeinschaften die Initiative zur Einführung des Fruchtwechsels ergreifen . Bevor sie es annehmen, legen die Bauern gewöhnlich einen Teil der Gemeindefelder für einen Versuch auf künstlichen Wiesen ab, und die Gemeinde kauft das Saatgut. (42) Wenn das Experiment erfolgreich ist, fällt es ihnen überhaupt nicht schwer, ihre Felder neu aufzuteilen, so z passend zum Fünf- oder Sechs-Felder-System.

Twer , Smolensk, Wjatka und Pskow angewendet . (43) Und wo Land gespart werden kann, geben die Gemeinden auch einen Teil ihres Besitzes für Obstanbauparzellen ab. Schließlich gibt es in Russland in jüngster Zeit eine plötzliche Ausbreitung der kleinen Modellbauernhöfe, Obstgärten, Küchengärten und Seidenraupenzuchtanlagen, die in den Schulhäusern des Dorfes unter der Leitung des Schulmeisters oder eines Freiwilligen des Dorfes begonnen werden – liegt auch an der Unterstützung, die sie bei den Dorfgemeinschaften fanden.

Darüber hinaus kommt es häufig zu dauerhaften Verbesserungen wie Entwässerung und Bewässerung. Beispielsweise wurden in den letzten zehn Jahren in drei weitgehend industriell geprägten Bezirken der Provinz Moskau in nicht weniger als 180 bis 200 verschiedenen Dörfern in großem Umfang Entwässerungsarbeiten durchgeführt, bei denen die einfachen Bürger sich selbst mit dem Spaten beschäftigten. An einem anderen äußersten Ende Russlands, in der trockenen Steppe von Novouzen , wurden von den Gemeinden über tausend Dämme für Teiche gebaut und mehrere Hundert Tiefbrunnen gebohrt; während in einer wohlhabenden deutschen Kolonie im Südosten die einfache Bevölkerung, Männer und Frauen gleichermaßen, fünf Wochen lang hintereinander daran arbeitete, einen zwei Meilen langen Damm für Bewässerungszwecke zu errichten. Was könnten isolierte Männer im Kampf gegen das trockene Klima tun? Was konnten sie durch individuelle Anstrengung erreichen, als Südrussland von der Murmeltierplage heimgesucht wurde und alle Landbewohner, Reiche und Arme, Bürger und Individualisten, mit ihren Händen arbeiten mussten, um die Pest heraufzubeschwören? Den Polizisten zu rufen hätte keinen Zweck gehabt; assoziieren war das einzig mögliche Heilmittel.

Und nun, nachdem ich so viel über die gegenseitige Hilfe und Unterstützung gesagt habe, die von den Ackerbauern in „zivilisierten" Ländern praktiziert wird, sehe ich, dass ich einen Oktavband mit Beispielen aus dem Leben von Hunderten von Millionen Menschen füllen könnte, die ebenfalls unter der Vormundschaft mehr oder weniger zentralisierter Staaten leben, aber keinen Bezug zur modernen Zivilisation und zu modernen Ideen haben. Ich könnte das Innenleben eines türkischen Dorfes und sein Netzwerk bewundernswerter Sitten und Gebräuche der gegenseitigen Hilfe beschreiben. Beim Umblättern meiner mit Beispielen aus dem Bauernleben in Kaukasien bedeckten Flugblätter stoße ich auf rührende Tatsachen der gegenseitigen Unterstützung. Ich verfolge dieselben Sitten in der arabischen Djemmaa und der afghanischen Purra , in den Dörfern Persiens, Indiens und Javas, in der ungeteilten Familie der Chinesen, in den Lagern der Halbnomaden Zentralasiens und der Nomaden des hohen Nordens. Wenn ich in der afrikanischen Literatur nachschlage , finde ich darin eine Menge ähnlicher Tatsachen - von Hilfskräften, die zum Einbringen der Ernte herbeigerufen wurden, von Häusern, die von allen Dorfbewohnern gebaut wurden - manchmal, um die Verwüstungen wieder gutzumachen, die durch zivilisierte Freibeuter verursacht worden waren - von Menschen, die sich im Falle eines Unfalls gegenseitig halfen, Reisende beschützten usw. Und wenn ich Werke wie Posts Kompendium des afrikanischen Gewohnheitsrechts lese, verstehe ich, warum sich diese Bevölkerungsgruppen trotz aller Tyrannei, Unterdrückung, Raubüberfälle und Überfälle, Stammeskriege, gefräßigen Könige, betrügerischen Hexen und Priester, Sklavenjäger und dergleichen nicht in die Wälder verirrt haben; warum sie eine gewisse Zivilisation bewahrt haben und Menschen geblieben sind, statt auf das Niveau verstreuter Familien verfallender Orang-Utans abzusinken. Tatsache ist, dass die Sklavenjäger, die Elfenbeinräuber, die kämpfenden Könige, die Matabele und die „Helden" Madagaskars sterben und ihre Spuren mit Blut und Feuer gekennzeichnet hinterlassen; doch der Kern der Institutionen zur gegenseitigen Hilfe, der Sitten und Bräuche, die im Stamm und in der Dorfgemeinschaft gewachsen sind, bleibt bestehen. Und er hält die Menschen in Gesellschaften vereint, offen für den Fortschritt der Zivilisation und bereit, ihn anzunehmen, wenn der Tag kommt, an dem sie Zivilisation statt Kugeln erhalten.

Dasselbe gilt auch für unsere zivilisierte Welt. Die natürlichen und sozialen Katastrophen verschwinden. Ganze Bevölkerungsgruppen geraten regelmäßig ins Elend oder verhungern; Millionen Menschen werden die Lebensquellen entzogen und sie werden zur städtischen Armut verurteilt. Das Verständnis und die Gefühle von Millionen werden durch Lehren beeinträchtigt, die im Interesse einiger weniger ausgearbeitet wurden. All dies ist sicherlich Teil unserer Existenz. Aber der Kern der Institutionen, Gewohnheiten und Bräuche, die sich gegenseitig unterstützen, bleibt bei den

Millionen lebendig; es hält sie zusammen; und sie halten lieber an ihren Bräuchen, Überzeugungen und Traditionen fest, als die Lehren vom Krieg aller gegen alle zu akzeptieren, die ihnen unter dem Titel Wissenschaft angeboten werden, aber überhaupt keine Wissenschaft sind.

ANMERKUNGEN:

1. In Deutschland wächst mittlerweile eine umfangreiche Literatur, die sich mit diesem früher stark vernachlässigten Thema beschäftigt. Kellers Werke, Ein Apostel der Wiedertaufer und Geschichte der Wiedertaufer , Cornelius' Geschichte des Münsterischen Aufruhr und Janssens Geschichte des Deutschen Als führende Quellen können Volkes genannt werden. Der erste Versuch, englische Leser mit den Ergebnissen der umfangreichen Forschungen in Deutschland in dieser Richtung vertraut zu machen, wurde in einem hervorragenden kleinen Werk von Richard Heath unternommen – „Anabaptism from its Rise at Zwickau to its Fall at Munster, 1521-1536". London, 1895 (Baptist Manuals, Bd. I) – wo die Hauptmerkmale der Bewegung gut angegeben und vollständige bibliografische Informationen gegeben werden. Auch K. Kautskys Communism in Central Europe in the Time of the Reformation, London, 1897.

2. Nur wenige unserer Zeitgenossen sind sich des Ausmaßes dieser Bewegung und der Mittel bewusst, mit denen sie unterdrückt wurde. Aber diejenigen, die unmittelbar nach dem großen Bauernkrieg schrieben, schätzten die Zahl der Bauern, die nach ihrer Niederlage in Deutschland abgeschlachtet wurden, auf 100.000 bis 150.000 Mann. Siehe Zimmermanns Allgemeine Geschichte des Grossen Bauernkrieges . Zu den Maßnahmen zur Unterdrückung der Bewegung in den Niederlanden siehe Richard Heaths Anabaptism.

3. „Chacun s'en Europäische Sommerzeit unterbringen Selen s bienseance … on les a partages.. pour depouiller les communes, on s'est Zahlungsdienst simulees " (Edikt Ludwigs XIV. von 1667, das von mehreren Autoren zitiert wird. Acht Jahre vor diesem Datum waren die Gemeinden unter staatliche Verwaltung gestellt worden).

4. „Auf dem Anwesen eines großen Grundbesitzers, selbst wenn er Einnahmen in Millionenhöhe hat , werden Sie das Land mit Sicherheit unbebaut vorfinden" (Arthur Young). „Ein Viertel des Bodens wurde nicht mehr kultiviert." „Seit hundert Jahren ist das Land in einen wilden Zustand zurückgekehrt." „Die ehemals blühende Sologne ist heute ein großes Sumpfgebiet." und so weiter (Theron de Montauge , zitiert von Taine in Origines de la France Contemporaine , Band I. S. 441).

5. A. Babeau , Le Village sous l'Ancien Regime, 3. Auflage. Paris, 1892.

6. In Ostfrankreich bestätigte das Gesetz nur, was die Bauern bereits selbst getan hatten. Siehe mein Werk „Die Große Französische Revolution", Kap. xlvii und xlviii, London (Heinemann), 1909.

7. Nach dem Sieg der bürgerlichen Reaktion wurden die Gemeindeländereien (24. August 1794) zu Staatsland erklärt und zusammen mit den dem Adel konfiszierten Ländereien zum Verkauf angeboten und von den Bandes noires der Kleinbourgeoisie geplündert. Zwar wurde dieser Plünderung im nächsten Jahr ein Ende bereitet (Gesetz vom 2. Prairial , An V) und das vorhergehende Gesetz wurde aufgehoben; aber dann wurden die Dorfgemeinden einfach abgeschafft und an ihrer Stelle kantonale Räte eingeführt. Nur sieben Jahre später (9. Prairial , An XII), also 1801, wurden die Dorfgemeinden wieder eingeführt, aber erst nachdem sie aller ihrer Rechte beraubt worden waren, da die Bürgermeister und Syndikate in den 36.000 Gemeinden Frankreichs von der Regierung ernannt wurden! Dieses System blieb bis nach der Revolution von 1830 bestehen, als gewählte Gemeinderäte durch das Gesetz von 1787 wieder eingeführt wurden. Die Gemeindeländereien wurden 1813 erneut vom Staat beschlagnahmt, geplündert und 1816 nur teilweise an die Gemeinden zurückgegeben. Siehe die klassische Sammlung französischer Gesetze von Dalloz , Repertoire de Jurisprudence; außerdem die Werke von Doniol , Dareste , Bonnemere , Babeau und vielen anderen.

Autor im Journal des Economistes (April 1893, S. 94) die 52 verschiedenen Gesetze vollständig aufgezählt und vom selben Autor mehrere ähnliche Beispiele angeführt hätte.

9. Dr. Ochenkowski , Englands wirtschaftspolitische Entwickelung Ich bin Ausgänge des Mittelalters (Jena, 1879), S. 35 ff., wo die ganze Frage in voller Kenntnis der Texte diskutiert wird.

10. Nasse, Ueber die mittelalterliche Feldgemeinschaft und die Einhegungen des XVI. Jahrhunderts in England (Bonn, 1869), S. 4, 5; Vinogradov, Villainage in England (Oxford, 1892).

11. Fr. Seebohm, The English Village Community, 3. Auflage, 1884, S. 13-15.

12. „Eine Prüfung der Einzelheiten eines Einschließungsgesetzes wird deutlich machen, dass es sich bei dem oben beschriebenen System [Gemeinschaftseigentum] um das System handelt, das mit dem Einschließungsgesetz beseitigt werden sollte" (Seebohm, lcp 13). Und weiter: „Sie wurden im Allgemeinen in der gleichen Form gezeichnet, beginnend mit der Erwägung, dass die offenen und gemeinsamen Felder in kleinen Stücken verstreut, miteinander vermischt und ungünstig gelegen sind; dass unterschiedliche Personen Teile davon besitzen und Anspruch darauf

haben." gemeinsame Rechte an ihnen ... und dass es gewünscht wird, dass sie geteilt und umschlossen werden, wobei jedem Eigentümer ein bestimmter Anteil verpachtet und zugestanden wird" (S. 14). Porters Liste enthielt 3867 solcher Gesetze, von denen die meisten auf die Jahrzehnte 1770–1780 und 1800–1820 entfielen, wie in Frankreich.

13. In der Schweiz sehen wir eine Reihe von durch Kriege ruinierten Gemeinden, die einen Teil ihres Landes verkauft haben und nun versuchen , es zurückzukaufen.

14. A. Buchenberger , „ Agrarwesen und Agrarpolitik ", in A. Wagners Handbuch der politischen Oekonomie , 1892, Band i . S. 280 ff.

15. GL Gomme, „The Village Community, with special reference to its Origin and Forms of Survival in Great Britain" (Contemporary ScienceSeries), London, 1890, S. 141-143; auch seine Primitive Folkmoots (London, 1880), S. 98 ff.

16. „In fast allen Teilen des Landes, besonders in den Midlands und den östlichen Grafschaften, aber auch im Westen – in Wiltshire zum Beispiel – im Süden, wie in Surrey, im Norden, wie in Yorkshire – gibt es ausgedehnte offene und gemeinschaftliche Felder. Von den 316 Gemeinden in Northamptonshire befinden sich 89 in diesem Zustand; mehr als 100 in Oxfordshire; etwa 50.000 Acres in Warwickshire; in Berkshire die Hälfte der Grafschaft; mehr als die Hälfte von Wiltshire; in Huntingdonshire waren von einer Gesamtfläche von 240.000 Acres 130.000 gemeinschaftliche Wiesen, Allmenden und Felder" (Marshall, zitiert in Sir Henry Maines Village Communities in the East and West, New Yorker Ausgabe, 1876, S. 88, 89). Siehe auch Dr. G. Slaters The English Peasantry and the Enclosure of Common Fields, London, 1907.

17. Ebenda, S. 88; auch Fünfte Vorlesung.

18. In zahlreichen Büchern über das englische Landleben, die ich gelesen habe, fand ich reizvolle Beschreibungen ländlicher Landschaften und dergleichen, aber fast nichts über das tägliche Leben und die Bräuche der Arbeiter .

19. Auch in der Schweiz gerieten die Bauern im offenen Land unter die Herrschaft der Grundherren, und große Teile ihrer Ländereien wurden im 16. und 17. Jahrhundert von den Grundherren angeeignet. (Vgl. A. Miaskowski , in Schmollers Forschungen , Bd. II. 1879, S. 12 ff.) Aber der Bauernkrieg in der Schweiz endete nicht mit einer so vernichtenden Niederlage der Bauern wie in anderen Ländern, und ein Großteil der kommunalen Rechte und Ländereien blieb erhalten. Die Selbstverwaltung der Gemeinden ist in der Tat die eigentliche Grundlage der schweizerischen

Freiheiten. (Vgl. K. Burtli , Der Ursprung der Eidgenossenschaft aus der Markgenossenschaft , Zürich, 1891.)

20. Dr. Reichesberg , Handbuch der Schweiz. Volkswirtschaft , Bern, 1903.

21. Siehe zu diesem Thema eine Reihe von Werken, zusammengefasst in einem der hervorragenden und anregenden Kapitel (noch nicht ins Englische übersetzt), die K. Bucher der deutschen Übersetzung von Laveleyes Primitive Ownership hinzugefügt hat. Auch Meitzen, „Das Agrar- und Forst-Wesen, die Allmenden und die Landgemeinden der Deutschen Schweiz", in Jahrbuch für Staatswissenschaft , 1880, iv. (Analyse von Miaskowskys Werken); O'Brien, „Notizen in einem Schweizer Dorf", in Macmillan's Magazine, Oktober 1885.

22. Die Hochzeitsgeschenke, die in diesem Land oft wesentlich zum Wohlbefinden der jungen Haushalte beitragen, sind offensichtlich ein Überbleibsel der gesellschaftlichen Gewohnheiten.

23. Die Gemeinden besitzen 4.554.100 Acres Wald von 24.813.000 Acres des gesamten Territoriums und 6.936.300 Acres natürliche Wiesen von 11.394.000 Acres in Frankreich. Die restlichen 2.000.000 Acres sind Felder, Obstgärten usw.

24. In Kaukasus geht es den Georgiern sogar noch besser. Da das Essen teuer ist und ein armer Mann es sich nicht leisten kann, es abzugeben, kaufen eben jene Nachbarn , die kommen, um bei der Arbeit zu helfen, ein Schaf.

25. Alfred Baudrillart , in H. Baudrillart, Les Populations Rurales de la France, 3. Serie (Paris, 1893), S. 479.

26. Das Journal des Economistes (August 1892, Mai und August 1893) hat kürzlich einige Ergebnisse von Analysen veröffentlicht, die in den landwirtschaftlichen Laboratorien in Gent und Paris durchgeführt wurden. Das Ausmaß der Fälschung ist einfach unglaublich; so auch die Geräte der „ehrlichen Händler". In bestimmten Grassamen waren es 32 Prozent. von Sandkörnern, gefärbt , um selbst ein erfahrenes Auge zu empfangen; andere Proben enthielten 52 bis 22 Prozent. nur aus reinem Saatgut, der Rest ist Unkraut. Wickensamen enthielten 11 Prozent. eines giftigen Grases (Nielle); ein Mehl für die Viehmast enthielt 36 Prozent. von Sulfaten; und so weiter bis ins Unendliche.

27. A. Baudrillart , lcp 309. Ursprünglich verpflichtete sich ein Erzeuger, Wasser zu liefern, und mehrere andere erklärten sich bereit , es zu nutzen. „Was solche Vereinigungen besonders kennzeichnet ", bemerkt A. Baudrillart , „ist, dass keinerlei schriftliche Vereinbarungen getroffen werden. Alles wird in Worten geregelt. Es gab jedoch keinen einzigen Fall, in dem es zwischen den Parteien zu Schwierigkeiten gekommen wäre."

28. A. Baudrillart , a. a. O. S. 300, 341 usw. M. Terssac , Präsident des Syndikats von St. Gironnais (Ariege), schrieb meinem Freund im wesentlichen folgendes : „Für die Ausstellung in Toulouse hat unsere Vereinigung die Besitzer von Vieh zusammengeführt, das uns eine Ausstellung wert erschien. Die Gesellschaft verpflichtete sich, die Hälfte der Reise- und Ausstellungskosten zu übernehmen; ein Viertel wurde von jedem Besitzer bezahlt und das restliche Viertel von den Ausstellern, die Preise gewonnen hatten. Das Ergebnis war, dass viele an der Ausstellung teilnahmen, die es sonst nie getan hätten. Diejenigen, die die höchsten Preise (350 Francs) erhielten, haben 10 % ihrer Preise beigesteuert, während diejenigen, die keinen Preis erhielten, nur 6 bis 7 Francs pro Person ausgegeben haben."

29. In Württemberg besitzen 1.629 von 1.910 Gemeinden Gemeindeeigentum. Sie besaßen 1863 über 1.000.000 Morgen Land. In Baden besitzen 1.256 von 1.582 Gemeinden Gemeindeland; 1884-1888 besaßen sie 121.500 Morgen Acker in Gemeindebewirtschaftung und 675.000 Morgen Wald, also 46 Prozent der gesamten Waldfläche. In Sachsen sind 39 Prozent der Gesamtfläche in Gemeindeeigentum (Schmoller's Jahrbuch , 1886, S. 359). In Hohenzollern fast zwei Drittel aller Wiesenflächen und in Hohenzollern- Hechingen 41 Prozent. des gesamten Grundbesitzes sind Eigentum der Dorfgemeinschaften (Buchenberger , Agrarwesen , Bd. I , S. 300).

Laveleye in einem besonderen Kapitel ergänzte Ureigenthum hat alle Informationen zur Dorfgemeinschaft in Deutschland gesammelt.

31. K. Bucher, ebenda. S. 89, 90.

Bürokratie und Aufsicht in den Weg gelegt wurden , siehe Buchenbergers Agrarwesen und Agrarpolitik , Bd. ii. S. 342-363 und S. 342-363. 506, Anmerkung.

33. Buchenberger , lc Bd. ii. P. 510. Die Allgemeine Union für landwirtschaftliche Zusammenarbeit umfasst insgesamt 1.679 Gesellschaften. In Schlesien wurden in letzter Zeit insgesamt 32.000 Hektar Land von 73 Vereinen trockengelegt; 454.800 Acres in Preußen durch 516 Verbände; In Bayern gibt es 1.715 Entwässerungs- und Bewässerungsverbände.

34. Für die Balkanhalbinsel siehe Laveleye Proprietäres Primitiv.

35. Die Fakten über die Dorfgemeinschaft, die in fast hundert Bänden (von 450) dieser Nachforschungen enthalten sind, wurden in einem hervorragenden russischen Werk von „VV" Die Bauerngemeinschaft (Krestianskaya) klassifiziert und zusammengefasst Obschina), St. Petersburg, 1892, das neben seinem theoretischen Wert ein reichhaltiges Kompendium

an Daten zu diesem Thema darstellt. Die oben genannten Nachforschungen haben auch zu einer umfangreichen Literatur geführt, in der die moderne Dorfgemeinschaftsfrage zum ersten Mal aus dem Bereich des Allgemeingültigen heraustritt und auf die solide Grundlage zuverlässiger und hinreichend detaillierter Fakten gestellt wird.

36. Die Rückzahlung musste 49 Jahre lang in Jahresraten erfolgen. Im Laufe der Jahre, wenn der größte Teil bezahlt war, wurde es immer einfacher, den kleineren Rest zurückzuzahlen. Da jede Parzelle einzeln zurückgezahlt werden konnte, nutzten Händler diese Möglichkeit aus und kauften den ruinierten Bauern Land zum halben Wert ab. Daraufhin wurde ein Gesetz erlassen, um solche Verkäufe zu unterbinden.

37. Herr VV hat in seiner Bauerngemeinde alle Fakten zu dieser Bewegung zusammengetragen. Informationen über die rasche landwirtschaftliche Entwicklung in Südrussland und die Verbreitung von Maschinen finden englische Leser in den Konsularberichten (Odessa, Taganrog).

38. In einigen Fällen gingen sie mit großer Vorsicht vor. In einem Dorf begannen sie damit, das gesamte Wiesenland zusammenzufassen, aber nur ein kleiner Teil der Felder (etwa fünf Acres pro Einwohner) wurde gemeinschaftlich genutzt; Der Rest befand sich weiterhin im Privatbesitz. Später, in den Jahren 1862-1864, wurde das System erweitert, aber erst 1884 wurde der gemeinschaftliche Besitz vollständig eingeführt. – VV 's Peasant Community, S. 1-14.

39. Zur mennonitischen Dorfgemeinschaft siehe A. Klaus, Our Colonies (Nashi Kolonii), St. Petersburg, 1869.

40. Es ist bekannt, dass solche Gemeinschaftskulturen in 159 von 195 Dörfern im Bezirk Ostrogozhsk existieren ; in 150 von 187 in Slavyanoserbsk ; in 107 Dorfgemeinschaften in Alexandrowsk , 93 in Nikolajewsk , 35 in Elisabethgrad . In einer deutschen Kolonie ist die Gemeinschaftskultur auf die Rückzahlung einer Gemeinschaftsschuld ausgerichtet. Alle beteiligen sich an der Arbeit, obwohl die Schulden von 94 von 155 Haushalten übernommen wurden.

41. Listen solcher Werke, die den Zemstwo-Statistikern zur Kenntnis gelangten, finden sich in „Bauerngemeinschaft des VV", S. 459-600.

42. In der Moskauer Regierung wurde das Experiment üblicherweise auf dem Gebiet durchgeführt, das der oben erwähnten Gemeinschaftskultur vorbehalten war.

43. Mehrere Beispiele für derartige und ähnliche Verbesserungen wurden im Official Messenger, 1894, Nr. 256-258, genannt. Auch in Südrussland beginnen sich Vereinigungen zwischen „pferdelosen" Bauern zu bilden. Eine

weitere äußerst interessante Tatsache ist die plötzliche Entstehung zahlreicher Genossenschaftsmolkereien zur Butterherstellung im Südwesten Sibiriens. Hunderte von ihnen breiteten sich in Tobolsk und Tomsk aus, ohne dass jemand wusste, woher die Initiative zu dieser Bewegung kam. Sie ging von den dänischen Genossenschaftsmitgliedern aus, die ihre eigene Butter höherer Qualität exportierten und Butter niedrigerer Qualität für den Eigenbedarf in Sibirien kauften. Nach einigen Jahren des Austauschs eröffneten sie dort Molkereien. Heute ist aus ihren Bemühungen ein großer Exporthandel entstanden, der von einer Vereinigung der Molkereien betrieben wird, und in den Dörfern wurden über tausend Genossenschaftsläden eröffnet.

KAPITEL VIII

GEGENSEITIGE HILFE UNTEREINANDER (Fortsetzung)

Gewerkschaften , die nach der Zerstörung der Gilden durch den Staat entstanden. Ihre Kämpfe. Gegenseitige Hilfe bei Streiks. Kooperation. Freie Vereinigungen für verschiedene Zwecke. Selbstaufopferung. Zahllose Gesellschaften für gemeinsame Aktionen unter allen möglichen Gesichtspunkten. Gegenseitige Hilfe im Leben in den Slums. Persönliche Hilfe.

Wenn wir das Alltagsleben der ländlichen Bevölkerung Europas untersuchen, stellen wir fest, dass das Leben der Bauern trotz allem, was in modernen Staaten zur Zerstörung der Dorfgemeinschaft getan wurde, weiterhin von Gewohnheiten und Bräuchen der gegenseitigen Hilfe geprägt ist und Unterstützung; dass wichtige Spuren des gemeinschaftlichen Besitzes des Bodens noch erhalten sind; und dass, sobald die rechtlichen Hindernisse für ländliche Vereinigungen kürzlich beseitigt waren, sich unter den Bauern schnell ein Netzwerk freier Gewerkschaften für alle möglichen wirtschaftlichen Zwecke ausbreitete – die Tendenz dieser jungen Bewegung bestand darin, eine Art dörflicher Gewerkschaft wiederherzustellen Gemeinschaft von früher. Angesichts dieser Schlussfolgerungen im vorangegangenen Kapitel müssen wir nun überlegen, welche Institutionen zur gegenseitigen Unterstützung derzeit in der Industriebevölkerung zu finden sind.

In den letzten dreihundert Jahren waren die Bedingungen für das Wachstum solcher Institutionen in den Städten ebenso ungünstig wie in den Dörfern. Es ist in der Tat bekannt, dass bei der Unterwerfung der mittelalterlichen Städte im 16. Jahrhundert durch wachsende Militärstaaten alle Institutionen, die die Handwerker, die Meister und die Kaufleute in den Zünften und Städten zusammenhielten, gewaltsam zerstört wurden. Die Selbstverwaltung und die Selbstgerichtsbarkeit sowohl der Zunft als auch der Stadt wurden abgeschafft; Der Treueeid zwischen Zunftbrüdern wurde zu einem Verbrechen gegenüber dem Staat; die Besitztümer der Zünfte wurden ebenso beschlagnahmt wie die Ländereien der Dorfgemeinschaften; und die innere und technische Organisation jedes Gewerbes wurde vom Staat übernommen. Es wurden Gesetze erlassen, die nach und nach immer strenger wurden und die Handwerker daran hinderten, sich in irgendeiner Weise zusammenzuschließen. Eine Zeit lang wurden einige Schatten der alten Zünfte toleriert: Kaufmannszünfte durften unter der Bedingung bestehen, den Königen großzügig Subventionen zu gewähren, und einige Handwerkerzünfte wurden als Verwaltungsorgane beibehalten. Einige von ihnen schleppen sich noch immer in ihrer bedeutungslosen Existenz hin.

Aber was früher die Lebenskraft des mittelalterlichen Lebens und der Industrie war, ist unter der erdrückenden Last des zentralisierten Staates längst verschwunden.

In Großbritannien, das als bestes Beispiel für die Industriepolitik der modernen Staaten gelten kann, sehen wir, wie das Parlament bereits im 15. Jahrhundert mit der Zerstörung der Gilden begann; entscheidende Maßnahmen wurden jedoch vor allem im nächsten Jahrhundert ergriffen. Heinrich VIII. zerstörte nicht nur die Organisation der Gilden, sondern konfiszierte auch deren Besitztümer, und zwar mit noch weniger Entschuldigungen und Manieren, wie Toulmin Smith schrieb, als er es bei der Konfiszierung der Klostergüter getan hatte .(1) Eduard VI. vollendete sein Werk(2), und bereits in der zweiten Hälfte des 16. Jahrhunderts schlichtete das Parlament alle Streitigkeiten zwischen Handwerkern und Kaufleuten, die früher in jeder Stadt gesondert geregelt wurden. Das Parlament und der König erließen nicht nur Gesetze für alle derartigen Streitigkeiten, sondern begannen, im Interesse der Krone am Export, bald auch die Zahl der Lehrlinge in jedem Gewerbe festzulegen und die Technik jeder Fabrikation genau zu regeln – das Gewicht der Stoffe, die Zahl der Fäden pro Elle Stoff und dergleichen. Allerdings mit wenig Erfolg, muss man sagen, denn Streitigkeiten und technische Schwierigkeiten, die jahrhundertelang durch Vereinbarungen zwischen eng voneinander abhängigen Gilden und föderierten Städten geregelt wurden, lagen völlig außerhalb der Macht des zentralisierten Staates. Die ständige Einmischung seiner Beamten lähmte die Gewerbe und brachte die meisten von ihnen zu einem völligen Verfall; und als die Ökonomen des letzten Jahrhunderts sich gegen die staatliche Regulierung der Industrien auflehnten, brachten sie damit nur eine weithin empfundene Unzufriedenheit zum Ausdruck. Die Abschaffung dieser Einmischung durch die Französische Revolution wurde als Akt der Befreiung begrüßt, und das Beispiel Frankreichs wurde bald auch anderswo nachgeahmt.

Mit der Regulierung der Löhne hatte der Staat keinen besseren Erfolg. Als in den mittelalterlichen Städten im 15. Jahrhundert die Unterscheidung zwischen Meistern und Lehrlingen oder Gesellen immer deutlicher wurde, standen den Vereinigungen der Meister und Kaufleute Lehrlingsvereinigungen (Gesellenverbände) gegenüber, die manchmal einen internationalen Charakter annahmen. Jetzt war es der Staat, der die Lösung ihrer Probleme übernahm, und nach dem elisabethanischen Statut von 1563 mussten die Friedensrichter die Löhne festlegen, um den Gesellen und Lehrlingen ein „angemessenes" Auskommen zu garantieren. Die Richter erwiesen sich jedoch als hilflos, die widerstreitenden Interessen zu vermitteln, und noch weniger, die Meister zu zwingen, ihren Entscheidungen Folge zu leisten. Das Gesetz wurde allmählich zu totem Buchstaben und wurde Ende des 18. Jahrhunderts aufgehoben. Während der Staat damit seine Funktion der Regulierung der Löhne aufgab, verbot er weiterhin streng alle Zusammenschlüsse, die von Gesellen und Arbeitern eingegangen wurden, um ihre Löhne zu erhöhen oder auf einem bestimmten Niveau zu halten. Während des gesamten 18. Jahrhunderts erließ er Gesetze gegen die Arbeitergewerkschaften und verbot schließlich 1799 unter Androhung schwerer Strafen alle Arten von Zusammenschlüssen. Tatsächlich folgte das britische Parlament in diesem Fall nur dem Beispiel des französischen Revolutionskonvents, der ein drakonisches Gesetz gegen Arbeiterkoalitionen erlassen hatte – Koalitionen zwischen einer Anzahl von Bürgern galten als Angriff auf die Souveränität des Staates, der alle seine Untertanen gleichermaßen schützen sollte. Damit war das Werk der Zerstörung der mittelalterlichen Gewerkschaften vollendet. Sowohl in der Stadt als auch im Dorf herrschte der Staat über lose Zusammenschlüsse von Einzelpersonen und war bereit, die Wiederherstellung jeglicher Art von getrennten Gewerkschaften unter ihnen durch strengste Maßnahmen zu verhindern. Dies waren also die Bedingungen, unter denen sich die Tendenz zur gegenseitigen Hilfe im 19. Jahrhundert durchsetzen musste.

Muss man sagen, dass solche Maßnahmen diese Tendenz nicht zerstören könnten? Während des gesamten 18. Jahrhunderts wurden die Arbeitergewerkschaften immer wieder neu gegründet. (3) Sie wurden auch nicht durch die grausamen Strafverfolgungen, die nach den Gesetzen von 1797 und 1799 stattfanden, aufgehalten. Jeder Mangel in der Aufsicht, jede Verzögerung der Unternehmer bei der Denunziation der Gewerkschaften war das Gleiche einen Vorteil aus etwas ziehen. Unter dem Deckmantel befreundeter Vereine, Beerdigungsvereine oder geheimer Bruderschaften verbreiteten sich die Gewerkschaften in der Textilindustrie, unter den Messerschmieden und Bergleuten in Sheffield, und es wurden tatkräftige Bundesorganisationen gegründet, um die Branchen bei Streiks und Strafverfolgungen zu unterstützen. (4) Die Aufhebung Die Verabschiedung der Kombinationsgesetze im Jahr 1825 gab der Bewegung einen neuen Impuls. In allen Branchen wurden Gewerkschaften und nationale Verbände gegründet .(5) und als Robert Owen seine Grand National Consolidated Trades' Union gründete, zählte diese innerhalb weniger Monate eine halbe Million Mitglieder. Es stimmt, dass diese Zeit der relativen Freiheit nicht lange anhielt. In den dreißiger Jahren begann die Strafverfolgung erneut, und es folgten die bekannten heftigen Verurteilungen von 1832 bis 1844. Die Grand National Union wurde aufgelöst, und im ganzen Land begannen sowohl die privaten Arbeitgeber als auch die Regierung in ihren eigenen Werkstätten, die Arbeiter zu zwingen, alle Verbindungen zu Gewerkschaften aufzugeben und das entsprechende „Dokument" zu unterzeichnen. Gewerkschafter wurden nach dem „Master and Servant Act" umfassend strafrechtlich verfolgt. Arbeiter wurden auf bloße Beschwerde des Meisters wegen Fehlverhaltens im Schnellverfahren verhaftet und verurteilt . (6) Streiks wurden auf autokratische Weise unterdrückt, und die erstaunlichsten Verurteilungen erfolgten, weil sie lediglich angekündigt hatten einen Streik oder fungierte als Delegierter darin – ganz zu schweigen von der militärischen Niederschlagung von Streikunruhen und den Verurteilungen, die auf die häufigen Gewaltausbrüche folgten. Unter solchen Umständen gegenseitige Unterstützung zu üben , war alles andere als eine leichte Aufgabe. Und doch begann trotz aller Hindernisse, von denen unsere eigene Generation kaum eine Ahnung haben kann, die Wiederbelebung der Gewerkschaften im Jahr 1841 erneut, und der Zusammenschluss der Arbeiter wurde seitdem stetig fortgesetzt. Nach einem langen Kampf, der über hundert Jahre dauerte, wurde das Vereinigungsrecht erobert, und heute gehört fast ein Viertel der regulär beschäftigten Arbeiter, also etwa 1.500.000, Gewerkschaften an .(7)

Was die anderen europäischen Staaten betrifft, so genügt die Feststellung, dass bis vor Kurzem alle Arten von Gewerkschaften als Verschwörungen verfolgt wurden; und dass sie dennoch überall existieren, auch wenn sie oft die Form von Geheimgesellschaften annehmen müssen; während die Ausdehnung und die Kraft der Arbeiterorganisationen und insbesondere der Knights of Labour in den Vereinigten Staaten und in Belgien durch Streiks in den neunziger Jahren hinreichend veranschaulicht wurden. Es muss jedoch bedacht werden, dass, abgesehen von der Strafverfolgung, die bloße Tatsache, einer Gewerkschaft anzugehören , erhebliche Opfer an Geld, Zeit und unbezahlter Arbeit mit sich bringt und ständig das Risiko birgt, aufgrund der bloßen Tatsache der Gewerkschaftszugehörigkeit den Arbeitsplatz zu verlieren Gewerkschafter sein.(8) Darüber hinaus gibt es den Streik, dem sich ein Gewerkschafter ständig stellen muss; und die düstere Realität eines Streiks ist, dass der begrenzte Kredit einer Arbeiterfamilie beim Bäcker und beim Pfandleiher bald erschöpft ist, das Streikgeld nicht einmal für Lebensmittel reicht und der Hunger bald auf den Gesichtern der Kinder steht. Für jemanden, der in engem Kontakt mit den Arbeitern lebt, ist ein längerer Streik der herzzerreißendste Anblick; Dabei kann man sich leicht vorstellen, was ein Streik vor vierzig Jahren in diesem Land bedeutete und immer noch in allen außer den wohlhabendsten Teilen des Kontinents bedeutet. Auch heute noch enden Streiks immer wieder mit dem völligen Ruin und der erzwungenen Auswanderung ganzer Bevölkerungsgruppen, während die Erschießung von Streikenden bei der geringsten Provokation oder auch ohne jede Provokation (9) auf dem Kontinent noch immer üblich ist.

Und doch gibt es jedes Jahr Tausende von Streiks und Aussperrungen in Europa und Amerika, wobei die schwersten und langwierigsten Auseinandersetzungen in der Regel die sogenannten „Sympathiestreiks" sind, die zur Unterstützung ausgesperrter Genossen geführt werden oder um die Rechte der Gewerkschaften zu wahren. Und während ein Teil der Presse dazu neigt, Streiks mit „Einschüchterung" zu erklären, sprechen diejenigen, die unter Streikenden gelebt haben, mit Bewunderung über die gegenseitige Hilfe und Unterstützung, die sie ständig praktizieren . Jeder hat von der kolossalen Arbeit gehört, die freiwillige Helfer während des Londoner Hafenarbeiterstreiks für die Organisation von Hilfsgütern geleistet haben ; von den Bergleuten, die, nachdem sie viele Wochen lang untätig gewesen waren, bei Wiederaufnahme ihrer Arbeit eine Abgabe von vier Schilling pro Woche an die Streikkasse zahlten; von der Bergarbeiterwitwe, die während des Yorkshire- Arbeitskriegs von 1894 die Lebensersparnisse ihres Mannes in die Streikkasse einbrachte; dass der letzte Laib Brot immer mit den Nachbarn geteilt wird ; der Radstock-Bergleute, begünstigt mit größeren Gemüsegärten, die vierhundert Bristol-Bergleute einluden, ihren Anteil an Kohl und Kartoffeln abzunehmen, und so weiter. Alle Zeitungskorrespondenten wussten während des großen Bergarbeiterstreiks in Yorkshire im Jahr 1894 jede Menge solcher Fakten, obwohl nicht alle von ihnen solche „irrelevanten" Angelegenheiten ihren jeweiligen Zeitungen melden konnten.(10)

Der Gewerkschaftsbund ist jedoch nicht die einzige Form, in der das Bedürfnis der Arbeiter nach gegenseitiger Unterstützung zum Ausdruck kommt. Es gibt außerdem die politischen Vereinigungen, deren Tätigkeit viele Arbeiter als dem Gemeinwohl förderlicher erachten als die Gewerkschaften, so begrenzt sie auch heute noch in ihren Zielen sind. Natürlich kann die bloße Tatsache, einer politischen Körperschaft anzugehören, nicht als Ausdruck der Tendenz zur gegenseitigen Hilfe angesehen werden. Wir alle wissen, dass die Politik das Feld ist, in dem die rein egoistischen Elemente der Gesellschaft die verwickeltsten Verbindungen mit altruistischen Bestrebungen eingehen. Aber jeder erfahrene Politiker weiß, dass alle großen politischen Bewegungen um große und oft weit entfernte Themen geführt wurden und dass diejenigen unter ihnen die stärksten waren, die die uneigennützigste Begeisterung hervorriefen. Alle großen historischen Bewegungen hatten diesen Charakter, und für unsere eigene Generation ist der Sozialismus ein Beispiel dafür. „Bezahlte Agitatoren" ist zweifellos der Lieblingsspruch derjenigen, die nichts davon wissen. Die Wahrheit ist jedoch, dass – um nur von dem zu sprechen, was ich persönlich weiß – wenn ich die letzten 24 Jahre ein Tagebuch geführt und darin all die Hingabe und Selbstaufopferung niedergeschrieben hätte, die ich in der sozialistischen Bewegung erlebt habe, der Leser eines solchen Tagebuchs das Wort „Heldentum" ständig auf den Lippen gehabt hätte. Aber die Männer, von denen ich gesprochen hätte, waren keine Helden; es waren Durchschnittsmenschen, die von einer großen Idee beseelt waren. Jede sozialistische Zeitung – und davon gibt es allein in

Europa Hunderte – hat dieselbe Geschichte jahrelanger Aufopferung ohne Hoffnung auf Belohnung und in der überwältigenden Mehrheit der Fälle sogar ohne jegliche persönliche Ambition. Ich habe Familien gesehen, die lebten, ohne zu wissen, was sie morgen essen würden, der Ehemann wurde in seiner kleinen Stadt wegen seiner Mitarbeit an der Zeitung boykottiert, und die Frau ernährte die Familie durch Nähen, und eine solche Situation dauerte jahrelang, bis die Familie sich ohne ein Wort des Vorwurfs zurückzog und einfach sagte: „Weitermachen, wir können nicht mehr durchhalten!" Ich habe Männer gesehen, die an der Schwindsucht starben und es wussten, und die dennoch in Schnee und Nebel herumliefen, um Versammlungen vorzubereiten, die wenige Wochen vor ihrem Tod bei Versammlungen sprachen und sich erst dann mit den Worten ins Krankenhaus zurückzogen: „Nun, Freunde, ich bin am Ende; die Ärzte sagen, ich habe nur noch wenige Wochen zu leben. Sagen Sie den Kameraden, dass ich mich freuen werde, wenn sie mich besuchen kommen." Ich habe Tatsachen gesehen, die man als „Idealisierung" bezeichnen würde, wenn ich sie an diesem Ort erzählen würde; und die Namen dieser Männer, die außerhalb eines engen Freundeskreises kaum bekannt sind, werden bald vergessen sein, wenn auch die Freunde gestorben sind. Tatsächlich weiß ich selbst nicht, was ich mehr bewundern soll, die grenzenlose Hingabe dieser wenigen oder die Summe der kleinen Hingabebeweise der großen Zahl. Jeder verkaufte Bogen einer Penny-Zeitung, jede Versammlung, jede hundert Stimmen, die bei einer sozialistischen Wahl gewonnen werden, stellen eine Menge an Energie und Opfern dar, von der kein Außenstehender die geringste Ahnung hat. Und was heute von den Sozialisten getan wird, wurde in der Vergangenheit in jeder populären und fortschrittlichen Partei, politisch und religiös, getan. Alle Fortschritte in der Vergangenheit wurden von ähnlichen Menschen und mit ähnlicher Hingabe vorangetrieben.

Genossenschaften werden, besonders in Großbritannien, oft als „Individualismus der Aktiengesellschaft" beschrieben; und in ihrer jetzigen Form neigt sie zweifellos dazu, einen Genossenschaftsegoismus zu erzeugen, nicht nur gegenüber der Gemeinschaft als Ganzem, sondern auch unter den Genossenschaften selbst. Es ist jedoch sicher, dass die Bewegung zu Beginn im Wesentlichen einen auf gegenseitiger Hilfe beruhenden Charakter hatte. Selbst heute sind ihre glühendsten Förderer davon überzeugt, dass Genossenschaften die Menschheit auf eine höhere harmonische Stufe der wirtschaftlichen Beziehungen führen, und man kann sich in einigen der Hochburgen der Genossenschaften im Norden nicht aufhalten, ohne zu erkennen, dass die große Mehrheit der einfachen Mitglieder dieselbe Meinung vertritt. Die meisten von ihnen würden das Interesse an der Bewegung verlieren, wenn dieser Glaube verloren ginge; und man muss zugeben, dass in den letzten Jahren breitere Ideale des allgemeinen Wohlergehens und der Solidarität der Produzenten unter den

Genossenschaftern in Umlauf gekommen sind. Es gibt zweifellos jetzt eine Tendenz zur Herstellung besserer Beziehungen zwischen den Eigentümern der Genossenschaftswerkstätten und den Arbeitern.

Die Bedeutung der Zusammenarbeit in diesem Land, in Holland und in Dänemark ist wohlbekannt; während in Deutschland und insbesondere am Rhein die Genossenschaften bereits ein wichtiger Faktor des industriellen Lebens sind. (11) Es ist jedoch Russland, das vielleicht das beste Feld für das Studium der Zusammenarbeit unter einer unendlichen Vielfalt von Aspekten bietet . In Russland ist es ein natürliches Wachstum, ein Erbe aus dem Mittelalter ; und während eine formell gegründete Genossenschaft mit vielen rechtlichen Schwierigkeiten und offiziellen Misstrauen zu kämpfen hätte, macht die informelle Genossenschaft – das Artel – den eigentlichen Kern des russischen Bauernlebens aus. Die Geschichte der „Entstehung Russlands" und der Kolonisierung Sibiriens ist eine Geschichte der Jagd- und Handelsartels oder Zünfte, gefolgt von Dorfgemeinschaften, und heute finden wir die Artels überall; unter jeder Gruppe von zehn bis fünfzig Bauern, die aus demselben Dorf kommen, um in einer Fabrik zu arbeiten, in allen Bauberufen, unter Fischern und Jägern, unter Sträflingen auf dem Weg nach und in Sibirien, unter Eisenbahnträgern, Wechselboten, Zollamt Arbeiter , überall in den dörflichen Industrien, die 7.000.000 Menschen beschäftigen – von oben bis unten in der Arbeitswelt, dauerhaft und vorübergehend, für Produktion und Konsum unter allen möglichen Aspekten. Bisher werden viele der Fischgründe an den Nebenflüssen des Kaspischen Meeres von riesigen Artels gehalten, der Ural gehört der Gesamtheit der Ural-Kosaken, die die Fischgründe – vielleicht die reichsten der Welt – immer wieder zuteilen Welt – zwischen den Dörfern, ohne jegliche Einmischung der Behörden. Angeln wird immer von Artels im Ural, an der Wolga und in allen Seen Nordrusslands betrieben. Neben diesen ständigen Organisationen gibt es einfach unzählige temporäre Artels, die für jeden besonderen Zweck gegründet werden. Wenn zehn oder zwanzig Bauern aus irgendeinem Ort in eine große Stadt kommen, um als Weber, Zimmermann, Maurer, Bootsbauer usw. zu arbeiten, bilden sie immer ein Artel. Sie mieten Zimmer, stellen einen Koch ein (sehr oft fungiert die Frau eines von ihnen in dieser Funktion), wählen einen Ältesten und nehmen ihre Mahlzeiten gemeinsam ein, wobei jeder seinen Anteil für Essen und Unterkunft an das Artel zahlt. Eine Sträflingsgruppe auf dem Weg nach Sibirien tut immer das Gleiche, und ihr gewählter Ältester ist der offiziell anerkannte Vermittler zwischen den Sträflingen und dem Militärchef der Partei. In den Zwangsarbeitsgefängnissen herrscht die gleiche Organisation. Die Eisenbahnträger, die Boten an der Börse, die Arbeiter am Zollamt, die städtischen Boten in den Hauptstädten, die kollektiv für jedes Mitglied verantwortlich sind, genießen einen solchen Ruf, dass dem Artel jede Geldsumme oder Banknoten anvertraut wird -Mitglied durch die Kaufleute.

Im Baugewerbe werden Artels mit 10 bis 200 Mitgliedern gebildet; und die seriösen Bau- und Eisenbahnunternehmer ziehen es immer vor, mit einem Artel zu verhandeln als mit einzeln angeheuerten Arbeitern. Die letzten Versuche des Kriegsministeriums, direkt mit produktiven Artels zu verhandeln, die ad hoc im inländischen Gewerbe gebildet wurden, und ihnen Aufträge für Stiefel und alle Arten von Messing- und Eisenwaren zu erteilen, werden als äußerst zufriedenstellend beschrieben; während die Verpachtung einer Kroneisenhütte (Wotkinsk) an eine Artel von Arbeitern, die vor sieben oder acht Jahren erfolgte, ein entschiedener Erfolg war.

So können wir in Russland sehen, wie die alte mittelalterliche Institution, die vom Staat (in ihren informellen Erscheinungsformen) nicht angetastet wurde, bis heute vollständig erhalten geblieben ist und die verschiedensten Formen annimmt, je nach den Erfordernissen der modernen Industrie und des modernen Handels. Was die Balkanhalbinsel, das türkische Reich und Kaukasien betrifft, so sind die alten Gilden dort in vollem Umfang erhalten geblieben. Die Esnafs Serbiens haben ihren mittelalterlichen Charakter vollständig bewahrt; sie umfassen sowohl Meister als auch Gesellen, regeln die Gewerbe und sind Institutionen zur gegenseitigen Unterstützung bei Arbeit und Krankheit (12), während die Amkari Kaukasiens und insbesondere in Tiflis zu diesen Funktionen einen erheblichen Einfluss auf das städtische Leben ausüben (13) .

Im Zusammenhang mit der Zusammenarbeit sollte ich vielleicht auch die freundschaftlichen Vereine erwähnen, die Vereinigungen von Sonderlingen , die Dorf- und Stadtclubs, die zur Begleichung der Arztrechnungen gegründet wurden, die Kleider- und Beerdigungsclubs, die kleinen Clubs, die unter Fabrikmädchen sehr verbreitet sind, zu dem sie jede Woche ein paar Pence beisteuern und anschließend per Los die Summe von einem Pfund ziehen, die zumindest für einen größeren Kauf und vieles andere verwendet werden kann. In all diesen Gesellschaften und Clubs herrscht ein nicht unerheblicher Grad an Geselligkeit und Geselligkeit, auch wenn die „Guthaben und Schulden" jedes Mitglieds genau überwacht werden. Aber es gibt so viele Assoziationen, die auf der Bereitschaft basieren, bei Bedarf Zeit, Gesundheit und Leben zu opfern, dass wir zahlreiche Beispiele für die besten Formen der gegenseitigen Unterstützung liefern können.

An erster Stelle sind die Lifeboat Association hierzulande und ähnliche Institutionen auf dem Kontinent zu nennen. Erstere verfügt inzwischen über mehr als dreihundert Boote entlang der Küsten dieser Inseln, und es wären doppelt so viele, wenn die Fischer nicht arm wären, da sie es sich nicht leisten können, Rettungsboote zu kaufen. Allerdings bestehen die Besatzungen aus Freiwilligen, deren Bereitschaft, ihr Leben für die Rettung ihnen völlig fremder Menschen zu opfern, jedes Jahr auf eine harte Probe gestellt wird; Jeden Winter wird der Verlust mehrerer der Mutigsten unter ihnen aktenkundig. Und wenn wir diese Männer fragen, was sie dazu bewegt, ihr Leben zu riskieren, auch wenn keine vernünftigen Aussichten auf Erfolg bestehen, lautet ihre Antwort etwa wie folgt. Ein schrecklicher Schneesturm wehte über den Ärmelkanal und tobte an der flachen, sandigen Küste eines kleinen Dorfes in Kent, und ein kleiner, mit Orangen beladener Baum strandete im Sand in der Nähe . In diesen flachen Gewässern kann nur ein Rettungsboot mit flachem Boden vereinfachten Typs gehalten werden, und es während eines solchen Sturms zu Wasser zu lassen bedeutete mit ziemlicher Sicherheit eine Katastrophe. Und doch zogen die Männer aus, kämpften stundenlang gegen den Wind und das Boot kenterte zweimal. Ein Mann ertrank, die anderen wurden an Land geworfen. Einer dieser letzten, ein hochentwickelter Küstenwächter, wurde am nächsten Morgen schwer verletzt und halb gefroren im Schnee gefunden. Ich fragte ihn, wie sie zu diesem verzweifelten Versuch kamen? „Ich weiß es selbst nicht", war seine Antwort. „Da war das Wrack; alle Leute aus dem Dorf standen am Strand und alle sagten, es wäre dumm, hinauszugehen; wir sollten niemals durch die Brandung arbeiten. Wir." Wir sahen fünf oder sechs Männer, die sich am Mast festhielten und verzweifelte Zeichen gaben. Aber was konnten wir tun? Eine Stunde vergingen, und wir fühlten uns alle am unwohlsten. Plötzlich kam es uns vor, als hätten wir ihre Schreie gehört – sie hatten einen Jungen bei sich. Wir konnten das nicht länger ertragen. Auf einmal sagten wir: „Wir müssen gehen!" Dasselbe gilt für uns; wenn wir nicht gegangen wären, hätten sie uns als Feiglinge behandelt, obwohl sie am nächsten Tag sagten, wir wären dumm gewesen, als wir zum Boot stürmten und kenterten, aber wir hielten es fest Das Schlimmste war, den Armen neben dem Boot ertrinken zu sehen, und wir konnten nichts tun, um ihn zu retten. Dann kam eine schreckliche Welle, das Boot kenterte und wir wurden an Land geworfen . Boot, unseres wurde meilenweit entfernt gefangen. Ich wurde am nächsten Morgen im Schnee gefunden.

Dasselbe Gefühl empfanden auch die Bergleute des Rhonda Valley, als sie an der Rettung ihrer Kameraden aus der überschwemmten Mine arbeiteten. Sie hatten sich durch 32 Yards Kohle gebohrt, um ihre verschütteten Kameraden zu erreichen; doch als nur noch drei Yards zu durchbohren waren, wurden sie von Grubengas umhüllt. Die Lampen gingen aus und die Rettungsmänner zogen sich zurück. Wer unter solchen Bedingungen arbeitete, riskierte jeden Moment, in die Luft gesprengt zu werden. Doch das Klopfen der verschütteten Bergleute war noch zu hören, die Männer lebten noch und riefen um Hilfe, und mehrere Bergleute erklärten sich freiwillig bereit, unter allen Umständen zu arbeiten; und als sie in die Mine hinabstiegen, folgten ihnen ihre Frauen nur mit stummen Tränen – kein Wort konnte sie aufhalten.

Das ist der Kern der menschlichen Psychologie. Wenn Männer nicht auf dem Schlachtfeld verrückt werden, können sie es nicht ertragen, Hilferufe zu hören und nicht darauf zu reagieren. Der Held geht; und was der Held tut, haben alle das Gefühl, dass sie es auch hätten tun sollen. Die Sophismen des Gehirns können dem Gefühl der gegenseitigen Hilfe nicht widerstehen, weil dieses Gefühl durch Tausende von Jahren menschlichen Soziallebens und Hunderttausende von Jahren vormenschlichen Lebens in Gesellschaften genährt wurde.

„Aber was ist mit den Männern, die in der Serpentine in Anwesenheit einer Menschenmenge ertranken, aus der sich niemand zu ihrer Rettung rührte?", könnte man fragen. „Was ist mit dem Kind, das in den Regent's Park Canal fiel – ebenfalls in Anwesenheit einer Urlaubsmenge – und nur durch die Geistesgegenwart eines Dienstmädchens gerettet wurde, das einen Neufundländer zur Rettung ausschickte?" Die Antwort ist ganz einfach. Der Mensch ist sowohl das Ergebnis seiner ererbten Instinkte als auch seiner Erziehung. Unter den Bergarbeitern und Seeleuten erzeugen ihre gemeinsamen Beschäftigungen und ihr täglicher Kontakt miteinander ein Gefühl der Solidarität, während die sie umgebenden Gefahren Mut und Schneid aufrechterhalten. In den Städten hingegen nährt das Fehlen gemeinsamer Interessen Gleichgültigkeit, während Mut und Schneid, die selten ihre Gelegenheit finden, verschwinden oder eine andere Richtung einschlagen. Darüber hinaus lebt die Tradition des Helden der Mine und des Meeres in den Bergarbeiter- und Fischerdörfern weiter, geschmückt mit einem poetischen Heiligenschein. Aber was sind die Traditionen einer bunt gemischten Londoner Menschenmenge? Die einzige Tradition, die sie gemeinsam haben könnten, sollte durch die Literatur geschaffen werden, aber eine Literatur, die den Dorfepen entsprechen würde, gibt es kaum. Die Geistlichen sind so darauf erpicht zu beweisen, dass alles, was aus der menschlichen Natur kommt, Sünde ist und dass alles Gute im Menschen einen übernatürlichen Ursprung hat, dass sie die Tatsachen, die nicht als Beispiel höherer Inspiration oder Gnade von oben angeführt werden können, meist ignorieren. Und was die Laienschriftsteller betrifft, so richtet sich ihre Aufmerksamkeit hauptsächlich auf eine Art von Heldentum, das Heldentum, das die Idee des Staates fördert. Daher bewundern sie den römischen Helden oder den Soldaten in der Schlacht, während sie das Heldentum des Fischers kaum beachten und übergehen. Der Dichter und der Maler könnten natürlich von der Schönheit des menschlichen Herzens an sich ergriffen sein; aber beide kennen selten das Leben der ärmeren Klassen, und während sie den römischen oder militärischen Helden in konventioneller Umgebung besingen oder malen können, können sie den Helden, der in dieser bescheidenen Umgebung handelt, die sie ignorieren, weder eindrucksvoll besingen noch malen. Und wenn sie es wagen, ist ihr Vorgehen nichts weiter als reine Rhetorik.(14)

Die zahllosen Gesellschaften, Clubs und Allianzen zur Lebensfreude, für Studium und Forschung, für Bildung usw., die in letzter Zeit in einer solchen Zahl entstanden sind, dass es viele Jahre dauern würde, sie einfach nur zu tabellieren, sind eine weitere Manifestation derselben immerwährenden Tendenz zur Vereinigung und gegenseitigen Unterstützung. Einige von ihnen, wie die Bruten junger Vögel verschiedener Arten, die im Herbst zusammenkommen, sind ganz darauf aus, die Freuden des Lebens gemeinsam zu teilen. Jedes Dorf in diesem Land, in der Schweiz, in Deutschland usw. hat seine Kricket-, Fußball-, Tennis-, Kegel-, Tauben-, Musik- oder Gesangsclubs. Andere Gesellschaften sind viel zahlreicher, und einige von ihnen, wie die Cyclists' Alliance, haben plötzlich eine gewaltige Entwicklung genommen. Obwohl die Mitglieder dieser Allianz nichts gemeinsam haben außer der Liebe zum Radfahren, gibt es unter ihnen bereits eine Art Freimaurerei zur gegenseitigen Hilfe, besonders in den abgelegenen Winkeln und Ecken, die nicht von Radfahrern überschwemmt werden; sie betrachten den „CAC" – den Cyclists' Alliance Club – in einem Dorf als eine Art Heim; und beim jährlichen Radfahrerlager sind viele bleibende Freundschaften entstanden. Die Kegelbrüder in Deutschland sind ähnliche Vereinigungen; ebenso die Turnvereine (300.000 Mitglieder in Deutschland), die informelle Bruderschaft der Paddler in Frankreich, die Jachtklubs und so weiter. Solche Vereinigungen ändern sicherlich nichts an der wirtschaftlichen Schichtung der Gesellschaft, aber besonders in den Kleinstädten tragen sie dazu bei, soziale Unterschiede auszugleichen, und da sie alle dazu neigen, sich großen nationalen und internationalen Verbänden anzuschließen, fördern sie sicherlich die Entwicklung persönlicher, freundschaftlicher Kontakte zwischen den verschiedensten Menschen, die über die ganze Welt verstreut sind.

Die Alpenvereine, der Jagdschutzverein in Deutschland, der über 100.000 Mitglieder hat - Jäger, gebildete Förster, Zoologen und einfache Naturliebhaber - und die Internationale Ornithologische Gesellschaft, der Zoologen, Züchter und einfache Bauern in Deutschland angehören, haben denselben Charakter. Sie haben nicht nur in wenigen Jahren eine Menge sehr nützlicher Arbeit geleistet, die nur große Vereinigungen richtig leisten könnten (Karten, Schutzhütten, Gebirgsstraßen; Studien über das Tierleben, schädliche Insekten, Vogelwanderungen usw.), sondern sie schaffen auch neue Verbindungen zwischen den Menschen. Zwei Alpinisten verschiedener Nationalitäten, die sich in einer Schutzhütte im Kaukasus treffen, oder der Professor und der Ornithologe, die im selben Haus wohnen, sind einander nicht mehr fremd; und die Uncle Toby's Society in Newcastle, die bereits über 260.000 Jungen und Mädchen dazu gebracht hat, niemals Vogelnester zu zerstören und freundlich zu allen Tieren zu sein, hat sicherlich mehr für die Entwicklung menschlicher Gefühle und des Geschmacks in den

Naturwissenschaften getan als viele Moralisten und die meisten unserer Schulen.

Auch in diesem kurzen Überblick können wir die Tausenden von wissenschaftlichen, literarischen, künstlerischen und pädagogischen Gesellschaften nicht auslassen. Bis jetzt bewegten sich die wissenschaftlichen Körperschaften, die streng kontrolliert und oft vom Staat subventioniert wurden, im Allgemeinen in einem sehr engen Kreis, und oft wurden sie als bloße Möglichkeiten für staatliche Ämter angesehen, während die Enge ihrer Kreise zweifellos kleinliche Eifersüchteleien hervorrief. Dennoch ist es eine Tatsache, dass die Unterschiede in Geburt, politischen Parteien und Glaubensrichtungen durch solche Vereinigungen bis zu einem gewissen Grad geglättet werden; während in den kleineren und abgelegenen Städten die wissenschaftlichen, geographischen oder musikalischen Gesellschaften, insbesondere diejenigen, die einen größeren Kreis von Amateuren ansprechen, zu kleinen Zentren des intellektuellen Lebens werden, zu einer Art Verbindung zwischen dem kleinen Ort und der weiten Welt und zu einem Ort, an dem sich Menschen mit sehr unterschiedlichen Lebensumständen auf gleicher Augenhöhe begegnen. Um den Wert solcher Zentren voll zu würdigen , sollte man sie beispielsweise in Sibirien kennen. Was die zahllosen pädagogischen Gesellschaften betrifft, die gerade erst beginnen, das Bildungsmonopol des Staates und der Kirche aufzubrechen, so werden sie sicherlich bald die führende Kraft in diesem Zweig werden. Den „Fröbel-Unionen" verdanken wir bereits das Kindergartensystem; und einer Reihe formeller und informeller Bildungsverbände verdanken wir den hohen Standard der Frauenbildung in Russland, obwohl diese Verbände und Gruppen die ganze Zeit über in starker Opposition zu einer mächtigen Regierung agieren mussten. (15) Was die verschiedenen pädagogischen Verbände in Deutschland betrifft, so ist bekannt, dass sie den größten Beitrag zur Entwicklung moderner Methoden des naturwissenschaftlichen Unterrichts an Volksschulen geleistet haben. In solchen Verbänden findet der Lehrer auch seine beste Unterstützung. Wie elend wäre der überarbeitete und unterbezahlte Dorflehrer ohne ihre Hilfe gewesen! (16)

Alle diese Vereinigungen, Gesellschaften, Bruderschaften, Bündnisse, Institute usw., die man heute allein in Europa zu Zehntausenden zählen muss und von denen jede eine ungeheure Menge freiwilliger, anspruchsloser und unbezahlter oder unterbezahlter Arbeit darstellt – was sind sie anderes als Ausdrucksformen desselben immerwährenden Strebens des Menschen nach gegenseitiger Hilfe und Unterstützung in unendlich vielen verschiedenen Formen? Fast drei Jahrhunderte lang war es den Menschen verboten, sich auch nur für literarische, künstlerische und erzieherische Zwecke zusammenzutun. Gesellschaften konnten nur unter dem Schutz des Staates oder der Kirche oder als geheime Bruderschaften wie die Freimaurerei gegründet werden. Aber jetzt, da der Widerstand gebrochen ist, wimmelt es von ihnen in alle Richtungen, sie erstrecken sich über alle mannigfaltigen Zweige menschlicher Tätigkeit, sie werden international und sie tragen zweifellos in einem noch nicht ganz ermessenswerten Ausmaß dazu bei, die von den Staaten zwischen den verschiedenen Nationalitäten errichteten Mauern niederzureißen. Trotz der Eifersucht, die durch den kommerziellen Wettbewerb hervorgerufen wird, und trotz der Provokationen zum Hass, die von den Geistern einer verfallenden Vergangenheit heraufbeschworen werden, wächst sowohl unter den führenden Köpfen der Welt als auch unter den Massen der Arbeiter ein Bewusstsein internationaler Solidarität, seitdem auch sie das Recht auf internationalen Verkehr erobert haben; und an der Verhinderung eines europäischen Krieges im letzten Vierteljahrhundert hatte dieser Geist zweifellos seinen Anteil.

An dieser Stelle müssen unbedingt die religiösen Wohlfahrtsvereine erwähnt werden, die wiederum eine ganze Welt repräsentieren. Es besteht nicht der geringste Zweifel, dass die große Masse ihrer Mitglieder von den gleichen Gefühlen der gegenseitigen Hilfe angetrieben wird, die der gesamten Menschheit gemeinsam sind. Leider ziehen es die religiösen Lehrer der Menschen vor, solchen Gefühlen einen übernatürlichen Ursprung zuzuschreiben. Viele von ihnen geben vor, dass der Mensch der Inspiration zur gegenseitigen Hilfe nicht bewusst gehorcht, solange er nicht durch die Lehren der besonderen Religion, die sie vertreten, erleuchtet wurde, und wie der heilige Augustinus erkennen die meisten von ihnen solche Gefühle nicht an der „heidnische Wilde“. Darüber hinaus war das frühe Christentum wie alle anderen Religionen ein Appell an die allgemein menschlichen Gefühle der gegenseitigen Hilfe und des Mitgefühls, doch die christliche Kirche hat dem Staat dabei geholfen, alle bestehenden Institutionen der gegenseitigen Hilfe und Unterstützung zu zerstören, die ihr vorausgegangen waren oder sich entwickelt hatten außerhalb davon; und statt der gegenseitigen Hilfe, die jeder Wilde seinem Verwandten zuschreibt, hat es eine Nächstenliebe gepredigt, die den Charakter der Inspiration von oben trägt und dementsprechend eine gewisse Überlegenheit des Gebers gegenüber dem Empfänger impliziert. Mit dieser Einschränkung und ohne die Absicht, diejenigen zu beleidigen, die sich als auserwählte Körperschaft betrachten, wenn sie einfach nur humane Taten vollbringen, können wir sicherlich die immense Zahl religiöser Wohltätigkeitsvereinigungen als Ergebnis derselben Tendenz zur gegenseitigen Hilfe betrachten.

All diese Tatsachen zeigen, dass die rücksichtslose Verfolgung persönlicher Interessen ohne Rücksicht auf die Bedürfnisse anderer Menschen nicht das einzige Merkmal des modernen Lebens ist. Neben dieser Strömung, die so stolz die Führung in menschlichen Angelegenheiten beansprucht, sehen wir einen harten Kampf, den sowohl die ländliche als auch die industrielle

Bevölkerung führt, um bestehende Institutionen der gegenseitigen Hilfe und Unterstützung wieder einzuführen. und wir entdecken in allen Klassen der Gesellschaft eine weit verbreitete Bewegung zur Errichtung einer unendlichen Vielfalt mehr oder weniger dauerhafter Institutionen für denselben Zweck. Aber wenn wir vom öffentlichen Leben zum Privatleben des modernen Individuums übergehen, entdecken wir eine weitere, äußerst weite Welt der gegenseitigen Hilfe und Unterstützung, die von den meisten Soziologen nur deshalb unbeachtet bleibt, weil sie auf den engen Kreis der Familie und der persönlichen Freundschaft beschränkt ist. (17)

Unter dem gegenwärtigen sozialen System sind alle Bande der Verbundenheit zwischen den Bewohnern derselben Straße oder Nachbarschaft aufgelöst worden. In den reicheren Teilen der großen Städte leben die Menschen, ohne zu wissen, wer ihre nächsten Nachbarn sind . Aber in den überfüllten Gassen kennen sich die Menschen perfekt und kommen ständig in Kontakt miteinander. Natürlich gibt es in den Gassen wie auch anderswo kleine Streitereien, aber es bilden sich Gruppen nach persönlichen Affinitäten, und innerhalb ihres Kreises wird gegenseitige Hilfe in einem Ausmaß praktiziert , von dem die reicheren Klassen keine Ahnung haben. Wenn wir zum Beispiel die Kinder einer armen Nachbarschaft nehmen , die auf einer Straße oder einem Kirchhof oder auf einer Wiese spielen, bemerken wir sofort, dass trotz der zeitweiligen Kämpfe eine enge Verbundenheit zwischen ihnen besteht und dass diese Verbundenheit sie vor allen möglichen Unglücken schützt. Sobald sich ein kleines Kind neugierig über die Öffnung eines Abflusses beugt – „Bleib da nicht stehen", ruft ein anderes Kind, „in dem Loch sitzt Fieber!" „Kletter nicht über die Mauer, der Zug wird dich töten, wenn du runterfällst! Komm nicht in die Nähe des Grabens! Iss diese Beeren nicht – Gift! Du wirst sterben." Das sind die ersten Lehren, die der Bengel erhält, wenn er sich zu seinen Freunden nach draußen gesellt. Wie viele der Kinder, deren Spielplätze die Bürgersteige um „Musterarbeiterwohnungen" oder die Kais und Brücken der Kanäle sind, würden von den Karren zu Tode gequetscht oder im schlammigen Wasser ertrinken, wenn es diese Art der gegenseitigen Unterstützung nicht gäbe. Und wenn ein blonder Jack in den ungeschützten Graben hinter dem Hof des Milchmanns rutscht oder eine rotbäckige Lieschen schließlich doch in den Kanal gestürzt ist, schreit die junge Brut so laut, dass die ganze Nachbarschaft in Alarmbereitschaft ist und zur Rettung eilt.

Dann kommt das Bündnis der Mütter ins Spiel. „Sie können sich nicht vorstellen" (erzählte mir kürzlich eine Ärztin, die in einem armen Viertel lebt), „wie sehr sie sich gegenseitig helfen. Wenn eine Frau nichts für das Baby vorbereitet hat oder vorbereiten konnte, das sie erwartet – und wie oft kommt das vor! –, bringen alle Nachbarn dem Neuankömmling etwas mit. Eine Nachbarin kümmert sich immer um die Kinder, und eine andere kommt immer vorbei, um sich um den Haushalt zu kümmern, solange die Mutter im Bett ist." Diese Gewohnheit ist weit verbreitet. Sie wird von allen erwähnt, die unter den Armen gelebt haben. Auf tausend kleine Arten unterstützen sich die Mütter gegenseitig und kümmern sich um Kinder, die nicht ihre eigenen sind. Eine Dame der reicheren Klassen muss eine gewisse Ausbildung haben – ob gut oder schlecht, das mögen sie selbst entscheiden –, damit sie an einem zitternden und hungrigen Kind auf der Straße vorbeigehen kann, ohne es zu bemerken. Aber die Mütter der ärmeren Klassen haben diese Ausbildung nicht. Sie können den Anblick eines hungrigen Kindes nicht ertragen; sie müssen es füttern, und das tun sie auch. „Wenn die Schulkinder um Brot betteln, wird ihnen selten oder eigentlich nie etwas verweigert" – schreibt mir eine Freundin, die mehrere Jahre in Whitechapel in einem Arbeiterklub gearbeitet hat. Aber ich kann vielleicht noch ein paar weitere Stellen aus ihrem Brief abschreiben:

„ Nachbarn zu pflegen , im Krankheitsfall, ohne irgendeine Vergütung, ist unter Arbeitern weit verbreitet. Auch wenn eine Frau kleine Kinder hat und zur Arbeit geht, kümmert sich immer eine andere Mutter um sie."

„Wenn sie sich in der Arbeiterklasse nicht gegenseitig helfen würden, könnten sie nicht existieren. Ich kenne Familien, die sich ständig gegenseitig helfen – mit Geld, mit Essen, mit Treibstoff, bei der Erziehung der kleinen Kinder, im Krankheitsfall, im Todesfall.

„„Das Mein' und ‚Dein' wird bei den Armen viel weniger scharf beobachtet als bei den Reichen. Schuhe, Kleidung, Hüte usw. – was an Ort und Stelle benötigt werden kann – werden ständig voneinander geliehen, auch alles." Arten von Haushaltsgegenständen.

„Letzten Winter hatten die Mitglieder des United Radical Club etwas Geld zusammengebracht und begannen nach Weihnachten, kostenlose Suppe und Brot an die zur Schule gehenden Kinder zu verteilen. Nach und nach mussten sie sich um 1.800 Kinder kümmern. Das Geld kam von Außenstehenden, aber." Die gesamte Arbeit wurde von den Mitgliedern des Clubs erledigt, die arbeitslos waren, und fünf Frauen kamen um neun oder zehn Uhr (nachdem sie ihren eigenen Haushalt erledigt hatten). Sie arbeiteten zum Kochen und blieben bis sechs oder sieben, um das Geschirr abzuwaschen. Und zur Essenszeit, zwischen zwölf und halb eins, kamen zwanzig bis dreißig Arbeiter, um beim Servieren der Suppe zu helfen, wobei jeder blieb, was er entbehren konnte Seine Essenszeit dauerte zwei Monate. Niemand wurde bezahlt.

Mein Freund erwähnt auch verschiedene Einzelfälle, von denen folgende typisch sind:

„Annie W. wurde von ihrer Mutter einer alten Frau in der Wilmot Street zur Unterbringung übergeben. Als ihre Mutter starb, kümmerte sich die alte Frau, die selbst sehr arm war, um das Kind, ohne einen Penny dafür zu bekommen. Als auch die alte Dame starb, wurde das fünfjährige Kind während ihrer Krankheit natürlich vernachlässigt und war zerlumpt; aber es wurde sofort von Frau S. aufgenommen, der Frau eines Schuhmachers, die selbst sechs Kinder hat. In letzter Zeit, als der Mann krank war, hatten sie alle nicht viel zu essen.

„Neulich hat Frau M., Mutter von sechs Kindern, Frau M. während ihrer Krankheit betreut und das ältere Kind in ihre eigenen Gemächer gebracht … Aber brauchen Sie solche Fakten? Sie sind ganz allgemein … Ich kenne auch Frau D. (Oval, Hackney Road), die eine Nähmaschine hat und ständig für andere näht, ohne jemals eine Vergütung dafür anzunehmen, obwohl sie selbst fünf Kinder und ihren Mann zu versorgen hat … Und so weiter."

Für jeden, der eine Vorstellung vom Leben der Arbeiterklasse hat , ist es offensichtlich, dass sie ohne gegenseitige Hilfe im großen Stil niemals alle Schwierigkeiten überwinden könnten. Nur durch Zufall kann eine Arbeiterfamilie ihr Leben lang ohne Umstände wie die Krise leben, die der Bandweber Joseph Gutteridge in seiner Autobiographie beschreibt. (18) Und wenn in solchen Fällen nicht alle zugrunde gehen, verdanken sie dies der gegenseitigen Hilfe. In Gutteridges Fall war es eine alte Krankenschwester, die selbst erbärmlich arm war, die in dem Moment auftauchte, als die Familie einer endgültigen Katastrophe entgegenschlitterte, und etwas Brot, Kohle und Bettzeug brachte, das sie auf Kredit gekauft hatte. In anderen Fällen wird es jemand anderes sein, oder die Nachbarn werden Schritte unternehmen, um die Familie zu retten. Aber wie viele weitere würden ohne Hilfe von anderen Armen jedes Jahr in den irreparablen Ruin getrieben ! (19)

Herr Plimsoll , nachdem er einige Zeit unter den Armen gelebt hatte, am 7. 6d. Nach einer Woche musste er erkennen, dass sich die freundlichen Gefühle, die er zu Beginn dieses Lebens mitnahm, „in herzlichen Respekt und Bewunderung verwandelten", als er sah, wie die Beziehungen zwischen den Armen von gegenseitiger Hilfe und Unterstützung durchdrungen sind, und die einfachen Wege lernte in dem diese Unterstützung gewährt wird. Nach vielen Jahren Erfahrung kam er zu dem Schluss, dass „wenn man darüber nachdenkt, wie diese Männer waren, war es auch die überwiegende Mehrheit der Arbeiterklasse."(20) Was die Erziehung von Waisenkindern betrifft, selbst von den Ärmsten Familien ist es eine so weit verbreitete Gewohnheit, dass man sie als allgemeine Regel bezeichnen kann; So wurde nach den beiden Explosionen in Warren Vale und Lund Hill unter den Bergleuten festgestellt, dass „nahezu ein Drittel der getöteten Männer, wie die jeweiligen Komitees bezeugen können, andere Beziehungen als Frau und

Kind unterstützten". „Haben Sie darüber nachgedacht", fügte Herr Plimsoll hinzu, „was das ist? Ich bezweifle nicht, dass reiche Männer, selbst wohlhabende Männer, dies tun. Aber bedenken Sie den Unterschied." Bedenken Sie, was für eine Summe von einem Schilling, den jeder Arbeiter spendet, um der Witwe eines Kameraden zu helfen, oder 6 Pence. Einem Arbeitskollegen dabei zu helfen, die zusätzlichen Kosten einer Beerdigung zu bestreiten, bedeutet für jemanden, der 16 Schilling verdient. eine Woche und hat eine Frau und in einigen Fällen fünf oder sechs Kinder, die er ernähren muss.(21) Aber solche Abonnements sind eine allgemeine Praxis unter den Arbeitern auf der ganzen Welt, selbst in weitaus alltäglicheren Fällen als bei einem Todesfall in der Familie Arbeitshilfe ist das Allergewöhnlichste in ihrem Leben.

Auch bei den reicheren Klassen scheitern die gleichen Praktiken der gegenseitigen Hilfe und Unterstützung nicht. Wenn man an die Härte denkt, mit der wohlhabendere Arbeitgeber ihren Arbeitnehmern gegenüber oft umgehen, ist man natürlich geneigt, die menschliche Natur äußerst pessimistisch zu betrachten. Viele müssen sich an die Empörung erinnern, die während des großen Streiks in Yorkshire im Jahr 1894 ausgelöst wurde, als alte Bergleute, die Kohle aus einer verlassenen Grube gepflückt hatten, von den Zechenbesitzern strafrechtlich verfolgt wurden. Und selbst wenn wir die Schrecken der Zeiten des Kampfes und des sozialen Krieges beiseite lassen, wie die Vernichtung Tausender Arbeitergefangener nach dem Fall der Pariser Kommune – wer kann zum Beispiel die Enthüllungen über die Arbeitsuntersuchung lesen , die stattgefunden hat? hergestellt hier in den vierziger Jahren, oder was Lord Shaftesbury über „die schreckliche Verschwendung menschlichen Lebens in den Fabriken schrieb, zu denen die Kinder aus den Arbeitshäusern gebracht oder einfach im ganzen Land gekauft wurden, um sie als Fabriksklaven zu verkaufen"(22) – wer kann das lesen, ohne tief beeindruckt zu sein von der Gemeinheit, die im Menschen möglich ist, wenn seine Gier auf dem Spiel steht? Es muss aber auch gesagt werden, dass die Schuld an einer solchen Behandlung nicht allein der Kriminalität der menschlichen Natur zugeschrieben werden darf. Waren die Lehren der Wissenschaftler und sogar eines beträchtlichen Teils des Klerus bis vor Kurzem nicht Lehren des Misstrauens, trotz und fast des Hasses gegenüber den ärmeren Klassen? Hat die Wissenschaft nicht gelehrt, dass seit der Abschaffung der Leibeigenschaft niemand mehr arm sein muss, außer wegen seiner eigenen Laster? Und wie wenige in der Kirche hatten den Mut, den Kindermördern die Schuld zu geben, während die große Zahl lehrte, dass die Leiden der Armen und sogar die Sklaverei der Neger Teil des göttlichen Plans seien! War der Nonkonformismus selbst nicht größtenteils ein Protest der Bevölkerung gegen die harte Behandlung der Armen durch die etablierte Kirche?

Mit solchen spirituellen Führern wurden die Gefühle der reicheren Klassen zwangsläufig, wie Herr Pimsoll bemerkte, nicht so sehr abgestumpft, sondern vielmehr „geschichtet". Sie gingen selten abwärts zu den Armen, von denen die Wohlhabenden durch ihre Lebensweise getrennt sind und die sie im Alltag nicht von ihrer besten Seite kennen. Aber untereinander – unter Berücksichtigung der Auswirkungen der Leidenschaften zur Anhäufung von Reichtum und der vergeblichen Ausgaben, die der Reichtum selbst mit sich bringt – untereinander, im Kreis von Familie und Freunden, praktizieren die Reichen die gleiche gegenseitige Hilfe und Unterstützung wie die Armen. Dr. Ihering und L. Dargun haben völlig Recht, wenn sie sagen, dass, wenn eine statistische Aufzeichnung des gesamten Geldes erstellt werden könnte, das in Form freundlicher Darlehen und Hilfsleistungen von Hand zu Hand weitergeht, die Gesamtsumme enorm wäre, selbst im Vergleich dazu die kommerziellen Transaktionen des Welthandels. Und wenn wir noch die Ausgaben für Gastfreundschaft, geringfügige gegenseitige Dienste, die Verwaltung der Angelegenheiten anderer Menschen, Geschenke und Wohltätigkeitsorganisationen hinzufügen könnten, was wir sicherlich tun sollten, wäre uns die Bedeutung solcher Transfers für die Volkswirtschaft sicherlich erstaunt. Sogar in der Welt, die von kommerziellem Egoismus beherrscht wird, zeigt der aktuelle Ausdruck „Wir wurden von dieser Firma hart behandelt", dass es auch eine freundliche Behandlung im Gegensatz zur harten, also rechtlichen Behandlung gibt; während jeder Kaufmann weiß, wie viele Firmen jedes Jahr durch die freundliche Unterstützung anderer Firmen vor dem Scheitern bewahrt werden.

Was die Wohltätigkeit und die Arbeit für das allgemeine Wohlergehen betrifft, die von so vielen wohlhabenden Personen sowie von Arbeitern und insbesondere von Fachleuten freiwillig geleistet wird, so weiß jeder, welche Rolle diese beiden Arten der Wohltätigkeit im modernen Leben spielen. Wenn der Wunsch, Berühmtheit, politische Macht oder soziale Anerkennung zu erlangen, oft den wahren Charakter dieser Art von Wohltätigkeit verdirbt, besteht kein Zweifel daran, dass der Antrieb in den meisten Fällen aus demselben Gefühl gegenseitiger Hilfe kommt. Menschen, die Reichtum erworben haben, finden darin sehr oft nicht die erwartete Befriedigung. Andere beginnen zu spüren, dass ihre eigene Belohnung übertrieben ist, was auch immer Ökonomen sagen mögen, Reichtum sei die Belohnung für Fähigkeiten. Das Gewissen menschlicher Solidarität beginnt sich zu bemerkbar zu machen; und obwohl das gesellschaftliche Leben so organisiert ist, dass dieses Gefühl durch tausende kunstvolle Mittel unterdrückt wird, gewinnt es oft die Oberhand; und dann versuchen sie, diesem zutiefst menschlichen Bedürfnis nachzukommen, indem sie ihr Vermögen oder ihre Kräfte für etwas einsetzen, das ihrer Meinung nach das allgemeine Wohlergehen fördert.

Kurz gesagt, weder die erdrückende Macht des zentralisierten Staates noch die Lehren des gegenseitigen Hasses und des erbarmungslosen Kampfes, die von zuvorkommenden Philosophen und Soziologen mit den Attributen der Wissenschaft geschmückt wurden, konnten das tief im Verständnis der Menschen verankerte Gefühl der menschlichen Solidarität ausmerzen und Herz, weil es durch unsere gesamte vorangegangene Entwicklung genährt wurde. Was das Ergebnis der Evolution seit ihren frühesten Stadien war, kann nicht durch einen der Aspekte derselben Evolution überwältigt werden. Und das Bedürfnis nach gegenseitiger Hilfe und Unterstützung, das in letzter Zeit im engen Kreis der Familie oder der Slumnachbarn , im Dorf oder in der geheimen Gewerkschaft der Arbeiter Zuflucht gesucht hatte, drängt sich auch in unserer modernen Gesellschaft wieder auf beansprucht sein Recht, wie immer der Hauptanführer für den weiteren Fortschritt zu sein. Dies sind die Schlussfolgerungen, zu denen wir zwangsläufig gelangen, wenn wir sorgfältig über jede der in den letzten beiden Kapiteln kurz aufgezählten Tatsachengruppen nachdenken.

ANMERKUNGEN:

1. Toulmin Smith, English Guilds, London, 1870, Introd . S. xliii.

2. Das Gesetz von Eduard dem Sechsten – das erste seiner Regierungszeit – ordnete an, der Krone „alle Bruderschaften, Bruderschaften und Gilden im Königreich England und Wales und in anderen Herrschaftsgebieten des Königs sowie alle ihnen oder einem von ihnen gehörenden Gutshöfe, Ländereien, Mietshäuser und sonstigen Erbgüter" zu übergeben (English Guilds, Introd . S. xliii). Siehe auch Ockenkowskis Englands wirtschaftliche Entwickelung Ich bin Ausgänge des Mittelalters , Jena, 1879, Kap. ii–v.

3. Siehe Sidney und Beatrice Webb, History of Trade-Unionism, London, 1894, S. 21-38.

4. Sehen Sie sich die damals existierenden Vereinigungen in Sidney Webbs Werk an. Die Londoner Handwerker waren angeblich nie besser organisiert als zwischen 1810 und 1820.

5. Die National Association for the Protection of Labour umfasste etwa 150 einzelne Gewerkschaften, die hohe Abgaben zahlten und etwa 100.000 Mitglieder hatten. Die Builders' Union und die Miners' Unions waren ebenfalls große Organisationen (Webb, lcp 107).

6. Ich folge hierbei der Arbeit von Herrn Webb, die zahlreiche Dokumente zur Bestätigung seiner Aussagen enthält.

7. Seit den vierziger Jahren hat sich die Haltung der reicheren Klassen gegenüber den Gewerkschaften stark verändert. Doch selbst in den sechziger Jahren unternahmen die Arbeitgeber einen gewaltigen konzertierten

Versuch, sie zu zerschlagen, indem sie ganze Bevölkerungsgruppen aussperrten. Bis 1869 wurden die einfache Vereinbarung eines Streiks und die Ankündigung eines Streiks durch Plakate, ganz zu schweigen von Streikposten, oft als Einschüchterung bestraft. Erst 1875 wurde das Master and Servant Act aufgehoben, friedliche Streikposten waren erlaubt und „Gewalt und Einschüchterung" bei Streiks fielen in den Bereich des Gewohnheitsrechts. Doch selbst während des Streiks der Hafenarbeiter im Jahr 1887 mussten Hilfsgelder ausgegeben werden, um vor Gericht für das Recht auf Streikposten zu kämpfen, während die Strafverfolgungen der letzten Jahre erneut drohen, die eroberten Rechte illusorisch zu machen.

8. Ein wöchentlicher Beitrag von 6d. aus einem 18er. Lohn, oder von 1s. von 25s., also deutlich mehr als 9l. aus einem 300l. Einkommen: Es wird hauptsächlich über die Nahrung eingenommen; und die Abgabe wird bald verdoppelt, wenn in einer Brudergewerkschaft ein Streik ausgerufen wird. Die anschauliche Beschreibung des Gewerkschaftslebens durch einen erfahrenen Handwerker, veröffentlicht von Herrn und Frau Webb (S. 431 ff.), vermittelt eine hervorragende Vorstellung davon, wie viel Arbeit ein Gewerkschafter leisten muss.

9. Siehe die Debatten über die Streiks von Falkenau in Österreich vor dem österreichischen Reichstag am 10. Mai 1894, in denen die Tatsache vom Ministerium und dem Besitzer der Zeche voll anerkannt wird. Auch die damalige englische Presse.

10. Viele solcher Fakten finden sich im Daily Chronicle und teilweise in den Daily News für Oktober und November 1894.

11. Die 31.473 Produktions- und Konsumvereine am Mittelrhein gaben um 1890 jährlich 18.437.500 Pfund aus; im Laufe des Jahres wurden 3.675.000 Pfund als Darlehen gewährt.

12. Britischer Konsularbericht, April 1889.

13. Eine hervorragende Untersuchung zu diesem Thema wurde in russischer Sprache in den Zapiski (Memoiren) der Kaukasischen Geographischen Gesellschaft, Band VI. 2, Tiflis, 1891, von C. Egiazaroff veröffentlicht .

14. Die Flucht aus einem französischen Gefängnis ist äußerst schwierig; dennoch gelang es 1884 oder 1885 einem Gefangenen, aus einem der französischen Gefängnisse zu entkommen. Er schaffte es sogar, sich den ganzen Tag zu verstecken, obwohl Alarm geschlagen wurde und die Bauern in der Nachbarschaft nach ihm Ausschau hielten. Am nächsten Morgen fand man ihn in einem Graben in der Nähe eines kleinen Dorfes versteckt. Vielleicht wollte er etwas Essen oder Kleidung stehlen, um seine Gefängnisuniform auszuziehen. Als er im Graben lag, brach im Dorf ein Feuer aus. Er sah eine Frau aus einem der brennenden Häuser rennen und

hörte ihre verzweifelten Rufe, ein Kind im oberen Stockwerk des brennenden Hauses zu retten. Niemand rührte sich. Dann rannte der entflohene Gefangene aus seinem Versteck, bahnte sich seinen Weg durch das Feuer und holte das Kind mit verbrühtem Gesicht und brennender Kleidung sicher aus dem Feuer und übergab es seiner Mutter. Natürlich wurde er auf der Stelle vom Dorfgendarmen verhaftet, der nun erschien. Er wurde ins Gefängnis zurückgebracht. Die Tat wurde in allen französischen Zeitungen berichtet, aber keine von ihnen bemühte sich, seine Freilassung zu erwirken. Hätte er einen Wärter vor dem Schlag eines Kameraden geschützt, wäre er zum Helden gemacht worden. Aber seine Tat war einfach nur menschlich, sie förderte nicht die Ideale des Staates; er selbst schrieb sie nicht einer plötzlichen Eingebung göttlicher Gnade zu, und das genügte, um den Mann in Vergessenheit geraten zu lassen. Vielleicht wurden seiner Strafe noch sechs oder zwölf Monate hinzugefügt, weil er – „Staatseigentum" – die Gefängniskleidung gestohlen hatte.

15. Die medizinische Akademie für Frauen (die Russland einen großen Teil ihrer 700 promovierten Ärztinnen überlassen hat), die vier Damenuniversitäten (ungefähr 1000 Schülerinnen im Jahr 1887; in diesem Jahr geschlossen und 1895 wiedereröffnet) und die High Commercial School for Women sind ausschließlich die Arbeit solcher Privatgesellschaften. Den gleichen Vereinen verdanken wir den hohen Standard, den die Mädchengymnasien seit ihrer Eröffnung in den sechziger Jahren erreicht haben. Die 100 über das Reich verteilten Gymnasien (über 70.000 Schülerinnen) entsprechen den Mädchenoberschulen in diesem Land; Alle Lehrkräfte sind jedoch Absolventen der Universitäten.

16. Der Verein für Verbreitung gemeinnutslicher Obwohl Kenntnisse nur 5500 Mitglieder hat, hat sie bereits mehr als 1000 öffentliche Bibliotheken und Schulbibliotheken eröffnet, Tausende von Vorträgen organisiert und wertvollste Bücher veröffentlicht.

17. Nur sehr wenige Autoren der Soziologie haben sich damit befasst. Dr. Ihering ist einer von ihnen, und sein Fall ist sehr lehrreich. Als der große deutsche Rechtsautor sein philosophisches Werk „Der Zweck im Recht" begann , wollte er „die aktiven Kräfte analysieren, die den Fortschritt der Gesellschaft hervorrufen und erhalten", und so „die ..." geben Theorie des geselligen Menschen. Er analysierte zunächst die wirkenden egoistischen Kräfte, einschließlich des gegenwärtigen Lohnsystems und des Zwanges in seiner Vielfalt politischer und sozialer Gesetze; und in einem sorgfältig ausgearbeiteten Schema seiner Arbeit wollte er den letzten Absatz den ethischen Kräften widmen – dem Pflichtgefühl und der gegenseitigen Liebe –, die zum gleichen Ziel beitragen. Als er jedoch kam, um die sozialen Funktionen dieser beiden Faktoren zu diskutieren, musste er einen zweiten Band schreiben, der doppelt so groß war wie der erste; und doch behandelte

er nur die persönlichen Faktoren, die auf den folgenden Seiten nur wenige Zeilen einnehmen werden. L. Dargun griff den gleichen Gedanken in „ Egoismus und Altruismus in der Nationalokonomie", Leipzig 1885, auf und fügte einige neue Fakten hinzu. Buchners Liebe und die verschiedenen hier und in Deutschland veröffentlichten Paraphrasen davon befassen sich mit demselben Thema.

18. Licht und Schatten im Leben eines Handwerkers. Coventry, 1893.

19. Viele reiche Leute können nicht verstehen, wie die Ärmsten einander helfen können, weil sie nicht begreifen, von welchen winzigen Mengen an Nahrung oder Geld oft das Leben einer der ärmsten Klassen abhängt. Lord Shaftesbury hatte diese schreckliche Wahrheit verstanden, als er seinen Flowers and Watercress Girls' Fund gründete, aus dem Darlehen von einem Pfund, und nur gelegentlich von zwei Pfund, gewährt wurden, damit die Mädchen einen Korb und Blumen kaufen konnten, wenn der Winter einsetzte und sie in größter Not waren. Die Darlehen wurden an Mädchen vergeben, die „keinen Sixpence" hatten, aber immer einen anderen Armen fanden, der für sie einsprang. „Von allen Bewegungen, mit denen ich je in Verbindung stand", schrieb Lord Shaftesbury, „halte ich diese Bewegung der Watercress Girls für die erfolgreichste ... Sie wurde 1872 ins Leben gerufen, und wir haben 800 bis 1.000 Kredite vergeben und in dieser ganzen Zeit nicht einmal 50 Pfund verloren ... Was verloren ging – und es war unter den gegebenen Umständen sehr wenig –, geschah durch Tod oder Krankheit, nicht durch Betrug" (The Life and Work of the Seventh Earl of Shaftesbury, von Edwin Hodder, Bd. III, S. 322. London, 1885-86). Weitere Fakten dazu finden sich in Ch. Booths Life and Labour in London, Bd. I ; in Miss Beatrice Potters „Pages from a Work Girl's Diary" (Nineteenth Century, September 1888, S. 310); und so weiter.

20. Samuel Plimsoll , Our Seamen, günstige Ausgabe, London, 1870, S. 110.

21. Unsere Seeleute, wir , S. 110. Herr Plimsoll fügte hinzu: „Ich möchte die Reichen nicht herabwürdigen, aber ich denke, es kann vernünftigerweise bezweifelt werden, ob diese Eigenschaften bei ihnen so vollständig entwickelt sind; Ob vernünftige oder unvernünftige Ansprüche von armen Verwandten – diese Eigenschaften scheinen in so vielen Fällen die Männlichkeit ihrer Besitzer nicht zu ersticken, und ihre Sympathien werden nicht so sehr eingeschränkt, sondern – sozusagen – geschichtet: Sie sind den Leiden ihrer eigenen Klasse und auch den Nöten derer, die über ihnen stehen, vorbehalten. Sie tendieren selten stark nach unten, und es ist weitaus wahrscheinlicher, dass sie einen Akt des Mutes bewundern ... als die ständig ausgeübte Standhaftigkeit und Zärtlichkeit, die sie haben sind die täglichen Merkmale des Lebens eines britischen Arbeiters" – und auch der Arbeiter auf der ganzen Welt.

22. Life of the Seventh Earl of Shaftesbury, von Edwin Hodder, Bd. ich . S. 137–138.

ABSCHLUSS

Wenn wir nun die Lehren, die der Analyse der modernen Gesellschaft entlehnt werden können, in Verbindung mit den Beweisen für die Bedeutung der gegenseitigen Hilfe in der Evolution der Tierwelt und der Menschheit betrachten, können wir unsere Untersuchung wie folgt zusammenfassen .

In der Tierwelt haben wir gesehen, dass die überwiegende Mehrheit der Arten in Gesellschaften lebt und dass sie im Zusammenschluss die besten Waffen für den Kampf ums Dasein finden: natürlich im weitesten Darwinschen Sinne verstanden – nicht als Kampf um die bloßen Existenzmittel, sondern als Kampf gegen alle natürlichen Bedingungen, die für die Art ungünstig sind . Die Tierarten, bei denen der individuelle Kampf auf seine engsten Grenzen reduziert wurde und die Praxis der gegenseitigen Hilfe die größte Entwicklung erreicht hat, sind ausnahmslos die zahlreichsten, wohlhabendsten und offensten für weiteren Fortschritt. Der gegenseitige Schutz, der in diesem Fall erreicht wird, die Möglichkeit, ein hohes Alter zu erreichen und Erfahrungen anzusammeln, die höhere intellektuelle Entwicklung und das weitere Wachstum geselliger Gewohnheiten sichern den Erhalt der Art, ihre Ausbreitung und ihre weitere fortschreitende Entwicklung. Die ungeselligen Arten hingegen sind zum Verfall verurteilt.

Als wir uns nun dem Menschen zuwandten, fanden wir ihn schon zu Beginn der Steinzeit in Clans und Stämmen lebend vor. Wir sahen eine breite Reihe sozialer Institutionen, die sich bereits im unteren wilden Stadium, im Clan und im Stamm, entwickelt hatten. Und wir fanden heraus, dass die frühesten Stammesbräuche und -gewohnheiten der Menschheit den Keim aller Institutionen lieferten, die später die Hauptbestandteile des weiteren Fortschritts waren. Aus dem wilden Stamm erwuchs die barbarische Dorfgemeinschaft. Und ein neuer, noch breiterer Kreis sozialer Bräuche, Gewohnheiten und Institutionen, von denen viele noch heute bei uns lebendig sind, entwickelte sich unter den Grundsätzen des gemeinsamen Besitzes eines bestimmten Territoriums und seiner gemeinsamen Verteidigung , unter der Gerichtsbarkeit der Dorfversammlung und im Zusammenschluss von Dörfern, die einem Stamm angehörten oder zu gehören vermeintlich gehörten. Und wenn neue Anforderungen die Menschen zu einem Neuanfang veranlassten, taten sie dies in der Stadt, die ein doppeltes Netzwerk territorialer Einheiten (Dorfgemeinschaften) darstellte, die mit Gilden verbunden waren, wobei letztere aus der gemeinsamen Ausübung einer bestimmten Kunst oder eines bestimmten Handwerks oder zur gegenseitigen Unterstützung und Verteidigung entstanden .

Und schließlich wurden in den letzten beiden Kapiteln Fakten angeführt, die zeigten, dass dieser neue Aspekt der Zivilisation nicht von Dauer sein konnte, obwohl das Wachstum des Staates nach dem Muster des kaiserlichen Roms allen mittelalterlichen Institutionen zur gegenseitigen Unterstützung ein gewaltsames Ende gesetzt hatte. Der Staat, der auf losen Ansammlungen von Individuen beruhte und sich verpflichtete, deren einziges Band zu sein, erfüllte seinen Zweck nicht. Die Tendenz zur gegenseitigen Hilfe hat schließlich ihre eisernen Regeln gebrochen; es tauchte wieder auf und behauptete sich in einer Unzahl von Assoziationen, die nun dazu neigen, alle Aspekte des Lebens zu umfassen und alles in Besitz zu nehmen, was der Mensch zum Leben und zur Reproduktion der durch das Leben verursachten Verschwendung benötigt.

Man wird wahrscheinlich bemerken, dass gegenseitige Hilfe, auch wenn sie einen der Faktoren der Evolution darstellt, dennoch nur einen Aspekt menschlicher Beziehungen abdeckt; dass es neben dieser Strömung, so mächtig sie auch sein mag, die andere Strömung gibt und immer gegeben hat – die Selbstbehauptung des Einzelnen, nicht nur in seinen Bemühungen, persönliche oder Kastenüberlegenheit zu erreichen, wirtschaftliche , politische, und spirituell, sondern auch in seiner viel wichtigeren, wenn auch weniger offensichtlichen Funktion, die stets zur Verfestigung neigenden Bindungen zu durchbrechen, die der Stamm, die Dorfgemeinschaft, die Stadt und der Staat dem Einzelnen auferlegen. Mit anderen Worten: Es gibt die Selbstbehauptung des Einzelnen als fortschrittliches Element.

Es ist offensichtlich, dass keine Betrachtung der Evolution vollständig sein kann, wenn diese beiden vorherrschenden Strömungen nicht analysiert werden. Die Selbstbehauptung des Einzelnen oder von Gruppen von Individuen, ihr Kampf um die Vorherrschaft und die daraus resultierenden Konflikte wurden jedoch seit jeher analysiert, beschrieben und verherrlicht. Tatsächlich hat bis heute nur diese Strömung die Aufmerksamkeit des epischen Dichters, des Annalisten, des Historikers und des Soziologen erhalten. Die Geschichte, wie sie bisher geschrieben wurde, ist fast ausschließlich eine Beschreibung der Mittel und Wege, mit denen Theokratie, Militärmacht, Autokratie und später die Herrschaft der reicheren Klassen gefördert, etabliert und aufrechterhalten wurden . Die Kämpfe zwischen diesen Kräften bilden tatsächlich den Inhalt der Geschichte. Wir können daher das Wissen über den individuellen Faktor in der Menschheitsgeschichte als selbstverständlich betrachten – obwohl es viel Raum für eine neue Untersuchung des Themas in den gerade angedeuteten Richtungen gibt; während auf der anderen Seite der Faktor der gegenseitigen Hilfe bisher völlig aus den Augen verloren wurde; Die Autoren der heutigen und vergangenen Generation haben ihn einfach geleugnet oder sogar verspottet. Daher war es notwendig, zunächst die immense Rolle aufzuzeigen, die dieser Faktor in der Evolution sowohl der Tierwelt als auch der menschlichen Gesellschaften spielt. Erst wenn dies vollständig anerkannt ist, ist es möglich, einen Vergleich zwischen den beiden Faktoren anzustellen.

Es ist offensichtlich unmöglich, auch nur eine grobe Schätzung ihrer relativen Bedeutung mit irgendeiner mehr oder weniger statistischen Methode vorzunehmen. Ein einziger Krieg – das wissen wir alle – kann unmittelbar und später mehr Böses hervorbringen, als Hunderte von Jahren unkontrollierter Wirkung des Prinzips der gegenseitigen Hilfe Gutes hervorbringen können. Aber wenn wir sehen, dass in der Tierwelt fortschreitende Entwicklung und gegenseitige Hilfe Hand in Hand gehen, während der innere Kampf innerhalb der Art mit rückläufiger Entwicklung einhergeht; Wenn wir bemerken, dass beim Menschen sogar der Erfolg im Kampf und im Krieg proportional zur Entwicklung der gegenseitigen Hilfe in jeder der beiden konfliktierenden Nationen, Städte, Parteien oder Stämme ist und dass im Prozess der Evolution der Krieg selbst (soweit er ... (das kann so gehen) wurde den Zielen des Fortschritts in der gegenseitigen Hilfe innerhalb der Nation, der Stadt oder des Clans unterworfen – wir bekommen bereits eine Vorstellung vom dominierenden Einfluss des Faktors der gegenseitigen Hilfe als Element des Fortschritts. Aber wir sehen auch, dass die Praxis der gegenseitigen Hilfe und ihre aufeinanderfolgenden Entwicklungen genau die Bedingungen des gesellschaftlichen Lebens geschaffen haben, unter denen der Mensch seine Künste, sein Wissen und seine Intelligenz entwickeln konnte; und dass die Zeiten, in denen Institutionen, die auf der Tendenz zur gegenseitigen Hilfe beruhten, ihre größte Entwicklung erlebten, auch die Zeiten des größten Fortschritts in Kunst, Industrie und Wissenschaft waren. Tatsächlich offenbart die Untersuchung des Innenlebens der mittelalterlichen Stadt und der antiken griechischen Städte die Tatsache, dass die Kombination der gegenseitigen Hilfe, wie sie innerhalb der Gilde und des griechischen Clans praktiziert wurde , mit einer großen Initiative, die den Das Individuum und die Gruppe schenkten der Menschheit mittels des föderativen Prinzips die beiden größten Perioden ihrer Geschichte – die antike griechische Stadt und die mittelalterliche Stadtperiode; während der Untergang der oben genannten Institutionen während der folgenden Staatsperioden in beiden Fällen einem raschen Verfall entsprach.

Was den plötzlichen industriellen Fortschritt betrifft, der in unserem Jahrhundert erreicht wurde und der normalerweise dem Triumph des Individualismus und des Wettbewerbs zugeschrieben wird, so hat er sicherlich einen viel tieferen Ursprung. Nachdem die großen Entdeckungen des 15. Jahrhunderts gemacht worden waren, insbesondere die des Luftdrucks, unterstützt durch eine Reihe von Fortschritten in der Naturphilosophie – und sie wurden unter der mittelalterlichen

Stadtorganisation gemacht –, mussten die Erfindung der Dampfmaschine und all die Revolutionen, die die Eroberung einer neuen Macht mit sich brachte, zwangsläufig folgen. Wenn die mittelalterlichen Städte ihre Entdeckungen bis zu diesem Punkt gebracht hätten, wären die ethischen Folgen der durch den Dampf bewirkten Revolution möglicherweise anders ausgefallen; aber die gleiche Revolution in Technik und Wissenschaft hätte unvermeidlich stattgefunden. Es bleibt in der Tat eine offene Frage, ob der allgemeine Niedergang der Industrie, der auf den Ruin der freien Städte folgte und besonders in der ersten Hälfte des 18. Jahrhunderts spürbar war, das Erscheinen der Dampfmaschine und die daraus folgende Revolution in den Künsten nicht erheblich verzögerte. Wenn wir die erstaunliche Geschwindigkeit des industriellen Fortschritts vom 12. bis zum 15. Jahrhundert bedenken – in der Weberei, Metallverarbeitung, Architektur und Schifffahrt – und über die wissenschaftlichen Entdeckungen nachdenken, die dieser industrielle Fortschritt am Ende des 15. Jahrhunderts mit sich brachte – müssen wir uns fragen, ob die Menschheit nicht verzögert wurde, diese Errungenschaften voll auszunutzen, als nach dem Niedergang der mittelalterlichen Zivilisation in Europa eine allgemeine Depression der Künste und Industrien eintrat. Sicherlich waren es nicht das Verschwinden des Künstler-Handwerkers oder der Ruin großer Städte und das Aussterben des Verkehrs zwischen ihnen, die die industrielle Revolution begünstigen konnten ; und wir wissen tatsächlich, dass James Watt zwanzig oder mehr Jahre seines Lebens darauf verwendete, seine Erfindung nutzbar zu machen, weil er im letzten Jahrhundert nicht das finden konnte, was er im mittelalterlichen Florenz oder Brügge ohne weiteres gefunden hätte, nämlich die Handwerker, die in der Lage waren, seine Geräte in Metall umzusetzen und ihnen die künstlerische Vollendung und Präzision zu verleihen, die die Dampfmaschine erfordert.

Wer also den industriellen Fortschritt unseres Jahrhunderts dem Krieg zuschreibt, den jeder gegen jeden proklamiert, der denkt wie der Mann, der die Ursachen des Regens nicht kennt und ihn dem Opfer zuschreibt, das er vor seinem Lehmidol geopfert hat. Für den industriellen Fortschritt wie für jede andere Eroberung der Natur sind gegenseitige Hilfe und enger Verkehr sicherlich viel vorteilhafter als gegenseitiger Kampf.

Die dominierende Bedeutung des Prinzips der gegenseitigen Hilfe tritt jedoch besonders im Bereich der Ethik voll zutage. Dass gegenseitige Hilfe die wahre Grundlage unserer ethischen Vorstellungen ist, scheint offensichtlich genug. Aber was auch immer die Meinungen über den ersten Ursprung des Gefühls oder Instinkts der gegenseitigen Hilfe sein mögen, ob man ihm eine biologische oder eine übernatürliche Ursache zuschreibt – wir müssen seine Existenz bis zu den niedrigsten Stufen der Tierwelt zurückverfolgen; und von diesen Stufen aus können wir seine ununterbrochene Entwicklung, entgegen einer Reihe gegensätzlicher Einflüsse, durch alle Stufen der menschlichen Entwicklung bis in die Gegenwart verfolgen. Sogar die neuen Religionen, die von Zeit zu Zeit geboren wurden – immer zu Epochen, als das Prinzip der gegenseitigen Hilfe in den Theokratien und despotischen Staaten des Ostens in Verfall geriet oder beim Niedergang des Römischen Reiches –, selbst die neuen Religionen haben dasselbe Prinzip nur bekräftigt. Sie fanden ihre ersten Anhänger unter den einfachen, untersten, unterdrückten Schichten der Gesellschaft, wo das Prinzip der gegenseitigen Hilfe die notwendige Grundlage des alltäglichen Lebens ist; und die neuen Formen der Vereinigung, die in den frühesten buddhistischen und christlichen Gemeinschaften, in den Herrnhuter Brüdergemeinen usw. eingeführt wurden, nahmen den Charakter einer Rückkehr zu den besten Aspekten der gegenseitigen Hilfe im frühen Stammesleben an.

Jedes Mal jedoch, wenn versucht wurde, zu diesem alten Prinzip zurückzukehren, wurde sein Grundgedanke selbst erweitert. Vom Clan aus erstreckte es sich auf den Stamm, auf die Föderation der Stämme, auf die Nation und schließlich – zumindest im Idealfall – auf die gesamte Menschheit. Gleichzeitig wurde es auch verfeinert. Im ursprünglichen Buddhismus, im ursprünglichen Christentum, in den Schriften einiger muslimischer Lehrer, in den frühen Bewegungen der Reformation und insbesondere in den ethischen und philosophischen Bewegungen des letzten Jahrhunderts und unserer Zeit wurde die Idee völlig aufgegeben der Rache oder der „gerechten Belohnung" – von Gutem für Gutes und Bösem für Böses – wird immer energischer bekräftigt. Die höhere Vorstellung von „keine Rache für Unrecht" und davon, aus freien Stücken mehr zu geben, als man von seinen Nachbarn erwartet , wird als das wahre Prinzip der Moral verkündet – ein Prinzip , das der bloßen Gleichwertigkeit, Gleichheit oder Gerechtigkeit überlegen und förderlicher ist zum Glück. Und der Mensch wird aufgefordert, sich in seinen Handlungen nicht nur von der Liebe leiten zu lassen, die immer persönlich oder bestenfalls stammesbezogen ist, sondern von der Wahrnehmung seiner Einheit mit jedem Menschen. In der Praxis der gegenseitigen Hilfe, die wir bis zu den frühesten Anfängen der Evolution zurückverfolgen können, finden wir somit den positiven und unzweifelhaften Ursprung unserer ethischen Vorstellungen; und wir können bestätigen, dass beim ethischen Fortschritt des Menschen die gegenseitige Unterstützung und nicht der gegenseitige Kampf die führende Rolle gespielt hat. In seiner weiten Ausdehnung sehen wir auch heute noch die beste Garantie für eine noch höhere Entwicklung unserer Rasse.